马克思主义与全面依法治国论丛（第三辑）

北京高校中国特色社会主义理论研究协同创新中心（中国政法大学）阶段性成果

北京高校中国特色社会主义理论研究协同创新中心（中国政法大学）
北京市习近平新时代中国特色社会主义思想研究中心（中国政法大学基地）
中国政法大学马克思主义学院
组编

马克思主义与法治中国

——全国学术研讨会论文集（2018）

高浣月 主编

光明日报出版社

图书在版编目（CIP）数据

马克思主义与法治中国 / 高浣月主编. -- 北京：光明日报出版社，2019.10

ISBN 978-7-5194-5001-4

Ⅰ.①马… Ⅱ.①高… Ⅲ.①马克思主义-法学-研究-中国-现代②社会主义法治-研究-中国 Ⅳ.①D920.0

中国版本图书馆 CIP 数据核字（2019）第 254154 号

马克思主义与法治中国

MAKESI ZHUYI YU FAZHI ZHONGGUO

主　　编：高浣月

责任编辑：郭思齐　　责任校对：陈永娟

封面设计：中联学林　　责任印制：曹　诤

出版发行：光明日报出版社

地　　址：北京市西城区永安路 106 号，100050

电　　话：010-63139890（咨询）　63131930（邮购）

传　　真：010-63131930

网　　址：http://book.gmw.cn

E - mail：guosiqi@gmw.cn

法律顾问：北京德恒律师事务所龚柳方律师

印　　刷：三河市华东印刷有限公司

装　　订：三河市华东印刷有限公司

本书如有破损、缺页、装订错误，请与本社联系调换，电话：010-63131930

开　　本：170mm×240mm

字　　数：458 千字　　印　　张：25.5

版　　次：2020 年 1 月第 1 版　　印　　次：2020 年 1 月第 1 次印刷

书　　号：ISBN 978-7-5194-5001-4

定　　价：99.00 元

本书编委会

主　　编： 高浣月

副 主 编： 袁　方

编委会委员： 阮广宇　郎丽华　黄　东　孙美堂

张秀华　王觅泉　蔺庆春

目录
CONTENTS

马克思对技术的社会批判研究

傅 扬

（中国政法大学 马克思主义学院，北京，100088）

虽然，马克思理论的核心和焦点并不是技术，在他的理论中技术是潜在的，他对于技术问题的思考是融于政治经济学研究中的，服务于对资本主义的批判。但从19世纪40年代马克思便开始关注技术问题，尤其是技术的应用所产生的社会影响。他对技术给予高度评价，并对技术在社会生产与生活中的应用感到由衷的喜悦。但马克思并非一味地对技术大加赞扬，他同样看到了技术进步给人和社会带来的负面影响，从而展开了对技术的批判。

一

马克思生活的时代正是技术迅猛发展的时期，蒸汽动力代替了人力和畜力，机器生产代替了手工劳作，生产效率极大提高，生产的产品日渐丰富，看似一派繁荣景象。但是在繁荣背后，技术也露出了它的狰狞面目。马克思在《人民报》创刊纪念会上的演说中指出："技术的胜利，似乎是以道德的败坏为代价换来的。随着人类愈益控制自然，个人却似乎愈益成为别人的奴隶或自身卑劣行为的奴隶。甚至科学的纯洁光辉仿佛也只能在愚昧无知的黑暗背景上闪耀。我们的一切发明和进步，似乎结果是使物质力量成为有智慧的生命，而人的生命则化为愚钝的物质力量。"① 虽然技术是人的创造物，是人的力量的表征，然而，它也可以反抗人、支配人，技术处于异化状态。马克思揭示了，在资本主义社会，技术的发展给工人带来的一系列恶果。

首先，马克思指出，随着技术的进步，工人的劳动状况反而恶化了，工作日被任意延长，劳动强度也大大地提高了。机器是能够减少生产商品的必要劳

① 马克思，恩格斯．马克思恩格斯选集：第1卷［M］．3版．北京：人民出版社，2012：776.

动时间的，按说工人的工作时间应该缩短，但由于资本增殖的逻辑，资本家是不会让机器停下来的，而机器也确实可以持续地运转下去，它没有生理限制，不需要休息。机器的持续运转就导致工人的连续工作，因为在机器生产中，工人的活动受到机器的约束，工人是不由自主的。“机器消灭了工作日的一切道德界限和自然界限。由此产生了一种经济上的反常现象，即缩短劳动时间的最有力的手段，竟成为把工人及其家属的全部生活时间变成受资本支配的增值资本价值的劳动时间的最可靠的手段。”① 资本家剥削工人的手段不仅仅是延长工作日，还包括增加劳动强度。马克思曾指出：“近几年来，在大多数棉纺织厂、精梳毛纺织厂和丝纺织厂里，机器的运转大大加快，看管机器需要的劳动紧张到精疲力竭的地步，看来，这正是格林豪医生在他最近的出色的报告中所指出的肺病死亡率过高的原因之一。”②

其次，技术进步造成工人在劳动中丧失了主导地位。机器与手工工具不同，手工工具可以说是劳动器官的补充，它可以帮助劳动者完成一项技能，但它本身不能独立地表现技能，手工技能只能通过人来实现，“手工技能是劳动者的身体所具有的，存在于劳动者体内，或者说被‘封闭’在劳动者体内。离开了劳动者的双手，这种技能就不再存在”。③ 但机器就不同了，机器自成一个系统，可以说是具备技能的工具，相同的机器不同的人来操作显不出太大的差别，不同的机器同一个人应用倒会得到不同的劳动结果，工人的劳动技能部分地被机器代替，人成了“机器的有自我意识的器官”，在生产活动中不再能够发挥主导作用。马克思向我们指出了手工工具和机器的差别：“工人把工具当作器官，通过自己的技能和活动赋予它以灵魂，因此，掌握工具的能力取决于工人的技艺。相反，机器则代替工人而具有技能和力量，它本身就是能工巧匠，它通过在自身中发生作用的理学规律而具有自己的灵魂，它为了自身不断运转而消费煤炭、机油，等等（辅助材料），就像工人消费食物一样。”④ 由于在劳动中工人丧失了主导地位，资本家更加依赖机器而不是工人。那么工人在与资本家的博弈中便处于被动地位，并且时时受到机器的排挤而有失业的危险了。“由于工人的技能已转移到机器上，工人的反抗遭到破坏，现在工人失去了在工场手工业条件下还占支配地位的技能，他们不能奋起抵抗，而资本则能以非熟练的，因而也

---

① 马克思，恩格斯．马克思恩格斯全集：第23卷［M］．北京：人民出版社，1972：447.
② 马克思，恩格斯．马克思恩格斯全集：第47卷［M］．北京：人民出版社，1979：510.
③ 林德宏．科技哲学十五讲［M］．北京：北京大学出版社，2004：235.
④ 马克思，恩格斯．马克思恩格斯全集：第46卷（下）［M］．北京：人民出版社，1980：208.

更受它支配的工人来代替熟练工人。”①

复次，技术的发展伴随着工人的生活日益贫困。由于在生产中使用机器，生产效率大幅度提高，社会物质财富越来越多了，但是工人并不是越来越富裕了，而是生活越发没有保障了。财富的增加并不意味着每一个人都会获得相应的增加额，这里还有一个如何分配的问题，资本家在利用机器、提高效率的生产过程中确实越来越富裕了，工人则趋于贫困。“工人生产的财富越多，他的生产的影响和规模越大，他就越贫穷。工人创造的商品越多，他就越变成廉价的商品。物的世界的增值同人的世界的贬值成正比。”② 机器的使用使劳动简单化，本来就会造成劳动力总量的贬值，加之工人又受到机器的排挤。现在机器是具有技能和力量的，机器在生产中占据主导地位，工人反而成了附属物，很容易被机器代替，完全没有优势地位，这就使得劳动力的价格更趋低廉。因而马克思惊呼：“在我们这个时代，每一种事物好像都包含有自己的反面。我们看到，机器具有减少人类劳动和使劳动更有成效的神奇力量，然而却引起了饥饿和过度的疲劳。财富的新源泉，由于某种奇怪的、不可思议的魔力而变成贫困的源泉。”③

最后，技术异化导致人的片面发展。说到底人的片面发展是由分工造成的。在传统社会中，分工不是很发达，人需要从事多方面的活动，虽然社会发展程度不高，人反而可以得到比较全面的发展。在资本主义社会，由于运用机器体系，使得分工越来越细，工人所从事的工作只是整个生产流程上的某个片段、某一特定部分，他只需拥有特定的技能，他也只能拥有特定的技能。“在近代生产的细密分工中，每个人固定于一种操作，终身只需重复同样的动作，运用他机体功能的某一局部（手的或腿的，头的或肩的）。单个人现在成了结构严密的生产机体上的‘一个器官’。”④ 而且机器一旦运转起来，工人便得按照机器的节奏来工作，完全失去了主动性和创造性，哪里还谈得到自由和全面发展呢！“现代社会内部分工的特点，在于它产生了特长和专业，同时也产生职业的痴呆。……现在每一个人都在为自己筑起一道藩篱，把自己束缚在里面。我不知道这样分割之后活动领域是否会扩大，但是我却清楚地知道，这样一来，人是

---

① 马克思，恩格斯．马克思恩格斯全集：第 47 卷［M］．北京：人民出版社，1979：373－374.

② 马克思．1844 年经济学哲学手稿［M］．北京：人民出版社，2014：47.

③ 马克思，恩格斯．马克思恩格斯选集：第 1 卷［M］．3 版．北京：人民出版社，2012：776.

④ 马克思，恩格斯．马克思恩格斯全集：第 46 卷（上）［M］．北京：人民出版社，1979：419.

缩小了。”① 无疑地，分工细化促进了生产力的提高，社会发展增速，但同时也使人的发展走向片面了。

二

诚然，马克思注意到了技术的负面效应，以及技术对人的压制，从而展开了对技术的批判，但他的矛头并不是对准技术本身的。

实际上，马克思在探讨技术问题时，就不是把它作为一种孤立的现象，而是视其为社会必不可少的基本要素；他不大关注静态的技术，而是侧重于分析社会历史关系中的技术活动。无论是探讨技术的正价值还是负效应，他都将其与社会相联系。他注意到：“18世纪，数学、力学、化学领域的发明和进步，无论在法国、瑞士、德国，几乎都达到和英国同样的程度。发明也是如此，例如在法国就和在英国差不多。然而，在当时它们的资本主义应用却只发生在英国，因为在那里，经济关系才发展到使资本有可能利用科学进步的程度（当时，特别是英国的农业关系和殖民地起了决定性的作用）。”② 在谈到现代技术在社会生产及生活中的巨大作用时，他指出这是资本主义制度的产物。“只有资本主义生产才第一次把物质生产过程变成科学在生产中的运用——变成运用于实践的科学。”③ 对技术进行批判时，他强调一定要将技术与技术的应用区分开来，“机器不是经济范畴，正像拉犁的牛不是经济范畴一样。现代运用机器一事是我们的现代经济制度的关系之一，但是利用机器的方式和机器本身完全是两回事。火药无论是用来伤害一个人，或者是用来给这个人医治创伤，它终究还是火药”。④ 因而，在看到技术的负效应时，马克思并不像有些哲学家那样悲观、退却，比如卢梭便认为技术势必造成“人性的扭曲”，马克思认为技术是人的“本质力量”的展现，他热情地拥抱技术。对于技术异化现象，他不是从技术本身寻找原因，而是深入到技术背后的社会根源，所以米切姆甚至认为马克思完全没有对技术的批判，只是对技术的社会批判，米切姆指出：“典型的马克思主义分析强调这种批判并不是指向技术本身，而只是指向它的社会关系。没有任何

---

① 马克思，恩格斯. 马克思恩格斯全集：第47卷［M］. 北京：人民出版社，1979：526.

② 马克思. 机器、自然力和科学的应用［M］. 北京：人民出版社，1978：233－234.

③ 马克思. 机器、自然力和科学的应用［M］. 北京：人民出版社，1978：212.

④ 马克思，恩格斯. 马克思恩格斯选集：第4卷［M］. 3版. 北京：人民出版社，2012：412.

关于技术的质疑，只有关于技术镶嵌于其中的社会情境的质疑”。①

在马克思看来，造成技术异化的罪魁祸首是资本主义私人占有和资本主义生产方式。资本主义的生产方式是以资本为主导原则的，遵循资本增值的逻辑，其目的是追求剩余价值和高额利润。这样的生产方式确实能够带来社会财富的巨大增长，“资产阶级在它的不到一百年的阶级统治中所创造的生产力，比过去一切世代创造的全部生产力还要多，还要大”。② 但是社会财富的增长并不意味着每个人都能从中受益，尤其在资本主义初期，大多数人的生活水准不升反降。而一旦追求财富的增长成为首要的目标时，其他的东西甚至于人的价值都被遗忘了，都成了追求利润的手段。因而，工人的工作日延长、劳动强度加大、生活陷入贫困以及片面发展看似与机器在生产中的应用有关，因为它们相伴而来，但背后却是资本增殖的逻辑在作祟，“在资本主义生产关系中，科技的进步受制于资本增殖逻辑，因而，资本主义生产方式的发展，以及与此相关的劳动资料和劳动组织方式的改进等技术进步形态，都强化了资本对工人的剥削和控制”,③ 技术发展是受制于资本主义的生产方式的。技术与其说是人的反对力量，毋宁说是人的助手。与其他动物相比，人在生存竞争中不占优势，但人拥有技术，技术使人得以在这个世界上有了安身立命之本。否定人的本质的不是技术本身，而是技术的社会应用，根源还是在资本主义社会。

不过，技术也不是完全无辜的，在资本主义制度下，技术达成了与资本的合作，使资本增殖的速度加快，资本扩张能力增强，资本的统治地位愈益巩固，甚至可以说它充当了资本的帮凶。机器运用到生产过程中，是可以通过提高生产效率而缩短生产商品的必要劳动时间的，但这并不意味着工作日可以缩短，工作日缩短会影响资本增殖的速度。“如果说机器是提高劳动生产率，即缩短生产商品的必要劳动时间的最有力的手段，那么，它作为资本的承担者，首先在它直接占领的工业中，成了把工作日延长到超过一切自然界限的最有力的手段。一方面，它创造了新条件，使资本能够任意发展自己这种一贯的倾向，另一方面，它创造了新动机，使资本增强了对他人劳动的贪欲。”④ 机器可以代替人从

① 〔美〕卡尔·米切姆．技术哲学概论［M］．殷登祥，曹南燕，等译．天津：天津科学技术出版社，1994：44.

② 马克思，恩格斯．马克思恩格斯选集：第1卷［M］．3版．北京：人民出版社，2012：405.

③ 管锦绣，曹榕博．资本批判逻辑下的技术批判［J］．安徽广播电视大学学报，2013（3）.

④ 马克思．资本论：第1卷［M］．2版．北京：人民出版社，2004：463.

事人力所不及的繁重的劳动，机器原本是可以减轻人的劳动强度的，但是资本家为了追求高额利润却通过其他方式使工人的劳动强度提高了，“这是通过两种方法达到的：一种是提高机器的速度，另一种是扩大同一个工人看管的机器数量，即扩大他的劳动范围”。① 所以，资本家借助于技术进步反而更容易剥削工人了。此外，工人在生产中主导地位的丧失以及片面发展更是拜技术进步所赐。机器在生产中应用，替代了工人的部分劳动技能，这样资本家对工人的依赖就降低了，转而依赖机器，资本家犹如拥有了新式武器，在与工人的博弈中轻松胜出。“滥用机器的目的是要使工人自己从小就转化为局部机器的一部分。这样，不仅工人自身再生产所必需的费用大大减少，而且工人终于毫无办法，只有依赖整个工厂，从而依赖资本家。”② 所以，技术纵然不是罪魁祸首，可也并非是完全不相干的，马克思批判的矛头虽然没有对准技术而是技术的应用，但他也意识到了技术在其中起到的作用。

三

正因为马克思认为技术异化的根源不在技术本身而是资本主义制度，所以要消除技术异化便要变革社会制度。首先要变革资本主义私有制。私有制造成社会的公共利益与个人利益之间的冲突和对抗，造成不同阶级之间的矛盾与竞争。在私有制下，劳动势必处于异化的状态，而技术作为劳动中不可缺少的部分也会随着劳动的异化而异化。因而，只有扬弃私有制，才能克服技术异化。“对私有财产的积极的扬弃，作为对人的生命的占有，是对一切异化的积极的扬弃，从而是人从宗教、家庭、国家等等向自己的合乎人性的存在即社会的存在的复归。”③ 消灭了私有制，生产方式也会产生相应的变化。资本主义生产方式是追求经济利益最大化的，在资本主义条件下，技术作为促进资本增殖的手段成了资本压制、奴役人的帮凶，它的正效应难以发挥。消灭了私有制，社会分工与人的发展之间的矛盾也能够得到缓解。分工是能够提高生产效率的，它有利于社会的发展，马克思经常强调分工的积极意义。但是分工同时也造成劳动者的片面发展，尤其随着技术的进步，社会分工越发细化和固定化。“只要分工还不是出于自愿，而是自发的，那么人本身的活动对人来说就成为一种异己的、与他人对立的力量，这种力量驱使着人，而不是人驾驭着这种力量。原来，当

① 马克思．资本论：第1卷［M］．2版．北京：人民出版社，2004：474.

② 马克思．资本论：第1卷［M］．2版．北京：人民出版社，2004：486.

③ 马克思．1844年经济学哲学手稿［M］．北京：人民出版社，2014：78－79.

分工一出现之后，每个人就有了自己一定的特殊的活动范围，这个范围是强加于他的，他不能超出这个范围：他是一个猎人、渔夫或牧人，或者是一个批判的批判者，只要他不想失去生活资料，他就始终应该是这样的人。"① 所以，在马克思看来，消灭了私有制和阶级对立，推翻资本主义制度，进入到共产主义社会的时候，技术的异化将得到克服，技术进步的积极意义将会凸显出来。"共产主义者应该指出，只有在共产主义关系下，工艺学上已经达到的真理方能在实践中实现。"② 而人也将获得自由全面的发展，人的个性、能力得以充分发展，人的社会关系丰富协调，人的需求得到多方面的满足。"在共产主义社会里，任何人都没有特殊的活动范围，而是都可以在任何部门内发展，社会调节着整个生产，因而使我有可能随自己的兴趣今天干这事，明天干那事，上午打猎，下午捕鱼，傍晚从事畜牧，晚饭后从事批判，这样就不会使我老是一个猎人、渔夫、牧人或批判者。"③

但是若要消灭私有制，变革资本主义制度，固然需要诉诸无产阶级革命，然而技术也是必不可少的力量，也就是说技术异化的克服少不了技术途径，这主要是从技术促进社会发展和人类解放的角度来说的。人类生活离不开技术，技术是人在这个世界上立足的基础，人类社会的发展也与技术进步密切相关。在谈到技术的作用时，马克思说："蒸汽、电力和自动走锭纺纱机甚至是比巴尔贝斯、拉斯拜尔和布朗基诸位公民更危险万分的革命家。"④ 技术渗透在生产力的诸要素中，大大提高生产效率，成为生产力发展的有力杠杆；而生产力与生产关系是矛盾的统一体，"随着一旦已经发生的、表现为工艺革命的生产力革命，还实现着生产关系的革命"⑤。技术的影响不但作用于生产力、生产关系，它也对社会结构、社会状态甚至于人们的思想观念产生影响。马克思在谈到中国社会时，他认为中国社会是封闭的、停滞的，与外界隔绝的状态，但是新型的纺织技术逼迫这个古老的、闭关自守的帝国不得不改变了。"有一个事实毕竟是令人欣慰的，即世界上最古老最巩固的帝国八年来被英国资产者的印花布带到了一场必将对文明产生极其重要结果的社会变革的前夕。当我们的欧洲反动

---

① 马克思，恩格斯．马克思恩格斯选集：第1卷［M］．3版．北京：人民出版社，2012：165.

② 马克思，恩格斯．马克思恩格斯全集：第27卷［M］．北京：人民出版社，1972：575.

③ 马克思，恩格斯．马克思恩格斯选集：第1卷［M］．3版．北京：人民出版社，2012：165.

④ 马克思，恩格斯．马克思恩格斯选集：第1卷［M］．3版．北京：人民出版社，2012：775.

⑤ 马克思．机器、自然力和科学的应用［M］．北京：人民出版社，1978：111.

分子不久的将来在亚洲逃难，到达万里长城，到达最反动最保守的堡垒的大门的时候，他们说不定会看见上面写着：中华共和国：自由，平等，博爱。"① 从这里我们可以看到，马克思对技术是抱着乐观的态度的，纵然技术应用的效果会受到社会机制的左右，但它终究会冲破这种束缚，引领着社会向前发展，并最终实现人的解放。

总之，马克思对技术的批判不是针对技术本身的，而是将技术置于具体的社会背景下展开对技术的社会批判，只有这样，我们才能深入到技术所产生的结果的背后，一探技术正负效应的究竟，从而制定出促使技术"向善"的可行措施。

① 马克思恩格斯论中国［M］．北京：人民出版社，2015：134.

《资本论》及其手稿中体现出的法学思想

侯廷智

（中国政法大学，北京，100088）

《资本论》是马克思倾毕生精力撰写的一部经典著作，虽然它主要是一部政治经济学著作，但被称为马克思主义理论的百科全书。这是因为在《资本论》的创作过程中，不仅科学地揭示了商品经济规律和资本主义社会的经济运动规律，而且还精辟地阐释了唯物辩证法和科学社会主义的基本原理，其中也包含着对法学思想基本理论的分析与阐述。在《资本论》及其手稿中，马克思通过对商品经济进行层层深入的分析，揭示了构成法的关系的基础是社会经济关系，并通过大量的经济活动现象，阐述了法的阶级性和物质制约性的基本原理。这些基本原理，为我们今天进行社会主义法制建设提供了宝贵的思想材料。

一、法的关系是人的经济关系的反映

（一）构成法的关系的基础是社会经济关系

马克思认为，不同的生产力和生产方式构筑成不同的生产关系，而生产关系就是“人们在他们的社会生活过程中，在他们的社会生活的生产中所处的各种关系”①，它是社会经济关系的基础。在商品经济条件下，经济关系体现为市场交换中交易主体之间、企业组织中雇主与雇员之间的利益分配与冲突。这一点，马克思在早期形成其历史唯物主义法哲学的过程中，就从生产方式的变革入手，在劳动异化的基础上，逻辑地推导出资本主义社会异化的全过程：生产方式变革——私有财产异化——劳动异化——市民社会异化——法律异化，而异化的过程也就是利益争夺和分配的过程。从唯物史观出发，马克思认为，每

① 马克思，恩格斯．马克思恩格斯全集：第 25 卷［M］．北京：人民出版社，1972：993.

一个社会的经济关系首先是作为利益表现出来的，因此，经济利益是一切行动的客观动因。在此基础上，“每种生产形式都产生它所特有的法的关系、统治形式等等”①。

一定社会的法律是由一定社会的物质生活条件决定的，法律关系是人的社会经济关系的反映。马克思在《资本论》中，讲到生息资本时有这样一段论述：

> 生产当事人之间进行的交易的正义性在于：这种交易是从生产关系中作为自然结果产生出来的。这种经济交易作为当事人的意志行为，作为他们的共同意志的表示，作为可以由国家强加给立约双方的契约，表现在法律形式上，这些法律形式作为单纯的形式，是不能决定这个内容本身的。这些形式只是表示这个内容。这个内容，只要与生产方式相适应，相一致，就是正义的；只要与生产方式相矛盾，就是非正义的。②

在这里，马克思清楚地阐明了法律与社会经济的关系是形式与内容之间的关系。法律只能根植于社会经济活动之中，以社会经济活动为基础才具有生命力。法律的性质、内容、特点及其发展规律，归根结底只能由社会的物质生活条件决定，如果离开客观的物质生活条件，离开社会经济关系及其发展要求，即使是制定了法律，也只是空洞的甚至是违背社会经济规律的一纸空文，在实际生活中是无法实现。正如马克思在1849年的一次演讲中所说：“社会不是以法律为基础的。那是法学家们的幻想。相反地，法律应该以社会为基础。法律应该是社会共同的、由一定物质生产方式所产生的利益和需要的表现，而不是单个人的个人恣意横行。”③ 由此我们得知，法律的最终内容是由社会物质生活条件决定的。

在《资本论》1857—1858年手稿的《导言》，即《〈政治经济学批判〉导言》中，马克思对交换行为有这样一段阐述：

> 尽管个人A需要个人B的商品，但他不是用暴力去占有这个商品，反过来也一样，相反地他们互相承认对方是所有者，是把自己的意志渗透到商品中去的人。因此，在这里第一次出现了人的法律因素以及其中包含的

① 马克思，恩格斯．马克思恩格斯选集：第2卷［M］．北京：人民出版社，1995：6.

② 马克思，恩格斯．马克思恩格斯全集：第25卷［M］．北京：人民出版社，1972：379.

③ 马克思，恩格斯．马克思恩格斯全集：第6卷［M］．北京：人民出版社，1961：291－292.

自由的因素。谁都不用暴力占有他人的财产。①

在这部手稿的后面，马克思再一次表达了这样的认识：交换的双方“互相承认对方是所有者，是把自己的意志渗透到自己的商品中去的人，并且只是按照他们共同的意志，就是说实质上是以契约为媒介，通过互相转让而互相占有。这里边已有人的法律因素以及其中包含的自由因素”。② 很显然，马克思在这里提出了两点认识：第一，商品交换所体现出的意志关系，是以“互相承认对方是所有者”这种经济关系为基础的；第二，这种交换的意志关系“是以契约为媒介”的，这就包含着“人的法律因素”。所谓“人的法律因素”，是指人们在社会经济活动中包含的、客观存在的还没有被法律明确固定下来的法律关系，它虽然不是法律关系本身，但它是产生法律关系的现实基础。正如马克思所说的：“过去表现为实际过程的东西，在这里表现为法律关系，也就是说，被承认为生产的一般条件，因而也就在法律上被承认，成为一般意志的表现。”③ 正是从这个意义上说，社会经济活动就是法制经济，它反映的是人们社会经济活动的内在要求。

基于这样的认识，马克思在《资本论》第一卷第二章开头就提出了一个著名的法学理论的经典认识：交换双方“必须是彼此承认对方是私有者。这种具有契约形式的（不管这种契约是不是用法律固定下来的）法权关系，是一种反映着经济关系的意志关系。这种法权关系或意志关系的内容是由这种经济关系本身决定的”④。所以马克思说：“人们扮演的经济角色不过是经济关系的人格化，人们是作为这种关系的承担者而彼此对立着的。”⑤ 也就是说，法的关系是一定社会经济关系的意志化形态，这种意志化的关系不管是否用明确的法律固定下来，它都是社会经济关系的反映，离开了对经济关系的考察就不可能认识到法的本质规定。所以马克思在《〈政治经济学批判〉序言》中概括出了历史唯物主义的基本原理：

法的关系正像国家的形式一样，既不能从它们本身来解释，也不能从

① 马克思，恩格斯．马克思恩格斯全集：第46卷（上）［M］．北京：人民出版社，1979：195.

② 马克思，恩格斯．马克思恩格斯全集：第46卷（下）［M］．北京：人民出版社，1979：472.

③ 马克思，恩格斯．马克思恩格斯全集：第46卷（上）［M］．北京：人民出版社，1979：519.

④ 马克思，恩格斯．马克思恩格斯全集：第23卷［M］．北京：人民出版社，1972：102.

⑤ 马克思，恩格斯．马克思恩格斯全集：第23卷［M］．北京：人民出版社，1972：103.

> 所谓人类精神的一般发展来理解，相反，它们根源于物质的生活，这种物质的生活关系的总和，黑格尔按照18世纪的英国人和法国人的先例，概括为“市民社会”，而对市民社会的解剖应该到政治经济学中去寻找。……人们在自己生活的社会生产中发生一定的、必然的、不以他们的意志为转移的关系，即同他们的物质生产力的一定发展阶段相适应的生产关系。这些生产关系的总和构成社会的经济结构，即有法律的和政治的上层建筑竖立其上并有一定的社会意识形式与之相适应的现实基础。物质生活的生产方式制约着整个社会生活、政治生活和精神生活的过程。不是人们的意识决定人们的存在，相反，是人们的社会存在决定人们的意识。社会的物质生产力发展到一定阶段，便同他们一直在其中运动的现存生产关系或财产关系（这只是生产关系的法律用语）发生矛盾。于是这些关系便由生产力的发展形势变成生产力的桎梏。那时社会革命的时代就到来了。随着经济基础的变更，全部庞大的上层建筑业或慢或快地发生变革。①

这里应该引起注意的是，马克思把财产关系看作“只是生产关系的法律用语”，说明马克思将“财产关系”和“生产关系”看作意义相同的范畴，只不过一个是法律用语，一个是社会经济关系用语。

（二）占主导地位的经济关系必然上升为反映统治阶级意志关系的法权关系

马克思提出法权关系的本质即法的关系，是由国家权力所确认和保护的权利主体之间的法律权利义务关系。作为上层建筑的一部分，它必然体现为占统治地位权利主体的意志关系，是这一权利主体意志关系的法律化和固定化。因此法权关系的基础是一定社会占主导地位的经济关系。马克思在《资本论》第三卷论述劳动地租时讲到：

> 很清楚，在这里，并且到处都一样，社会上占统治地位的那部分人的利益，总是要把现状作为法律加以神圣化，并且要把习惯和传统对现状造成的各种限制，用法律固定下来。②

这里需要指出的是，马克思的这一认识不仅仅是针对这里论述的劳动地租

① 马克思，恩格斯．马克思恩格斯选集：第2卷［M］．北京：人民出版社，1995：32－33.

② 马克思，恩格斯．马克思恩格斯全集：第25卷［M］．北京：人民出版社，1972：893－894.

而言，而是强调“到处都一样”，即具有普遍的认识意义。那么，这种占主导地位的经济关系为什么必然会上升为反映统治阶级意志关系的法权关系呢？

早在《德意志意识形态》中，马克思、恩格斯就做出了解释：

> 统治阶级的思想在每一时代都是占统治地位的思想。这就是说，一个阶级是社会上占统治地位的物质力量，同时也是社会上占统治地位的精神力量。支配着物质生产资料的阶级，同时也支配着精神生产的资料，因此，那些没有精神生产资料的人的思想，一般地是受统治阶级支配的。占统治地位的思想不过是占统治地位的物质关系在观念上的表现，不过是表现为思想的占统治地位的物质关系；因而，这就是那些使某一个阶级成为统治阶级的各种关系的表现，因而这也就是这个阶级的统治的思想。①

在资本主义社会商品经济中，占主导地位的经济关系是市场经济的自由交换和工厂科层制的生产，劳动力的买卖在形式上的等价交换与资本家对工人剩余劳动无偿占有的事实状态，决定了维护这种经济利益关系是符合资产阶级统治利益的，因而将这种现状予以定型最恰当的方式就是由法律来加以规范。对此，马克思指出，“如果一种生产方式持续一个时期，那么，它就会作为习惯和传统固定下来，最后被作为文明的法律加以神圣化”②。这就是说，习惯和传统是法律最初的不成文的现状形式，现状的基础是由一定的生产力决定的生产关系，现状的形式是规则和秩序本身，法律是对社会规则和秩序一般现状的确认，“这种规则和秩序，正好是一种生产方式的社会固定的形式，因而是它相对地摆脱了单纯偶然性和单纯任意性的形式”③ 而成为法律形式，并且其一经确立，就具有强制性和权威性。

经济关系的本质在于反映社会经济活动中占主导地位的经济利益关系，当这种关系上升为意志关系、法权关系时，法律维护这种利益关系的合法性与正当性也就顺理成章了。由此我们得知，法的本质就是从法律形态上维护占统治地位的经济利益关系，它是国家（统治阶级）意志的体现。

（三）法权关系的核心是所有权

在研究所有权时，马克思不是孤立地就所有权论所有权，而是与所有制联系起来的。所有制是一定社会的人们对生产资料的占有方式，所有权则是所有

---

① 马克思，恩格斯．马克思恩格斯全集：第3卷［M］．北京：人民出版社，1965：52.

② 马克思，恩格斯．马克思恩格斯全集：第25卷［M］．北京：人民出版社，1972：894.

③ 马克思，恩格斯．马克思恩格斯全集：第25卷［M］．北京：人民出版社，1972：894.

制在法律上的表现形式。所有制在现象上是人对物的归属关系，但实际上体现了人与人之间的社会关系，因为一定的人把某物质财富看作是自己的、属于他的东西，也就同时排除了其他人对该物质财富的归属。所有制问题是社会生产关系即经济关系的核心内容。权利是反映一定社会生产关系的法律范畴，而所有权正是这种社会生产关系即经济关系在法律上的明确形式。它是通过法律确认的有关财产，包括生产资料、生活资料和其他财物的占有、使用、收益、处置等具有排他性的权利，是所有制在法律上的表现。土地所有权、资本所有权是现代社会所有权关系的两大重要领域。土地所有权的演化与发展，是对不同时期劳动者与土地不同结合方式下的土地所有制的客观反映。马克思说：

> 土地所有权的前提是，一些人垄断一定量的土地，把它作为排斥其他一切人的、只服从自己个人意志的领域。……这种权力的利用，完全取决于不以他们意志为转移的经济条件。法律观念本身只是说明，土地所有者可以像每个商品所有者处理自己的商品一样去处理土地；并且，这种观念，这种关于土地自由私有权的法律观念，在古代世界，只是在有机的社会秩序解体的时期才出现；在现代世界，只是随着资本主义生产的发展才出现。①

对于资本主义社会中的资本所有权关系，马克思指出："资本关系以劳动者和劳动实现条件的所有权之间的分离为前提。……创造资本关系的过程，只能是劳动者和他的劳动条件的所有权分离的过程"②，这就深刻地揭示了资产阶级对资本所有权的本质规定。

马克思认为，不论是土地所有权，还是资本所有权，本质上都是源于对生产资料的所有制，是所有制的权利关系的体现，是不同社会形态生产关系的体现。因此，这种权利关系就要通过社会生产本身来实现，马克思说："创造这种权利的，是生产关系。一旦生产关系达到必须改变外壳的程度，这种权利和一切以它为依据的交易的物质源泉，即一种有经济上和历史上的存在理由的、从社会生活的生产过程产生的源泉，就会消失。"③ 在这里马克思告诉我们，生产关系及其所有制的变化，必然会引起包括所有权在内的各种权利的变化，因为

---

① 马克思，恩格斯．马克思恩格斯全集：第25卷［M］．北京：人民出版社，1972：696.

② 马克思，恩格斯．马克思恩格斯全集：第23卷［M］．北京：人民出版社，1972：782－783.

③ 马克思，恩格斯．马克思恩格斯全集：第25卷［M］．北京：人民出版社，1972：874－875.

社会经济活动及其制度是构成法权关系的源泉。一定法律制度的建立是以一定的所有制为基础，并表现、维护这一所有制关系上的所有权，这是马克思主义法哲学的一个基本思想。

通过对土地所有权和资本所有权鞭辟入里的分析，马克思批判了孟德斯鸠笼统的“法的精神”，赞同当时法国的著名律师兰盖对法律的产生、意义及作用的阐述，并进一步论述了法与所有权、法与经济的辩证关系，从而科学地回答了“法律的精神是什么”这一问题，即法律是对生产关系创设的所有权关系的一种确认，所有权既是法权关系最根本的内容，又是法律属性的一块试金石。所以马克思认为，所有权关系是重要的法律关系，也是各种法权关系的核心内容，以致他对兰盖的论断：“法律的精神就是所有权”① 表示赞同，并指出这是一种深刻的认识。

二、资产阶级法律服务于资本主义制度

关于法的关系是经济关系反映的论点，马克思、恩格斯在《德意志意识形态》和《共产党宣言》中已经提出，但是没有详细地加以论证。马克思在《资本论》中直接从商品经济和交换关系入手，从理论上和例证上批判了种种关于法的错误认识，以“符合统治阶级利益的法的关系是受一定的社会经济关系制约的，是社会经济关系的表现形式”为出发点，科学地揭露并论证了法律的本质。并且将《共产党宣言》中关于法的阶级意志性和物质制约性的著名论点加以充分的展开，从大量的经济现象中发现并阐明法律形式是相应经济关系的必然表现形式，至此马克思科学的法学观在《资本论》中得到了全面的论证和集中体现。

英国在 19 世纪的中后期就完成了工业革命，生产力得到极大发展，同时，也出现了诸多社会问题，这些问题激起了劳动人民的不满和反抗斗争，打砸机器、罢工频发。1802 年，英国议会通过了世界上的第一个工厂法。此后又陆续通过了一系列的法律，适用范围逐渐扩大到所有工厂工人。马克思在《经济学手稿（1861—1863 年）》中，对资产阶级工厂制度的这种立法进行揭露时说：

> 这是世界上独一无二的立法——独一无二的法规（至少奴隶主不搞这类立法丑剧也行），它的公开目的无非是使那种只考虑私人利益，只考虑榨

① 马克思，恩格斯．马克思恩格斯全集：第 26 卷（Ⅰ）［M］．北京：人民出版社，1972：368.

取金钱的立法者靠牺牲他的臣民来最大限度地“发财致富”。①

马克思、恩格斯指出，英国议会之所以制定工厂法，其主要目的并不是为了保护工人，当然更不是为了提高他们的社会地位。恩格斯早在《英国状况 英国宪法》和《英国工人阶级状况》这两本著作中，就曾深刻地揭露资产阶级法制的虚伪性及其阶级本质：

> 全部英国宪法和一切立宪主义者的舆论无非是一个弥天大谎，当他的真正本质有时候在某些地方暴露得过于明显的时候，就不断地用无数的小谎言来弥补和掩盖……②

资本主义社会中立法者首先就是为了保护有产者能够剥削和压迫无产者，只是因为有了无产者，所以才必须有法律，敌视无产阶级是资产阶级法律不可动摇的基础，工人在法律和事实上同样都是资产阶级的奴隶。

> 对资产者说来，法律当然是神圣的，因为法律本来就是资产者创造的，是经过他同意并且为了保护他的利益而颁布的。资产者懂得，即使个别的法律条文对他不方便，但是整个立法毕竟是用来保护他的利益的……但在工人看来当然就不是这样。工人有足够的体验知道得十分清楚，法律对他们来说是资产阶级给他们准备的鞭子，因此，只有在万不得已时工人才诉诸法律。③

因此，在资本主义社会中，由于无产阶级和资产阶级在利益上根本对立，所以资本主义立法当然只代表资产阶级的利益，而与雇佣工人的利益尖锐对立。

马克思在《资本论》中更是鲜明地揭示说：

> 立法者根本不想触犯资本榨取成年劳动力的自由，即他们所说的“劳动自由”，于是想出一种别出心裁的制度来防止工厂法造成这种令人发指的后果。④

并且指出，即使法律做出了对资产阶级行为的一些限制，但在执行时也不能真正实施，他说道：

---

① 马克思，恩格斯．马克思恩格斯全集：第47卷［M］．北京：人民出版社，1979：528.

② 马克思，恩格斯．马克思恩格斯全集：第1卷［M］．北京：人民出版社，1956：704.

③ 马克思，恩格斯．马克思恩格斯全集：第2卷［M］．北京：人民出版社，1965：515－516.

④ 马克思，恩格斯．马克思恩格斯全集：第23卷［M］．北京：人民出版社，1972：309.

> 在1867年的这次英国立法中引人注意的地方是：一方面，统治阶级的议会不得不被迫在原则上采取非常的和广泛的措施，来防止资本主义剥削的过火现象；另一方面，议会在真正实现这些措施时又很不彻底、很不自愿、很少诚意。①

在对资本主义劳动力买卖这种形式上的平等掩盖了真实的法权关系，更是愤慨地揭露说："这个领域确实是天赋人权的真正乐园。那里占统治地位的只是自由、平等、所有权和边沁。自由！因为商品例如劳动力的买者和卖者，只取决于自己的意志。……平等！因为他们彼此只是作为商品所有者发生关系，用等价物交换等价物。……所有权！因为他们都只支配自己的东西。边沁！因为双方都只顾自己。"② 在这里好像他们都是为了实现自己的私人利益，是平等、自由的。然而，一离开这个商品交换的领域，"就会看到，我们的剧中人的面貌已经起了某些变化。"资本家"笑容满面，雄心勃勃"地获得了法律保护的全部经济和政治权利，而工人只能"战战兢兢"地获得维持自己生活必需的基本物质资料③。所以，马克思指出，资本主义生产方式的确立"是以直接生产者的赤贫为代价而取得的"④。

在资本主义社会情况下，无产阶级要想通过什么"人民直接立法"来实现自己的经济利益和保证自己应有的社会政治地位，只是不切实际的幻想。所以，马克思强调工人阶级只有团结起来，与资产阶级进行斗争才能争取到维护自己利益的法权。他说："为了'抵御'折磨他们的毒蛇，工人必须把他们的头聚在一起，作为一个阶级来强行争取一项国家法律，一个强有力的社会屏障，使自己不致再通过自愿与资本缔结的契约而把自己和后代卖出去送死和受奴役。"⑤ 在《资本论》第一版序言中，马克思更是明确地指出，"工人阶级自身的发展程度"会使"现在的统治阶级，不管有没有较高尚的动机，也不得不为了自己的切身利益，把一切可以由法律控制的、妨害工人阶级发展的障碍除去"⑥，从而使工人阶级自身的利益得以保证。

---

① 马克思，恩格斯．马克思恩格斯全集：第23卷［M］．北京：人民出版社，1972：542.
② 马克思，恩格斯．马克思恩格斯全集：第44卷［M］．北京：人民出版社，2001：199－200.
③ 马克思，恩格斯．马克思恩格斯全集：第25卷［M］．北京：人民出版社，1972：199－200.
④ 马克思，恩格斯．马克思恩格斯全集：第25卷［M］．北京：人民出版社，1972：697.
⑤ 马克思，恩格斯．马克思恩格斯全集：第23卷［M］．北京：人民出版社，1972：335.
⑥ 马克思，恩格斯．马克思恩格斯全集：第23卷［M］．北京：人民出版社，1972：11.

马克思在《资本论》中还用大量的文字叙述了英国工厂法的历史、内容和结果，从法律关系这个侧面揭示了资本积累和自由资本主义时期社会各阶级的政治关系及相互间的利益斗争，深刻地揭露了当时英国工厂法的实质，阐明了工人阶级通过斗争迫使资产阶级的法律在某些方面做出了有利于工人阶级的让步，但最终目的还是为了更好地维护资产阶级的切身利益。他指出，英国的工厂立法虽然在一定程度上给工人阶级带来了某些好处，但同时它又造成“工厂法的奴隶制”①。即便如此，马克思还是认为：“工厂法的制定，是社会对其生产过程自发形式的第一次有意义、有计划的反作用。”② 这里讲的意义和反作用，是指作为现代文明的工厂法在它的发展过程中，必然会造成工人阶级的觉醒，它为工人阶级夺取政权、争取上升为统治阶级，从而为极大地促进和发展社会生产力提供了前提条件，正如马克思在讲到工厂法中与教育有关的条款时说的：

> 如果说，工厂法作为从资本那里争取来的最初的微小让步，只是把初等教育同工厂劳动结合起来，那么毫无疑问，工人阶级在不可避免地夺取政权之后，将使理论的和实践的工艺教育在工人学校中占据应有的位置。③

马克思在批判资本主义法律阶级性的同时，也肯定了法律具有社会公共职能。这是因为马克思认识到：“一切生产阶段所共有的、被思维当做一般规定而确定下来的规定，是存在的”④，这就是“生产一般”。建立在“生产一般”基础上的法律关系必然具有社会公益的职能。马克思指出，在资本主义国家里“政府的监督劳动和全面干涉包括两方面：既包括执行由一切社会的性质产生的各种公共事务，又包括由政府同人民大众相对立而产生的各种特殊职能。”⑤ 既然对公共事务的管理和调整是国家的一项重要职能，因而必然会通过法律这个以国家强制力为后盾的武器来实施。

三、对自由、平等和法的关系的阐述

此外，资产阶级法律抛开具体的社会经济关系抽象地宣扬权利平等、自由，鼓吹超历史、超阶级的永恒观念也是虚伪的。马克思有指向地揭示了资产阶级

---

① 马克思，恩格斯．马克思恩格斯全集：第23卷［M］．北京：人民出版社，1972：332.
② 马克思，恩格斯．马克思恩格斯全集：第23卷［M］．北京：人民出版社，1972：527.
③ 马克思，恩格斯．马克思恩格斯全集：第23卷［M］．北京：人民出版社，1972：535.
④ 马克思，恩格斯．马克思恩格斯选集：第2卷［M］．北京：人民出版社，1995：6.
⑤ 马克思，恩格斯．马克思恩格斯全集：第25卷［M］．北京：人民出版社，1972：432.

宣扬的自由、平等的实质，指出资本主义的自由和平等只是存在于商品交换的界限之内，在这个领域的背后或者离开这个领域，建立在工人的人身自由基础上的雇佣劳动才是资本主义生产方式的基础，人与人之间表面上的平等关系实质上是不平等的，因为“资本面前人人平等”，掩盖了“平等地剥削劳动力，是资本首要的人权”① 这一本质规定。恩格斯在对《资本论》第1卷作书评时曾赞同马克思的分析，明确指出：

> 现在我们如果回顾一下我们假定‘自由的’和‘平等的’工人同资本家订立契约的那一时刻，我们就会发现，在生产过程中许多东西都变得大不相同了。从工人方面来看，这种契约并不是自愿的。他每天自由出卖劳动力的时间是他们被迫出卖劳动力的时间；工人只有进行群众性的反抗，才能争取实施一种国家法律，以保障自己不再因‘自愿’契约而把自己和自己的后代出卖，沦于死亡和奴隶的境地。②

自由和平等是现代资本主义社会最基本的法律和道德范畴，在资产阶级思想家看来，它们是天赋的人权、先验的正义。但是，马克思和恩格斯却从客观存在的商品经济关系中，发现了它们存在的物质根据。马克思在1857—1858年经济学手稿中，这样写道：

> 流通中发展起来的交换价值过程，不但尊重自由和平等，而且自由和平等是它的产物；它是自由和平等的现实基础。作为纯粹观念，自由和平等是交换价值过程的各种要素的一种理想化的表现；作为在法律的、政治的和社会的关系上发展了的东西，自由和平等不过是另一次方上的再生产物而已。这种情况也已为历史所证实。③

在《资本论》中，马克思更是明确地说：

> 价值表现的秘密，即一切劳动由于而且只是由于都是一般人类劳动而具有的等同性和同等意义，只有在人类平等概念已经成为国民的牢固的成见的时候，才能揭示出来。而这只有在这样的社会里才有可能，在那里，商品形式成为劳动产品的一般形式，从而人们彼此作为商品所有者的关系

① 马克思，恩格斯．马克思恩格斯全集：第23卷［M］．北京：人民出版社，1972：324.

② 马克思，恩格斯．马克思恩格斯全集：第16卷［M］．北京：人民出版社，1964：345－346.

③ 马克思，恩格斯．马克思恩格斯全集：第46卷（下）［M］．北京：人民出版社，1980：477.

成为占统治地位的社会关系。①

商品不能自己到市场去，不能自己去交换。因此，我们必须找寻它的监护人，商品所有者。……为了使这些物作为商品彼此发生关系，商品监护人必须作为有自己的意志体现在这些物中的人彼此发生关系，因此，一方只有符合另一方的意志，就是说每一方只有通过双方共同一致的意志行为，才能让渡自己的商品，占有别人的商品。②

从上述引文中我们可以看到，马克思指出了现代人们的自由与平等是建立在商品经济关系的基础上，换句话说，自由、平等是商品经济形式的客观要求。法律只是将这种客观的要求上升为社会“一般意志的表现”而规范人们的行为。所以，马克思的结论是：“交换价值制度，或者更确切地说，货币制度，事实上是自由和平等的制度。”但是，它在资本主义这种“更深入发展”的商品经济中，却表现为“所有权、自由和平等本身的内在矛盾即混乱”。③ 这就是说平等在雇佣劳动制度下成为一种华丽的空谈。

关于平等，恩格斯在《反杜林论》中设有专门的章节来论述马克思主义的基本观点。他论述道：

一切人，作为人来说，都有某些共同点，在这些共同点所及的范围内，他们是平等的，这样的观念自然是非常古老的。但是现代的平等要求是与此完全不同的；这种平等要求更应该是，从人的这种共同性中，从人就他们是人而言的这种平等中，引申出这样的要求：一切人，或至少是一个国家的一切公民，或一个社会的一切成员，都应当有平等的政治地位和社会地位。要从这种相对平等的原始观念中得出国家和社会中的平等权利的结论，要使这个结论甚至能够成为某种自然而然的、不言而喻的东西，那就必然要经过而且确实已经经过几千年。④

罗马法上的私人平等、基督教原罪的平等和资产阶级交换的平等以及人权的平等，再到后来的无产阶级消灭阶级并在社会经济领域中的真正的平等，本身都是一种历史的产物。平等这一观念的形成，“需要一定的历史关

① 马克思，恩格斯．马克思恩格斯全集：第23卷［M］．北京：人民出版社，1972：74－75.

② 马克思，恩格斯．马克思恩格斯全集：第23卷［M］．北京：人民出版社，1972：102.

③ 马克思，恩格斯．马克思恩格斯全集：第46卷（下）［M］．北京：人民出版社，1980：478.

④ 马克思，恩格斯．马克思恩格斯选集：第3卷［M］．北京：人民出版社，1995：443.

系，而这种历史关系本身又以长期的以往的历史为前提”①。所以，如果将平等观念理解为任何时代都是一样的，也就不是永恒的真理。永恒的真理是，每一时代随着占统治地位的社会经济关系的确立与发展，平等有着不同的真实内容。

在阶级社会里，平等观念是有阶级性的，一定的平等观念必然打上阶级的烙印。早期的基督教的平等观念，反映奴隶、平民和被罗马人征服的人们仇视富人，反对罗马帝国的统治而主张人人平等的要求。资产阶级的平等要求，是资产阶级为了摆脱封建政治制度的束缚，发展资本主义经济而提出的。尽管它以普遍“人权”的面目出现，但其实质是为资产阶级私利服务的。无产阶级的平等要求，是由无产阶级的阶级地位和历史使命决定的，它代表无产阶级的根本利益。所以恩格斯说：

> 无产阶级所提出的平等要求有双重意义。或者它是对明显的社会不平等，对富人和穷人之间、主人和奴隶之间、骄奢淫逸者和饥饿者之间的对立的自发反应……或者它是从对资产阶级平等要求的反应中产生的，它从这种平等要求中吸取了或多或少正当的、可以进一步发展的要求，成了用资本家本身的主张发动工人起来反对资本家的鼓动手段；在这种情况下，它是和资产阶级平等本身共存亡的。在上述两种情况下，无产阶级平等要求的实际内容都是消灭阶级的要求。任何超出这个范围的平等要求，都必然要流于荒谬。②

马克思在《资本论》中不仅说明了自由、平等作为资本主义社会法权和道德规范的客观性，同时也揭露了它的表面性和虚伪性。马克思对资本主义经济关系的分析是从商品开始的，商品流通既是资本的逻辑起点，又是资本的历史起点，资本主义经济制度中的所有经济关系都首先表现为一种等价的商品关系，货币转化为资本必须在商品等价交换的基础上根据商品所有权的内在规律来加以说明。但是，在马克思看来，对于揭示资本主义占有关系的本质来说，交易过程中的这种契约关系只不过是一种表面现象，它不仅不能真实反映生产关系的本质，反而掩盖了生产关系的真实性质。

总之，在《资本论》及其创作过程中，马克思研究的“最终目的就是现代

---

① 马克思，恩格斯．马克思恩格斯选集：第3卷［M］．北京：人民出版社，1995：444－448.

② 马克思，恩格斯．马克思恩格斯选集：第3卷［M］．北京：人民出版社，1995：448.

社会的经济运动规律"①，而不是专门以法律为研究对象，但是马克思在分析资本主义商品经济运动规律的同时，也深入地剖析了资产阶级法律的本质特征，对法的含义、作用和社会职能作了更加明确的阐述，奠定了马克思主义法学理论体系的坚实基础，这对指导我国社会主义法制建设具有重要的理论指导意义。

① 马克思，恩格斯．马克思恩格斯全集：第23卷［M］．北京：人民出版社，1972：11.

论马克思劳动哲学视阈下的法律方法论

黄云明

（河北大学 马克思主义学院，河北 保定，071002）

受苏联《联共党史》四章二节中关于马克思哲学思想阐释的影响，我国马克思哲学研究者将马克思哲学确定为物质本体论，由此出发将辩证法理解为客观辩证法，将历史唯物主义理解为物质本体论在社会历史领域的运用。对马克思哲学的这种理解，直接影响了对马克思法哲学的理解，也注定了不能真正将马克思辩证法和历史观贯彻到对马克思法哲学和法律伦理思想的理解中。准确理解马克思的法律伦理思想以正确理解马克思的法学方法论为前提。准确把握马克思的法学方法论必须将其纳入马克思的劳动哲学视阈中。

一、马克思法律方法论的哲学基础

马克思说："从前的一切唯物主义——包括费尔巴哈的唯物主义——的主要缺点是：对对象、现实、感性，只是从客体的或者直观的形式去理解，而不是把他们当作人的感性活动，当作实践去理解，不是从主体方面去理解。因此，结果竟是这样，和唯物主义相反，唯心主义却把能动的方面发展了，但只是抽象地发展了，因为唯心主义当然是不知道现实的、感性的活动本身的。"① 马克思在《关于费尔巴哈的提纲》中的这段名言，既是对以往唯物主义和唯心主义哲学本体论错误的清算，也是对其方法论的批判。以往唯物主义和唯心主义哲学的出发点错了，所以其整个哲学的路径也不正确。或者说，哲学本体论作为世界观，确定的就是认识世界的出发点问题，本身就是最重要的方法论问题。

马克思认为以往唯物主义哲学只从客观的角度把握对象、现实和感性，他们不知道什么是能动性，没有辩证思维，没有对世界辩证的把握，不知道什么

① 马克思，恩格斯．马克思恩格斯文集：第1卷［M］．北京：人民出版社，2009：503.

是辩证法；以往的唯心主义哲学只从主观的角度把握世界，不知道现实的、感性活动本身，也就是说不知道社会实践，所以，他们也不知道真正的辩证法，只能抽象地发展能动性。由此可知，马克思的辩证法其核心就是强调能够把握现实的能动性，而这个能动性在主体与客体的相互作用中，辩证思维就是要在主体与客体的相互作用中把握世界。“马克思的劳动辩证法不是像黑格尔那样把辩证法理解为绝对精神的变化的法则，也不是像后来的马克思主义者那样把辩证法理解为自然界事物发展变化的规律，它的对象和内容不单是自然物质，也不单是主观或者客观精神，而是社会实践，特别是物质生产实践即劳动，是主体与客体的统一，真正的辩证法精神就是体现在社会实践中，体现在劳动中。劳动辩证法对世界的把握反对离开人、离开劳动谈论客观世界，也反对离开自然、离开劳动来谈人和人的社会历史。”①

真正的辩证法就是要超越以往的唯物主义和唯心主义哲学，既不能单纯从客观物质世界出发，也不能单纯从主观精神出发把握世界，而必须在主体与客体、主观与客观的对立统一中把握世界，即从社会实践出发把握世界。马克思说：“我们看到，主观主义和客观主义，唯灵主义和唯物主义，活动和受动，只是在社会状态中才失去他们彼此间的对立，从而失去它们作为这样的对立面的存在；我们看到，理论的对立本身的解决，只有通过实践的方式，只有借助于人的实践力量，才是可能的；因此，这种对立的解决绝对不只是认识的任务，而是现实生活的任务，而哲学未能解决这个任务，正是因为哲学把这仅仅看作理论的任务。”② 也就是说，马克思找到了消除以往唯物主义和唯心主义哲学对立的金钥匙——社会实践，而从社会实践出发把握世界也就是马克思哲学方法论的灵魂——辩证法，马克思的辩证法是实践辩证法。

在以往的社会历史中，物质生活资料生产实践是最重要的实践，人们只有首先满足自己的衣食住行，才能够从事其他社会活动，而满足衣食住行在以往历史中占用了人们最多的时间和精力，人们在物质生活资料生产实践中形成的思维方式、价值观念自然而然地影响人们的行为方式和生活方式，所以物质生活资料生产实践即劳动是了解历史的切入点。马克思说：“整个所谓世界历史不外是人通过人的劳动而诞生的过程。”③ 实践辩证法更准确地说是劳动辩证法，即在物质生活资料生产实践的主客体相互作用中把握世界、社会和历史。

---

① 黄云明．马克思劳动伦理思想的哲学研究［M］．北京：人民出版社，2015：57.
② 马克思，恩格斯．马克思恩格斯文集：第1卷［M］．北京：人民出版社，2009：192.
③ 马克思，恩格斯．马克思恩格斯文集：第1卷［M］．北京：人民出版社，2009：196.

从哲学理论上说，本体论、方法论是价值观和历史观的基础。马克思不是首先形成了劳动本体论和劳动辩证法，将其运用到社会历史领域，才形成了其历史观。马克思是在研究政治、法律、宗教等社会问题的时候，发现脱离人的物质利益、脱离社会经济就不能阐释这些社会现象产生的最根本原因。要说明社会经济，就必须从物质财富的生产开始谈起。劳动是破解所有社会谜团的关键。马克思说："社会生活在本质上是实践的。凡是把理论诱入神秘主义的神秘东西，都能在人的实践中以及对这种实践的理解中得到合理的解决。"① 恩格斯也说，他和马克思是"在劳动发展史中找到了理解全部社会史的锁钥的新派别"②。社会实践特别是物质资料生产实践即劳动，是马克思哲学的本体论、辩证法和历史观的核心概念，劳动本体论和劳动辩证法是马克思在社会历史研究中最重要的发现，劳动历史观也是马克思劳动辩证法思想最集中的体现。

因为马克思哲学的研究者，将马克思的历史观定性为历史唯物主义，而且认为历史唯物主义是马克思将物质本体论在社会历史领域中的运用，这不仅不符合马克思创立劳动历史观的过程，更有违马克思历史观的基本精神。在社会历史问题的理解上，马克思既反对主观决定客观，也反对客观决定主观。马克思主张社会物质生活资料的生产方式是社会历史的决定力量。不是说物质是社会历史的决定力量，而是说社会实践是社会历史的决定力量，当然在社会实践中物质生活资料的生产实践最重要，所以，社会物质生活资料的生产方式是社会历史的决定力量的意思应该是物质生活资料的生产实践是社会历史的决定力量。物质生活资料的生产实践不能等同于物质，因为物质是客观的，而物质生活资料的生产实践是主客观的统一。所以，分析任何社会历史问题都不能单纯强调客观决定主观，而必须在主体与客体、主观与客观的对立统一的框架中进行。具体到法哲学，马克思法哲学方法论的核心也是必须在物质生活资料的生产实践即劳动的主客体统一中把握法律现象。

二、基于客观辩证法对马克思法律方法论理解的偏差

以往马克思哲学的研究者受苏联马克思哲学研究的影响，将马克思哲学的本体论概念确定为物质，导致他们将辩证法理解为客观辩证法，理解为事物发展的客观规律，不理解马克思辩证法是实践辩证法或劳动辩证法，辩证法是社会实践的规律，辩证法的核心精神是主客体的对立统一。以往马克思法学思想

---

① 马克思，恩格斯．马克思恩格斯文集：第1卷［M］．北京：人民出版社，2009：501.

② 马克思，恩格斯．马克思恩格斯文集：第4卷［M］．北京：人民出版社，2009：313.

的研究者受客观辩证法思想的影响，不能将马克思真正的辩证法精神贯彻到马克思法律思想研究中，对马克思法律方法论的理解，产生了诸多偏差。

首先，关于马克思法学思想的整体性质把握不够准确。

以往马克思法学思想的研究者，从马克思物质本体论和客观辩证法思想出发，理解马克思的法学思想的性质，将马克思法学思想作为一个纯粹的科学思想体系，赋予马克思法学思想浓厚的实证主义法学的色彩。他们说："法学是一门关于法的现象的规律性的认识的科学。法学方法论乃是关于如何认识法的现象运动规律性的方法总和。马克思主义经典作家认为，法学的每一个概念、范畴和原理都必须建立在丰富的实证材料之上。只有在丰富的经验材料基础上形成的'感性具体'，才是真实的、可靠的。否则，法学的思维抽象犹如无源之水、无本之木；或者，即便有所抽象，也只是表面肤浅的、片面的、非本质的，因而不能真正把握客观对象的内在属性。因此，马克思反复强调，必须'把我们的全部叙述都建立在事实的基础上，并且竭力做到只是概括地说明这些事实'，要'从世界本身的原理中为世界阐发新原理'。对法的现象的研究，应当深入到现有的客观关系和具体的社会条件之中，只有从现存的客观关系出发，才能证明一定的现象必然由当时存在的关系所引起。"①

不可否认，以上观点可以在马克思的著作中找到原典的依据，从上文我们引证的材料中，可以看到这些学者也引证了马克思原著中相关的阐述，实际上除了上面引证的那些话，我们还可以在马克思的原著中找到关于这种观点更明确的阐述。马克思在《论离婚法草案》中说："立法者应该把自己看作一个自然科学家。他不是在创造法律，也不是在发明法律，而仅仅是在表述法律，他用有意识的实在法把精神关系的内在规律表现出来。如果一个立法者用自己的臆想来代替事情的本质，那么人们就应该责备他极端任性。同样，当私人想违反事物的本质任意妄为时，立法者也有权利把这种情况看作是极端任性。"② 由此可见，马克思确实主张法律应该是社会现实的客观反映，法律必须与社会实际生活相适应。但是，是不是由此可以得出结论说，马克思认为法律就像自然规律一样，甚至和自然规律没有差别呢？答案显然是否定的，由此进一步得出结论，认为马克思主张法律就是一种客观的社会现象，法学就是一门科学，像自然科学家研究自然规律一样，研究法律这种现象的规律，距离马克思的本意就

① 公丕祥．马克思主义法律思想通史：第1卷［M］．南京：南京师范大学出版社，2014：11.

② 马克思，恩格斯．马克思恩格斯全集：第1卷［M］．北京：人民出版社，1995：347.

更加遥远了。

因为就在《论离婚法草案》中，马克思还说："法律只是在自由的无意识的自然规律变成有意识的国家法律时，才成为真正的法律。"① 这也就是说，马克思是认为法律应该像自然规律一样符合客观现实，但是它要真正确立为国家法律还要有一个过程，还要经过人主观意识的加工，还要体现人民的意志。马克思说："当然，只有当法律是人民意志的自觉表现，因而是同人民的意志一起产生并由人民的意志所创立的时候，才会有确实的把握，正确而毫无成见地确定某种伦理关系的存在已不再符合其本质的那些条件，做到既符合科学所达到的水平，又符合社会上已形成的观点。"② 也就是说，真正的法律既应该契合社会客观实际，也应该契合人民的意志，只有这样的法律才能促使人们自觉遵守，也才能够真正促进社会公序良俗的建立。马克思说："我们再一次重申我们已经发表过的意见：'如果任何立法都不能颁布法令让人们去做合乎伦理的事情，那么任何立法更不能承认不合伦理的事情是合法的'。"③ 既然法律是既要契合社会实际又要契合人民意志，那么法学也不可能完全科学化，法学应该坚持科学精神和人本精神的统一，马克思主义法学应该既是科学也是人文学。

其次，对马克思关于法学认识路线的解释存在偏差。

长期以来，在马克思法学思想研究中，人们存在着这样的共识，认为马克思和恩格斯在《德意志意识形态》中强调存在两条法学的认识路线，"一条是从天上降到地上，'从意识出发，把意识看作是有生命的个人'。这是唯心主义的法学认识路线。另一条是从地上升到天上，'从现实的、有生命的个人本身出发，把意识仅仅看作是他们的意识'。这是唯物主义的法学认识路线"。④

马克思和恩格斯在《德意志意识形态》中确实强调存在两条法学的认识路线，但是他们没有将这两条认识路线明确划为唯物主义和唯心主义。第一条路线概括为唯心主义认识路线大概不成问题，但是第二条路线概括为唯物主义认识路线符合马克思的本意吗？答案应该是否定的。让我们看看关于第二条路线马克思是怎么说的。马克思说："我们不是从人们所说的、所设想的、所想象的东西出发，也不是从口头说的、思考出来的、设想出来的、想象出来的人出发，去理解有血有肉的人。我们的出发点是从事实际活动的人，而且从他们的现实

---

① 马克思，恩格斯．马克思恩格斯全集：第1卷［M］．北京：人民出版社，1995：176.
② 马克思，恩格斯．马克思恩格斯全集：第1卷［M］．北京：人民出版社，1995：349.
③ 马克思，恩格斯．马克思恩格斯全集：第1卷［M］．北京：人民出版社，1995：347.
④ 公丕祥．马克思主义法律思想通史：第1卷［M］．南京：南京师范大学出版社，2014：11－12.

生活过程中还可以描绘出这一生活过程在意识形态上的反射和反响的发展。……发展着自己的物质生产和物质交往的人们，在改变自己的这个现实的同时也改变着自己的思维和思维的产物。不是意识决定生活，而是生活决定意识。"① 这样的观点与以往唯物主义的观点显然存在重大差别！以往的唯物主义认为物质决定意识，而这种观点认为不是物质决定意识，而是生活决定意识，当然马克思在这里强调的生活主要是物质生活，特别是生产物质生活资料的生活，也就是说，马克思在这里强调的不是物质决定意识，而是社会实践决定意识，是物质生活资料生产实践即劳动决定意识。这条认识路线认识法律问题不是要从物质出发，而是要从物质生活出发，从社会实践出发。所以，马克思明确指出他的认识路线不同于唯心主义也不同于以往的唯物主义。马克思说："只要描绘出这个能动的生活过程，历史就不再像那些本身还是抽象的经验主义所认为的那样，是一些僵死的事实的汇集，也不再像唯心主义者那样，是想象的主体的现象的活动。"② 马克思所说的抽象的经验主义显然指的就是以往的唯物主义。马克思在《关于费尔巴哈的提纲》中对以往唯物主义的缺陷阐释得更加明确，那就是他们只能将世界理解为感性的对象，而不是感性的活动。

马克思认为费尔巴哈与以往唯物主义者相比有一个很大的优点，他承认人也是感性对象，费尔巴哈的问题是仅仅把人作为感性对象，而不是感性活动，他没有把感性世界理解为构成这一世界的个人的全部活生生的感性活动，所以，在费尔巴哈那里，人不是现实的人，而是抽象的人，在社会生活领域费尔巴哈仍然局限在传统唯物主义的框架中，而这样的唯物主义是与历史相脱离的。马克思说："当费尔巴哈是一个唯物主义者的时候，历史在他的视野之外，当他去探讨历史的时候，他不是一个唯物主义者。"③ 马克思明确意识到唯心主义的问题，但是马克思也明确地认识到自己不能认同以往唯物主义的观点，所以他把自己的思想称为实践的唯物主义，他认为不理解社会实践，就不是实践唯物主义者，在社会生活领域就是唯心主义者。也就是说，如果只把世界理解为物质，只理解为感性对象，认为物质决定意识，或感性对象决定意识，而不是认为感性活动决定世界、决定意识，决定各种社会现象，那么在社会历史领域就仍然是唯心主义的。可见，马克思所说的第二种法学认识路线并不能划为唯物主义，而是应该称为实践的唯物主义。

---

① 马克思，恩格斯．马克思恩格斯文集：第1卷［M］．北京：人民出版社，2009：525.

② 马克思，恩格斯．马克思恩格斯文集：第1卷［M］．北京：人民出版社，2009：525.

③ 马克思，恩格斯．马克思恩格斯文集：第1卷［M］．北京：人民出版社，2009：530.

再次，对马克思关于社会存在和社会意识思想的理解存在偏差。

以往马克思哲学的研究者将唯物史观作为物质本体论在社会历史领域中的运用，认为社会存在决定社会意识是物质决定意识的社会历史的运用，认为只有社会经济是社会存在，是物质性的社会现象，政治、法律等社会意识是精神性和思想性的社会现象。他们说："很显然，包括法律和政治等在内的上层建筑，属于思想的社会关系的范畴，而不属于社会存在的范畴，作为思想的社会关系和社会意识的存在形式之一的法的现象，既是对不以人的意志和意识为转移的物质关系即社会存在的反映，也是人们维持自身生存的活动形式；法的现象属于社会发展的主观方面。"① 又说："那些不依赖于个人意志的物质生活条件，乃是法律现象赖以产生、存在和发展的现实基础。"②

显然，他们忽略了物质本体论是不能直接运用于社会生活领域得出唯物史观的结论的，一切旧唯物主义因为不了解感性的人的活动，在社会历史领域中只能是唯心主义的。只有从社会实践出发，把世界，特别是社会生活理解为人的感性活动即实践才能在社会历史领域确立唯物史观，即实践唯物主义历史观，或简称为实践历史观、劳动历史观。

实践历史观将社会的本质理解为实践的，在主客体的对立统一中把握社会，把所有社会现象都理解为主客体的对立统一，所以，马克思的实践历史观或者劳动历史观并不将社会现象分为物质性的和精神性的，并认为物质性的决定精神性的社会现象。所以，马克思法哲学也不会认为法律在社会生活中就是属于主观方面的、精神性的社会现象，被社会经济这种物质性的社会现象所决定。劳动历史观恰恰认为不论是社会经济还是政治、法律、道德、艺术、宗教都是主体与客体、主观与客观的对立统一，并不是说物质性的现象是社会现象的根本原因，而是说物质生活资料生产实践是社会现象的根本原因。生产力是社会历史的最终原因，是因为马克思认识到物质生活资料生产实践即生产劳动实践是一切社会实践的前提，人们只有首先满足衣食住行等物质生活需要，才能进行其他社会实践；生产劳动实践也是一切社会实践中最重要的实践，绝大多数社会成员不得不将自己的绝大多数时间和精力都用来进行生产劳动实践，所以，人们在生产劳动中形成的思维方式、价值观念决定性地影响着其他社会实践，

---

① 公丕祥. 马克思主义法律思想通史：第1卷［M］. 南京：南京师范大学出版社，2014：12-13.

② 公丕祥. 马克思主义法律思想通史：第1卷［M］. 南京：南京师范大学出版社，2014：13.

唯物史观的根本精神是强调物质生活资料生产实践决定精神生活资料生产实践，从这个意义上说，实践历史观、劳动历史观就是唯物史观。马克思说："个人怎样表现自己的生命，他们自己就是怎样。因此，他们是什么，这同他们的生产是一致的——既和他们生产什么一致，又和他们怎样生产一致。"① 个人是这样，社会也是这样，也就是说，劳动历史观认为社会怎么样是和这个社会的物质生产一致的，既和生产什么一致也和怎样生产一致。农业社会和工业社会的划分依据是社会物质生活的生产方式，即生产什么和怎么生产，自然经济社会和市场经济社会划分的依据则是社会物质生活的交往形式，即人们如何进行产品交换。由此可见，马克思法哲学的根本方法是强调从社会物质生活的生产方式和交往形式出发认识法律，认为社会物质生活的生产方式和交往形式决定法律体系的性质，而不是物质决定法律体系的性质。物质生活资料的生产和交换都是社会实践，都不是完全客观的和物质的，法律等社会意识当然也不完全是主观的和精神的。

三、马克思劳动辩证法的法律方法论

在社会实践中、在劳动中即在主客体的对立统一中把握世界、社会和人自身，是马克思哲学在本体论、方法论和社会历史观上一以贯之的精神。将马克思劳动辩证法思想用于理解其法哲学思想，就是突出从社会实践出发、从劳动出发即在主客体的对立统一中把握社会法律现象，强调法律是真理与价值的统一，历史与逻辑的统一。

首先，马克思法哲学强调法学研究要辩证把握法律与社会物质生产方式和交往方式的关系。

马克思以前的法哲学都是唯心主义法哲学，在马克思的时代，当时德国占据意识形态主流地位的历史法学派和黑格尔以及青年黑格尔法学派也同样都是典型的唯心主义法哲学。马克思和恩格斯在《德意志意识形态》中通过对青年黑格尔派法哲学的深入批判，清算了一切唯心主义法哲学的谬误，第一次系统阐述了实践的唯物主义法哲学。

马克思认为唯心主义法学总是从想象出来的东西出发认识社会和人，也就只能把人和社会当成是想象出来的，所以，他们不理解真正有血有肉的活生生的现实的个人，也不能真正阐明各种社会现象的本质。社会和人的本质都是实践的，只有从社会实践出发，特别是物质生产实践即劳动出发，才能真正阐明

① 马克思，恩格斯．马克思恩格斯文集：第1卷［M］．北京：人民出版社，2009：520.

各种社会现象的本质。马克思说："思想、观念、意识的生产最初是直接与人们的物质活动，与人们的物质交往，与现实生活的语言交织在一起的。人们的想象、思维、精神交往在这里还是人们物质行动的直接产物。表现在某一民族的政治、法律、道德、宗教、形而上学等的语言中的精神生产也是这样。"① 可见，马克思主张分析法律等社会意识形态现象不能脱离社会实际生活，特别是不能脱离社会物质生活。

马克思在《德意志意识形态》中，不仅批判了唯心主义法哲学，也批判了以往的旧唯物主义法哲学，马克思对法哲学的真正革命是提出了实践的唯物主义法哲学。长期以来，我国马克思法哲学研究者认为马克思法哲学革命就是其创立了唯物主义法哲学，其原因在于他们将马克思哲学本体论确定为物质本体论，并进一步将唯物史观作为物质本体论在社会生活领域中的运用，他们将社会存在、社会经济与社会意识、上层建筑（不论是政治上层建筑还是思想上层建筑）都理解为物质和意识的关系，将社会存在决定社会意识理解为物质决定意识在社会生活中的特殊表现，他们忽略了这样认识社会历史问题不是马克思哲学的特点，恰恰是旧唯物主义的特点。如果只是把世界以及社会现象看成感性对象，而不是人的感性活动，不把世界、社会都理解为感性活动的产物，而是把它们理解为直观的感性对象，就是旧唯物主义，而不是马克思的实践的唯物主义。马克思认为，费尔巴哈以及以往的所有的唯物主义者没有认识到"周围的感性世界决不是某种开天辟地以来就直接操作的、始终如一的东西，而是工业状况的产物，是历史的产物，是世世代代活动的结果，其中每一代都立足于前一代所奠定的基础上，继续发展前一代的工业和交往，并随需要的改变而改变他们的社会制度"②。

马克思实践的唯物主义哲学，用实践、用劳动解释历史，认为物质生产决定精神生产，也就是说不论是社会经济活动这种社会物质活动，还是政治法律等社会意识活动，都是社会实践，它们之间的关系是社会实践内部不同形式的实践之间的关系，是生产物质产品和生产精神产品的社会实践的关系，而不是物质和精神的关系。马克思强调物质生产决定精神生产，必须从物质生产出发认识社会意识形态现象，其本质是强调社会经济制度是一切社会制度的基础，政治制度和法律制度是为经济制度服务的，法律只不过是社会物质利益的法权表现，法律核心的功能就是维护社会经济利益。所以，社会主义与资本主义法

① 马克思，恩格斯．马克思恩格斯文集：第1卷［M］．北京：人民出版社，2009：524.
② 马克思，恩格斯．马克思恩格斯文集：第1卷［M］．北京：人民出版社，2009：528.

律伦理价值观的本质差别就在于是以维护资本家的还是以维护劳动者的利益为核心。

马克思实践的唯物主义法哲学认为，法律等社会精神生产取决于社会经济即社会物质生产，那么法律和社会经济的关系也不是像以往马克思法哲学研究认为的那样，是物质决定意识、意识对物质有反作用的关系。生产物质产品和生产精神产品的社会实践之间的关系是社会实践的不同形式之间的关系，而不是物质和精神的关系。生产物质产品的社会实践决定生产精神产品的社会实践的根本原因是前者是第一社会实践，是最基本的社会实践，是其他一切的社会实践的基础。在所有的社会实践中，哪一种社会实践占据主导地位，取决于那种社会实践在社会生活中的地位，马克思以前的历史中，物质生活资料生产和交换是最重要的社会实践，所以它是社会历史的最终决定力量。在物质生活资料生产和交换这二者中，马克思又认为社会物质生活资料生产决定交换，马克思说："生产本身又是以个人彼此之间的交往为前提。这种交往的形式又是由生产决定的。"① 在马克思及其以往的历史时期中，生产是经济运作的核心环节，生产什么，市场上出售什么，消费者也就消费什么，但是随着市场经济发展，当今社会物质交往方式已经变得比物质生产方式更重要，市场已经成为社会经济运作的核心，生产必须依据市场进行变化，社会分配和生活消费甚至都是被市场决定和塑造的。随着社会不断进步，物质生产力的不断发展，我们可以预测人类应该日益摆脱（当然永远也不能彻底摆脱）物质生活的困扰，精神产品的实践将越来越在人们的社会实践中发挥更大作用，社会物质生活资料生产和交换对法律等精神产品生产的社会实践的决定和制约作用将不断减弱。法律等精神产品生产的社会实践在社会生活中的地位和作用，由社会实践的具体历史环境决定，这是马克思劳动辩证法和劳动历史观作为法哲学方法论的必然结论。

其次，马克思法哲学强调法学研究必须遵循事实分析与价值分析的对立统一，必须坚持科学精神和人文精神的对立统一。

自英国哲学家休谟提出"休谟问题"后，事实分析与价值分析成为学术研究的两种不同方法，19 世纪三四十年代实证主义的方法开始流行。马克思以前自然法理论一直占据西方法哲学理论的主阵地，而实证主义法学理论诞生不久。自然法理论强调要给予法学以形而上学的基础，道德是一切法律的前提，只有符合道德的法律才是善法，才是真正的法律。实证主义法学则主张摧毁一切形而上学，追求可以证实的或者可以证伪的真理知识体系，要将价值判断从真正

① 马克思，恩格斯．马克思恩格斯文集：第 1 卷［M］．北京：人民出版社，2009：520.

的法学学术研究中彻底剔除出去，法学研究的对象就是实在法，即国家制定的法，法律与道德无关，法学不研究正义法、理想法，只研究“已然是的法”，不研究“应该是的法”。

马克思实践的唯物主义法哲学批判以往自然法理论的法哲学脱离社会实际生活从主观观念出发的研究方法，强调法学研究要从社会实践出发，从社会实际生活出发，法的概念、范畴和原理都要建立在经验实证材料的基础上，否则，一切法学抽象都是肤浅的、片面的，不能真正解释社会法律现象的本质。马克思，说必须“把我们的全部叙述都建立在事实的基础上，并且竭力做到只是概括地说明这些事实”①，要“从世界本身的原理中为世界阐发新原理”②。

但是，如果我们据此得出马克思法哲学只承认实证主义的研究方法，甚至于认为马克思的法哲学方法论是实证主义的，也要把法学完全科学化，缺乏乃至不承认人文精神，那就大错特错了。马克思法哲学方法论是实践辩证法或者劳动辩证法。劳动辩证法当然认可实证主义的研究方法，同时也不否定人文主义的价值分析方法，强调法学研究必须遵循事实分析与价值分析的对立统一，必须坚持科学精神和人文精神的对立统一。马克思的全部思想都具有非常明确的价值导向——为无产阶级寻求解放和自由发展的道路。马克思在《共产党宣言》的结尾说：“共产党人不屑于隐瞒自己的观点和意图。他们公开宣布：他们的目的只有用暴力推翻全部现存的社会制度才能达到。”③

所有社会科学和人文学科研究，都必须把握事实分析和价值分析的对立统一。不论实证主义者如何标榜如何努力，要把价值判断从社会科学研究中剔除是不可能的。从实践出发把握世界，任何社会实践不可能没有价值目标，学术研究也是社会实践活动，学者的研究自然也是在价值指导之下进行的，是为了一定价值目标所做的努力。价值分析也不能脱离事实分析，脱离事实分析的价值判断是主观盲目的，不切合实际的。劳动辩证法强调在主客体的对立统一中把握世界，也就意味着要坚持科学精神和人文精神的统一追求，没有科学精神，就不能真正把握客观规律，不能真正控制世界、改造世界和做世界的主人，没有人文精神，一切社会实践就没有正确的价值导向。马克思的法哲学要揭示所有法律现象背后的真正的社会原因，就不能没有实证精神，但是其根本目的在于揭示资本主义法律制度的荒谬、偏狭，同时为维护劳动者利益的社会主义法

---

① 马克思，恩格斯．马克思恩格斯文集：第4卷［M］．北京：人民出版社，2009：371.
② 马克思，恩格斯．马克思恩格斯文集：第1卷［M］．北京：人民出版社，1956：418.
③ 马克思，恩格斯．马克思恩格斯文集：第2卷［M］．北京：人民出版社，2009. 66.

律制度进行理论论证。

再次，马克思法哲学强调法学研究必须遵循逻辑和历史对立统一的原则。

马克思劳动辩证法主张任何事物发展都是自身内在逻辑与外在客观社会环境相互作用的结果，自身内在逻辑是事物发展变化的内因，外在社会环境是外因，内因是主因，外因是辅因，外因通过内因起作用。马克思劳动历史观又认为物质生活资料的生产方式和交往方式是社会历史发展的决定性力量，政治、法律、道德、艺术、宗教等社会意识现象的性质取决于物质生活资料的生产方式和交往方式的性质。有的学者认为，马克思历史观与辩证法存在一定的矛盾，因为物质生活资料的生产方式和交往方式对于法律来说，显然是发展变化的外因。对于法律等社会意识现象，内因的发展变化为什么不是主要原因，而外因会成为决定性的原因呢？实际上，这是对辩证法的误解。首先，主因和决定性原因有共性也有差异性，所谓内因是主导，外因是辅助，其含义是种瓜得瓜，种豆得豆，无论外因如何，石头不能孵出小鸡来；其次，外因也完全可以成为决定性因素，石头可以把鸡蛋打碎，打碎的鸡蛋绝对不能孵出小鸡来。

马克思法哲学既强调劳动辩证法也强调劳动历史观的方法论意义。劳动历史观突出强调物质生活资料的生产方式和交往方式决定政治、法律等社会意识现象，同时认为法律等社会意识现象有自身内在发展逻辑。法哲学坚持劳动辩证法，意味着法学研究首先要努力去探索作为社会现象的法律其自身内在发展变化的规律，又要重视其他社会现象对法律的影响，特别是物质生活资料的生产方式和交往方式的变化对法律的影响。另外，每一个民族文化发展也有其内在发展变化的规律，中国特色社会主义法治建设不能忽视中华民族自身内在法律文化传统的继承和发扬，同时，在全球化时代，任何民族也不能摆脱其他民族文化的影响，中国特色社会主义法治建设也要汲取人类各民族的优秀法律文化传统。

四、结语

总之，以往马克思法学的研究者由于将马克思法哲学理解为物质本体论，导致了他们在马克思法哲学研究中，对马克思法哲学的方法论的理解产生了一系列偏差。马克思法哲学研究必须建立在马克思劳动哲学的基础上，在法学研究中，必须贯彻劳动辩证法和劳动历史观。

参考文献

[1] 马克思恩格斯文集：第1卷［M］. 北京：人民出版社，2009.

[2] 黄云明．马克思劳动伦理思想的哲学研究．[M]．北京：人民出版社，2015.

[3] 马克思恩格斯文集：第4卷 [M]．北京：人民出版社，2009.

[4] 公丕祥．马克思主义法律思想通史：第1卷 [M]．南京：南京师范大学出版社，2014.

[5] 马克思恩格斯全集：第1卷 [M]．北京：人民出版社，1995.

[6] 马克思恩格斯全集：第1卷 [M]．北京：人民出版社，1956.

[7] 马克思恩格斯文集：第2卷 [M]．北京：人民出版社，2009.

葛兰西的实践法哲学及其方法论意义*

李其瑞

（西北政法大学 刑事法学院，陕西 西安，710063）

一、葛兰西实践法哲学的思想来源

安东尼奥·葛兰西（1891—1937）是意大利思想家和意大利共产党的创始人之一，自称马克思实践哲学的继承者。实践哲学这个概念并不是葛兰西的“首创”，但是实践哲学却成为葛兰西的“代名词”，这是因为葛兰西赋予实践哲学深刻的内涵和独特的理解。1926年11月葛兰西被捕入狱，在狱中他被获准写札记。葛兰西在“十年铁窗”中写下了《狱中札记》，这本书原稿2848页，共有100多万字，写在32个笔记本中。使用实践哲学这一术语不仅仅是为了应付监狱当局的检查，同时也是他对马克思主义的特殊理解。从其《狱中札记》的字里行间可以看出，他的实践法哲学思想首要的来源是马克思，同时在一定程度上也受到了拉布里奥拉、列宁和克罗齐思想的影响。

（一）马克思：实践哲学的首创者

葛兰西认为马克思是一种新世界观的创造者，在其《狱中札记》中多次强调马克思是“实践哲学的创始人”，“马克思是一种世界观的创造者”，“马克思从精神上开创了一个历史时代，这个时代大概要延续几个世纪，就是说，要一直持续到政治社会消失、调整了的社会的诞生为止”①。可见，葛兰西的实践哲学就是对马克思主义的深刻解读。

---

* 基金项目：国家社科基金重大专项项目“社会主义核心价值观与法治文化研究”（17VHJ005）。

① 〔意〕葛兰西．狱中札记［M］．曹雷雨，等译．北京：中国社会科学出版社，2000：293－295.

首先，葛兰西明确肯定了实践哲学源自马克思。葛兰西在谈到实践哲学的来源时，首推马克思和恩格斯第一次合写的批判青年黑格尔派主观唯心主义和论述历史唯物主义的著作《神圣家族》，他说："《神圣家族》关于18世纪德国唯物主义那一段，相当准确、相当清晰地描写了实践哲学的发生过程。它是'唯物主义'——由思辨哲学本身的工作而完善，并和人道主义融为一体的'唯物主义'"①，把马克思和恩格斯的思想作为实践哲学的思想源头。当然，在谈到恩格斯对实践哲学的贡献时，葛兰西认为不能把马克思和恩格斯等同起来，他指出"即使其中一位为另一位的著作写了几章，这个事实也并不是应该把该书看成是他们完全一致的产物的绝对理由。不必低估第二位（恩格斯）的贡献，但也不必把第一位和第二位（把恩格斯和马克思）等同起来"②。显然，葛兰西坚定地认为实践哲学主要是马克思的"新颖思想"，恩格斯的观点在葛兰西看来与马克思有"同质关系"，但也并非是"他们完全一致的产物的绝对理由"。

其次，葛兰西高度赞扬马克思关于人是实践的主体和社会关系的总和的观点。马克思在《关于费尔巴哈的提纲》中指出："人的本质不是单个人所固有的抽象物，就其现实性来说，它是一切社会关系的总和。"③ 葛兰西高度认同马克思的这一观点，称"'人的本质'是'社会关系的总和'，这是最令人满意的答案。"④ 因为，葛兰西对费尔巴哈把人的本质归结为"人是他吃的东西"这一"费尔巴哈式非辩证类型的唯物主义"的解释极为不满，甚至认为这是"粗鄙和愚蠢的解释"。只有把这些关系理解为"不是机械的，而是能动的和有意识的"，"是随着社会关系的变化不断变化"的，才能回答"什么是人"或者"人的本质"的问题并且超越所谓的"一般的人"的观念。

再次，葛兰西强调通过文献学方法回到马克思，而非仅仅是"马克思主义"。在葛兰西生活的19世纪末20世纪初，"意大利有越来越多的'马克思主义'者，也有越来越多的'马克思主义'，'马克思主义'这个词已经不能代表对马克思思想的真理性认识了"⑤。葛兰西认为，许多打着马克思名义的思潮实

① 〔意〕葛兰西．狱中札记［M］．曹雷雨，等，译．北京：中国社会科学出版社，2000：285.

② 〔意〕葛兰西．狱中札记［M］．曹雷雨，等，译．北京：中国社会科学出版社，2000：297.

③ 马克思，恩格斯．马克思恩格斯选集：第1卷［M］．北京：人民出版社，1995：56.

④ 〔意〕葛兰西．狱中札记［M］．曹雷雨，等，译．北京：中国社会科学出版社，2000：268.

⑤ 张镭．从哲学的改造到法律革命一般原理的本土化——葛兰西法哲学思想述论［J］．法制现代化研究，2007（11）：205.

际上并非是马克思本人的思想，必须要改变从单个的论文或著作中解读马克思观点的方法，而要从“暗含着这种世界观要素的多种多样的智力劳动的整个发展过程中去寻找”①，也就是通过文献学的研究方法回到马克思的原典本身中去诠释马克思。

（二）拉布里奥拉：科学地建立实践哲学的人

安东尼·拉布利奥拉（1843—1904）是意大利早期的马克思主义者，也是马克思主义在意大利最初的传播者，恩格斯说他是“一个严肃的马克思主义者”。拉布利奥拉对马克思主义哲学有自己的独到的见解，并力求把马克思主义和意大利的国情结合起来，用马克思主义来指导意大利的革命实践活动。作为一个革命前辈，拉布利奥拉对葛兰西有着非常大的影响。

首先，在意大利第一次提出“实践哲学”的概念，强调马克思哲学的本质特征是实践。葛兰西明确指出：“在实际上，拉布利奥拉肯定实践哲学是独立于其他任何哲学思潮之外的、是自足的，而且是唯一企图科学地建立实践哲学的人。”② 葛兰西关于拉布利奥拉对实践哲学的贡献没有丝毫怀疑，就在托洛茨基在其《我的生平》（1930）中表示拉布利奥拉是“一知半解”时，葛兰西的反应是“感到惊讶”“不可理解”。他认为，“实践哲学是一种独立的、原创的哲学，本身包含着进一步发展的要素，所以就由对历史的一种解释变成一种一般哲学”③。相对诸如普列汉诺夫、鲍威尔、托洛茨基等所谓正统趋向的马克思主义者，拉布利奥拉才是真正实践哲学的阐释者和建立者。葛兰西对拉布利奥拉的辩护和推崇，号召人们要“发展拉布利奥拉的观点”，并强调发展作为一般哲学的实践哲学才是“人们必须努力的方向”。这使得一些西方学者认为葛兰西是拉布利奥拉的传人，也因此缘由，“实践哲学”后来成为葛兰西的“代号”。

其次，拉布利奥拉把历史唯物主义直接就解读为实践哲学。拉布利奥拉认为：“历史唯物主义的核心是哲学。”如果更进一步地说，这种哲学就是“实践哲学”。有时为了强调这一点，他直接就用“历史唯物主义，也即实践哲学”这样的表述方式。他认为，“人是‘一种社会的和历史的存在物’”，“人的本质，

① 〔意〕葛兰西．狱中札记［M］．曹雷雨，等译．北京：中国社会科学出版社，2000：294.

② 〔意〕葛兰西．狱中札记［M］．曹雷雨，等译．北京：中国社会科学出版社，2000：299.

③ 〔意〕葛兰西．狱中札记［M］．曹雷雨，等译．北京：中国社会科学出版社，2000：302－303.

他的历史的生成过程，是一个实践的过程”，“人处在一个永恒的创造过程中”①。可见，拉布利奥拉提出“历史的生成过程”这个概念，形象生动地诠释了历史唯物主义，用实践的视角和实践的表达把唯物史观和辩证法密切地结合起来，强调历史唯物主义的方法论意义。他在1896年《关于历史唯物主义》一书中指出：“这个学说的某些捍卫者和传播者的无经验、无才能和匆忙急躁在颇大程度上促成了混乱。”② 他认为，现实的人的历史性形成过程，都是在人的实践活动中实现的。正如他在致乔治·索列尔的十封信中所强调的那样，“人的本性，也就是它的历史生成，是一个实践的过程。当我说实践时，是为了消除理论与实践之间的分离”。③

（三）列宁：实践哲学的践行者和文化领导权

俄国十月革命的成功和列宁对马克思主义革命理论的实践和发展，极大地震动了葛兰西。葛兰西对列宁的关注和评价主要集中在科学与行动上，他认为把理论转化为现实就是最大的实践，“从乌托邦到科学和从科学到行动的历程。建立一个指导性阶级（也即国家）就等于创造一种世界观”。他还说，“我已指出了列宁要对之负责的、领导权的概念和事实在哲学上的重要性。领导权得到实现，意味着对于一种哲学，对于它的真正的辩证法的真正批判”④。葛兰西所关注的领导权概念最初出现在18世纪80年代普列汉诺夫和俄国其他马克思主义者的著作中，主要指工人阶级为了推翻沙皇专制统治需要同农民结成联盟。后来列宁把这一术语进行了完善，它不仅指革命中俄国工人阶级与农民的关系，而且指工人阶级在推翻沙皇专制制度的资产阶级民主革命中应起的主导（领导权）力量的作用，主张无产阶级要掌握国家的领导权，从而形成了系统的马克思主义领导权思想。葛兰西十分赞同列宁关于领导权问题的观点，并且也给出自己的特殊理解。他指出“对比马克思和伊里奇以造成一种等级差别，这是愚蠢且无用的。他们分别表现了两个阶段：科学和行动，这两个阶段既是同质的，

---

① 陈爱萍．论拉布里奥拉对历史唯物主义的诠释及其当代启示［J］．马克思主义与现实，2010（2）．

② 〔意〕安·拉布里奥拉．关于历史唯物主义［M］．孙启麟，等译．北京：人民出版社，1984：53.

③ Antonio Labriola. *Socialism and philosophy* ［M］. S. t Louis：Press Telos，1980：84.

④ 〔意〕葛兰西．狱中札记［M］．曹雷雨，等译．北京：中国社会科学出版社，2000：293.

又是异质的"。① 在葛兰西看来，从马克思到列宁，是从科学到行动的发展，也是理论转化成实践的过程，犹如作为"世界观的基督"与作为"行动者的圣保罗"，"马克思—列宁主义"可以比作基督教中的"基督教—保罗主义"，前者和后者"在同样的程度上成为历史的需要"②。

（四）克罗齐：把实践哲学引入历史研究的典例

贝奈戴托·克罗齐（1866—1952）是意大利著名的哲学家和历史学家，他的影响力主要源自《历史学的理论与实际》一书，还有就是那句在史学界广为流传的名言"一切真历史都是当代史"。葛兰西的实践哲学和法律观受到克罗齐新黑格尔主义思想的巨大影响，仔细分析葛兰西在《狱中札记》中对克罗齐实践哲学的多次引述后评价，可以看出葛兰西对克罗齐实践哲学研究进路的肯定和赞许。③ 葛兰西认为克罗齐把实践哲学引入历史研究意义重大，除了历史研究之外，这种观点和方法还影响到了经济、法律学派的建立，研究克罗齐的意义就在于它改变了传统的思维方式，把"实践哲学业已变成现代文化的一个要求"。他指出"克罗齐把实践哲学归结为历史研究的一种经验的准则，便是一个典型公开吸收的例子。——它促成了意大利史学界的经济—法律学派的建立，这个学派如今已跨越意大利国界，发展到国外"。④ 显然克罗齐的影响力不仅超越了意大利，还超越了史学界，成为把实践哲学研究引入历史、文化、社会、经济、法律的一个典例。可以说，克罗齐在伦理政治史分析中关于文化领导权的思想，以及把历史的真实性和历史的当代性相统一的观点，都对葛兰西有较大的影响。

当然，葛兰西的实践哲学也并非是克罗齐的翻版，而是对其进行改造后的升级版，葛兰西在《狱中札记》中深入批判了克罗齐的唯心主义思想。由于克罗齐的实践哲学源于黑格尔体系的方法论缺陷，对历史看法仅仅"满足于一种抽象的伦理政治史"，反对从根本上对现实进行彻底性的改造。因此，"必须实现对克罗齐哲学的再颠倒，使克罗齐哲学中的有益部分真正成为实践哲学的重要内容，这

---

① 〔意〕安·拉布利奥拉．关于历史唯物主义［M］．孙启麟，等译．北京：人民出版社，1984：294.

② 〔意〕葛兰西．狱中札记［M］．曹雷雨，等译．北京：中国社会科学出版社，2000：294.

③ 俞吾金．意识形态论［M］．北京：人民出版社，2009：237；龚廷泰，程德文．马克思主义法律思想通史［M］．南京：南京师范大学出版社，2014：107.

④ 〔意〕葛兰西．狱中札记［M］．曹雷雨，等译．北京：中国社会科学出版社，2000：224.

是葛兰西在面对克罗齐哲学时的根本性问题"①。葛兰西针对克罗齐关于"历史是自由的历史"这一黑格尔式的界定进行了深刻反思，用从拉里利奥拉到马克思以来的唯物主义思想，强调了自由历史的基础应该是历史与哲学的统一性问题。

二、葛兰西政治法律观的主要内容

葛兰西在《狱中札记》中通过对政治要素、国家和市民社会以及法律意识、宪法和立法者等问题的广泛而深入的讨论，提出他自己独到的、实践的政治法律观，极大地丰富了马克思主义法哲学体系。

（一）葛兰西的政治观：从马基雅维利到"新君主论"

作为实践派或行动派的葛兰西，基于马基雅维利的《君主论》并超越于其，建构了实践派的政治理论和解决方案。他认为，马基雅维利的《君主论》是乌托邦式的表达，这个君主是"纯粹的理论抽象和理想领袖的象征"，其特点在于"它以'神话'的戏曲形式把政治思想体系和政治学融为一体，它不是长篇大论的说理文章，而是一部'生动形象'之作"②。葛兰西一方面批判马基雅维利学说难以转化为现实，但另一方面他对马基雅维利依然是肯定有加，并直言"伟大的政治家都是以咒骂马基雅维利起家的"。他认为马基雅维利所提出的政治行为准则尽管在实践中被运用着，但却不被人们公开和承认。他们"自称是反马基雅维利主义者，却又'恭恭敬敬地'把他的准则付诸实践"③。正如马基雅维利自己所讲的：他所书写的都是自古以来历代伟人的所作所为！他的政治理论和政治技术也主要是为那些"不谙此道的"人服务的。葛兰西认为，马基雅维利学说犹如高超之剑术，正派人用来自卫，盗匪用来杀人。不能"抹杀其实质上的革命性"，因为，"马基雅维利的学说也像实践哲学的政治一样，促使保守的统治集团改进传统的政治技术"④。

在马基雅维利《君主论》的基础上，葛兰西进一步发展了他自己的"现代君主论"，即"他在解读马基雅维利思想的过程中，将现代政党称之为'现代君主'"⑤。葛兰西认为，"如果在现代要写一部新的《君主论》，其主人公不会是

---

① 仰海峰．葛兰西对克罗齐哲学的批判改造［J］．现代哲学，2005（2）．

② 李鹏程．葛兰西文选［M］．北京：人民出版社，2008：113－114.

③ 李鹏程．葛兰西文选［M］．北京：人民出版社，2008：120.

④ 李鹏程编．葛兰西文选［M］．北京：人民出版社，2008：121.

⑤ 张镭．从哲学的改造到法律革命一般原理的本土化——葛兰西法哲学思想述论［J］．法制现代化研究，2007，11：220.

一个英雄人物，而只能是一个政党”①。一个政党的合法性来自于它能够代表人民群众的意志，政党是最先进部分的那个集团，党的历史只能是特定社会集团的历史，而非市民的君主国或者是宗教的君主国。而政党要得到稳固和持续发展，就需要具备三个基本要素。第一是要有“由纪律和忠诚组成的群众要素”。这一要素的重点不在于是否有什么创造精神和组织能力，而在于纪律性和忠诚。没有他们，政党无法存在，但仅有他们，政党就失去了凝聚力和组织力，也是不能存在的。第二是作为领导者的主要的内聚性要素。尽管不能单靠这一要素，但是它的作用高于上一个要素，这是千军易得，一将难求的道理。第三是作为中间要素的国家精神和坚定的道德信念。这是前两个要素结合和建立联系的必要条件，这个要素好比“酵素”，它是政党延续的“继承物，以便使它复生”，因为准备自己的接班人与赢得胜利同样重要。②

（二）葛兰西的国家观：受强制盔甲保护的领导权

葛兰西同其他许多马克思主义者一样，认同马克思主义关于国家的基本理论，但同时也有与马克思的不同之处以及自己的侧重点。他认为，以往各种理论都混淆了政治国家与市民社会的关系，“把阶级—国家同被调整的社会混为一谈”，尤其在关于国家职能问题上，国家成了“守夜人”或“警察”的角色，好像国家的职能仅限于维护秩序和保障法律的尊严，而忽略了市民社会这一具有领导权的民间力量。葛兰西认为，国家不可能成为“超越纯粹‘经济—团体’阶段的概念”，因此，关于国家是宪兵和守夜人的论点是值得反思的。他强调，“国家的一般概念中必然包含着原来属于市民社会概念中的一些成分（因为可以这样说：国家 = 政治社会 + 市民社会，换言之，国家是受强制盔甲保护的领导权）”。③ 同时，国家还要从伦理的角度去认识，即“只要它把提高广大人民群众的道德文化水平，使之达到符合生产力发展所要求的水平、从而符合统治阶级利益的水平，作为自己的主要职能之一，那么它就是一个道德国家”④。这样，国家在葛兰西的眼里不仅是一种受强制力保护的暴力机器，还是一种伦理教化的工具。

认识葛兰西的国家观还有一个重要的问题，那就是领导权或霸权的理论。葛兰西关于领导权、市民社会和国家的关系的认识是理解其国家理论的关键。

---

① 李鹏程．葛兰西文选［M］．北京：人民出版社，2008：133.
② 李鹏程．葛兰西文选［M］．北京：人民出版社，2008：137 – 138.
③ 李鹏程．葛兰西文选［M］．北京：人民出版社，2008：207.
④ 李鹏程．葛兰西文选［M］．北京：人民出版社，2008：203.

尽管有人认为，葛兰西关于“市民社会”概念的用法不甚统一，有时与政治社会或国家相并列，隶属于上层建筑的不同组成部分，有时又包含在国家范畴之内。但总体上看其含义还是明确具体的，那就是“他的‘市民社会’是介于国家和经济之间的全部领域，主要指从属于上层建筑的文化、伦理和意识形态领域，既包括民间组织所代表的社会舆论领域，也包括官方意识形态领域。就是说‘国家=政治社会+市民社会’这一公式，核心在于霸权”①。如果说在这一问题上葛兰西与马克思有不同之处的话，那就是葛兰西更加强调国家和社会权力的非经济性，国家权力的合法性不仅来自于暴力和强制，还出自于赞同和拥护。“所谓赢得霸权，就是在社会生活中确立道德的、文化的、知识的领导”②，在西方社会，政治领导权和文化领导权的统一，才是国家得以持续发展的条件。

（三）葛兰西的法律观：作为实践的法律

葛兰西非常重视法律在社会文明秩序构建中的意义和作用，认为法律是维护集体生活和人与人关系的重要工具。作为一个马克思主义者，葛兰西反对自然法学派和实证法学派关于法的理论，认为“法的概念应力求摆脱任何超验论和绝对论的渣滓，在实践上应该摆脱任何道德化的狂信”③。他强调不能因袭任何一种现存的理论，而要不断地根除固有的习惯和看法，对法的概念进行根本上的发展和更新。尽管葛兰西不同意自然法理论的超验假定，但对于道德国家的追求还是他的最高理想，并非像有的学者所言“葛兰西认为，自然法理论所谓的道德国家仅仅是一种存在于‘设想’中的虚幻之物”④。葛兰西在谈到国家问题时明确指出“实际上只有提出以国家的消亡以及它本身的消亡为奋斗目标的那个社会集团，才能创造一个道德国家，就是说致力于消灭被统治阶级的内部分化等等，建立一个法律上道德上一致的社会有机体”⑤。可见，葛兰西的法哲学是超越了自然法与实在法二元划分的一元的实践法律观，在这一点上是与马克思的法律观具有高度一致性的。在处理经济平等和政治法律平等之间的关系时，葛兰西依然首先肯定了经济平等是政治法律平等的前提这一马克思主义的基本观点，他认为空想社会主义者之所以是空想的，就在于“他们当中有些人认为经济平等可以靠颁布合意的法律，靠意志的行动等等来实现。但没有经

---

① 王凤才．葛兰西国家概念的政治伦理学诠释［J］．学习与探索，2012（10）．
② 王凤才．葛兰西国家概念的政治伦理学诠释［J］．学习与探索，2012（10）．
③ 李鹏程．葛兰西文选［M］．北京：人民出版社，2008：192.
④ 张伟．作为实践的法律——葛兰西法哲学初探［J］．社会主义研究，2011（4）．
⑤ 李鹏程．葛兰西文选［M］．北京：人民出版社，2008：203.

济平等便不可能有完全彻底的政治平等这一思想，无疑是正确的”。①

在法律的功能和作用方面，葛兰西认为法律不是“单纯的镇压工具”，还是实现文化领导权的工具。法律还承担着教育人民群众、改变人民的生活习惯、建立新风尚、统一人民意识的任务。必须把国家看作“教育者”，国家最重要的活动就是“作为积极教育的学校，以及作为压制性的和消极的教育职能的法院”。② 这个工具两个主要功能是：一个是惩罚功能，“因为，既然为一定的生活方式创造了‘得以实现’的条件，那么对于‘犯罪行为或失职行为’就必须加以惩处，包括感化措施在内，而不是只是一般地判定其‘有害’而已”。另一个是奖励功能，“在法的概念中也应该包括对个人和集团等‘给予奖励’的部分；凡是值得赞扬和嘉奖的活动都应该受到奖赏，正如犯罪活动必须予以惩处一样”③。

葛兰西在其《狱中札记》中专门讨论的一个问题：谁是立法者？可以看出，受亚里士多德“人天生就是政治的动物”影响，葛兰西认为“既然人人都是‘政治的人’，所以人人也都是‘立法者’”④。但是我们必须区分“立法者”“从政者”“被代表者”等概念之间的区别，他认为，尽管每个人都可以为“改变他所赖以发展的社会环境起一份作用”，可普通人较之专门的立法者而言，后者不仅制定了“他人必须遵守的行为准则的法令，同时还建立了种种工具，使这些法令带有‘强制性’，并可借以核查这些指令的执行情况”⑤。从葛兰西的分析中可以看出，他对立法者和“民选的和职业的官员”事实上“掌握着国家的合法强制权力”的现状是不满意的，同时他也指出了理想的状态应该是，当立法变成每个人的日常生活习惯，甚至是意志和信念时，“即使在接受别人的法令时，也还是立法者”。因为，“如果在制定完善法令的同时，能够安排完善的执行和监察机构，对群众进行充分的训练，使他们‘自觉’拥护他们所必须‘履行’的法令，以此来约束他们的习惯、意志和信念，使之符合法令的要求，符合他们所要求实现的目标，如果这样，那就表明立法能力得到最大限度的发挥”⑥。这样，葛兰西就把文化领导权或称之为“意识形态领导权”的思想，贯穿在了他对立法和法的实现的阐释之中。

---

① 李鹏程．葛兰西文选［M］．北京：人民出版社，2008：202.
② 李鹏程．葛兰西文选［M］．北京：人民出版社，2008：203.
③ 李鹏程．葛兰西文选［M］．北京：人民出版社，2008：192－193.
④ 李鹏程．葛兰西文选［M］．北京：人民出版社，2008：209.
⑤ 李鹏程．葛兰西文选［M］．北京：人民出版社，2008：209.
⑥ 李鹏程．葛兰西文选［M］．北京：人民出版社，2008：201.

三、法哲学研究的“葛兰西转向”及其方法论意义

在西方国家，马克思的国家和法的理论曾经一度被误解甚至扭曲而遭到冷遇，尤其是“社会主义国家曾经滥用无产阶级专政手段所产生的消极影响，使得马克思主义国家理论在相当长的时期内没有取得应有的进展，在研究领域中显得相对沉寂”①。这种状况一直持续到 20 世纪六七十年代，随着西方马克思主义内部的一场主要围绕国家理论的争论，即著名的密里本德和普兰查斯之争，才使得马克思关于国家和法的理论又一次受到广泛重视，同时也激发了人们再一次发掘葛兰西实践哲学的热情。

（一）“密里本德和普兰查斯之争”与葛兰西思想的“再发现”

1969 年，英国马克思主义政治学家拉尔夫·密里本德（1924—1994）出版了《资本主义社会中的国家》一书，让国家问题从被遗忘的角落又一次重新回到了西方学者的视域。密里本德认为，虽然二战后直接讨论国家问题并非西方学术界的主流，但国家理论的多元主义倾向已经十分明显，这主要表现在西方学术界对马克思关于“国家是阶级统治工具”这一论断的否定，以及对多元主义国家观所进行的新论证。对此，“密里本德既有力回应了同时代最具代表性的学术观点，又系统阐明了自己的马克思主义国家理论”②。

同年底，希腊马克思主义者尼科斯·普兰查斯（1936—1979）在《新左派评论》上发表了题为“资本主义国家问题”的评论，充分肯定了密里本德从马克思的视角对当代西方理论界关于国家和政治权力问题的混乱认识所进行的批判，但他也从结构主义和多元主义的立场上对密里本德的方法论进行了尖锐批评。普兰查斯认为，密里本德对资产阶级及其国家机器的分析，借助诸如“经理人”的逐利本性而将其划归为统治阶级的方法，是简单地运用具体事实去反对概念和缺乏正确认识论原则的表现，也是不可能达到研究目的的。因为，“如果不首先批判资产阶级意识形态的问题式，而只是通过事实去反驳它，就会导致外在概念渗透进马克思主义，乃至损害马克思主义的概念”③。针对普兰查斯的批评，密里本德也做了系统回应，认为普兰查斯批评自己过于强调经验研究

① 郁建兴，肖扬东．论葛兰西与新葛兰西主义的国家理论［J］．社会科学辑刊，2006（6）．

② 张亮．拉尔夫·密里本德国家理论的当代重访［J］．求是学刊，2014（5）．

③ 刘力永．“普兰查斯和密里本德之争”的历史真相及其价值［J］．社会科学辑刊，2010（5）．

的观念，正是自己所要坚持的。因为，马克思所强调的经验被阿尔杜塞等人忽略了，对资产阶级意识形态的批判不能缺少经验研究，反而是普兰查斯结构主义视角下的结构决定论偏离主向，尤其是普兰查斯强调国家自主性而拒绝“国家是阶级统治的工具”这一马克思的论断，是用客观结构代替了统治阶级。随着他们二人所展开的几轮论战，既唤醒了西方马克思主义长期冷落的国家理论，同时也使得葛兰西的政治法律思想得到了重新发现和激活，葛兰西的巨大影响力涌现出了像普兰查斯、墨菲等一批新葛兰西主义政治法律理论的代表者。

（二）葛兰西实践法哲学的方法论意义

作为20世纪著名的西方马克思主义者，葛兰西在对欧洲的马克思哲学思潮在不同的社会人群中有不同立场的状况进行深刻反省和批判的基础上，批判了对马克思实践哲学的种种修正，尤其是他对市民社会和意识形态——文化领导权的理论至今都具有重要的理论意义和现实意义。

首先，葛兰西的实践哲学和法学世界观对西方马克思主义国家和法的理论产生了极大的路径影响。西方马克思主义理论家普遍认为，葛兰西理论中最为重要和最有价值的部分是其实践哲学，实践哲学既是葛兰西思想的核心和集中概括，也是其全部理论的方法论基础。可以说葛兰西把实践作为马克思主义的代名词，是抓住了马克思主义哲学的精神实质。因为，没有实践作为桥梁，作为主体的人和作为客体的认识对象就无法沟通，“法与法律、实然法与应然法、主观的法与客观的法、法的事实判断与法的价值判断受到了人为的割裂”。① 葛兰西以实践为中心的法哲学观恢复了马克思主义法哲学体系的真实意蕴，通过葛兰西的这一视角让我们认识到，“与人的法律实践相分离的法的理论是没有意义的，法的运动的规律性只有从人的法律实践中才能找到，抽象的法的思辨是不能引导人们走向真理的”②。

其次，葛兰西的“文化领导权”理论引发了政治意识形态研究的“葛兰西转向”。葛兰西在研究欧洲无产阶级革命失败的原因时指出，欧洲无产阶级革命失败的原因不是因为无产阶级的力量弱小，而是因为欧洲资产阶级掌握了文化领导权，控制了社会意识形态。葛兰西批判了经济主义轻视和贬低意识形态作用的谬见，“提出了新的领导权理论，即相对于政治社会的‘政治领导权’和相

① 李其瑞．马克思主义法哲学的实践旨趣及其现代影响［J］．广西师范学院学报（哲学社会科学版），2018（6）．

② 龚廷泰，程德文主．马克思主义法律思想通史：第四卷［M］．南京：南京师范大学出版社，2014：123.

对于市民社会的‘文化领导权’”①。主张无产阶级革命可以通过“阵地战”“运动战”两种革命方式先在市民社会的各个环节逐步破坏资产阶级的文化领导权，最终取得政治的领导权。葛兰西的作为一种教育关系或认同关系的“文化——意识形态领导权”的提出，为法哲学的研究提供了一种重要的理论方法和理论选择，对此，“如贝内特（Tony Bennett）所说，以‘领导权’的概念替代‘统治’的概念，并非如一些批评家所说的那样，仅仅是一种术语的转换，而是关于文化和意识形态斗争认知的方法与观念的重要变革”②。

再次，葛兰西成功地运用了文献学和年代学方法，对马克思法哲学进行了创造性的诠释。为了对各种各样的名为“马克思主义”的思潮加以认识和辨别，葛兰西在《狱中札记》中提出了分析和理解马克思的真实思想的方法论，那就是要对马克思和恩格斯的作品进行文献学和年代学分析。为此，他提出了文献学和历史年代学方法的基本路径：第一步，从思想家的实践活动和思想活动两个方面为重点，重撰思想家的传记。第二步，按照时间顺序，编写思想家的文献目录，从中研究思想家见解的形成、成熟、掌握并使用新方法认识世界的不同时期，这样才能领会思想家的理论主旨。第三步，是要进一步区分思想家著作中哪些是完成发表的，哪些是没完成而没发表的，哪些是朋友和学生在修正、重写、删节后发表的，尤其要特别注意和小心那些思想家逝世后发表的，因为那可能是思想家不满意甚至是抛弃掉的东西。③ 基于这种文献学后编年体的研究方法，葛兰西把马克思的著作划分了两类：一类是如《哥达纲领批判》和书信等马克思自己负责下出版的作品；另一类是马克思逝世后由他人负责出版的作品。而后一类著作和版本的可靠性是值得怀疑的，当然，就是第一类中思想家的通信也会发生逻辑和表达上的错误，应该“相当仔细地加以研究”。可见，葛兰西对马克思著作的认真程度是超越当时意大利那些马克思主义者的，用文献学和历史年代学方法发现马克思“著作的实质”，这也使葛兰西摆脱意大利马克思主义者局限性，给20世纪西方马克思主义者研究和理解马克思主义提供了全新的理论向度和方法路径。

---

① 俞吾金．意识形态论［M］．北京：人民出版社，2009：239.

② 陈立旭．文化研究的“葛兰西转向”［N］．中国社会科学报，2014－08－11.

③〔意〕葛兰西．狱中札记［M］．曹雷雨，等译．北京：中国社会科学出版社，2000：295－296.

马克思“自然人道”财产法权界说

刘长军

（北京市社会科学院，北京，100101）

在20世纪末中国特色社会主义市场经济的实践进程中，经济转型与结构转轨的急剧变化，导致经济伦理秩序之间出现了一定的矛盾张力，该矛盾张力既表现在财富悖论（如中等收入陷阱、修昔底德陷阱）中财富的增长与分配失衡：在新型的市场社会——陌生人社会架构中，原有的利益均衡格局被打破，成熟的、公平合理的利益分配与协调机制形成之前，我国社会财产收入差距在一定程度上不断拉大，显而易见，贫富差距的不断拉大会影响到社会的和谐稳定；又表现在经济伦理悖论中，“《老年人跌倒干预技术指南》”“三聚氰胺牛奶”等一系列事件告诉我们，财富倍增语境下社会道德滑坡与公共信任缺失凸显，提醒我们在“人与物相依赖的社会”中，社会关系的物化使得社会秩序的维系与社会常态的维持，依旧离不开“人与人依赖的社会（熟人社会的血缘、地域关系）”的自然、习惯、风俗。除此之外，唯GDP主义所导致的生态失序、人性扭曲现象也是触目惊心。这样的社会现实不断拷问着我们，是“上帝子民的兄弟姐妹关系”宗教伦理的缺失，是“为富不仁”的利益恶果，还是传统“各亲其亲、各养其养”的身份社会使然？深入考究，该悖论的实质无疑是“社会主义和谐问题”，其规避路径无疑是“法治”。

鉴此，本文试图回溯马克思本源意义上“自然人道”财产法权界说：自然界存在着根深叶茂的枝干和枯树枝两种财产；如果说自然界的有机财富是早已肯定的所有者的财物，那么枯树枝、收割后落地的麦穗、修道院的援助等自然界的贫穷，就是专属于贫民的自然权利或习惯权利，其合法性来源于自然的人道主义与人道的自然主义，是遵从财产本质、事物本性所做出的判决；如果说砍伐树木是侵蚀所有者的不法行为，那么现代“启蒙立法”或“自由立法”禁止民众捡拾枯树枝，从而把这种混合的、二元的、不定形的财产转化为绝对的私有财产时，就取消了这些混合财产对贫民所担负的责任，侵害了贫民的利益。虽然，马克思"自然人道"财产法权思想的初衷，在于批判普鲁士市场化初期"启蒙立法"所人为形塑的财产垄断权与一无所有的贫民之间的矛盾悖论，但其内在精髓无疑有助于处于市场化转型初期国家平等保障贫民的习惯权利和占有者的私人财产权利，既防止贫民捡拾枯树枝、捡拾收割后落地的麦穗、享受附着于混合公共物等习惯权利受到侵蚀，也防止砍伐树木等侵害所有者财产权利的事件发生。值此中国特色社会主义法律体系进一步完善之际，基于"制定法律的目的即是保障人们的权利"的理念，践行内在心理的敬畏和外在社会的遵从两维度，以契约人为理念建构法治型社会管理模式，以法治来统领并加强和创新社会管理，化解转型期社会风险，建构和谐社会。

一、古典财产法权理论探源

（一）劳动财产论

在古典法权理论看来，财产是关涉自由、生命、安全意义上能主张权利的一切东西，是包含一切物及其衍生出来的权利及全部合法利益，因而包括有形物、无形物以及有限的人格财产权，"从而将有体物之外的财产包括在财产这一种概念之下，使得'人法'相对称的'物法'找到'财产'这一种概念，克服物权、债权二分造成的'财产'概念的外延不周延的问题"①。宽泛意义上，"财产概念是自我概念的直接结果，……立基于人扩展其人格的自然动机中"②，财产即人们的"生命、自由和财产"③。换言之，在古典哲学框架内，人是内在与外在的双重性存在，既是自然的、肉体的、感性的、对象性的存在物，又具有思维、意志、欲望、冲动、需要等内在可能性。"人的自我意识具有最高的神性"④，然而单纯内在的人格只是一种潜在、抽象可能性存在，并不具有现实性。"（财产）所有权是人的自由在现象界的实现"⑤，内在生命外化为现实世界的物质财富确证着外在世界里人合理性、合法性的存在，通过所有权——这一排他性的自由精神，人格形象确立并丰满起来，因此，生命权利、自由权利与

---

① 周江洪．"财产法"抑或"物权法"之辨析［J］．法学，2002（4）．

② 〔德〕海因里希·罗门．自然法的观念史和哲学［M］．姚中秋，译．上海：上海三联书店，2007：211.

③ 〔爱尔兰〕约翰·凯利．西方法律思想简史［M］．王笑红，译．北京：法律出版社，2010：185.

④ 马克思，恩格斯．马克思恩格斯全集：第40卷［M］．北京：人民出版社，1982：190.

⑤ 〔美〕理查德·派普斯．财产论［M］．北京：经济科学出版社，2003：201.

财产权利的依次顺序展开是生命现实性的明证。古典哲学关注生命权利、自由权利和财产权利，特别是“约翰·洛克通过原初的生命权和自由权的要求，把财产权置于基础的位置。”①

“财产的正当性问题”是历久弥新的问题。人是具有物质性身体的，“每一个人从道德的角度来说都是他自己的人身和能力的合法所有者”②，因此，身体应该被看作财产，每个人对其自身都可拥有或者享有权利。人们对其身体具有无可辩驳的权利，劳动是劳动者无可争议的所有物，更好地说明了内在意义上的生命和外在意义上的财产的关联性。身体或生命的本质力量——劳动向外部的投射，“是无主物‘混合’人之劳动的比喻，并因此把劳动转化成财产”③。一种外在物一旦被纳入身体或者渗入劳动，改变了其存在的直接形式，那么外部物就转向生命，成为生命的附属物，成为主体的财产。在此需要指出的一点是，涉及利益的财产权可以收益或转让，但是“越内在的东西越不适合作为财产权的主题”④，因而涉及生命意义的身体财产权利不可转让。惟其如此，对财产的经济问题做学术的思考并做政治的解决，才具有形而上的伦理价值取向，和形而下裁量的可操作性。

作为身体延伸和劳动渗透的财产所有权界限何在？基于“每个人都是人类发展的一个轨迹，这一发展对他和其他人等量齐观”⑤，生命弥足珍贵，因此维系个人之需要，必然决定了土地和一切其余财富的属人性，人们以自身毫无争议的权利——身体以及身体延伸的劳动，在无主物上刻下烙印，排斥他人的同时，不同的能力与不同的勤劳程度赋予人们不同数量的财产。但是财产拥有量上是有边界的：边界之一，其余的人们只要劳动就会获得满足他们需要的财产或人道意义上也可拥有必需之财产，足够保证他们过上体面有尊严的生活；边界之二，人们的财产亦不能一无所用地毁坏、糟蹋和浪费掉，如此才能建构符合人类自身本性——文明的伦理价值财产、财富的增长和积累。在一个人性脆弱、资源稀缺、理性不完全和意志欲望过度膨胀的语境下，现实总是偏离这种理想状态，在部分人的“财产只是生命、自由、人道以及除自身以外一无所有

---

① 〔英〕彼得·甘西．反思财产——从古代到革命时代［M］．陈高华，译．北京：北京大学出版社，2011：5.

② 〔英〕G·A·柯亨．自我所有、自由和平等［M］．李朝晖，译．北京：东方出版社，2008：81.

③ 〔美〕斯蒂芬·芒泽．财产理论［M］．北京：北京大学出版社，2006：58.

④ 〔美〕斯蒂芬·芒泽．财产理论［M］．北京：北京大学出版社，2006：45.

⑤ 〔爱尔兰〕约翰·凯利．西方法律思想简史［M］．王笑红，译．北京：法律出版社，2010：357.

的公民的称号”①，而另一部分人则把劳动当作商品的资本社会，占有者的私权“毁灭了法和自由的世界”②，将非占有者的权利——自然所赋予的法权损毁殆尽，违反了人性、自由、尊严，作为目的的人结果成为获致财产的手段，是一种制度化了的、内在的对人权的侵犯。随着科技的进步和社会的发展，出于人权的道德关怀，而不是物权的无限增值，终究，有形身外之物的财产历史权利会让位于终极的人的本质存在的自然权利，最终实现人的内在本质的东西——人之为人的自由、尊严和生命的弘扬。

在劳动创设财产合法性中，可以看得出财产是主体意向性和本质物质性的集合体，财产是所有人主体间的相互认知性，形成对外部物的财产权的意思认同，由此形成对外部物的财产权利。虚拟财产、知识产权、专利权、纸币、期货、股票等无形财产或信用财产，必须建筑在有形的实体财产基础上，这样，它们具有了物理意义上的基石，“在某种意义上，与有形物有关对财产来说非常重要，因为它可以为人类存在。没有物理上的显示，人们不能对非常有形物享有财产权。并且，如果没有有关人的形体化特性，大部分的人类财产也将缺失”③。同时，个性化生命就在有形财产、无形物财产及其衍生的财产权利中进入社会场景中，群己权界清晰下，原子式个体生命形式存在中，彰显自然自由，扩展生存空间和能力的联合群体，维系着个性化生命的本真状态，也维系着社会秩序和社会自由。“如果‘财产’指的是物，这种联系便是较弱的；如果‘财产’指的是关于物的人们之间的关系以及这些关系中的一些排他力，那么这种联系便变得较强。”④ 以财产为媒介，人们之间取得了交流平台，个人场景到社会场景的转移中依旧自由化，财产权利的考察中，获得外部保障的普遍存在，以此，每个人对其自身、能力、劳动及其外在产物——财产所有权的确立，建构起有秩序的社会联合体。

（二）自然法权论

考察现行实在法的历史渊源——作为合乎事物本性、符合人世生活内在本质、自然而然的规则与承继的自然法，是“自然界万事万物所拥有的自然权利，以能够存在和运转为限，……万事万物据以产生的自然定律或规则，换言之，

---

① 马克思，恩格斯．马克思恩格斯全集：第1卷［M］．北京：人民出版社，1956：172.
② 马克思，恩格斯．马克思恩格斯全集：第1卷［M］．北京：人民出版社，1956：173.
③ 〔美〕斯蒂芬·芒泽．财产理论［M］．北京：北京大学出版社，2006：65.
④ 〔美〕斯蒂芬·芒泽．财产理论［M］．北京：北京大学出版社，2006：87.

即自然可能性”①。与此相对应，实在法是人类理性对自然法体认的结果，“全然是人类功利性考虑的产物，而不是对某种高级秩序的反思，或应在理念上与高级秩序契合的事物。……法律实证主义认为法律仅仅是实现人类所期冀目标的技术，换言之，乃是组织政治权力的手段”②。理性把握并阐释自然法理念，向共同体颁布经常有效的和较为固定的实证法或人类法，附以明白的刑罚来迫使人们加以遵守，由于情欲或利益关系，或囿于不完全理性的局限，不能预见性地将人类法全部制定出来以维护社会秩序和昭示未来，以致无法实现权益法律救济的时候，指导人类行为尺度的实证法难免失真，时时参鉴自然法来纠偏自有其必然性。由此，法律具有两个层面的内涵，一方面，涵盖事物自然必然性特性，体现了人类的理性和智慧，是事物内在本性的真实意蕴；另一方面，理性与情感始终处于矛盾的纠结之中，受肉身存在的束缚以及人类习惯使然，关注物质利益纠纷、建构人事秩序的内在本质外化过程中，规范人事而服务人世、适合民族生活状态造福人世社会规则的法律，是人与人、人与物不断相互适应、妥协、渐近形塑的历史生成性产物，是不具有自身完全独立性的“上层建筑物”。

究其缘由，我们不难发现：受脆弱的人类本性和自我保存的本能支配下的个体，无法期冀善性与正义居于支配地位并永驻，作为内在人性外现的财富时时成为他人的潜在猎物，生活于丛林法则下的人们，受此困扰总是与他人处于战争状态，“而不能享受安全甚或生命的基本愉悦，不能享有秩序井然、平稳运行的经济带来的一切便利”③。在身体本能支配下的“孤独、贫困、卑污、残忍和短寿”的野蛮状态中，时常发生肆意妄为的侵权与损害事件，结果造成混乱、祸患、暴动、骚扰和叛乱的残酷现实。由此可见，人为法最初肇始于暴力的丛林法则，因而需要不时皈依以理性为根基的自然法，才能使得社会秩序井然，促使共同体成员采取同一尺度、标准，如同对待自己一样来对待他人的生命、健康、自由和财产等权利，结束野蛮对权利的随意侵害，走上维护公众福利的法治社会。

由此可见，同理性相等同层面的自然法，坚守“正义”“衡平”“人和家庭

---

① 〔爱尔兰〕约翰·凯利．西方法律思想简史［M］．王笑红，译．北京：法律出版社，2010：192.

② 〔爱尔兰〕约翰·凯利．西方法律思想简史［M］．王笑红，译．北京：法律出版社，2010：191.

③ 〔爱尔兰〕约翰·凯利．西方法律思想简史［M］．王笑红，译．北京：法律出版社，2010：181.

的根本权利”，践行“当行公道、不为不义”的常识性理念，是不验自明的先验性规范原则，“意味着本质性存在与应然的终极统一”①，因此，“永恒的自然法的这种品质，将自然法提升到历史的不断变化的实证法之上，它使得自然法既是立法者的理想，也是具有法律的评判标准，这种品质使得自然法能够支配政治权力和获得行使本身”②。在看似形形色色没有内在必然性联系的人类法的历史发展中，总是保守着永恒的理性之光和道德价值诉求，在现象学层面的呈现与帷幕之后的本质之间存在着千丝万缕的内在关联，正是实证法不断归纳、完善、成熟和自成体系的结果，不断证成着自然法的人道主义，以铁的必然性发生的现象学化而不失真化。

综上所述，生命、自由、财产逻辑下的古典财产法权理论，以劳动证成财产合法性，建构起内在人性到外在显现的社会场景。其中，形而下操作层面的实证法财产形式确立着人的历史权利，清晰界定财产关系——宽泛意义上的生命、自由与财产的财产关系；形而上的“自然财产法权”实现着终极的人的关怀，塑造衡平正义与善性的法。惟其如此，从内在心理认同与外在社会双重维度，遵从理念层面的自然法和调适层面的人类法，才能实现人与人、人与社会、人与自然的良性互动。

二、“自然人道”财产法权论

（一）现代社会法权·契约考察

1. 财产人格化的现代商品社会

毋庸置疑，一方面，我们应该规避“人为财死，鸟为食亡”的倒果为因逻辑，财产只是获得幸福的工具与手段，人才是最终目的。另一方面来讲，以财产为媒介，搭起人与人之间交往的桥梁，建构起陌生人社会的纽带，赋予人以较大的独立性与价值和尊严。你有能力，你的内在力量无比强大，如果不转化为显性的外在东西，不能以物的形式对象化，那么内在的主观就永远只是抽象。

财产之所以合乎理性，不仅在于财产满足人的需要，延续人的生命，“仓廪实而知礼节，衣食足而知荣辱”，让生命因基本人身需要的满足而过上一种更注重精神境界的生活；同时更在于，人格最初只是一种纯粹的抽象存在，只是人

① 〔德〕海因里希·罗门．自然法的观念史和哲学［M］．姚中秋，译．上海：上海三联书店，2007：222.

② 〔德〕海因里希·罗门．自然法的观念史和哲学［M］．姚中秋，译．上海：上海三联书店，2007：240.

格取得财产这种内容，人格才成为实体性的存在。财产表征的是生命权利、自由权利与财产权利的依次顺序展开，因此有两种形式的财产，一种是人权属性的财产。一种是物权属性的财产。作为前者来说，财产具有不可剥夺也不可转让的性质，不能与主体相分离，体现出主体（生命）的资格比如肾、血液等生命财产一旦转让出去，人就不再是作为人，而是与一般商品并无差别，显示人的受侮辱、工具化的存在；作为后者来说，自然可以交换、转让、收益甚至馈赠。

马克思提出人类社会三阶段的发展理论，人与人依赖的社会，以物为基础的人的独立性的社会，人的自由个性全面发展的社会，那么很显然，现时代我们处于第二阶段，以物为基础的人的独立性的社会阶段。这一社会阶段具体表现为，社会是一个以交换价值的生产为主的商业社会，商品—货币市场成为人们之间发生关系的主要领域，我们生活在一个陌生人社会之中，人与人发生关系，不再是传统社会的熟人之间的关系，我们只是因为有对物的需求才与物的所有人发生一定的买或者卖、权或者债的关系，看似人是与人发生关系，实则是以物为主体，人反而化为客体隐藏在幕后，只是让商品被真实的估价或者商品被真实的实现等价交换的仆人或商品的代言人。

在商业社会，商品是抽象人类劳动的凝结物，质上无差别，只以货币来衡量量的多少，财产的切割、交换和收益具有了可能性和现实性，并可以成为普遍的行为，人们变为无差别的、平等的财产所有者，以货币作为自身外在拥有财产量的比例和关系。但同时，财产又具有质上的各种差别，各种各样的有形实物，无形的信用财产——股票、虚拟货币等，以及有限的身体财产——肖像权、名誉权。如此反映出两个问题，一方面，无论从空间上还是从时间上来说，财产实现了普遍化；另一方面，自然属性的物凸显为社会属性的不同财产，无主的自然物一下具有了人格属性，人格给物打上深深烙印，财产中隐含着主体的自由、意志、个性，以及先天禀赋、后天才能等。

2. 市场的契约精神与法律的契合

随着市场经济的发展，出现了不同的利益群体，各自有不同的利益诉求和价值取向，而这种多元价值要实现自由竞争和共生共荣，并能定纷止争，化解随时可能出现的利益、财产纠葛，自然需要透明化、公开化、固定化与公平化的法律与法治，因此，发达的商品经济——市场经济就是法治经济也就是自然而然的事情了。

以宗法、血缘、身份、地域、等级等作为表征的传统社会，自然缺乏人的独立性，人被局限在特定的地域和特定的活动空间；传统社会转向现代社会，人们的流动性大大增强，一切转化为物化社会的情况下，权利为主导的法理型社会的建构自然成为时代的特点，以便清晰界定不同所有者财产权利的界限，保护和防止侵权的发生，也同时为陌生人社会的交往提供规则，身份纽带必然转化为以契约为核心的法治社会。

法律是旨在最小化"摩擦和浪费"的"社会工程"机制，在资源的有效配置中追求社会财富最大化，经济的运行，社会秩序的维系，商业行为的顺利运作，都是法律引导与法治规范的结果。法律用公开的语言表达市场经济的内在精神，惩罚和约束不法行为，法律与市场经济相联系的天然本性，注定法律与经济具有相同本质的一面。市场社会的契约根基，尤其表现在信用事业、股票事业、知识经济、虚拟经济中，通过缔结契约或协议，达致抽象权利的预期实现。如果发展以占有这一人和物品之间的有机自然关系为起点，那么这种关系转变为法律关系，就是物品流通，也就是买卖导致的需要使然，因此，法律的核心存在于商品交换的内核中。

法律是探索人类如何在相互交往中规制自己的行为的产物，即意思自治、享有民事行为能力、拥有民事权利的公民授权达致契约；同时又蕴含道德本质，超越物理世界来反思人事、人类境况，是人存在的道德伦理准则，是自然存在的物理世界及其人类栖息者的自然本能。因此，市场经济基础上建构的现代法治理念，必然要求以契约、法律为核心建构权利意识，人的权利发展应该是社会发展的基点与归宿，在权利与责任对称——外部性内在化中实现自身收益最大化，由权利意识催生诉讼意识，扬弃传统义务本位而代之以法律维护自身权利本位，在法治化中实现现代市场经济。

（二）批判现代"启蒙立法"主张"自然人道法权"论说

在批判西欧"开明立法""启蒙立法"即人类法财产形式的历史权利中，马克思主张"自然人道"意义上的财产权利即人的权利，深刻阐述了普鲁士市场化初期、资本逻辑出场中的转型正义问题，即，不是人们改变他们的自然风俗以适应治理形式，而是治理形式要适合于治理的风俗习惯、权利、劳动形式、财产形式和自然风俗，否则，"现实和管理原则之间的矛盾"和"经常的冲突"现象就不会消失，也不可能消失。普鲁士"开明立法""启蒙立法"主要是指，以启蒙立法或明文立法代替传统习惯法①，在不定形财产或不确定性财产清晰化的过程中，排除财产的不完备性尤其是公有财产、混合财产或国有财产收益

① 尤其是德国涉及采用人为立法来促进资本主义经济快速发展的进程中，大量采用外来法而舍弃了本土资源，以致造成明文立法与习惯传统、契约法与自然法之间的冲突。

归属不清晰问题，从而实现经济效率最大化的财产权利安排。这一公私混合或共有财产私有化，是通过把农民的旧有习惯权利转化为私有者权利，通过排除公共财产所承载的道义责任的方式实现的，以致既引致了农民的贫困，又带来严重的人道灾难，人们被“抛入犯罪、耻辱和贫困的地狱”①。由此可见，普鲁士市民社会立法的实质是财产私有化问题（马克思关于立法失效的论述虽然是针对“林木盗窃法的修改和颁布”而发的，但从方法论上看却在总体上适用于关涉狩猎、森林、牧场违禁法等法律），这就使得法律降低到私人利益水平，成为剥夺人们财产的手段和制造人道灾难的根源。

这清晰地昭示我们，对于困扰人类的财产问题，马克思不是简单地秉持否定态度，而是充分肯定财产的伟大作用。“财产观念在人类的心灵中是慢慢形成的，它在漫长的岁月中一直处于初萌的薄弱状态。它萌芽于蒙昧阶段，并需要这个阶段和继起的野蛮阶段的一切经验来助长它，使人类的头脑有所准备，以便于接受这种观念的操纵。对财产的欲望超乎其他一切欲望之上，这就是文明伊始的标志。这不仅促使人类克服了阻滞文明发展的种种障碍，并且还使人类以地域和财产为基础而建立起政治社会。”② 当然，马克思远远不是唯效率论的，效率之外还有公平、“自然人道”关怀，效率和公平具有内在的逻辑一致性。在马克思看来，一方面，“在历史上的大多数国家中，公民的权利是按照财产的状况分级规定的”③。作为自由基础和保证的财产维护了个体生存的生命权，财产就是个人“挡风遮雨”的家，尤其是在不确定性和风险激增的现代社会，财产起着保险的作用，赋予个体进入或退出的选择自由，规避分工与私有财产带来的“市场综合依赖症”。财产正是保全其生命并实现人身自由的必要条件，经济学的逻辑要坚守伦理价值——自由的生存，个体生命或个体自由不受任何外力的任意侵害、奴役、限制或剥夺，除非他侵犯别人同样的权利。在割裂经济效率和人类自由、生命权利、社会公正内在一致的社会，受“优胜劣汰、适者生存”生物学信条侵蚀，“看不见的手”的“效率最大化”理性支配，必然出现人性的泯灭、自由的丧失、权利的损害。另一方面，“诚然，劳动尺度本身在这里是由外面提供的，是由必须达到的目的和为达到这个目的而必须由劳动来克服的那些障碍所提供的。但是克服这些障碍本身，就是自由的实现，而

① 马克思，恩格斯. 马克思恩格斯全集：第1卷［M］. 北京：人民出版社，1956：137.

② 〔美〕路易斯·亨利·摩尔根. 古代社会（上）［M］. 杨东纯，等译. 北京：商务印书馆，1977：6.

③ 马克思，恩格斯. 马克思恩格斯选集：第4卷［M］. 北京：人民出版社，1995：173.

且进一步说，外在目的失掉了单纯外在必然性的外观，被看作自我实现，主体的物化，也就是实在的自由，而这种自由见之于活动恰恰就是劳动”①。马克思主张劳动应得原则下的劳动财产权，生命的本质规定就是自由，生命的外化就是自由自觉的劳动，在劳动创造初始价值、自由联合奠定社会价值中，实现人与自然、人与人之间实在的自由、平等关系，向社会传递出以个体劳动能力大小为衡量标准下的有效信息，传递出个人价值与社会效用相匹配信息。事实也的确如此。由“人的依赖关系”与“以物的依赖为基础的人的独立性”，发展到“建立在个人全面发展和他们共同的社会生产能力成为他们的社会财富这一基础上的自由个性”②，马克思终极维度上“自由人联合体”理念，“没有把资源利用中的效率或生产率放在完全支配地位的准绳的位置上，自由而不是效率，具有关键的重要意义，尽管这两个目标在大多数运用过程中是互补的”③。马克思坚持历史权利和终极人道归宿两个维度，历史维度上，马克思侧重发现经济社会繁荣发展与法律制度的互动，探求作为内生变量的技术——人类自身能力的外延在何种意义上是经济发展的动力，财产制度安排对社会发展、生产效率提高、自由扩大的激励和约束作用，无序的世界规则化与秩序化，规避资本对劳动的剥削和个体对市场的依赖，实现人的历史权利；从财产与终极性的人类解放关系来看，财产是实现“每个人的自由是一切人自由的条件”的路径，批判“物的世界的增值同人的世界的贬值”的“物化世界”，最终把无产阶级身上的东西提升为社会的原则。

在自然权利层面上，马克思首先对财产进行了严格的区分。“如果对任何侵犯财产的行为都不加区别、不给以具体的定义，而一概当作盗窃，那末，任何私有财产不都是赃物吗？我占有了自己的私有财产，那不就是排斥了其他任何人来占有这一财产吗？那不就是侵犯他人的所有权吗？”④ 在马克思看来，自然界存在两种不同的财产：“自然界的有机财富（根深叶茂的枝干）”和“自然界的贫穷（枯树枝）”。就这两种不同财产的归属来看，“如果自然界的有机财富是早已肯定的所有者的财物，那么自然界的贫穷则是贫民的不定财物”⑤。因

① 马克思，恩格斯．马克思恩格斯全集：第46卷下［M］．北京：人民出版社，1980：112.

② 马克思，恩格斯．马克思恩格斯全集：第46卷上［M］．北京：人民出版社，1979：104.

③ ［美］詹姆斯·布坎南．财产与自由［M］．北京：中国社会科学出版社，2002：1.

④ 马克思，恩格斯．马克思恩格斯全集：第1卷［M］．北京：人民出版社，1956：139.

⑤ 马克思，恩格斯．马克思恩格斯全集：第1卷［M］．北京：人民出版社，1956：147.

而，枝繁叶茂的有机树木本身属于林木占有者，而枯树枝则专属于贫民阶级。自然界“枝繁叶茂的枝干”与“枯树枝”之间的对立，让人类社会的贫富差别有同病相怜之感。捡拾枯树枝作为自然力所表现出来的人道的力量和关怀、自然的人道施舍，是专属于“政治上和社会上倍受压迫的贫苦群众的利益”①，是专属于贫苦群众的自然权利或习惯权利，赋予人类社会私有制、财产私有权利所照耀不到的“非占有者的私权”②，枯树枝是树木有机体——“事物的法的本质”③ 对脱落部分的否定和扬弃，那么捡拾枯树枝就是遵从财产本质、事物本性做出的判决，由事物本性中得出的客观规定，也同样应该成为惩罚的客观的和本质的规定。“习惯权利按其本质来说只能是这一最低下的、倍受压迫的、无组织的群众的权利。”④ 不法只是那些“砍伐林木的人擅自对财产做出了判决”的行为。如果说擅自砍伐树木、偷取和砍伐树木的行为，是以暴力来截断活的树木机体联系，是一种用暴力来切断、侵害树木所有者对树木拥有的财产权利，破坏或侵占他人劳动的产物，这两种行为——破坏财产的“天然联系”和“人为的联系”的行为，显然损害了林木所有者的财产，侵害了他人劳动，自然是盗窃行为；那么“拾枯枝的情况则恰恰相反，这里没有任何东西同财产脱离，脱离财产的只是实际上已经脱离了它的东西。……拾枯枝的人则只是执行财产本质所做出的判决，因为林木占有者所占有的只是林木本身，而树木已经不再占有从它身上落下的树枝了”⑤。

但是当普鲁士的“启蒙立法”和“自由立法”把捡拾枯树枝的习惯权利宣布为盗窃行为（“惩罚本身作为法的恢复”转变为“私有财产的恢复”，“对私人的金钱赔偿”），不是对“占有者的财产和非占有者的财产”（林木所有者的财产所有权和捡拾枯树枝的习惯权利）平等地保护，而是剥夺了贫民的习惯权利和自然权利，侵害了贫民的切身利益，形成了占有者的财产垄断权。这必然导致法的权利原则与公平原则的失效，甚至造成法将不法的混乱现象。

其一，普鲁士的“启蒙立法”和“自由立法”剥夺了贫民的习惯权利、侵害了贫民的切身利益。对非占有者来说，其财产来源于自然的人道主义与人道的自然主义：自然界的施舍物如脱离活树的枯树枝、收割后落地的麦穗等，仁

① 马克思，恩格斯．马克思恩格斯全集：第1卷［M］．北京：人民出版社，1956：141－142.

② 马克思，恩格斯．马克思恩格斯全集：第1卷［M］．北京：人民出版社，1956：146.

③ 马克思，恩格斯．马克思恩格斯全集：第1卷［M］．北京：人民出版社，1956：139.

④ 马克思，恩格斯．马克思恩格斯全集：第1卷［M］．北京：人民出版社，1956：142.

⑤ 马克思，恩格斯．马克思恩格斯全集：第1卷［M］．北京：人民出版社，1956：138.

慈的自然力夺取了私有制永远也不会自愿放手的东西赋予贫民；习惯法的施舍物如带有抚恤贫民性质的修道院的财产和公有财产。但是普鲁士的“启蒙立法”和“自由立法”“片面地来考察贫民的习惯权利”① 和自然权利，甚至剥夺了贫困民众的习惯权利和自然权利：当取消修道院财产时候，“修道院得到了一定的补偿，没有得到赔偿的只是那些靠修道院援助为生的贫民”②，“贫民过去从修道院那里得到的偶然的援助并没有被任何其他肯定的收入来源所代替”③；把捡拾枯树枝的习惯权利宣布为盗窃行为等。马克思特别强调了贫民的习惯权利。贫民的习惯权利就存在于某些不固定的所有权中，这些所有权“既不是绝对私人的，也不是绝对公共的，而是我们在中世纪一切法规中所得到的那种私权和公权的混合物”④。因为就这类财产本身的自发性和偶然性特点来看，不属于先占权从而不属于私有财产的范畴，当启蒙立法涉及这类财产，把这种混合的、二元的、二重的、不定形的财产转化为私有财产时，就取消了这些混合形式的财产对贫民阶级所负有的责任，侵害了贫民的利益。由此可见，普鲁士启蒙立法的过程，就是产生贫困民众的过程：“这些人的财产只是生命、自由、人道以及除自身以外一无所有的公民的称号。”⑤

其二，普鲁士“启蒙立法”的实质是维护林木占有者利益，把林木所有者的财产扩展为财产垄断权，包括贫困民众捡拾枯树枝的习惯权利在内的财产垄断权。例如，启蒙立法规定，林木看守人裁定被砍伐的树木的价值，显然把私人利益上升为法律意志。“被赋予立法权力的林木占有者也就把自己作为立法者和林木占有者的作用混同起来”⑥，这种公器私用甚至“通过公权时代到达了加倍的、倍增的世袭权利时代”⑦。再如，启蒙立法规定，林木占有者可以得到价值、罚款和特别补偿等三重补偿。这种“将罪行的惩罚由法对侵犯法的胜利变成私欲对侵犯私欲的胜利”，由此可见，“惩罚本身作为法的恢复”转变为“私有财产的恢复”，“对私人的金钱赔偿”⑧。

其三，普鲁士“启蒙立法”不过是实现了“历史权利”的偶性财产自由。如果捡拾枯枝的行为被禁止，甚至被法律惩罚，形成了财产拥有者的过渡欲求

---

① 马克思，恩格斯．马克思恩格斯全集：第1卷［M］．北京：人民出版社，1956：144.
② 马克思，恩格斯．马克思恩格斯全集：第1卷［M］．北京：人民出版社，1956：145.
③ 马克思，恩格斯．马克思恩格斯全集：第1卷［M］．北京：人民出版社，1956：145.
④ 马克思，恩格斯．马克思恩格斯全集：第1卷［M］．北京：人民出版社，1956：145.
⑤ 马克思，恩格斯．马克思恩格斯全集：第1卷［M］．北京：人民出版社，1956：172.
⑥ 马克思，恩格斯．马克思恩格斯全集：第1卷［M］．北京：人民出版社，1956：167.
⑦ 马克思，恩格斯．马克思恩格斯全集：第1卷［M］．北京：人民出版社，1956：168.
⑧ 马克思，恩格斯．马克思恩格斯全集：第1卷［M］．北京：人民出版社，1956：167.

与贫困者的无助，那么这种法就下降到与理性相抵触的私有财产立场上，程序正义与结果正义沦丧的法律失去了自身内在正义的生命，并且威胁、侵害、损毁公共利益，“法庭的独立”“公民的自由和安全”荡然无存，公器之法沦为私器之用，“惩罚本身作为法的恢复”① 的法的本质，成为“将罪行的惩罚由法对侵犯法的胜利变成私欲对侵犯私欲的胜利”②。贫苦群众一方面失去传统社会习惯权利——自然法所赋予的人道救济，“各种最自由的立法在处理私权方面，只限于把已有的权利固定起来并把它们提升为某种具有普遍意志的东西”③。另一方面，以物的依赖为媒介的资本社会，从特权专制中解放出来的人们，只是实现了偶性财产自由——财产拥有者倍增的权利，甚至侵权下的发财，是“私欲对侵犯私欲的胜利”，“把现代国家世界的文明的缺陷和旧制度的野蛮的缺陷结合了起来”④ 的市场化初期的普鲁士，传统和现代双重灾难的赤贫现象严峻，在“历史权利”偶性财产自由的尽头，终究实现人道关怀的自由本身——“人就是人的世界，就是国家，社会”⑤。

总而言之，在马克思看来，普鲁士“启蒙立法”就是“劫贫济富”，就是剥夺贫困民众财产的手段和制造人道灾难的根源。从应然的角度来看，普鲁士“启蒙立法”应该把贫困民众的习惯权利上升为制定法，从而保障非占有者作为国家公民的财产权利，也需要把占有者的财产上升为法律，从而防止他们的财产受到侵害。但是，从实然的角度来看，普鲁士启蒙立法“片面地来考察贫民的习惯权利”，“取消了各种地方性的习惯权利”⑥，“取消这种不定所有权对贫民阶级所负的责任”⑦。由此可见，普鲁士“启蒙立法”不是维护全体公民的权益，而是下降到与理性相抵触的私人利益和私有制的水平，“因此毁灭了法和自由的世界”⑧。值得注意的是，马克思开始从摩塞尔河沿岸地区贫困民众的代言人转变为整个人类无产者的代言人：“我们为穷人要求习惯权利，但并不是限于某个地方的习惯权利，而是一切国家的穷人所固有的习惯权利。我们还要进一步说明，习惯权利按其本质来说只能是这一最底下的、备受压迫的、无组织的

---

① 马克思，恩格斯．马克思恩格斯全集：第1卷［M］．北京：人民出版社，1956：167.
② 马克思，恩格斯．马克思恩格斯全集：第1卷［M］．北京：人民出版社，1956：167.
③ 马克思，恩格斯．马克思恩格斯全集：第1卷［M］．北京：人民出版社，1956：144.
④ 马克思，恩格斯．马克思恩格斯全集：第1卷［M］．北京：人民出版社，1956：462－463.
⑤ 马克思，恩格斯．马克思恩格斯全集：第1卷［M］．北京：人民出版社，1956：452.
⑥ 马克思，恩格斯．马克思恩格斯全集：第1卷［M］．北京：人民出版社，1956：144.
⑦ 马克思，恩格斯．马克思恩格斯全集：第1卷［M］．北京：人民出版社，1956：146.
⑧ 马克思，恩格斯．马克思恩格斯全集：第1卷［M］．北京：人民出版社，1956：173.

群众的权利。”①

三、现代方法论启示：“自然人道”财产法权与人为财产法权的衡平

虽然，马克思“自然人道”财产法权思想的初衷，在于批判普鲁士市场化初期“蒙立法”所人为形塑的财产垄断权与一无所有的贫民之间的矛盾悖论，但其内在精髓无疑有助于市场化转型初期的国家平等保障贫民的习惯权利和占有者的私人财产权利，既防止贫民捡拾枯树枝、捡拾收割后落地的麦穗、享受附着于混合公共物等习惯权利受到侵蚀，也防止砍伐树木等侵害所有者财产权利的事件发生。这对于“市场在资源配置中起决定性作用”的当代中国也具有重要的方法启示：衡平“自然人道”财产法权与人为财产法权。

2004 年私有财产保护入宪，2007 年《物权法》的颁布实施，我国的财产法律体系形成了一个从根本法到一般法、从实体法到程序法的有机整体，这标志着我国财产法律体系的建成②。当然，“法制”只是意味着国家经济建设、政治建设、文化建设、社会建设以及生态文明建设的各个方面实现了“有法可依”，未必“有法必依、执法必严和违法必究”，为此，我们尚需上升到“法治”层面，实现现代社会的法治型社会管理模式——社会的自治理、自组织系统③，协调不同群体的利益诉求，在畅通的利益诉求中建构起财产主体权利理念基础上的社会良序佳俗，由法成为国家单向控制社会的工具，转到法成为国家与社会双向控制的工具，即国家公权力与公民社会私权利衡平的以人为本的和谐社会，在内在心理的敬畏和外在社会的遵从相统一的双重维度中，坚守一定意义上“法律拜物教”或“法律至上主义”与外在的物理世界规制自己行为的法律唯一尺度，实现权利维护和社会稳定的有机统一。

历史地看，建构法治社会中国传统社会，自然也有法律的存在及其实际运

① 马克思，恩格斯. 马克思恩格斯全集：第 1 卷 [M]. 北京：人民出版社，1956：142.

② 改革开放 30 多年来，我国立法工作取得了举世瞩目的巨大成就。2011 年 3 月 10 日，全国人大常委会委员长吴邦国在十一届全国人大第四次会议报告中宣布，“从 1979 年初到现在，全国人大及其常委会通过了 440 多件法律、法律解释和有关法律问题的决定，其中现行有效的法律有 200 多件，国务院制定了 960 多件行政法规，地方人大及其常委会制定了 8000 多件地方性法规，民族自治地方制定了 480 多件自治条例和单行条例。经过多年的努力，目前我国以宪法为核心的中国特色社会主义法律体系已经初步形成”。这是我们依法治国的一件根本大事件。

③ 法治之治，并非是统治之治，而是管理之治，是平等人之间的授权式管理，是参与式治理的自治，即组成社会公民有机会参加社会的管理活动，特别是参与管理规则的制定活动，是为了公众谋福利谋利益的良治，即“权为民所用、利为民所谋、情为民所系”。

行，法家的刑罚和儒家的道德教化共同筑起法治与德治双重的统治层面，但是在“普天之下，莫非王土；率土之滨，莫非王臣”的人治意识作祟下，法律的固定性、延续性和强制性都大打折扣。因此在一定意义上可以说，传统社会难以产生现代意义上的法律，这为我们现代法治社会的诞生带来包括意识、社会经济基础等方面的阻力。

历史在曲折中不断前行。我国改革开放确立的市场经济，其内涵的自由、平等理念，“商品是天生的平等派”① “流通从各方面来看是个人自由的实现”②，正好与“法律面前人人平等，法律范围内人人自由”的法治精神相契合，并且为法治社会的产生提供了强大的经济基础，也就是说，既然在经济领域，人们之间需要自由、平等地交换自己劳动创造的财产，那么，反映到社会领域，自然成为其重要的理论源泉和强大的动力根基，抵制了不劳而获或强买强卖等特权。当市场经济成为华夏大地的共识之后，一切空间与时间都被笼罩在这种财产交换、转让与收益的领域，逐渐消除了传统血缘的、宗法的、道德的乃至人治的理念，自然，明确而强硬的是非界限与具有定纷止争功能的客观的法律与法治社会的建构就呼之欲出了。

我们要建构的市场经济本质上就是法治经济，我们要建构的现代社会事实上就是法治社会。市场经济的内在灵魂即是法治，“对法律制度诸多学说和制度的最佳理解和解释是，促进资源有效分配的努力……法律学说悄悄地仰赖对效率的探索。法官希望采纳将会使社会财富最大化的规则、程序和案件结果……法官和律师认为普遍法判决中的指路明灯要么是关乎正义或合理的直觉判断，要么是不经意的功利主义：财富最大化”③。摆脱传统计划经济下的我国市场经济，建构服务型政府，经济的运行、社会秩序的维系与商业行为的顺利运作，都是法律引导与法治规范的结果。作为商品所有者的市场经济主体，是人格上平等、自由、所有权等权利得以保障的现代公民社会成员，物权与债权、权利与责任界定清晰下达致自由契约，顺畅地转让渗透意识的财产及其权利的收益与交割。法治的本质就是契约，一方面，市场社会下，每个人成为契约人，意思自治、享有民事行为能力、拥有民事权利的公民授权达致契约；另一方面，契约又蕴含道德本质，超越物理世界来反思人事、人类境况，是人存在的道德

---

① 马克思，恩格斯．马克思恩格斯全集：第23卷［M］．北京：人民出版社，1972：103.

② 马克思，恩格斯．马克思恩格斯全集：第46卷下［M］．北京：人民出版社，1980：473.

③ 〔爱尔兰〕约翰·凯利．西方法律思想简史［M］．王笑红，译．北京：法律出版社，2010：365.

伦理准则，是道德维度的法，以适应信用事业、股票事业、知识经济、虚拟经济下，抽象化意义上权利的预期实现。因此，市场经济基础上建构的现代法治理念，必然要求以契约、法律为核心建构权利意识，人的权利发展应该是社会发展的基点与归宿，在利己不损人的原则下——外部性内在化中实现自身收益最大化，由权利意识催生诉讼意识，扬弃传统义务本位而代之以法律维护自身权利本位，在法治化中实现现代市场经济。

只有内在心理的敬畏和外在社会的遵从双重维度相统一，实现法律拜物教式的唯“法律至上主义”，以法律作为规制自己行为的唯一尺度，才可以说建构了真正的法治社会。现代法治社会，就是依据法律或合理规则的制度，逐渐在人们心中产生法治信念并严格地遵从之，居于社会主体的自然人、法人与政府等组织，在法制的制约与监督之下，不仅表现为追求效率的工具理性，更是实现社会福利的“善治”，以财产为依托，建构财产主体权利理念基础上的社会良序佳俗，协调好不同利益群体的诉求，实现畅通的利益诉求渠道与各种矛盾化解的有机统一，由法成为国家单向控制社会的工具，转到法成为国家与社会双向控制的工具，由逐步实现法治国家到最终法治社会管理模式的自治理、自组织系统，国家公权力与公民社会私权利衡平的以人为本的法治社会。

以人为本的和谐社会，基于内在本性的尊重生命、敬畏生命意识凸显，呼唤人性中的内心良知、理性和宽容，回归常识与自然，建构遵循法律——惩戒或复仇功能与威慑、改造、建构和谐社会功能兼具的法律——契约人共同体，以此，权利与义务、罪与罚、损害与赔偿、权与债，等等，都获致司法裁决的正义性，而不是群体性的盲动、感性的激情冲动、纯粹情感支配欲望的丛林法则，实现现代理性正义之法庭履约。法律聚焦于预期及其得以普遍化的演化过程，从而行动及其后果在我们的心理承受力之内，实现内在和谐的生活秩序，而不是“物的世界的增殖与人的世界的贬值”的漠视生命，过多强调义务本位目标的传统社会，必然会转向为权利本位与义务本位同等重要甚至更多强调权利本位的以人为本的社会。社会的进步就体现在利益和权利及义务维系的基础，由身份到契约的转变，由此，血缘家庭或家族、组织、社团、阶级等模糊共同体的权利义务观，到市场经济下界定清晰的法律人或契约人权利义务观的转变。人格外化的法律观念，内涵道德因素和共同认可的价值理念，即法律是正义、自由、秩序、合理的代名词，法律审核不法行为维护人世秩序和伦理，坚守道德观念而连接起来的共同体，遵守共同体认的行为准则，维系社会外在秩序和内在伦理规范。

总之，内在心理预期与外在实然的可遵从性两维度统一法治理念，既是创制法律的外部活动过程，又反映民族精神与价值理念的内在底蕴，成为人文关怀层面上内在价值外在化的自然过程。法律的“自然的‘用于调节社会关系的道德律’”① 本质，决定了法律是合乎人性和以尊重生命为前提的社会内在本质需要，构成和谐的、共增福利的共同体，保证了生命、财产和自由的不受随意损害，以致社会像自然一样有着自运动、自调节和自维护体系，实现社会的良性健康发展。法律何以成为约束人的道德、良心的力量？理性的天赋权威使然！万物总是在成就自身目的的进程中臻于完美，顺其自然即合乎事物内在本性的自然而然是事物本质所在，作为一种观念、意识、思想、常识存在的形而上的自然法，成为一种道德上的内在信仰力量，成为人们的坚守并形塑内在精神的源泉，宛若宗教的力量植根人内心。同时，形而下的明文实证法，抛弃“不以行为本身而以当事人的思想方式作为主要标准”②，坚守“法无明文不为罪”的理念，“尽管人们在制定法律的过程中可能会就世俗法律的形态发生争论，但一俟法律制定和确立以后，就不能再对法律加以置评，而只能依据法律进行裁判”③。法律“用于调节社会关系的道德律”的预定、公开心理效果与“法无明文不为罪”的理念，将实体世界的内在精神、抽象本质以显性形式明示于物理世界，具象化的法律与事物本性、人性相契合，道德世界的正义和衡平与物理世界规则相统一、立法正义与司法正义相统一下的法律，既具有被承认的可能性，又具有被遵从的现实性。不断渗透和理解事物本性，坚守“上帝的归上帝、凯撒的归凯撒”的道德谴责与物理世界法庭宣判的二位法治理念，确立一种预期的证成和实现，创设着解释、洞察实体世界的精神，让无机的漆黑、模糊、不可预期的世界因人们的相互订立契约、法律，得以稳定预期化、透明化、规范化，不规则世界规则化，无秩序世界秩序化，不完全理性世界、情感理性参半世界预期化和人性化，感性行为和人类本能得以成为理性的仆人，弥补着人性的脆弱不足性，创生着世界的人性化，致力于人类社会的秩序和自由，遵从理性法的规约和指引下建构一个和谐相处的法治社会。

---

① 〔德〕海因里希·罗门．自然法的观念史和哲学［M］．姚中秋，译．上海：上海三联书店，2007：208.

② 马克思，恩格斯．马克思恩格斯全集：第1卷［M］．北京：人民出版社，1956：16.

③ 〔爱尔兰〕约翰·凯利．西方法律思想简史［M］．王笑红，译．北京：法律出版社，2010：85.

论法的本体（节选）[*]

罗洪钊

（四川忠典律师事务所，四川 成都，610041）

一、法是自由意志的定在，法律与自然律

关于正义和法律的性质，荷马史诗和海希奥德（Hesiod）的诗歌中表明，最早的古希腊人认为，法律是由神颁布的，而人则是通过神意的启示才得知法律的。野兽之所以互相残害，乃是因为它们不知道法律，而奥林匹斯山众神之首的宙斯却把法律作为他最伟大的礼物赐予了人类。因此，非理性的自然界的自然规律便与人类的理性的法律相对照。也就是说，规律有两种：非理性的自然规律和理性的法律。后来诡辩派哲学家，将自然界中大鱼吃小鱼的弱肉强食的规则推及人类社会①。这实际上是否认了法律，只承认自然规律。

在柏拉图的对话中，诡辩派哲学家塞拉西马柯（Thrasymachus）就认为：正义不是别的，无非就是强者的利益。强者拥有统治权，拥有政府，谁强谁统治。而统治者又都是把对自己有利的制定成法律。他们制定了法律对被统治者宣布：凡是对统治都有利的，对百姓就是正义，谁不遵守，谁就违法有罪。所以，正义就是强者的利益（《国家篇》338c－339a）。他还用牧民来比喻：牧羊人和牧牛人照料牛羊，让他们长得又肥又壮，这并不是在考虑牛羊的利益，而是在考虑牧人自身的利益。统治者对被统治者，就像牧人对牛羊一样。因此，正义和法律，就是强者的利益（343b－c）。

---

* 本文原文共六个部分，篇幅较长。由于字数、篇幅等限制，因此节选第一和第五这两个部分编入文集。

① 博登海默．法理学、法律哲学与法律方法［M］．邓正来，译．北京：中国政法大学出版社，2004：3－4.

另一个诡辩派哲学家卡利克勒（Callicles）认为强者谋取弱者的利益是正确的，人越是能干，就应得到更多的利益。所有动物、整个国家、整个人类显然都是这样，人们把这种权力当作君主之权和强者对弱者之权。这种强者用暴力剥夺弱者的财产，优者统治劣者，高贵者统治卑贱者是天经地义的。法律就是强者意志的体现（《高尔吉亚篇》483D、488B－E）。

诡辩派哲学家实际上是用自然规律来解释正义。但是，如果法律是强者意志的体现，强者愿意更任性地掠夺弱者时，法律就不能存在了。因为强者也许不愿意在规则下掠夺弱者。强者与其制订法律而又不断地破坏法律，就还不如干脆不要法律。龙勃罗梭认为，犯罪是一种返祖现象，犯罪人身上存在野蛮人的特征。而在野蛮人，正义的同义词是实力，强者就是正义，弱者就是坏人，把实力看作是权利（L.100，156）①。把实力看作权力，是理性不发达的低等民族的信念。

柏拉图哲学开始主要探求伦理上的正义。在《斐多篇》中他借苏格拉底之口说：他年轻时对于学习自然科学有非同寻常的热情。但这样研究下去，他却觉得走不通，所以他彻底抛弃了原来在感觉物质世界里寻找世界的本原的自然科学的方法，在阿拉克萨哥拉的心灵产生秩序并且是万物的原因的理论的启发下，开始到心灵中去寻找万物的本原（96A－97D）。这就是在人的心灵里寻找正义的根据。苏格拉底接受雅典人的判决，没有逃跑到麦加拉或波埃提亚，这是不符合生物学的自然规律的。苏格拉底的行为实际上是对自然律的独立，从自然律的束缚中解放出来获得了自由，遵循自己的心灵中的实践理性的自由律在行动（98C－99C）。柏拉图将这区分为原因和条件（99B）。

柏拉图在《蒂迈欧篇》中，将原因分为两种：一种是心灵所拥有的神圣的原因；一种是缺乏理智的必然的原因（46D－E、68E－69A）。前者为自由律，后者为自然律。自由律是基于理性，而非基于感性的利益。

也许正是源于柏拉图将事物的原因区别为神圣的原因和必然的原因吧，奥古斯丁说，柏拉图将哲学分为三个部门："首先是道德哲学，主要涉及行为；其次是自然哲学，对事物进行思考；第三是逻辑学，区别真假。"② 奥古斯丁这种

---

① 本文引龙勃罗梭．犯罪人论［M］．黄风，译．北京：北京大学出版社，2011．用L表示，后面注明该中文译本的页码。

② 奥古斯丁．上帝之城：第八卷［M］．王晓朝，译．北京：人民出版社，2006：311.

说法得到近代如亚当·斯密①和康德②等的赞同。

亚里士多德继承了柏拉图《蒂迈欧篇》将原因分为神圣的原因和必然的原因的观点，在《形而上学》第九卷第二章将动变的能力分为理性的能力和非理性的能力。非理性能力只能造成一种结果，而理性能力却能造成两种相反的结果。第五章中他说："那些按照理性而可能运动的，其潜能带有理性。那些无理性的东西，其潜能也是无理性的。前者必然在有生命的东西中，后者可以是生物，也可以是无生物。在后一类潜能，当作用者与受作用者两相值时，必然起作用。但在前一类潜能则并不必然就起作用。因为每一个无理知潜能，只会起一种作用，而理知潜能则可以产生相反的诸作用。这样要是它们发生作用，相对反的事情就得同时造成，但这是不可能的。于是，这必然有某种其他东西存在并起决定的作用。我说这东西就是意志或选择。"（1048a3－11）在第八章他继续论证，理性的潜能是可以有选择的，以这种方式或那种方式活动；而无理性的潜能则只能由于它们存在或不存在而得相反的结果（1050b28－34）。理性只能存在于生命体中，其实只能存在于人类的灵魂中。无理性存在于无生命体中，也存在于除人类以外的有生命体中，也存在于人类灵魂中的无理性部分。

亚里士多德将科学分为理论的、实践的和制造的三门（145a15、1025b18－30）。他认为这三门科学的区别在于：实践的和制造的科学的本原在知识主体之中，即他们的原因在实践者或制造者的自由意志；而理论科学的本原是在"是"自身，因此只是认识和"是"是否一致的问题。人的行为以追求善为目的，实现目的的手段则是考虑和选择。而选择的行为又是出于意愿。所谓意愿，就是自由意志，没有自由，就没有选择，所以，自由意志是人的道德行为的原因。亚里士多德说："人是自身行为的始点和生成者，正如父亲对孩子一样。因此，在我们自身的始点之外，我们找不到其他的始点。行为是我们的行为，是出于我们自愿的行为。"（1103b18－20）也就是说，道德行为的原因不在人的理性之外的自然律中，不由思辨理性去把握，而是在人的实践理性的自由律中。道德行为要考虑，考虑之后要出于自愿（自由）进行选择，作出的行为的原因是人的自愿的选择，而不是一个自然进程的结果。而选择就是对自然进程的独立，从自然进程中解放出来达到自由，由行为人自己决定，自由选择。

---

① 亚当·斯密．国民财富的性质和原因的研究．下册［M］．郭大力，王亚南，译．北京：商务印书馆，1974：336.

② 康德《道德形而上学的奠基·前言》（KW4：387）。本文引李秋零主编．康德著作全集［M］．北京：中国人民大学出版社，2010. 用 KW 表示，后面注明卷数和边码。KW4：387 表示《康德著作全集》第四卷边码 387。

选择，就是人不受自然律的支配，对自然律进程的独立，也就是人从自然律的必然的原因的束缚中解放出来，获得了自由，在自然律的必然的原因之外，依人的理性中的神圣的原因而行动。选择，证明了人有自由意志。托马斯·阿奎那说："我们必须看到：一些事物活动是无需判断的，例如当一块石头掉下来的时候，情况就是如此；所有缺乏知识的事物都同样如此。有一些活动虽然来自判断，但却不是来自自由判断；例如，没有理性的动物就是如此。因为一只羊由于看到了狼而把它判定为一件需要回避的事物，这是出于一种自然的判断而非自由的判断；因为它作出这样的判断，不是出于理性中的某种比较活动，而是出于自然本能。而且，对没有理性的动物的任何判断都可以这么说。但是，人是经由判断而活动的，因为他是藉他的认识能力来判断一些物事是应当避免的还是应当追求的。但是，由于这种判断，在一些特殊活动的情况下，并不是来自自然的本能，而是来自理性中的比较活动，所以，他是经由自由判断来活动，并且保持着倾向于各种不同事物的能力。""自由意志的固有活动在于选择。因为我们说：我们之所以具有自由意志，乃是因为我们能够在拒绝另一件事物的同时而接受一件事物，而这也就是去选择。"① 苏格拉底在跑到麦加拉或波埃提亚去，或留下来接受雅典的刑罚之间，做出了不同于羊遇到狼那种本能的选择，这种选择来自自由意志的神圣的原因，也证明了自由意志的存在。所以，康德说，自由是道德的存在根据，道德是自由的认识根据（KW5：4 注）。

自由就是人超越了自然因果律之上的独立。也就是人的行动打断自然因果链，不为意志之外的先在条件所决定，而是自己决定一个行动。亚里士多德的不动的推动者，就是这种自由因。自由使得人在善恶之间做抉择成为可能，也是判定这个人要为该行为负责的原因。作为自然的人，同样有吃、睡、性的需要和冲动。然而，人却可凭着纯粹的意志力量拒绝这样的冲动，不为这些冲动所推动，意志为自己选择另一个目标，推动人为这个目标行动。康德说："因为对感官世界的规定原因的独立（理性必须在任何时候都把诸如此类的独立性归于自己）就是自由。"（KW4：452）由于规定意志的实践法则不在现象界的因果系列之中，"那么一个这样的意志就必须被设想为完全独立于现象的自然规律、也就是独立于因果性法则，确切说是独立于相继法则的。但一种这样的独立性在最严格的，亦即先验的意义上，就叫作自由"（KW5：29）。康德在《纯粹理性批判》的先验辩证论中第三组二律背反的正题是：除了自然律外，还有

① 托马斯·阿奎那．神学大全［M］．第一集第 6 卷．段德智，译．北京：商务印书馆，2013：507a，509a.

自由律；反题是：只有自然律，没有自由律。正题是道德得以存在的基础。自由是道德的存在理由，道德是自由的认识理由（KW5：4）。

边沁的功利原理认为，社会成员个人的幸福，是立法者应当记住的唯一目的。他说："不管要干何事，除了痛苦或快乐外，没有什么能够最终使得一个人去干。"（3：1）① 当然，在快乐和痛苦的四种来源及其类型中，有道德、宗教，名誉、虔诚等，这本身可以得出自由意志的存在。但边沁将自然约束力看成政治、道德及现世中宗教约束力的基础（3：11）。也就是说，人行为的动机只有免却自然的痛苦和追求自然的快乐。这实际上是否定了人的自由意志。这是康德先验辩证论第三组反题，即只有自然律，没有自由律的观点。

人这种超出自然因果关系，即利害关系之上的独立，不受约束，这还只是消极的自由，积极的自由是自律，即服从意志自己的立法（KW5：33、TWA7：54）②。康德说："自由尽管不是意志依照自然法则的一种属性，但却并不因此而是根本无法则的，反而必须是一种依照不变法则的因果性，但这是些不同种类的法则；因为若不然，一种自由意志就是胡说八道。"（KW4：446）这种与自然法则不同种类的法则，就是实践理性自己的立法。"因为纯粹的、就自身而言实践的理性在这里是直接立法的。意志作为独立于经验条件的，作为纯粹意志，被设想为被法则的纯然形式所规定的，而这个规定根据则被视为一切准则的最高条件。"（KW5：31）这种积极的自由就是人格。

人格，"亦即对整个自然的机械作用的自由和独立，但同时被视为一个存在者的能力，这个存在者服从自己特有的，亦即由他自己的理性所立的纯粹实践法则，因而个人作为属于感官世界的个人，就他同时又属于理知世界而言，则服从于他自己的人格；这就不必奇怪，人作为属于两个世界的人，不能不带有崇敬地在与他的第二个和最高的使命的关系中看待自己的本质，也不能不以最高的敬重看待这个使命的法则"。（KW5：87）

自由或人格，就是超越于自然因果律之上独立，不受自然因果律的决定，而受理性自己的立法的决定。按自然因果律，苏格拉底就会逃跑到麦加拉或波埃提亚，因为避害就利这是生物的自然规律。但苏格拉底从这个生物的自然规律独立，服从他自己理性的法则，留下接受雅典人的刑罚。自由就是不以一种理性之外的幸福结果（质料）来决定意志，那是幸福原则，是边沁的功利原理，

① 边沁．道德与立法原理导论［M］．时殷弘，译．北京：商务印书馆，2000.

② 本文引张世英主编．黑格尔著作集［M］．北京：人民出版社，2015－2017．如 TWA7：54 表示《黑格尔著作集》第 7 卷边码 54。

是他律；自由是以意志本身的实践理性的（形式）立法来决定意志，是自律。康德说："因为道德性的惟一原则就在于对法则的一切质料（亦即一个被欲求的客体）有独立性，同时又通过一个准则必须能够有的纯然普遍立法形式来规定任性。"（KW5：33）

道德并不否认幸福，只是幸福不是意志的决定因素。柏拉图在《斐莱布篇》中认为利益是中性的。只有符合正义的利益者才是好的。单独的正义和单独的利益都不是至善，至善包含了正义和利益二者。但正义在利益之上规制着利益。即不是利益决定正义，而是正义规制利益。所以，不是法律由利益来决定，而是法律高处利益之上规制利益，这才是至善。康德《实践理性批判》中的至善也是这样的。

康德说："幸福原则与道德原则的这一区分并不因此就马上是二者的对立，而且纯粹实践理性并不要求人们放弃对幸福的要求，而是仅仅要求只要谈到义务，就根本不考虑幸福。就某个方面来说，照管自己的幸福甚至也可以是义务，这部分地是因为幸福（技巧、健康、财富都属于此列）包含着履行他的义务的手段，部分地是因为幸福的缺乏（例如贫穷）包含着逾越他的义务的诱惑。只不过，促进自己的幸福，永远不能直接是义务，更不用说是一切义务的原则了。"（KW5：93）"不可否认的是，一切意欲也都必须有一个对象，从而有一种质料；但这质料却并不因此就正好是准则的规定根据和条件。"（KW5：34）如果质料是准则的规定根据和条件，那是自然规律。

积极的自由是意志服从理性自己的立法，康德说："意志不是仅仅服从法则，而是这样来服从法则，即它也必须被视为自己立法的，并且正是因此缘故才服从法则（它可以把自己看作其创作者）。"（KW4：431）也就是说，积极的自由不是没有法则，是要服从法则，但这个法则不是外加给服从者的，而是服从者自己所确立的法则。道德法则本来是积极自由的法则，但对具体的人来说还有不同。如果把道德法则视为自己的立法，因此道德法则与自己是一致的而遵守，黑格尔称这是高贵意识；如果把道德法则看成外在于自己的，就像自然规律一样不是自己的，从而把道德法则看成与自己不一致的压迫着自己的东西，黑格尔称这是卑贱意识（TWA3：372）。我们称古中华的礼是封建礼教，是软刀子杀人不觉痛，这就是卑贱意识。康德说："人们看到人由于自己的义务而受到法则的约束，但却不曾想到，人仅仅服从他自己的、但尽管如此却是普遍的立法，而且人仅仅有责任按照他自己的、但就自然目的而言普遍地立法的意志而行动。"（KW4：432）卑贱意识就只看到了法则的约束，没有看到法则是他自己的，而又是普遍的立法。

道德法则既然是自己的立法，那法则就在自身中。所以孟子说：“仁义礼智，非由外烁我也，我固有之也”。如果认为仁义礼智是外烁我的，为什么仁义礼智可以由外烁使人心具有，而不能通过外烁使禽兽畜生的心也具有？龙勃罗梭主张“天生犯罪人”，他用 Mausdley 的话说：“真正的盗窃犯，就像诗人一样，可以说是天生的，而不是变成的。怎么能够认为可以改造因遗传而形成的本性呢!”（L. 94）并用英国监狱看守人员的话说：“把狗变成狐狸比把小偷变成君子更容易。”（L. 95）本性中不具有善根，是不可以通过监狱改造外烁而使犯罪人具有善。龙勃罗梭根据他的研究得出，文化教育并不能提高人的道德水平，能读会写是一回事，具有必要的道德水平是另一回事。他引美国监狱协会主席 Seymour 的话说：“知识是一种力量，而不是一种美德，知识可以服务于行善，但也可以服务于作恶。”（L. 116）对于没有善根的天生犯罪人，只能像韩非说的那样用利和害来驯服。就像驯狗一样，用偿之以骨头和抽之以鞭子来使其驯服。这正是边沁说的那样：“政府的业务在于通过赏罚来促进社会幸福。”（7：1）

我固有之的仁义礼智，并非是人生之初就已经完成地存在于人，而是有一个发展过程。黑格尔说：“如果说胎儿是一个自在的人，那么它还不是一个自为的人。只有作为一个经受了教化的理性，把自己造成它自在所是的东西，它才是一个自为的人。”（TWA3：25）。同样的论述亦见于《黑格尔著作集》第七卷和《哲学全书》§.124。孟子说人先天地具有的仁义礼智四端，就好像人有四体一样，“凡有四端于我者，知皆扩而充之矣，若火之始然，泉之始达”。而这种发展并不是人人都能达到同样的水平或高度。所以人格是不平等的。也正因为如此，有善根的人需要教化使其成长为一个自为的人，没有善根的人也需要驯化使其遵守规则。

人格的不平等既有后天的教养因素的作用，也有先天的因素的作用。龙勃罗梭的理论虽然有些内容是重蹈黑格尔《精神现象学》第五章里讨论的面相学、颅相学的旧路，但其天生犯罪人的理论却是正确的。对于由遗传等因素造成的天生犯罪人，也是无法通过外烁而使其具有仁义礼智的，但却可以通过驯化使其遵守规则。

道德法则既然是独立于自然律而服从于理性自己的立法，是出于自由意志，那么外在的强力就不能是道德法则的基础。洛克说：“一个强盗以手枪对着我的胸口，要我倾囊给他，因而我自己从衣袋里掏出了钱包并亲手递给他，在这种情况下，说我曾经给予承诺，这既不能改变案情，也不能意味着宽恕强力而转移权利。”(G. 186)① 我将钱包掏出交给了强盗，这并没有转移权利，我对钱包仍然有所有权，强盗有义务立即将钱包还给我。如果我有能力摆脱非正义的暴力强加给我的负担，我就有权利摆脱。洛克说：“摆脱一种暴力而不是由正义强加于任何人的权力，纵有背叛之名，但在上帝面前并不是罪行，而是为他所容许和赞同的事情，即使靠暴力取得的诺言和契约起着阻碍作用。”（G. 196）在暴力强迫下作出的承诺是没有法律约束力的。

卢梭说：“强力是一种物理的力量，我看不出强力的作用可以产生什么道德。向强力屈服，只是一种必要的行为，而不是一种意志的行为；它最多也不过是一种明智的行为而已”。卢梭举例说：“假如强盗在森林的角落里抓住了我；不仅是由于强力我必须得把钱包交出来，而且如果我能藏起钱包来，我在良心上不是也要不得不把它交出来吗？因为毕竟强盗拿着的手枪也是一种权力啊”。最后卢梭得出结论说：“那末，就让我们承认：强力并不构成权利，而人们只是对合法的权力才有服从的义务②”（C. 13 – 14）。所以，古希腊诡辩派哲学家认为正义就是强者的利益，那等于说拿着手枪的强盗的利益就是正义一样。

暴力属于自然律，不能作为权力的基础。黑格尔对自然法进行了批判：他说自然法有两个含义，其一就是“法作为某种以直接自然的方式存在的东西。……结果就是同时要虚构一种自然法在其中有效的自然状态，而与此相反，社会和国家的状态倒是要求并带有某种对自由的限制和对种种自然权利的牺牲。但是，实际上法和一切法的规定仅仅是基于自由的人格，即基于一种其实是自然决定的反面的自我决定。因此，自然权利就是强者存在和暴力有理，而自然状态即是暴行和不法的状态，关于这种状态除去说必须从它走出来以外，就没有比这更真实的话可说了。相反地，社会其实倒是那个只有在那里法才有其现实性的状态；必须加以限制和牺牲的正是自然状态的任性和暴力”（TMA10：311 –312)。“国家虽然也可能通过暴力产生，它却不是基于暴力之上；暴力在国家的产生中仅仅使某种自在自为合理的东西，即法律、宪法得到实存。”(TWA10：221)

这样，就有两种规律：一种是外界的自然规律，这是自然律；一种是超越自然规律而独立，达到自由，服从实践理性自己给自己建立的规律，这是自由

① 本文所引洛克．政府论：下篇［M］．叶启芳，瞿菊农，译．北京：商务印书馆，1964. 用 G 表示，后面注明中文译本页数。

② 本文所引卢梭．社会契约论［M］．何兆武，译．北京：商务印书馆，1980. 用 C 表示，后面注明中文译本页数。第 13 – 14.

律，也就是法律。前者以自然的强力为基础，后者以自由意志为基础。

黑格尔说：规律有两类，自然规律和法律。自然规律的尺度在我们之外，而且我们的认识对它们没有任何增加，也不助长它们，只是我们自身对知识会拓宽。而法律都是被设定的，是来源于人的东西。人不只是停留在这些定在的东西上，反而主张在自身中拥有衡量什么是法的尺度。自然规律就是最高真理，但相反，在法律中，并不因为事情存在就有效，每个人都要求事物适合人特有的标准。人在法中必然会遇到他的理性，所以他必然要考察法的合理性（TWA7：15 甘斯补充）。由于法律是实践理性的自我立法，所以，“一种定在总而言之是自由意志的定在，这种定在就叫作法”（TWA7：80），这是对法的根本性的规定，即，法是自由意志的定在。而“法本来就是法律，是被设定在它的客观定在中的东西”（TWA7：361）。所以规律要么是自然规律，要么是法律。古中华儒家的礼和法家的法，都不是自然规律，而是法律。礼与法，都根源于自由意志，并被设定于外在的客观定在中。与礼对立的不是法，而是刑①。

政治自由，并不是王权专制论者罗伯特·菲尔麦攻击资产阶级自由化说的那样：“各人乐意怎样做就怎样做，高兴怎样生活就怎样生活，而不受任何法律束缚。”（G. 22）那是服从自然律在生活，没有自由，或者是康德、黑格尔称的消极的自由，否定的自由。政治自由，是指人不服从一个外在的强力给予的行为规则，而遵守自己的立法。格劳秀斯说：“‘给予自由’意味着人民可以拥有他们自己的法律。”（W. 170）② 而法律的基地是理性。洛克说：“人的自由和依照他自己的意志来行动的自由，是以他具有理性为基础的。”（G. 63）菲尔麦在其《先祖论》中提出：没有人是生而自由的。这是他的绝对君主制赖以建立的基础③。洛克认为，人年幼处在自然状态时是不自由的，需要人管教指导，在他成熟后有了理性，知道法律就自由了（G. 59）。“所以我们是生而自由的，也是生而具有理性的；但这并不是说我们实际上就能运用此两者：年龄带来自由，同时也带来理性。”（G. 61）黑格尔也说：“人按照他自身与生俱来的直接实存是一种自然的东西，按照其概念则是外在的东西。只有通过培养他自己的身体

① 我们现在许多人将法与礼错误地对立起来。史尚宽认为古中华私法大抵包括于礼制之中。（民法总论［M］．北京：中国政法大学出版社，2000：58.）梅仲协认为：我国春秋之世，礼与刑相对立，并认为“礼为世界最古最完备之民事法规也”。（民法要义［M］．北京：中国政法大学出版社，2004：14－15.）笔者认为，礼还是包括宪法在内，如君使臣以礼。

② 本文所引格劳秀斯．战争与和平法［M］．何勤华，译．上海：上海人民出版社，2017. 用 W 表示，后面注明该书页码。

③ 洛克．政府论．上篇［M］．瞿菊农、叶启芳，译．北京：商务印书馆，1982：4.

和精神，本质上只有通过他的自我意识把自身把握为自由的，他才占有了自身，有了他自身的所有权，以对抗他人。”（TWA7：122）黑格尔在这节的附释中说，为奴隶制的合理性辩护的，都立足于这一观点：把人当作一般的自然存在者。相反，认为奴隶制是绝对非法的观点则是认为人是生而自由的。黑格尔认为，人其实并不是生而自由的，人生之初只是一个自然存在者，没有自由意志，人不仅只是自然存在者，也可以是奴隶。人要通过教化才能达到自由。古中华老子道法自然，主张愚民政策，鼓吹人要停留在自然状态，人要永远作为自然存在者，这是为了维护君主对人民的奴役。

洛克阐述资产阶级政治上的自由：“就是除经人们同意在国家内所建立的立法权以外，不受其他任何立法权的支配；除了立法机关根据对它的委托所制定的法律以外，不受任何意志的统辖或任何法律的约束。”（G. 22）因为自由就是不受他人的非理性的束缚和强暴，而是遵循理性的法则（G. 57）。孟德斯鸠说：“政治自由并不是愿意做什么就做什么。……自由是做法律所许可的一切事情的权利。”（LⅠ. 154）① 自由不是不遵守法律，而是遵守人民自己制定的法律：“在一个自由的国家里，每个人都被认为具有自由的精神，都应该由自己来统治自己，所以立法权应该由人民集体享有。”（LⅠ. 158）卢梭关于社会契约创制国家的一段话也表明资产阶级的自由：“要寻找出一种结合的形式，使它能以全部共同的力量来卫护和保障每个结合者的人身和财富，并且由于这一结合而使每一个与全体联合的个人又不过是在服从自己本人，并且仍然像以往一样地自由。”（C. 23）这里所说的“服从自己本人”也就是服从人民委托的议会制定的，体现公共意志的法律，而不是服从某个外在于人民的个人（C. 24）。卢梭认为，人从自然状态进入社会状态，人的行为中正义就代替了本能，行为就具有道德性。人就是按照自然原则之外的另外的原则行事，在听从自己的欲望之前，先要请教自己的理性，人失去了自然的自由，获得了道德的自由（社会的自由、政治的自由），“唯有道德的自由才使人类真正成为自己的主人；因为仅有嗜欲的冲动便是奴隶状态，而唯有服从人们自己为自己所规定的法律，才是自由”（C. 30）。也就是说，作为社会共同体的自由，就是社会共同体服从其自身理性的法则，自我立法，不服从一个外在的，从根本上说是属于自然的强力加给社会共同体成员的法则。

---

① 本文所引孟德斯鸠．论法的精神［M］．张雁深，译．北京：商务印书馆，1961（上卷），1963 下卷）．用 L 表示，分别用Ⅰ、Ⅱ表示上、下卷，后面注明该书中文本页数。

孟德斯鸠说："每个公民的自由，是公共自由的一部分。在平民政治的国家，这个特质，甚至是主权的一部分。"（LⅠ.243）卢梭认为，如果有个别的对象不在国家之内，这样就形成了对比：个别和全体。"但是全体减掉一部分之后，就绝不是全体；于是只要这种关系继续存在的话，也就不再有全体而只有不相等的两个部分；由此可见，其中的一方的意志比起另一方来，就绝不会更是公意。但是当全体人民对全体人民作出规定时，他们便只是考虑着他们自己了；如果这时形成了某种对比关系的话，那也只是某种观点之下的整个对象对于另一种观点之下的整个对象之间的关系，而全体却没有任何分裂。这时人们所规定的事情就是公共的，正如作出规定的意志是公意一样。正是这种行为，我就称之为法律。"（C. 50）如果像古希腊诡辩派哲学家那样，把法律理解为一个掌握国家政权的强势阶级压迫另一个弱势阶级的工具，法律就不是公意，也就不是法律。所以，"法律只不过是社会结合的条件。服从法律的人民就应当是法律的创作者；规定社会条件的，只能是那些组成社会的人们"（C. 52）。我国经过几十年的改革开放，取得了举世瞩目的成就。我国人民已经不再是马克思说的挣一文吃一文无产者，而是在银行有存款，在股市有资本的资产者。洛克、卢梭所阐明的资产阶级的自由，现在完全可以适合于中国。

五、论马克思的法哲学

马克思在 1842 年 12 月 18 日的《论离婚法草案》中接受了自然法的观点："立法者应该把自己看作一个自然科学家。他不是在制造法律，不是在发明法律，而仅仅是在表述法律，他把精神关系的内在规律表现在有意识的现行法律之中。"马克思的这个观点的不足之处是法律与自然科学并不完全一样，这在本文第一节已经讨论过了。自然科学属于黑格尔《精神现象学》第五章讨论的主观精神，而法律则是第六章讨论的客观精神。

但在《论离婚法草案》三年后，马克思放弃了他原来的自然法观点，接受了古希腊诡辩派的观点。在 1845 年至 1846 年他与恩格斯合著的《德意志意识形态》中认为：法律不过是在一定的物质生产关系中占统治地位的人们的共同利益所决定的这种意志的表现。也就是说，赋予统治阶级的意志以国家意志即法律的一般形式①。在 1847 年 12 月至 1848 年 1 月写的《共产党宣言》中，他们针对资产阶级说："你们的观念本身是资产阶级的生产关系和所有制关系的产物，正象你们的法不过是被奉为法律的你们这个阶级的意志一样，而这种意志

① 马克思，恩格斯．马克思恩格斯全集：第 3 卷［M］．北京：人民出版社，1960：378.

的内容是由你们这个阶级的物质生活条件决定的。”① 马克思认为法的意志是强者的物质利益决定的，这不仅认为法律是假言命令式而非定言命令式，而且明确将强权说成是法权：“强权也是一种法权，而且强者的法权也以另一种形式继续存在于他们的‘法治国家’中。”② 因为马克思、恩格斯的唯物主义认为，法律关系以及国家形式既不能从其本身来理解，也不能从所谓的人之心智的进步来解释，而应当从它们所植根于的物质的生活状况加以解释。也就是说，法律是由经济利益决定的。而且是由统治阶级的经济利益决定的。这其实是回到古希腊诡辩派哲学家观点上去了。把法律看成统治者意志的体现，这也是洛克《政府论》上篇 §.8 批判的绝对君主论者罗伯特·菲尔麦在《先祖论》中表达的观点。

龙勃罗梭指出，人类存在返祖现象，野蛮人就是以实力作为权力。其实强者是不需要法律的，拿着手枪的强盗在森林里抓住了弱者，强盗何需法律？卢梭认为，人类进入了文明社会，就是要用道德与法律的平等来代替自然所造成的人与人之间的身体力上和智力上的不平等（C. 34 及 70），也就是说，法律有抑强扶弱的作用，以消除自然的不平等，实现人的社会平等。虽然人先天而来的不平等并不能为法律所消灭，但可以缩小这种差别。儒家也主张“君子尊贤而容众，嘉善而矜不能”。孟德斯鸠虽然主张民主政治，而民主政治又以平等为灵魂，但他也认为真正的平等是建立不起来的，梭伦的民主政治也建立了一个人口分级制，这一制度在一定程度上减少差别，这样就仿佛把不平等给平等化了（L Ⅰ.45）。马克思对法律的这一观点，与黑格尔说的评判意识（TWA3：487 - 491）实际是一样的，他是以一个与外在相反的内在来解释法律。

马克思后来的这个观点为我们所采纳，我们现在总是认为法具有阶级性，法是统治阶级意志的体现。事实上，亡国暴君从来就没有成功地将他们自私自利的意志作为法律强加给人民。亡国暴君也知道维护其统治苟延残喘的是暴力而不是法律。认为法是统治阶级意志的体现。如果我们问，为什么法是统治阶级意志的体现，而不是相反？回答只能是因为统治阶级掌握有军队，具有物理上的强力。这结果就成了法律是具有物理上的强力，即强者的意志的体现。如果法律是强者意志的体现这一说法可以成立，那就像洛克、卢梭说的那样，强盗手中的手枪也是权力。自鸦片战争以来，西方列强依靠他们的船坚炮利对中国及亚非拉其他国家实行炮舰政策就是在执行国际法，中国人民对西方列强的

---

① 马克思，恩格斯．马克思恩格斯选集：第 1 卷［M］．北京：人民出版社，1972：268.

② 马克思，恩格斯．马克思恩格斯选集：第 2 卷 . 1972：91.

反抗都是在违反国际法？美国现在是世界上头号军事强国，那美国的意志就是国际法？符合美国的利益，符合美国的意志就是符合国际法，符合正义；不符合美国的利益，不符合美国的意志就违背有国际法，不符合正义？

我们说，法是统治阶级意志的体现，法是上层建筑，具有阶级性。所以就遇上了环境保护法有无阶级性的难题。有的法学家认为，法是上层建筑，有阶级性，环境保护法也有阶级性。

我们总是认为：法律是上层建筑，是由经济基础决定并服务于经济基础的。这实际上是否定了法是自由意志的定在。把法律当成由外在的物质因素所决定；因此，法律不是体现正义，而是为外在的物质利益服务的手段。这样，法律就失去了神圣性，在法律之上，还有决定法律，而法律也为之服务的上位的物质利益存在。法律是物质利益的婢女。这其实是否定了人的自由意志的存在。

一个民族能够接受什么理论，是由这个民族固有的精神决定了的。康德在论述道德榜样时说："人们能够给道德出馊主意的，也莫过于想从实例中借来道德了。因为每一个表现给我的道德实例，本身都必须事先按照道德性的原则来判断，看它是否配被当做原初的实例亦即当做范例来用，但它却绝不可能提供道德性的概念。即便是福音书中的圣者，在人们把他认做圣者之前，也必须事先与我们对道德完善性的理想进行比较。"（KW4：408）同样，自 20 世纪以来，我们将马克思作为我们的思想领袖，这也是我们把马克思的理论与我们民族当时心中的社会理想和思想观念进行了比较决定的。当时在阅读马克思的理论著作时，我们民族实际上都是在自己心里思考马克思所阐述的那些理论是否是真理。我们将马克思的理论与我们当时心中的社会理想和思想观念进行比较，认为马克思的理论与我们心中的社会理想和思想观念符合一致。我们问我们自己：马克思说的是真的有道理吗？一个声音在我们民族的心中回答说：是的！我们才将马克思奉为我们的导师。我们信仰马克思的理论，其实是我们信仰我们那个时代历史文化决定的自己心中的社会理想和思想观念。对一个自己认定的外在权威的迷信，其实是对自己的迷信。

马克思法哲学的历史辩证法*

孙美堂

（中国政法大学 马克思主义学院，北京，100088）

一

流行的马克思主义法哲学解读范式，离开了马克思的历史视野、实践张力和整体思路，离开了马克思重要的思维方式——历史辩证法，没有把准马克思法哲学的真谛，多少有误读之虞。

例如，有一种流行的研究范式，试图用学科专业的模式解读马克思法哲学思想：阐发马克思的国际法思想、马克思的物权法思想、马克思的知识产权思想、马克思恩格斯的遗产继承权理论等。这些研究不能说没有一定的根据和道理；但总的来说，它把马克思法哲学肢解成琐碎的专业知识，马克思俨然也成了从事某二级学科、三级学科研究的法学专家。以政治经济学批判为中心，贯穿社会各环节和历史各阶段的整体马克思主义，似乎退隐了；以无产阶级和人类解放为宗旨的革命家马克思，其面貌模糊了。

我们知道，马克思从不孤立地理解法。他是透过整个社会尤其是经济基础来理解法的；马克思不是一个学院式的专业学者，而是一个革命家、实践家。他曾经谈到自己由法学转向哲学和经济学的心路历程，还强调哲学家的任务不是空谈："哲学家们只是用不同的方式解释世界，问题在于改变世界。"① 照此可以说，法律只是改造世界的手段。

---

* 基金项目：《社会主义法治文化建设》［中国法学会19大专题项目，CLS（2017）ZDZX08］；《马克思法哲学的方法论基础》，北京高校中国特色社会主义理论研究协同创新中心（中国政法大学）校级科研委托项目，（2017KY－01）。

① 马克思恩格斯选集：第1卷［M］．北京：人民出版社，1995：57.

有一种流行的观点：在马克思主义看来，法总是有阶级性的，不存在超阶级的法；国家是阶级统治工具，而不是超阶级的、全民的。诚然，马克思的确承认法的阶级性，承认国家是统治阶级的工具。但是我们不要忘记这些观点的前提：马克思针对的是阶级社会——因为他处在19世纪资本主义语境下，所以他重点是针对那个时代和制度下的法。马克思对阶级的理解，从属于他的更宏大的历史观，这就是马克思自己提到的“三点新贡献”：“（1）阶级的存在仅仅同生产发展的一定历史阶段相联系；（2）阶级斗争必然导致无产阶级专政；（3）这个专政不过是达到消灭一切阶级和进入无阶级社会的过渡。”① 马克思的意思：一方面，法建立在一定经济关系和生产发展状态的基础之上，法的关系是财产关系等的体现。于是，法的阶级性问题取决于经济、社会发展状况，就是顺理成章的了。另一方面也是更重要的：社会的生产力、经济关系和法律关系，都是历史发展的，从来不存在一成不变的某种“性”。如果离开了马克思的社会结构理论与历史发展思路，强调法的阶级性、国家的专政职能，就可能把历史地存在的和有局限的东西理解为天然合理的东西，把要否定和超越的东西当作抽象的和永恒的东西。

以上两种常见的偏颇有一个共同的问题：离开了马克思的历史辩证法，把马克思的以生产方式为基础的社会有机整体思想分解为学科专业方向的只言片语；把法律在历史发展中某些特殊阶段呈现的形态抽象化，视为天然合理、永恒固有的特征；从马克思主张的自觉自由的历史实践路径退回到抽象思辨的、空洞概念的路径。

要正确理解马克思法哲学，必须有研究范式的反思和方法论的自觉，要体会到：马克思是在宏大历史尺度上理解法，把法视为在历史实践中不断被批判、改变和超越的东西，这就是马克思的历史辩证法。历史辩证法是唯物辩证法在社会历史过程中的具体呈现，也是马克思法哲学的基本方法，理解历史辩证法是理解马克思法哲学的一把钥匙。马克思法哲学中的历史辩证法，大致可以做如下概括：对社会生活进行本质抽象并上升为总体性，从社会存在特别是社会的物质关系中寻找法的根源，把法视为全部社会有机体中的一环；用历史的、发展的观念看待社会形态与法，承认法的具体形态随着生产发展状况的提高而不断被否定和超越，随着人们的关系从依附状态向独立自由个性的发展，法必然日益彰显其自由价值；历史实践、社会改造，尤其是生产发展，是法发展演进的根本途径。既然如此，马克思法哲学的应有之义，不是强调和固守法的阶

---

① 马克思，恩格斯．马克思恩格斯选集：第4卷［M］．北京：人民出版社，1995：547.

级性，不是强调和固守国家的专政功能，而是促进人的自由解放。

二

马克思法哲学的历史辩证法，不是就法说法，而是用历史唯物主义方法，把握包括法在内的全部社会存在的本质，并将其上升到总体性范畴。通过对总体性范畴，亦即对法以及法赖以存在的社会基础进行批判和扬弃，这是马克思法哲学的历史辩证法的第一个特征。历史辩证法在这里表现为，马克思用具体历史条件下的生产实践来代表社会历史的总体性，他的研究也由法学、哲学和宗教批判转向政治经济学批判。

众所周知，《莱茵报》和克罗茨纳赫时期，马克思的主要工作是从事法的评论和黑格尔法哲学批判，间或有宗教和哲学的批判。大约1844—1845年开始，马克思研究重点转向政治经济学批判。他明确提出，不能从法本身或者所谓一般的普遍原则去理解法，法是一定的经济和社会关系的体现。他说："法的关系正像国家的形式一样，既不能从它们本身来理解，也不能从所谓人类精神的一般发展来理解，相反，它们根源于物质的生活关系，这种物质的生活关系的总和，黑格尔按照18世纪的英国人和法国人的先例，概括为'市民社会'，而对市民社会的解剖应该到政治经济学中去寻求。"① 马克思、恩格斯评论说："国家是统治阶级的各个人借以实现其共同利益的形式，……一切共同的规章都是以国家为中介的，都获得了政治形式。由此便产生一种错觉，好像法律是以意志为基础的，而且是以脱离其现实基础的意志即自由意志为基础的。同样，法随后也被归结为法律。"② 在评论霍布斯等人关于权力是法的基础时，他们说："法、法律等等只不过是其他关系（它们是国家权力的基础）的一种征兆，一种表现。那些决不依个人'意志'为转移的个人的物质生活，即他们的相互制约的生产方式和交往形式，是国家的现实基础，而且在一切还必需有分工和私有制的阶段上，都是完全不依个人的意志为转移的。"③ 在马克思看来，法被定位为经济基础之上的上层建筑，这就实现关于社会历史的本质抽象和总体性把握。

作为总体性的社会，也是历史地发展的。因此，在社会的本质抽象和总体性中理解法，也需要在历史发展和演化中完成的。如果法的关系是社会关系、经济关系的反应，法根植于一个社会的物质生活中，那么，法本身必然随经济

---

① 马克思，恩格斯．马克思恩格斯选集：第2卷［M］．北京：人民出版社，1995：32.

② 马克思，恩格斯．马克思恩格斯选集：第1卷［M］．北京：人民出版社，1995：132.

③ 马克思，恩格斯．马克思恩格斯全集：第3卷［M］．北京：人民出版社，1960：377.

和社会发展而发展。马克思在《〈政治经济学批判〉序言》中阐述的社会形态演变模型是比较典型的：与生产发展的一定阶段相联系的生产关系构成社会的经济基础，树立其上的是社会的上层建筑（包括法律等）。经济基础的变化导致包括法律在内的上层建筑的改变。"社会的物质生产力发展到一定阶段，便同它们一直在其中运动的现存生产关系或财产关系（这只是生产关系的法律用语）发生矛盾。于是这些关系便由生产力的发展形式变成生产力的桎梏。那时社会革命的时代就到来了。随着经济基础的变更，全部庞大的上层建筑也或慢或快地发生变革。"① 总之，法的关系是因生产关系的发展而发展的历史性的存在。

在马克思那里，法的关系的发展演化状况，与生产发展、社会交往普遍化、社会形态更替、人的独立自由个性发展等步骤，是同一个问题的不同方面。从法的角度说，一个基本的维度就是人的自由。马克思认为："人们的社会历史始终只是他们的个体发展的历史，而不管他们是否意识到这一点。"② 个体如何发展？它需要通过社会交往，借助物质生活条件来进行；而物质生活条件以及与之相适应的社会交往方式，使得人们的生活有一个从不自由到自由的过程。关于这个过程，马克思在《1857—1858 年经济学手稿》中的一段话，是理解这个问题的关键："人的依赖关系（起初完全是自然发生的），是最初的社会形态，在这种形态下，人的生产能力只是在狭小的范围内和孤立的地点上发展着。以物的依赖性为基础的人的独立性，是第二大形态，在这种形态下，才形成普遍的社会物质变换、全面的关系，多方面的需求以及全面的能力的体系。建立在个人全面发展和他们共同的社会生产能力成为他们的社会财富这一基础上的自由个性，是第三阶段。"③

法律是随着社会生产发展、交往普遍化和个性独立自由而逐步发展成熟的。对此，马克思、恩格斯在《德意志意识形态》的相关阐述比较有代表性。所有制最初形式是部落所有制；无论在古代或者现代民族中，真正的私有制只是随着动产的出现才开始。经过封建地产、同业公会、工场手工业，最后扩展为由大工业和普遍竞争所引起的现代资本主义，才摆脱共同体的形式和国家控制，演变为纯粹的私有制。他们指出："私法和私有制是从自然形成的共同体的解体过程中同时发展起来的。在罗马人那里，私有制和私法的发展没有在工业和商

① 马克思，恩格斯．马克思恩格斯选集：第 2 卷［M］．北京：人民出版社，1995：32.
② 马克思，恩格斯．马克思恩格斯选集：第 4 卷［M］．北京：人民出版社，1995：532.
③ 马克思，恩格斯．马克思恩格斯全集：第 46 卷（上）［M］．北京：人民出版社，1979：104.

业方面引起进一步的结果，因为他们的整个生产方式没有改变。在现代民族那里，工业和商业瓦解了封建的共同体，随着私有制和私法的产生，开始了一个能够进一步发展的新阶段。"① 也就是说，私法的出现和发展，是人的独立自由个性萌生的标志。如果说这在罗马人那里还是萌芽，则资本主义大工业促成的普遍交往和人的独立自由状态，私法才得以成熟。

相对于古代的和封建的法，资产阶级法无疑是伟大的进步。不过，我们不能因此把资产阶级的国家和法理想化。正如恩格斯所说："同启蒙学者的华美诺言比起来，由'理性的胜利'建立起来的社会制度和政治制度竟是一幅令人失望的讽刺画。"② 马克思、恩格斯无情地撕下了资产阶级法的伪装："你们的观念本身是资产阶级的生产关系和所有制关系的产物，正像你们的法不过是被奉为法律的你们这个阶级的意志一样，而这种意志的内容是由你们这个阶级的物质生活条件来决定的。"③

马克思对资产阶级的法既肯定又否定，我们该怎样理解这一似乎矛盾的现象？上面引马克思的一个说法——"以物的依赖性为基础的人的独立性"，是解开这个问题的一把钥匙。马克思肯定的是现代资本主义高度发展的生产力、普遍交往，以及由此推动的人的独立自由，是建立在这个基础上的形式上的自由、平等和正义，是国家和法形式上呈现为一定的程度的公共性。不过这一切都是以不合理的"物的依赖性"关系为基础的。表面的平等、合法，背后隐藏着不平等、不合法。表面看，商品交换遵循等价交换原则，自由、公平、合法；但它建立在资本主义市场经济基础上，而这个基础决定人与人的不平等。在《资本论》中，马克思谈到商品所有者之间的契约形式的法权关系时指出：这种关系是反映经济关系的意志关系。"这种法权关系或意志关系的内容是由这种经济关系本身决定的。"④ 表面看，工人工资也是这样：你给我干活我给你工资，似乎也是平等交易，公平合理，但它背后的资本主义生产方式决定了工人无法逃避剩余价值生产规律。表面看，资产阶级国家似乎是独立于市民社会之上，超然世外，不偏不倚，可它实际上依赖于资产阶级为之提供的商业信贷支持，因而是资产阶级压迫工具。由于资产阶级是一个阶级，而不是像以往那样的等级，于是，资产阶级的国家采取了普遍原则的形式，以致人们误以为法是意识的产

① 马克思，恩格斯．马克思恩格斯选集：第1卷［M］．北京：人民出版社，1995：132.
② 马克思，恩格斯．马克思恩格斯选集：第3卷［M］．北京：人民出版社，1995：607.
③ 马克思，恩格斯．马克思恩格斯选集：第1卷［M］．北京：人民出版社，1995：289.
④ 马克思，恩格斯．马克思恩格斯全集：第23卷［M］．北京：人民出版社，1972：102.

物。其实，资产阶级法及各种法的原则，是资本主义经济关系的体现。

马克思的这个揭示意味着什么呢？意味着他把启蒙思想的基础、也是资产阶级法律的基础——契约原则，从根基上动摇了，颠覆了。契约原则是洛克、卢梭等的法哲学基础，是资产阶级法律的基本原则。马克思揭示他们鼓吹的契约原则和精神，表面看、形式上看，似乎完美无瑕，但它背后还有深层基础，这就是马克思所谓“物的依赖性”关系，这个基础是有问题的。个体的发展、人的解放和自由全面发展、法治文明进步，还需要进一步否定，否定这个“物的依赖性”关系，消除约束人的各种异己的、物化的力量，彰显真正的人。

三

马克思法哲学的历史辩证法，就是要把包括法在内的全部社会生活理解为不断否定和超越的过程。历史辩证法将对象进行本质抽象，上升为有客观普遍性的范畴，达到对对象的总体性把握，并把这个对象理解为不断自我否定、自我扬弃的动态过程。对象的每一个阶段都有它的存在的根据与合理性，但每一环节的根据连带它的合理性又都是历史的，都是要被否定和超越的；每一种现存的形态都因历史的局限而被否定和超越，被新的形态所取代。不仅如此，历史中的每一个环节，又不外乎这个对象的总体性，是这个对象自身的一个具体环节，辩证的否定和超越实际是这个对象转化为“自己的他物”。于是，对象通过不断的否定与超越，得以发展完善。对此，马克思写道：“辩证法在对现存的事物的肯定的理解中同时包含着对现存的事物的否定的理解，即对现存事物的必然灭亡的理解；辩证法对每一种既成的形式都是从不断的运动中，因而也是从它的暂时性方面去理解；辩证法不崇拜任何东西，按其本质来说，它是批判的和革命的。”① 也就是说，用动态的、历史的眼光看待事物、对象，这是马克思分析历史与现实的基本方法，也是研究法的基本方法。

恩格斯对黑格尔辩证法的评价，对历史辩证法是个很好的脚注。他盛赞黑格尔的伟大功绩是把自然界、社会和人的思维理解为一个过程。他还按照黑格尔的辩证法分析黑格尔的哲学命题：“凡是现实的都是合乎理性的，凡是合乎理性的都是现实的”，推出另一个命题：“凡是现存的，都一定要灭亡。”② 按照这种思维，“一切僵硬的东西溶解了，一切固定的东西消散了，一切被当作永久存

① 马克思，恩格斯．马克思恩格斯选集：第 2 卷［M］．北京：人民出版社，1995：112.

② 马克思，恩格斯．马克思恩格斯选集：第 4 卷［M］．北京：人民出版社，1995：215－216.

在的特殊的东西变成了转瞬即逝的东西"①。如此把握对象的总体性和普遍本质，把它的每个具体阶段和形态，都置于这种普遍的和本质的规定性中考察，当作流动的过程考察，这种辩证法就是历史辩证法。

不过，马克思的历史辩证法与黑格尔辩证法有本质区别。我们知道，马克思明确表示他的辩证法与黑格尔的"截然相反"。黑格尔说："辩证法是倒立着的。必须把它倒过来，以便发现神秘外壳中的合理内核。"② 阿尔都塞谈到这个问题时指出，不能简单地理解为保持原有结构不变的条件下，仅仅把思维与存在二者间的关系颠倒一下，而是从思辨转向实践。③ 这个说法有一定道理。马克思的历史辩证法不像黑格尔那样，限于概念的自我否定，他的否定是实践的否定，是通过生产发展、社会革命等现实途径完成的否定。马克思理解的历史辩证法，则是社会生活（当然也包括法）的历史与现实的运动，这种运动是人们的历史实践实际地推动的、造就的。历史的辩证运动不是通过范畴的自我否定和超越来完成的，而是通过客观事物、客观存在的自我运动来实现的，通过革命的实践来实现的。于是，马克思把辩证法从理论领域转到现实社会，从哲学思辨转向社会实践，从范畴的自我否定转到推动历史发展的现实运动。马克思的许多说法，就是在这个意义上理解的。例如，"批判的武器当然不能代替武器的批判，物质力量只能用物质力量来摧毁；但是理论一经掌握群众，也会变成物质力量"④；"社会生活在本质上是实践的"；"哲学家们只是用不同的方式解释世界，而问题在于改变世界"⑤ 等。马克思研究的重点从法学和哲学转向政治经济学，也是为了寻找改变资本主义生产方式的现实途径。

于是，马克思的历史辩证法，就不是总体性概念的自我否定与超越，而是由主体（现代资本主义社会的历史主体主要是工业无产阶级）能动的实践所推动的社会存在的自我扬弃与超越，是人们的现实社会合乎逻辑的改造、发展与提升，是生活本身的低级与高级、已然与未然、现实与理想、自在与自由的不断过渡——正是在这个意义上，有人亦称之为"实践辩证法"。

马克思的法哲学也贯穿着这样的历史辩证法。马克思的法哲学以自由、正义、人的尊严等为目的价值，但它既不像启蒙思想家那样，从虚构的自然状态

① 马克思，恩格斯．马克思恩格斯选集：第4卷［M］．北京：人民出版社，1995：270.

② 马克思，恩格斯．马克思恩格斯选集：第2卷［M］．北京：人民出版社，1995：112.

③ 阿尔都塞．保卫马克思［M］．北京：商务印书馆，2006：76－80.

④ 马克思，恩格斯．马克思恩格斯选集：第1卷［M］．北京：人民出版社，1995：9.

⑤ 马克思，恩格斯．马克思恩格斯选集：第1卷［M］．北京：人民出版社，1995：58，60，61.

下的自然权利出发；也不像古典哲学家那样，从自由意志或其他抽象原则出发，而是从现实的实践出发，通过改变社会的物质生活状况来实际地改变不合理的经济关系、社会关系和法律关系。启蒙思想家把法的理想定在过去，马克思则定在未来；德国古典哲学家把法的理想定在形而上的抽象原则，马克思则定在形而下的现实生活；前人都试图通过超验的原则来规范现实的法，马克思则把法的规范理解为历史实践中的不懈追求与创造。包括法在内的人类社会历史，是开放的和自由的。如果我们理解的马克思的历史辩证法，按照马克思自身的这个特点来理解马克思的法哲学思想，就会有全新的认识。从这个角度可以说，马克思既是法哲学家又不是法哲学家，他应该算“超法哲学家”。

四

按历史辩证法，马克思究竟如何理解法的历史演化路径和一般价值目标？对此，马克思有一典型说法：“宗教、家庭、国家、法、道德、科学、艺术等等，都不过是生产的一些特殊的方式，并且受生产的普遍规律支配。因此，对私有财产的积极扬弃，作为对人的生命的占有，是对一切异化的积极的扬弃，从而是人从宗教、家庭、国家等等向自己的人的即社会的存在的复归。”① 结合其他文本，这段话可作如下解读：

第一，不能孤立地理解法，而应该将法置于整个社会有机体中，置于生产发展和交往扩大化的历史中，置于人从依附状态向独立自由个性发展的历史中理解。如此看，历史的辩证运动实际上是由生产劳动最终推动、束缚人的物质力量不断被解除和扬弃、人不断获得解放的漫长的历史过程。

马克思论及扬弃私有制和共产主义时，常用“人类社会或社会的人类”“人的本质力量”等说法，早年尤其如此。这些说法含义大同小异：既与思辨哲学常用的抽象的、非现实的概念相区别，也与被宗教、国家、私有制扭曲了的人的异化状态相区别，含有“人应是其所是”之意。马克思理想中的人和人的社会应该是：个体获得完全的独立自由，自由地结合，自由地发展。上述引文中，马克思把积极扬弃私有财产与扬弃现行的宗教、家庭与国家放在一起，因为后者不是人的本真状态。资本主义私有制下，人被过多的非人的东西所束缚，人性被扭曲，它们必须与私有财产一起被积极扬弃。不过作为被扬弃的对象，马克思后一句没有提法、道德、科学、艺术等。这个细节不应该忽视。这也许意味着，法、道德、科学、艺术与私有制、宗教和国家不是同一类问题。人们需

① 马克思，恩格斯．马克思恩格斯全集：第3卷［M］．北京：人民出版社，2002：298.

要走出私有制和国家；至于法、道德、科学、艺术等，马克思很可能把它们理解为一种常态。私有制和国家的问题解决了，法和道德的问题就迎刃而解。理想的法与理想的社会、理想的人的状态，是相通的，它们都应该按照人“应然”的状态存在。本真的社会和人，以及法、道德等，说到底就是人应“是其所是”，回到人“理应如此”的自觉自由状态。从这个意义上我们就好理解马克思的说法了：“人的根本就是人本身”①。

第二，与社会和人的理想状态相适应的理想的法，应以利于人的自由全面发展为第一要务。

自由是最能体现马克思法哲学旨趣的价值。早在博士论文期间，马克思就以原子的偏离运动等话语，提出了自由概念；《莱茵报》时期，马克思又提出了出版自由、政治权利自由等思想；在《1844 年经济学哲学手稿》中，马克思从多方面阐述了人的自由本质：“而自由的有意识的活动恰恰就是人的类特性”②；人与动物的区别是改变环境，即从自然中获得自由；积极扬弃私有制，把人从异化状态下解放出来，实现自由。马克思的共产主义理想中，以生产高度发达、交往普遍化，劳动产品共同享有为条件，实现人的自由解放。马克思关于共产主义的推测无不与自由相关联。例如，前引马克思《1857—1858 年经济学手稿》中的说法：历史发展的第三个阶段即共产主义是“建立在个人全面发展和他们共同的社会生产能力成为他们的社会财富这一基础上的自由个性”③。在《共产党宣言》中，马克思、恩格斯描述未来社会：“每个人的自由发展是一切其他人的自由发展的条件。”④ 在《资本论》中，马克思设想“一个自由人的联合体”，物质生产过程的形态是“作为自由结合的人的产物”⑤。此外，马克思（以及恩格斯）反复提到“解放”——宗教解放、政治解放、社会解放、人的解放等。解放当然也是自由。

第三，如果说，法是社会生产力和交往关系的一种呈现形态，而理想社会的价值目标又是自由和解放，那么，真正能代表马克思法哲学思想精髓、体现马克思法哲学本质特征的东西，就不是“阶级性”，而是自由，是摆脱了异己束

---

① 马克思，恩格斯．马克思恩格斯选集：第 1 卷［M］．北京：人民出版社，1995：9.

② 马克思，恩格斯．马克思恩格斯全集：第 3 卷［M］．北京：人民出版社，2002：273.

③ 马克思，恩格斯．马克思恩格斯选集：第 46 卷（上）［M］．北京：人民出版社，1979：104.

④ 马克思，恩格斯．马克思恩格斯选集：第 1 卷［M］．北京：人民出版社，1995：294.

⑤ 马克思，恩格斯．马克思恩格斯选集：第 2 卷［M］．北京：人民出版社，1995：141－142.

缚的人的自由全面发展状态。追求人的自由与解放，才真正体现马克思法哲学的本质特征。由马克思的文本可以合乎逻辑地推论：法应该以保障人的独立自由个性、保障人自由全面发展为宗旨。按照辩证法的一般原理：任何事物、存在，都没有固定的"本性"。如果一定要说"本性"，则流动变化才是万物的本性。同理，法也没有既定的、与生俱来的"本性"。我们不宜用"属性说"的思维方式理解马克思法哲学。如果一定要说法有何"本性"，则法的"本性"就是以规范的方式服务于人类社会如下的历史：人们的物质生活方式由依附状态走向独立、自由、解放和全面发展状态，人类从不自由走向自由。

没错，马克思（以及恩格斯等）确实大量论及：私有制下的法建立在私有制经济基础之上，资产阶级的法是资产阶级生产关系和财产关系的体现等；但我们不能据此得出"法的本质属性就是阶级性"这种抽象结论，而要像马克思那样用历史辩证法看待私有制、阶级，以及建立在它们基础上的法。按照马克思主义的观点：私有制和阶级的存在是生产发展不充分的产物，是要被否定、被积极扬弃的。任何一种私人占有制，包括资本主义私有制，都是历史的产物，它们都有一个产生、发展和消亡的过程。因此，代表不同社会形态和经济关系的法，也就都是历史的匆匆过客。法的阶级特性是个历史现象。随着生产高度发展、交往普遍化，人获得自由解放，法的阶级性也必然被扬弃。正如人生长发育过程中确实有过幼稚阶段，但我们不能说幼稚是人的"本性"。如果非要说人有什么本性的话，只能说从幼稚向成熟、从青春向衰老，如此动态地活着才是人的"本性"；法在它的漫长演化史上，确实曾代表统治阶级利益与意志，但我们不能说阶级性是法的固有本性。如果非要说法有什么本性的话，只能说，"反映人类从不自由走向自由的历史"才是法的本质属性。马克思主义不是死抓住阶级性不放，而是要消灭阶级，超越阶级性，促进人的自由全面发展。

需要申明的是：促进人的解放和自由全面发展，是马克思法哲学的最高宗旨，但不排斥其他价值诉求，包括公平、正义、秩序等。限于篇幅，恕不赘述。

五

马克思把启蒙运动以来的法哲学基本精神——以人的权利、尊严、自由为核心价值，从抽象思辨的设定转化为历史实践的目标，进而提出人的解放和全面发展的共产主义理想，奠定了科学社会主义法哲学的基本宗旨和现实路径。不过，从19世纪欧洲语境到21世纪中国语境，从马克思法哲学文本和理论，到中国特色社会主义法治建设实践，显然不是直接的、一一对应关系，仿佛套用物理学公式来做练习题一样。这里需要经历很多中介环节，需要一系列转换与再创造过程。这项工作从一定意义上说比文本解读更艰难。要实现这个转换，也必须理解和把握历史辩证法。除了熟悉马克思的文本文献，还需要掌握马克思那种宏大的历史视野、深刻的批判精神和勇于探索与创新的实践精神。从马克思的文本到今天的现实实践，恐怕要处理三个方面的关系：从19世纪欧洲语境到21世纪中国语境如何过渡？从资本主义生产方式到中国特色社会主义如何过渡？从批判型范式与建设型范式如何过渡？

这是什么意思呢？

19世纪欧洲各国还处在资本主义早期即形成阶段。从后来的现实历史看，资本主义经济和社会形态（包括它的民主与法制）那时尚未充分发展，西方资本主义与东方古老民族的互动关系如何演化，那时也未完全呈现。我们今天的法治建设面临的许多复杂问题，马克思没有遇到，甚至无从想象。因此马克思不可能做具体详细的叙述。他给后人最珍贵的精神财富，不是现成的结论，而是历史辩证法等方法，以及促进人的自由解放的价值目标。

马克思一生的主要部分在分析批判资本主义的弊病，他的法哲学也是基于这个背景。但我们不能因此就认为，社会主义的法主要是与资产阶级法相对立。我们不要忘记，马克思也批判小生产的封闭、保守和狭隘性，批判封建主义的反动与专制，批判东方古老社会的落后、腐朽与残暴。在马克思的历史谱系上，相对于资本主义而言，封建的、小生产的、东方“野蛮民族”的东西，无疑更加腐朽落后。我们从他们的文献里读到更多的是批判资本主义，是因为他们所处的时代是欧洲资本主义时代，面临的语境受到欧洲资本主义的影响；也是因为，在马克思主义创始人看来，对封建专制主义和小农的私有制的批判，已经由资产阶级完成了。工人阶级的历史使命，也是马克思主义的理论任务，是站在全球资本主义的中心和历史的前沿，推动人类的自由解放。

中国社会有数千年的以农耕文明为主的小生产传统，以及以皇权为代表的宗法专制主义传统。中国历史之所以发展到今天的社会主义，说到底，还是因为欧洲资本主义兴起，向东方传播，把古老东方卷入资本主义主导的世界体系中的结果。由于帝国主义之间的矛盾、殖民地半殖民地与宗主国之间的矛盾等错综复杂的原因，激活了包括中国在内的世界范围内的现代革命。中华民族经过艰苦卓绝的斗争，最终走上了社会主义道路。所以，我们的社会主义体制是西方因素、苏联模式与中国传统等多种因素共同作用的结果，在一定意义上说符合费正清先生所谓“冲击—反应”模式。由于这一背景，中国社会幸运地跨越了某些历史阶段；但我们也要看到：我们的价值观、思维方式与行为习惯中，难免残留某些旧的东西——这些保守落后的残余因素常常以时髦的外表出现。

新与旧、中国传统的与西方社会的、社会主义资本主义与封建主义的、显性的和隐性的等矛盾，错综复杂交织在一起。甚至同一种事实与现象会呈现多重品质。例如市场经济，可能既有全球化时代金融资本因素，也有商品拜物教特征，还是某些特权等级的呈现形态。它既有利于破除小生产的狭隘与落后，也有利于强化某些依附关系和等级差异等。这要求我们不能简单地把市场经济与善恶划等号，与何种阶级划等号。

总之，由于时代和历史境遇的差异，我们不可能从马克思文本中找到法治建设的现成“秘籍”。马克思法哲学对社会主义法治建设的指导，就不是教条式套用文本，而是在把准马克思法哲学精神的基础上，针对我们的历史语境和具体问题，确立法治建设的大思路。我们不应该抓住马克思的只言片语，再生搬硬套地用来“指导”某一部门法，也不能因为马克思批判过资产阶级法，就盲目拒斥之，而是要把握马克思法哲学的实质和真谛，套用中国古人的话说，我们在一定程度上要“得意忘言”“得象忘形”，要透过“形”而把握其“神”，深入到马克思社会理想和法的宗旨中去。

我们不能离开两种语境的差异，简单地按照马克思批判性话语来决定我们的取舍，不宜对某些法律元素做善恶的“身份绑架”，似乎某种法的原则和形态天然为恶，某种法的理念与价值观该被无条件拒斥；而应该用历史的眼光看，把具体问题放到人类历史的大趋势和大谱系中去看，某一具体的法律元素，是否有利于肯定人的权利、尊严与价值？是否有利于弘扬人的主体性？是否有利于促进人的自由解放？也就是说，我们要以人的自由解放为基本的价值导向，依据社会历史的大尺度具体分析某些法律元素的实际价值，而不能依据某种政治标签抽象地做价值判断。

马克思主义法哲学不应仅有批判的功能，还应有建设的功能；法不能只是统治职能，还应有建构新型文明的功能。不过，马克思主义创始人没有也不可能具体告诉我们今天的中国特色社会主义法治该如何建设。他们当年拒绝对未来社会作过多的预测，因为在他们看来，对未来社会描述得越具体就越容易陷入空想。“在将来某个特定的时刻应该做些什么，应该马上做些什么，这当然完全取决于人们将不得从在其中活动的那个既定的历史环境。”① 恩格斯也是这个思路。他在回答《费加罗报》记者提问时说：“我们是不断发展论者，我们不打算把神秘最终规律强加给人类。关于未来社会组织方面的详细情况的预定看法

① 马克思，恩格斯．马克思恩格斯全集：第35卷［M］．北京：人民出版社，1971：154.

吗？您在我们这里连它们的影子也找不到。"① 既然如此，我们何以从马克思的批判性范式中发现他们对社会主义法治建设的基本思路呢？马克思在关于《德法年鉴》的书信中的一个说法回答了这个问题："新思潮的优点就恰恰在于我们不想教条式地预测未来，而是希望在批判旧世界中发现新世界。"② 这么说，社会主义法治文明建设的新思路，是在批判旧传统中产生的。

那么，我们如何从马克思批评资产阶级乃至更为野蛮、落后的旧时代的法中发现新世界、找到社会主义法治建设的灵感与思路呢？马克思对旧世界的各种批判，归结为"这样的绝对命令"："必须推翻那些使人成为被侮辱、被奴役、被遗弃和被蔑视的东西的一切关系"③，实现人的普遍解放和人的主体性的完全恢复，包括人的权利、尊严、自由和全面性。我们的法治建设按照这样的原则来展开，按照这样的原则来确立我们的法哲学、法治文化的基本精神和目的价值，根据这种精神和价值，审视和检讨我们的法，改善和提升我们的法，让我们的法致力于保障人们物质生活的平等与富裕，最大限度地使全体国民不因物质生活条件的贫乏和贫富悬殊而失去权利、尊严、自由和自我发展的机会；致力于改善各种不公平、不合理的社会关系，最大限度地使国民不因社会关系的不平等、身份的差异而失去权利、尊严、自由和自我发展的机会；致力于促进人的价值、尊严，最大限度地消除各种侮辱人、奴役人、遗弃人、蔑视人的异己因素，让人按照人"理应如此"的状态生存等。

---

① 马克思，恩格斯．马克思恩格斯全集：第22卷［M］．北京：人民出版社，1965：628.
② 马克思，恩格斯．马克思恩格斯全集：第1卷［M］．北京：人民出版社，1956：416.
③ 马克思，恩格斯．马克思恩格斯选集：第1卷［M］．北京：人民出版社，1995：190.

论西方法理学中关于马克思主义法社会学的主要争议*

王金霞

（西北政法大学 刑事法学院，陕西 西安，710063）

尽管马克思、恩格斯本人对法社会学的一些基本问题可能缺少深入的讨论，但是由他们的理论所确立的一些基本问题框架却在法社会学当中产生了持续的影响力，这些问题一直为诸多学者持续地讨论。这些基本问题包括怎样对法律进行意识形态分析，法律（上层结构）和经济基础之间的互动关系如何，可否由一个社会的经济结构衍生出整个法律的结构，法律功能的微观作用机制如何，法律的意识形态功能和阶级压迫功能将如何得到辩护，等等，下文试着借助诸多西方学者的理论对这些问题做更为深入的讨论。在国内，法社会学理论脉络之下对马克思主义法社会学的研究有式微的趋势，这使得本文的讨论具有重要的理论价值。①

---

* 基金项目：国家社科基金重大项目《社会主义核心价值观与法治文化建设研究》（项目编号17VHJ005）的阶段性成果之一；也获得西北政法大学“国外马克思主义法哲学与当代思潮”青年学术创新团队项目资助。

① 早年中国法社会学的研究都注意其与马克思主义之间的联系，如高其才．马克思主义法社会学研究对象试探［J］．现代法学，1985（3）；公丕祥．马克思早期法社会思想初探［J］．社会学研究，1987（5）；引进或翻译的一些文章都注意马克思主义法社会学的视角，如 R. 托马斯克．西方学者眼中的马克思主义法社会学［J］．国外社会科学，1988（8）；等。然而，现今国内法社会学研究中，马克思主义法社会学理论和方法上的讨论则逐渐式微，如在某些法社会学教科书还有较小的篇幅介绍马克思主义法社会学（见高其才．法社会学［M］．北京：北京师范大学出版社，2013；郭星华主编．法社会学教程［M］．北京：中国人民大学出版社，2011），在某些法社会学学科框架和知识体系的梳理中则完全看不到马克思主义法社会学的影子（见何珊君．法社会学新探：一个学科框架和知识体系的建构［M］．北京：北京大学出版社，2014）。相反，在国外，马克思主义法社会学一直是作为法社会学脉络中的一支重要传统。（见〔德〕托马斯·莱赛尔．法社会学导论［M］．6版．高旭军，等译．上海：上海人民出版社，2014；〔美〕马修·戴弗雷姆．法社会学讲义［M］．郭星华，等译．北京：北京大学出版社，2010；〔英〕罗杰·科特威尔．法律社会学导论［M］．彭小龙，译．北京：中国政法大学出版社，2015；〔日〕渡边洋三．法社会学とマルクス主義法学［M］．日本評論社 1984.）如此观之，中国语境之下怎么样在法社会学的场域当中接续马克思主义的法社会学观点成为一个重要的理论问题，这也使得本文讨论具有重要的价值。

一、法律与意识形态

意识形态是哲学社会科学中一个极为重要的概念，最早源自法国19世纪启蒙思想家Claude Destutt de Tracy的意识形态概念，他认为意识形态是关于观念及其起源的科学，意识形态并不是来自精神或意识，而是物质环境形塑了人们的思考方式。现代的意识形态概念一般被分为自由主义的意识形态概念和激进主义的意识形态概念。自由主义的意识形态概念认为今天的意识形态概念不再是观念的科学，而只是观念本身，并且是一种特定的类型。这种类型的观念不是认识论意义上的，而是政治学意义上的。因此意识形态存在是要去证明特定的政治观点，为特定的利益群体服务或者是履行和社会、经济、政治、法律机构等相关的功能。如丹尼尔·贝尔认为意识形态概念是一个行动导向的信念系统，它并不是要使现实更加透明，而是要激起人们去从事或者不从事特定事项。在这种观点看来，意识形态能够形塑法律，但是多种多样的意识形态都可以争夺法律的主导权，因此并不存在法律和特定意识形态之间的必然联系。相较而言，马克思和恩格斯的意识形态概念被认为是一种激进的意识形态概念，对马克思、恩格斯来说，资本主义经济关系的剥削和异化特征促使他们将观念规定为意识形态，意识形态仅仅出现在那些易受批评和抗议的以私有财产为代表的社会条件之下，意识形态存在即是要保护那些社会条件免受不利益者的攻击①。如前所述，在马克思和恩格斯那里，意识形态总体被认为是颠倒社会现实的虚假意识。法律则纯然是统治阶级意志的表达，发挥着模糊经济利益、正当化阶级统治、凝聚统治阶级的共识等功能。马克思、恩格斯的重要继承者列宁等人，以及在西方马克思主义的传统中，卢卡奇、葛兰西、阿尔都塞、法兰克福学派等等，都在某种程度上进一步发展了马克思、恩格斯的意识形态学说，完成了意识形态概念的某些重要转变②。其中，阿尔都塞的意识形态理论产生了较为广泛的影响，阿尔都塞的理论可视为对意识形态唯物主义解释的彻底化，意识形态不是由社会物质存在决定的观念和思想体系，它本身就是物质性的存在和实践活动③。阿尔都塞本身是对意识形态概念的更为精致和结构化的讨论，其

---

① Law and Idedogy [EB/OL]. Stanford Encyclopedia of Philosophy, 2001-11-12.

② 郑海侠. 论“意识形态”概念流变过程中的五次重大转变 [J]. 教学与研究，2014(9).

③ 汪行福. 论阿尔都塞对意识形态理论的唯物化阐释 [J]. 马克思主义与当代思潮，2011(5).

中法律本身是意识形态国家机器的重要组成部分而与强制性国家机器形成区分①。

英美法理学尤其是法社会学当中对法律和意识形态之间关系的讨论也是一个重要话题，诸多学者曾经涉足这一论题，并对马克思主义传统之下的意识形态概念进行检视性讨论，下面简要介绍两位典型学者的观点。

英国著名社会学家、政治理论学者保罗·赫斯特（Paul Hirst 1947—2003）曾对马克思的意识形态理论特别是阿尔都塞的意识形态理论做出过深入的讨论，发表过一系列的文章并形成专题论文集，在理论界产生过重要影响。赫斯特提出了关于意识形态理论的基本观点：其一，不存在一个总体的、一般性的意识形态理论。这些理论工作（如马克思主义）的基本倾向是把社会关系用一个一般性概念统一起来，并把它们作为社会整体的一个组成部分，服务社会关系的总体再生产。赫斯特认为，这些社会关系并没有这种总体性或一般性，它们并不必然是同质的（homogeneity），意识形态化的社会关系及其影响本身是异质的（heterogeneity），我们需要建立的是更为具体的意识形态理论，不能流于简化论或本质主义的解释框架。其二，马克思主义不是一种科学，而是一种政治理论，一种政治预测的媒介（a medium of political calculation）。它定义和建构一定政治状态之下的行动，并以两种方式服务于预测：第一是提供政治行动以恰当的标准（如目标、原则、意识形态）；第二是提供广泛的方式使得特定状态下的政治行动典型化。这种预测并不受限于政治理论，而是受限于也相关于相应的政治机制、政治实践、政治斗争以及他们的效果，马克思主义主张理论和实践之间的统一，需要把马克思主义的社会知识、历史唯物主义理论应用到马克思主义者的实践当中。社会存在决定社会意识，但是对社会存在的充分理解（科学）要求的是具体形式的社会意识（马克思主义）。马克思主义既是实践的产品同时也是作为实践的科学导引，也就是说社会现实的实践遵守这种现实的本质。马克思主义把它的社会因果关系理论和它的知识理论连接了起来，本身是把这种政治预测（社会因果关系理论）当作一种科学，或者说一种客观的知识。赫斯特则主张，理论和实践并没有这种总体的一致性，这种政治预测并不是一种科学。他认为，马克思主义的客观社会关系并没有形成一种总体性，多种多样的政治状态和政治实践之间并没有这种总体的联系。举例来说，一个西欧的共产

① 〔法〕路易·阿尔都塞．意识形态与意识形态国家机器［J］．李迅，译．当代电影，1987（3）；［法］路易·阿尔都塞．意识形态与意识形态国家机器（续）［J］．李迅，译．当代电影，1987（4）．

党在任何时间内都会牵涉到一系列的政治实践，政党内部的意识形态和政策纲领斗争，国会的竞选，和其他群体争夺领导权，有时甚至需要扼杀社会斗争和群众运动。这些政治实践都有千差万别的现实情况，难以运用前述的标准，也没有政治行动的典型化。这些多样性的政治实践叠加并没有形成某种统一的“现实”或遵循某种实践的本质，社会现实关系本身并没有这种本质主义①。至此，赫斯特完成了对马克思主义意识形态理论的批判，社会关系是难以化约为简单的意识形态术语，并不存在有意识形态术语所定义的总体性社会现实关系。

著名的马克思主义法学专家，加拿大卡尔顿大学人类学、社会学教授阿兰·亨特（Alan Hunt）1985 年的《法律的意识形态：新近运用意识形态概念对法律进行分析的进展与不足》详细地讨论了对法律进行意识形态分析的理论进展和缺陷②。亨特认为，对法律进行意识形态分析可以实质性地推进法社会学的研究，进行法律的意识形态分析是马克思主义法学的重要特征，意识形态分析逐渐占据马克思主义研究的某种核心位置。亨特指出，在马克思主义传统之下，新近的意识形态分析进展可以在三个方面获得一种说明：一是意识形态和人类的主体性，这一进展主要由阿尔都塞及其继承者完成，他们认为人有三重构成，作为一个生物性存在，作为一个主体性存在，以及作为一个社会关系存在，意识形态及其机制使得人潜移默化为一个政治上的公民、法律上的主体等，也即成为一个整体的人。二是在意识形态内容的决定方面，研究者不再是把意识形态当作一个统一的概念，而是连接多样的心理元素。意识形态的内容一般认为是通过社会关系的过程而得以现实化。然而，意识形态的元素现在并不是仅仅简化为经济或社会关系的反映，它具有自己内在维度和相对独立性。三是在意识形态的功能方面，如葛兰西、普兰查斯等人进一步明确了意识形态的前述合法化功能以及对主要社会关系再生产发挥的作用，他们提出了“意识形态的隐喻”，即把意识形态当成是一个社会的粘合剂，滑入社会结构的每一个层面，拥有特殊的凝聚作用。这些研究在取得一些进展的同时也付出了一些代价。亨特指出，最大的代价就是这些试图建立意识形态具象化努力（如阿尔都塞及其继承者），但是否存在这样的意识形态实体则是值得怀疑的。第二个缺陷，亨特指出现今的研究还没有完全走出反映论的误区，把意识形态和社会现实关系当成

① See Paul Hirst. On law and ideology ［M］. The Macmillan Press LTD（London and Basingstoke），1979：1 -9.

② Alan Hunt，The ideology of law：advances and problems in recent applications of the concept of ideology to the analysis of law，19 Law & Society Rev. 11，1985. 后文对亨特观点的介绍全部出自此文。

两个相互独立的“王国”，这可能是某种天真的唯物主义。

亨特还指出，意识形态现在是也将持续是一个困难的、滑动的和充满歧义的概念，因为它牵涉到人的主体性和社会行动之间相互关系等核心问题，然而小心谨慎地使用意识形态概念作为一个分析工具却是必不可少的。这种小心谨慎的方法即是一种分析的方法，要完成对意识形态概念诸多层面的区分。如对法律进行意识形态分析的时候，就需要区分法律意识形态的内在维度和外在维度。内在维度包括司法推理及其意识形态形式，嵌入政策领域的法律学说，不同的法律组织（法院），不同的法律职业意识形态等等。外在维度则包括作为整体的法律意识形态和政治、经济、社会等的相互勾连。亨特还总结了其在文中采用的两个关键区分为具体的细节化（the concrete particular）和具体的总体性（the concrete totality），另一个区分是更加的抽象和更加具体的概念化（more concrete conceptualizations）。既要明确意识形态概念具体的指向，也要保证意识形态概念的总体概况能力，注重对不同概念进行分层。以分析的方式切入对法律的意识形态讨论已成为一个基本的方法，亨特在此文中为我们做了一个初步的探索。

由赫斯特和亨特等人的理论中可以看出，许多西方学者试图解构某种总体性、本质主义的意识形态概念，法律也不再简单服务于某种总体意识形态存在，他们基本放弃了对法律进行总体意识形态化的尝试，但也依然承认对法律进行意识形态分析所具有的价值，不过在使用意识形态概念对法律进行分析时必须明确在什么意义上，在什么层级上使用，促使对意识形态理论的探讨朝向一个更为精细化的方向发展。

二、法律与经济基础的互动关系

尽管法律在马克思主义的社会理论中占有十分重要的位置，但是马克思、恩格斯并没有建立关于法律的融贯的、细节性的理论，多有的只是高度概括性和一般性的讨论。在法律和经济基础之间的关系方面更是如此，在资本主义社会现实复杂的法律实践面前，法律和经济基础如何互动，相互关系如何，这些都需要更多合理化的打磨。后世诸多理论家都试图进行这种合理化的理论建构工作，如伦纳、帕舒卡尼斯、柯林斯等。美国麻省理工学院学者艾伦·斯通（Alan Stone）1985 年的一篇文章曾在马克思主义社会结构理论的总体框架之下详尽地讨论了法律和经济基础之间的关系，试图在马克思主义的理论框架之下完成这一理论的细致建构，以下将概要介绍其观点①。

斯通认为，伦纳作为奥地利马克思主义学派（从20世纪30年代开始）中的成员，试图更新马克思主义以适应自马克思的时代以来所发生的巨大的经济和社会变迁。这些变迁包括大范围的集团公司的成长，福利和服务型政府的加强，社会阶级结构的改变（包括宽基础的中产阶级的出现）等，这些似乎回应了马克思主义的批判，证明了马克思预言的失败。奥地利马克思主义学派采取了一个至关重要的观点即是经济基础和上层结构之间的相互作用，而不承认经济的优先地位。伦纳的法律理论建构采取了相同的路径，他指出在经济发展和法律之间只存在微弱的联系，法律并不能导致经济发展和变革而只能逐渐适应变化了的经济条件。如合同这一原来用于联系个人财产的机制可以调整适用于雇佣关系。法律的变化是稳定、持续、极其微小而难以察觉的，如同有机物的成长一样。因此，根本性的社会变革是可以在没有法律体系的变动下发生。斯通本人对伦纳的观点基本持批评性态度，他指出，伦纳举合同法为例并没有抓住法律体系当中的一般和基础性的法律秩序，也即斯通所谓的本质性法律关系（essential legal relation）。

斯通对帕舒卡尼斯的理论则赞赏有加，认为帕氏的著作开启了很多马克思主义者对法律的兴趣，斯通本人的观点也受到帕氏的较大影响。帕氏认为资本主义社会关系和法律关系可以化约为合同法（商品交易法律关系），商品交易关系产生最完美的法律形式。帕氏理论的优点之一即是对法律上层建筑和经济基础之间的关系做了很好的比较和说明。其二，帕氏的分析和传统的法律作为统治阶级意志的观点相容，并避免粗糙的工具主义解释。其三，帕氏在法律规则和技术性规则之间做了区分，为进一步提炼本质法律关系提供了基础。同时，斯通也指出，帕氏的“化约”方式有点过于简化，尤其帕氏没能把公法作为资本主义法律关系的重要组成部分，如行政法、环境法等对资产阶级利益的限制。斯通在帕氏的基础上建构了更为精致的理论。

斯通认为，本质性法律关系反映和定义一个社会的基础性经济关系，在资本主义社会这些本质性法律关系包括所有权和合同法。因此，对法律和经济基础之间关系的讨论就转换为本质性法律关系和经济基础之间的关系，也即所有权、合同法与经济基础之间的关系。就合同法而言，合同的本质包括了合同双方彼此的承诺，一方去做某事，另一方承诺相应的对价。这是一种自愿性的安

---

① Alan Stone, The place of law in the Marxian structure - superstructure archetype, 19 Law & Society Rev. 39, 1985. 下文的观点介绍都出自此文。

排，双方都可以自由进入而并没有被奴役和强迫。在资本主义社会的关系当中，如资产阶级和劳动者，买方和卖方，债权人和债务人等等，合同关系都处于这些关系的核心。从所有权的角度来说，没有私人所有权的法律，资本主义社会不可能繁荣。资本主义时期的所有权和之前的所有权有很大的差别，封建时期的所有权概念一般嵌入了一般所有权和私人所有权，其中内涵一种要求履行特定义务的社会责任，并且在使用个人财产时常表示一种看管关系（stewardship）。然而，在资本主义时代，所有权和私人所有权等同，即自然人或拟制人的排他性的占有、使用、收益、处分的权利，所有权的权能变得更加多样，所有权的使用变得更为自由和开放。

然而，在斯通看来，资本主义和本质法律关系还要求更多，它还要求信用（credit）和为资本扩张而与其他财富主体进行合作（combination）。信用和合作都是契约型关系，都是本质性法律关系的组成部分而使得资本主义得以扩张。资本主义生产分配等过程讲究获利，尤其讲究循环获利（M—C—M，货币—商品—货币）。在这永不停歇的追求利润的过程中，就要去建立和发展一个良好的信用体系。一般认为这个信用体系包括两个方面的重要内容，一是在买卖过程中的迟延交付，另一个则是不同主体之间的借贷关系。这些构成了第三种类型的本质性法律关系。第四种类型的本质性法律关系则是合作，合作不仅是指在对方之间的（买卖双方、资本家和工人等），还指在分享共同利益的主体之间存在的结合。前一种合作可以纳入契约关系，后一种合作则组成商业组织如公司以降低商业风险。

这些本质性法律关系成为理解马克思、恩格斯关于经济结构和上层结构之间关系理论的起点，是对资本主义经济结构的核心构成的一种法律表达。这些本质性法律关系可以提供很多次级概念，如买卖和按揭，刑法中的盗窃、抢劫和欺诈，侵权法中的侵占、严格责任等。相似的，也有一些法律规制如环境法、最低工资法案等在一定程度上修正或者侵蚀本质性法律关系，但是本质性法律关系成为一个分析的基础概念。

然而，这些本质性法律关系还需要和具体的法律决定之间建立联系。为此，斯通又提出了派生性次级关系的概念（derivative subrelation），如所有权是本质性法律关系，而地役、租赁等则处于派生性次级关系。信用法律体系的派生性次级关系则包括证券、破产、留置权等。他指出，派生性次级关系是处于本质性法律关系和具体法律规则之间的位置，本质性法律关系通过派生性次级关系而对具体法律规则产生影响，进而经济结构也通过层层传导而对具体法律规则产生影响。如此便产生了如下的图示：

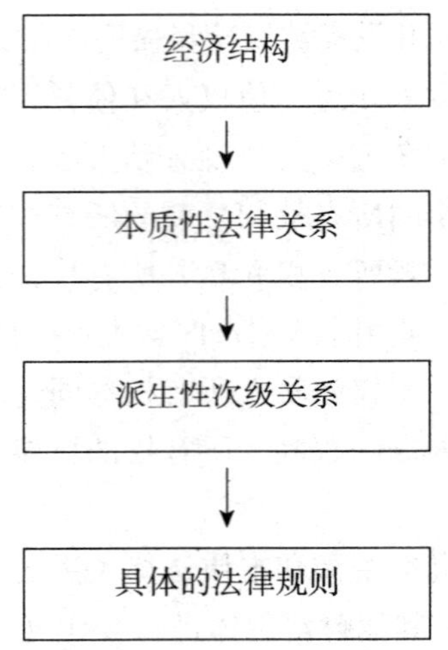

不仅是私法体系构成本质性法律关系，斯通的论证指出，公法体系以及那些与资产阶级利益相冲突的法律规则也是和本质性法律关系相容的。帕舒卡尼斯的论证指出商品交易法律关系产生最完美的法律形式，在所有权、合同、信用和大规模合作的前提下，这些本质性法律关系则可能产生利益集团，这些是立基于资本主义社会的多种划分。这些划分包括规模、政策利益（出口商还是进口商）、职业（金融家和具体实业家）、产业（保险和商业银行）以及大型的公司（如 AT&T，IBM）等。中间阶级（如管理者、官僚机构、和不同职业者），过渡阶级（如旧秩序的残余），生产、分配、交换之外的底层群体等等也会和其他群体一起形成多种多样的共同利益，工人阶级也成为这些利益集团中的一部分。这些由本质性法律关系而逐渐形成的利益集团会逐渐形塑一个国家的公法秩序和其他法律秩序。

至此，斯通也完成了在马克思主义语境之下对经济基础和法律之间互动关系的一个更为细致的论证，提供了一套全新的概念框架，既保存马克思主义法学中的一些基本品性如经济基础的优先性和阶级性，也能应对资本主义时代法律体系内在复杂性，可以视为对马克思主义法社会学的一种极为有益的探索。然而，斯通的论证依赖某些抽象的概念，如本质性法律关系、派生性次级关系等，实质上这为其理论建立设下了很高论证负担，经济基础如何通过本质性法律关系和派生性次生关系的传导而作用于具体法律规则，现有的论证多把它还原为一些具体的例子，难以做一个抽象的或者说普遍性更高的说明，现有的论证可能存在论证不充分的情况。然而，就马克思主义法社会学的发展而言，如何在已有的理论模型之下，提供关于总体的经济结构和具体的法律规则之间的微观互动关系的合理化解释框架将是一个长期讨论的焦点。

三、法律功能的微观作用机理——艾德曼法社会学核心观点简介

著名马克思主义法学专家赫斯特（Paul Q. Hirst）曾经指出，有三个顶级的马克思主义者曾为马克思主义法律观的理论化做出重要贡献，一个是伦纳的《私法制度及其功能》，一个是帕舒卡尼斯的《法的一般理论与马克思主义》，一个就是艾德曼（Bernard Edelman）的《影像的所有权》①。台湾学者洪镰德评价艾德曼的《影像的所有权》是法国乃至整个欧洲马克思主义之法律社会学最具原创性的理论②。如此可见艾德曼的法律观在马克思主义法学中的重要地位。艾德曼遵循帕舒卡尼斯的脚步，试图说明阶级利益如何采取了法律形式以及什么影响了这些形式，并把阿尔都塞的结构主义的马克思主义理论运用于这种探索，从影像所有权的角度进行了具体的论证，逐渐形成了自己的一套马克思主义的法律观。尽管对法律功能的说明可能并不是艾德曼理论的核心部分，但从艾德曼对法律功能的说明中可以窥见其理论的核心观点，因此本文主要从法律功能的角度展开对艾德曼法律观点的介绍。正如艾德曼所提到的，在他所处的时代，马克思主义的法律理论还处于一种早期阶段③。艾德曼对法律功能的微观作用机理的说明是对马克思主义法律理论的重要深化，以下做更为详细的讨论。

艾德曼继承了马克思主义法律观中的基本观点，即把法律主要当作资本主义生产方式的产物。此时，法律是资本主义生产条件的特殊“表述”，这种表述以想象的、形象的、意象的形式表达出来。法律表述了一个体系，该体系的功能在于商品的流通和薪资的剥削。主体带有商品的形式乃是此种体制的重要特色。在资本主义体制下，主体是事物的拥有者，原因在于他（她）是其本身的拥有者。正因为其拥有自身，所以可以出卖其身体与劳力，也就是保证可支配其自身，可以终生贬抑自己为薪资的奴隶。这也是阿尔都塞指出的，意识形态（如同政治与经济约束之下工人的人生观和世界观）可以成为使他们（工人）终生为奴而无怨无悔的原因。法律是主体（工人）对其存在条件的想象性关系，这种想象的关系在表述其生存条件时，让工人不但不质疑、不反抗，反而保证

① Bernard Edelman. Ownership of the image：elements for a Marxist theory of law［M］. London：translated by Elizabeth Kingdom，Routledge & Kegan Paul 1979：2.

② 洪镰德．法律社会学［N］．台北：杨智文化出版社，2001：448.

③ Bernard Edelman. Ownership of the image：elements for a Marxist theory of law［M］. London：translated by Elizabeth Kingdom，Routledge & Kegan Paul 1979：23.

这种生产关系不断再生，不断繁衍。法律形式的特殊性也就是主体在商品形式中表现，变成了资本主义生产方式必要的、不可少的成分。法律扮演的功能角色即是一种意识形态功能，然而这种意识形态功能的微观作用机理又是如何呢？

艾德曼认为，依据马克思主义学派的观点，法律必要的功能有两个：其一，法律使生产成为可能，使生产发生效力；其二，法律是促进人们形成其社会关系的理念之动力与机制。换言之，人们对社会关系能够反映（reflecting）和认可（sanctioning），完全取决于法律。这些功能的具体的作用方式即是要利用意识形态这种神秘力量，如人作为法律主体在市场上从事交易（有时也交易自身：如劳动力）就已经隐藏了诸多意识形态基础。表面上，从事交易的人是私有财产的拥有者，立基于一种私有意识，人作为自由而平等的主体进行自由意志基础上的交换。法律在交易过程中把人的本质、本性、本能合理化，形成一种法律的意识形态。法律在固定与规定社会关系总体之功能方式，也就是法律同时在使法律意识形态生效，这个意识形态是个人同社会之间的关系之想象的关系。法律拥有了双重的功能：一方面是具体地规定人际关系；另一方面是想象地规定人际关系。法律规定社会关系之总体，既有具体的固定，也有抽象的固定①。

为了说明法律功能的微观作用方式，艾德曼进一步提出了两个命题，其一，法律在固定与规定流通圈，使流通成为自然存在的事实。法律作为资本主义的意识形态，在于证实所有事情都发生在这个流通圈中。所有事情最基本的为交换。只有在交换当中，人才能成就其为人的意义与目的。流通圈所加给法律在其具体的实践中的规定也转移到流通的现实上来，因为流通为主体与主体之间的交往过程。法律在固定与规定流通时，宣示了个人与公民的权利。同时法律也在交换价值的面向上贴上了财产、自由和平等的标签。可是在这些美丽的名词背后却潜藏了奴役、剥削、不平等和自私自利。在这一过程中，法律意识形态将个人招呼为法律上的主体，落实为交换价值所规定的平等与自由②。"招呼"或"质询"（interpellate）是艾德曼说明这一意识形态作用过程的关键环节。个人（小写的主体）一旦给法律"招呼"，他便成为法律主体。这个招呼是个人（小写的主体）被法律的概念、被法律、被另一个主体（国家、当局等大写的主体）所招呼。法律意识形态要发挥作用，它就需要设定标准。它假设主体与主体之间必然的关系。艾德曼认为，所谓的法治乃是法律与法律主体之

---

① 洪镰德．法律社会学［N］．台北：杨智文化出版社，2001：463－466.

② Bernard Edelman. Ownership of the image：elements for a Marxist theory of law［M］. London：translated by Elizabeth Kingdom，Routledge & Kegan Paul 1979：466－468.

间的关系，当一个大写的主体存在时，才会赋予法治以完整性与一致性。大写的主体和小写的主体在流通过程中实现了一种相互映照：小写的主体之所以当成主体存在，是由于它存活于大写的主体的承认当中，也就是在大写的主体招呼他、向他质询、打断他的思路等时候。反过来，大写主体的存在，又依赖于众多小写主体的共同承认。法律意识形态的作用过程也正是这种大写的主体和小写的主体之间相互映照的过程，人们变成法律主体是由于法律的质询、招呼。他们在法律范畴的各种形式中被生产、被建构为法律主体①。这里可以看出艾德曼和帕舒卡尼斯理论的不同，帕氏的商品交换理论当中，法律是商品交换形式的反映，而在艾氏的法律观当中，法律本身扮演着更为主动积极的角色，主体不只是在法律的形式中被承认，还在法律的形式中被建构起来，也可以进一步说，法律的形式也建构了商品交换的形式而不仅仅是商品交换形式的反映。总之，法律主体建构了这个招呼、质询的特殊形式，因此，法律也是在保证和假定流通过程的自然运行。

其二，法律一旦保证和固定流通圈成为自然的事物（现象），法律便可以促进生产的顺利展开。这里可以先提及帕舒卡尼斯与艾德曼两人思想的另一个差别。在帕氏的理论当中主要关注的是商品交换过程，而对生产过程给予了较少的关注。艾德曼的论证则延伸到了资本主义生产等过程之中，使得其论证具有更高的普遍性。那么，法律怎样使生产变为可能？什么在资本运作过程中把流通和生产结合起来，让它们发生关系？前面讨论了流通过程，但流通过程只是表现，也就是总体过程的表象，或者也可以说是总体过程最为直接的反映，但是一定要认识到流通背后的总体过程。商品、劳动力等在流通圈中进行交换时，交换价值就变成了生产的真实基础，法律可以为这种交换过程的经济关系扮演赏罚或制裁、认可等角色。在特定生产方式下，法律的角色牵连到流通与生产的关系，也就是牵连到交换价值如何生产的真实基础之间的关系②。可见，法律对生产关系的调整并没有交换过程那样直接，而是需要通过对交换关系的调整（交换价值）而间接传导到生产关系，建立交换和生产之间的联系，法律间接向生产施加自己的影响。在资产阶级法律理论当中，生产享有更大的自由，法律一般不直接触碰和讨论生产的问题，一般情况下“意味着资产阶级的意识

---

① 此处大写的主体和小写的主体，招呼或质询等概念，艾德曼都较多受到阿尔都塞的影响。Bernard Edelman. Ownership of the image：elements for a Marxist theory of law [M]. London：translated by Elizabeth Kingdom，Routledge & Kegan Paul 1979：476 - 479.

② Bernard Edelman. Ownership of the image：elements for a Marxist theory of law [M]. London：translated by Elizabeth Kingdom，Routledge & Kegan Paul 1979：470 - 472.

形态只让生产圈运作，而不需法律来置喙"①。这也是流通圈顺利进行，即可以促进生产顺利展开的原因。

英国著名法社会学学者科特威尔（Roger Cotterrell）曾指出，马克思主义理论为资本主义社会中法律学说及其理念的社会渊源和功能提供了三种解释进路。其一是"经济派生论"的进路，即认为法律的形式是经济结构本质特征的反映，法律的特征要根据经济秩序的逻辑来解释。只有在极为有限的意义上，法律才独立于经济而存在。其二是所谓的结构主义的解释进路。他们认为，一个社会中的法律和占主导地位的意识形态形式，可以理解为相对独立于其经济基础。社会构造（处于特定历史时期的政治组织社会）是由经济、意识形态、政治等相对独立的不同层面所构成的结构。但是，所有这些层面都通过占支配地位的生产方式得以统合，他们的特征取决于维系这种生产方式的功能要件，而生产方式本身的性质最终要由经济结构决定。其三是一种阶级工具主义的进路，他们认为法律和占主导地位的意识形态是根据统治阶级的要求而得以发展和推动的，法律最终服务于统治阶级的利益，占主导地位的意识形态反映的也是统治阶级的价值和信念②。尽管学者们的观点难以简单化约到这三种纯粹的类型当中，但是可以当作一种分析的模型去阐释学者们的观点。由帕舒卡尼斯开启的商品交易法律学说主要可以看成是一种经济派生解释进路，其追随者斯通也主要是根据经济结构来解释法律的特征与形式。第二种解释进路的典型代表科特威尔意指阿尔都塞的结构主义马克思主义理论。伦纳早于阿尔都塞，其理论也是一种非结构主义的解释进路，但和第二种解释进路有一些亲和性，如承认法律形式的独立地位，强调法律形式和法律功能的分离。第三种解释进路的极端版本可能是苏联官方法学家维辛斯基等人的观点③。艾德曼的解释进路可能偏重于一种经济派生的解释进路，但是吸收了阿尔都塞理论中的合理性成分（如更加强调法律在构成经济基础结构中的更为积极的作用），是马克思主义法律理论的重要综合和发展。

---

① Bernard Edelman. Ownership of the image：elements for a Marxist theory of law［M］. London：translated by Elizabeth Kingdom，Routledge & Kegan Paul 1979：471.

② ［英］罗杰·科特威尔．法律社会学导论［M］．彭小龙，译．北京：中国政法大学出版社，2015：115.

③ 如维辛斯基把法律定义为，法是以立法形式规定的表现统治阶级意志的行为规则和为国家政权认可的风俗习惯和公共生活规则的总和，国家为保护、巩固和发展对于统治阶级有利的和惬意的社会关系和秩序，以强制力量保证它的施行。维辛斯基在此更加夸大和强调法律的镇压和专政功能，为斯大林的政治实践服务。徐永康．浅评维辛斯基的法律理论［J］．法学，1988（6）．

附表：艾德曼法律观摘要（修改版）①

思想来源	康德、黑格尔、马克思、伦纳、帕舒卡尼斯和阿尔都塞
法律主体	法律特定的本质为主体之表达、描绘，呈现之形式；主体是建构法律本身的范畴；主体的财产权加上政治主张乃法律的内容
康德的法律学说	康德的法哲学取材罗马法、拿破仑法典以及法律实践；康德的法哲学代表封建转型资产阶级之法律观，涉及“财产”一大范畴；父母对子女的拥有权是财产权理论的起点；康德分（1）实物法；（2）人身法；（3）人身实物法；对人的使用与对物的占有要分开；人身实物法则为过渡时期的法政表达
黑格尔的法哲学	黑格尔的法哲学代表新兴布尔乔亚（资产阶级）社会流通圈的规定。他说，所有权利源之于人身。产品为主体所制造，是人的化身。商品主人的交流就是商品拥有者之交易。打破康德人身与实物法之分别，他建立“人格权利”。人格的权利把主体与事物之对立化解，把一个主体与另一个主体的对立消解
马克思的法律思想	法律为人对社会关系的反思与赞可。与资本流通有异，法律在规定社会关系，也使法律意识生效。法律主体形式固定具体与想像的人际关系，使产品变成商品进入流通圈运转，使流通成为自然存在的事实；法律促进生产圈的运转
帕舒卡尼斯的商品交易论	把法律看成主体的活动，也是人群“互为主体性”的表述。法律为主体追求权利的中介，也是解决纠纷的机制；反对帕氏法律消亡论，原因是艾氏认为法律产生的效应是意识形态发生作用的部分，意识形态不可能随着共产主义的降临而消失，故法律没有消亡的可能
阿尔都塞的结构主义	阿氏认为每种生产方式都受三种（经济、政治、意识形态）实践的影响。生产方式就是社会总体，其三个实践相互影响与决定——多层决定。主体及其社会关系藉“招呼”“质询”而建立。个人（小写的主体）与社会（大写的主体）关系是“互映”——相互照映的关系。是故法律与法律主体（个人、法人）之关系乃为大主体与小主体相互“招呼”“互映”之关系

① 洪镰德．法律社会学［M］．台北：杨智文化出版社，2001：497.

续表

思想来源	康德、黑格尔、马克思、伦纳、帕舒卡尼斯和阿尔都塞
法律的功能与法律主体	法律的空间充斥了政治，它合法化与赞可政治权力，为的是使私产神圣化。在商品交换中，法律正当化人的本质。法律藉法律规定建构主体，这是一般与抽象的主体。人之拥有权利是权利概念所赋予的，这是意识形态运作的结果。法律可藉暴力来确定意识形态
摄影与电影财产权	早期摄影与电影创造者，不享受法律对其制品权益的保障，后来在从业人士采取下，承认其产品有创造性、艺术性，于是“凡是人生产的东西都是私有财产”，应受法律保障。所有法律的产品都是主体的产品，主体为产品拥有者，他占有便是其私产。如拍摄之对象为公有财产，则以“对实在的泛层占有”之形式，来确认其财产权之分配
主体的角色形式	当摄影者成为主体创作者时，其进行再生产（对别人或是事物的摄影）造成一个竞争的对手（别的主体及其权利），于是摄影者的私有财产权碰上被摄影者的私有财产权，这就是发展成为法律中的人身主体对抗商品形式的问题。个体本身的财产的自由交换，其设准为个人自由的再生产，以及对此生产之自由交换
对艾德曼法律观的评论	优点：强调财产、自由与平等为法律主体的三大特征。受到马克思思想影响视法律主体为追求权利的中介，权利的本质在于对占有承认。法律主体为招呼、质询的客体。从摄影业对财产权的主张，产生了新主体的概念——新法律主体说
	缺点：艾氏师法黑格尔把法律主体认同为人格主体，排除法人的身份，是不正确的；藉原理原则来合法化主体及其地位也不适合普通法的实践（权利来自法庭的认定）

结语

与自然法、分析实证主义法学派不同，法社会学关注法律的实际运行和实际效力。中国的法学建基于中国的法治实践才可能更为牢靠，并拥有不断滋养实践发展的源头活水和不竭动力。因此，假如我们不知道“中国法学向何处去”，那么首先可以走向法社会学的研究，把中国的法治实践当作一个原初的解读文本。马克思、恩格斯等经典作家确立的一些基本的问题框架，在法社会学的范围之内依然是很有意义的。他们不是就法律而谈法律，而是给予法律在社会结构之中的关照，并且从意识形态、经济根源、法律功能等方面完成对法律的批判性分析，这对西方的批判法学，女权主义法学，法与社会研究运动等诸多流派产生过广泛的影响。就接续中国的马克思主义法社会学传统而言，上述西方学者的讨论是一种重要的理论参照，但依然需要更多本土性和原创性的研究。如中国的法律发挥何种意识形态功能？这种意识形态功能的宏观或微观的作用机理如何？社会主义市场经济的构造与法律的基本架构之间有何关系？法治在中国被赋予了很高的期待，解决现今社会中各个方面的问题都需要仰赖法治理论及其实践，马克思主义法社会学传统同样蕴含了对法治及其实践的建构性分析及批判性分析。所有这些讨论都依然具有智识上的启发意义和现实实践的指导意义。

《理想国》中的色拉叙马霍斯的正义观

谢　军

（中国政法大学 马克思主义学院，北京，100088）

《理想国》是柏拉图的一部重要的对话录，也是西方的一部经典著作，对后世的哲学、美学、政治学、心理学、教育学、经济学、文学等都产生了巨大的影响。今天，多数人认为正义是此部对话的主题。此著作中出现的人物共有11位，色拉叙马霍斯是其中的一位。在这11位中，并非所有人在对话中都发言了。色拉叙马霍斯出现在《理想国》的第1卷，与苏格拉底就“正义是什么”的话题进行了对话。本文主要讨论色拉叙马霍斯的正义观。

一

在《理想国》中，色拉叙马霍斯关于正义的观点有两个。一个是“正义是强者的利益”（339a）①，另一个是“不正义是对一个人自己有好处、有利益”（344c）。我们首先看他的第一个看法。

色拉叙马霍斯第一个正义观点的逻辑是，尽管统治各个城邦的人有的是独裁者，有的是平民，有的是贵族，但是，城邦的统治者都是强者。而且，强者在取得统治权成为统治者之后都制定对自己有利的法律并宣布：“凡是对政府有利的对百姓就是正义的；谁不遵守，他就有违法之罪，又有不正义之名。”（338e）所以，正义是强者的利益。

色拉叙马霍斯的这个正义观点不是对正义的哲学定义，而是社会学意义上的揭示。在色拉叙马霍斯看来，正义是一个与行使政治权力相关的社会问题，正义这个术语则是用来掩盖赤裸裸的权力运作。与此不同，在色拉叙马霍斯插

① 括号内的339a为斯特方码；译文引自《理想国》的郭斌和、郭竹明译本（商务印书馆，1986年版）。以下仿此。

话以前，在克法洛斯父子与苏格拉底对话中，克法洛斯父子在说明正义是什么时是用道德语言来描述道德属性的。克法洛斯认为正义就是不说谎、欠债还钱、不欺骗神而按时祭祀神。玻勒马霍斯认为正义就是帮助朋友、损害敌人。此父子将正义与行为、品格等实在的某种属性相对应，因此，对他们而言，对正义的定义的关键就是揭示那个属性。但是，他们却用正义所要求的行为来描述正义，将某种行为等同于正义本身，因此只是说出了一种正义行为，而没有揭示出那个属性。所以，他们对正义的定义严格来说也不是成功的，或者说根本不是定义。与克法洛斯父子不同，色拉叙马霍斯明确拒绝用“责任”“权宜之计”“利益好处”“报酬利润”之类（336c－d）的道德术语定义正义，说这些都是“废话”。而他要用非道德的术语来描述道德属性，这也正是“正义是强者利益”的独特之处①。

其次，色拉叙马霍斯的这一正义观点具有相对主义的特征。既然正义是由法律规定的，法律是由统治者的权力规定的，那么，如果统治者此时此法令认为个人拥有私有资产是合法的，那么，个人拥有私有资产就是正义的，如果统治者彼时彼法令认为个人拥有私有资产是违法的，那么，个人拥有私有资产就是不正义的。而且，统治者也会发生变化，不同的统治者出于自身的利益并为了维护自身的利益而制定的法律肯定会不同，这正如色拉叙马霍斯所说，“统治各个国家的人有的是独裁者，有的是平民，有的是贵族”（338d）。这样，正义就是相对的，而不是像现在人所说的那样是永恒的。相对主义的正义观与智者学派的立场是一致的，与色拉叙马霍斯的身份也一致。色拉叙马霍斯是晚期智者学派的一员。他之前的著名的智者普罗泰哥拉有一句非常著名的话：“人是万物的尺度。”但普罗泰哥拉没有对他的“人”作界定，他的“人是万物的尺度”在高扬人的价值以及人在宇宙的地位的同时，也必然导致确定“尺度”的丧失而陷入相对主义。后来亚里士多德则强调只有“好人”才是标准，像“正义的人”那样的行为才是正义行为。在苏格拉底看来，色拉叙马霍斯的“正义是强者的利益”只是“意见”（doxa）、信念而不具有确定性与真理性，而只有正义的形式、理念或型（idea，eidos）才具有确定性，才是真理。

而且，在苏格拉底的逼问下，正义的相对主义特征具有了高级形式。苏格拉底指出统治者立法时难免犯错误，迫使色拉叙马霍斯承认“不但遵守对强者有利的法是正义，连遵守对强者不利的法也是正义”（339d），并向色拉

① 帕帕斯．柏拉图与《理想国》［M］．朱清华，译．广西：广西师范大学出版社，2007：43.

叙马霍斯建议，（色拉叙马霍斯）所谓的正义是强者心目中所认为的利益。如果色拉叙马霍斯接受这一建议，那么，他的正义的相对主义特征更明显。但是，色拉叙马霍斯拒绝了这一建议，而是用“技艺类比”的方式说明真正的统治者是不会犯错的。有学者认为，真正统治者的引入意味着色拉叙马霍斯的正义向理念论的转变，也就是由统治者是如何行动的转向了统治者应该如何行动，即如何行动对他们有利。正义不再是相对主义的，不再是由既定权力决定其所是的东西①。我们认为，此看法看似有道理，但对“真正统治者”的理解值得商榷。色拉叙马霍斯所说的“真正统治者”是在统治“不会犯错”意义上的、在维护统治者利益时“不会犯错”意义上的统治者。这种意义上的“真正统治者”并没有排除统治者的多样性，“真正的统治者”可以是“真正的”平民统治者、“真正的”独裁统治者等等。换言之，“真正的统治者”概念并没有根除色拉叙马霍斯正义的相对性。这里并不存在色拉叙马霍斯的正义向理念论的转向。

二

色拉叙马霍斯的“正义是强者的利益”具有很深的“群众”基础，可以说是当时“民主派”的正义观，用今天的话来说似乎是民粹派的正义观。

当时普通民众有一个观念，守法是正义的、违法是不正义的。在此色拉叙马霍斯所做的工作是将法律与强者的利益联系起来。将此二者联系起来应该是有现实基础的——现实中统治者即不正义之人比正义者生活得好。我们可通过色拉叙马霍斯的第二个正义观点来了解这一点。在揭示出“正义是强者的利益”之后，色拉叙马霍斯与苏格拉底不再寻求正义的定义，而是紧接着从正义的后果即正义对谁有益的角度来进一步论说正义。色拉叙马霍斯提出：“正义是为强者的利益服务的，而不正义是对一个人自己有好处、有利益。”（344c）在这里，色拉叙马霍斯用现实中德福不一致的现象来证明他的这一看法。他举极端的例子来说明，说：“极端不正义就是大窃国者的暴政，把别人的东西，不论是神圣的还是普通人的，是公家的还是私人的，肆无忌惮巧取豪夺。平常人犯了错误，查出来以后，不但要受罚，而且名誉扫地，被人家认为大逆不道，当作强盗、拐子、诈骗犯、扒手。但是那些不仅掠夺人民的钱财，而且剥夺人民的身体和自由的人，不但没有恶名，反而被认为有福。”（344a－c）这有点像庄子所说的

---

① Sheppard, D. J. Plato's Republic: An Edinburgh Philosophical Guide［J］. Edinburgh: Edinburgh University Press, 2009: 35.

“窃钩者诛，窃钩者侯”。这个极端例子从反面进一步说明了“正义是强者的利益”。所以，从“守法是正义的，违法是不正义的”这一大众观念出发，普通民众极易认为“正义是强者的利益”。

而且，“多占、贪婪是不正义的”也是当时流行的一个正义观念。多占的希腊文是 pleonexia，英译为 outreach 或 outdo，其义有胜过、逾越、僭越、贪心、多占等。为了反驳色拉叙马霍斯的“不正义对一个人自己有好处、有利益”，苏格拉底论证了“正义者不要求胜过同类，而要求胜过异类。至于不正义则对同类异类都要求胜过”（349c），这里的“胜过”从正义的角度来看就是“多占”“贪婪”的意思。色拉叙马霍斯利用这一正义观念提出了“不正义对一个人自己有好处、有利益”，他说：“交税的时候，两个人收入相等，总是正义的人交得多，不正义的人交得少，等到有钱可拿，总是正义的人分文不得，不正义的人来个一扫而空。”（343d－e）他的这些说法契合了现实情况与普通民众的心理感受。而苏格拉底的主张在这些人面前显得那样苍白无力——正义成为人们嘲笑的对象，正义的人被人说成“傻子”。这也正是色拉叙马霍斯的一个结论与看法，正义的人又笨又坏，不正义的人又聪明又好（349d）。

学界存在着色拉叙马霍斯的两个正义观点是一致的还是冲突的争论。的确，色拉叙马霍斯是从两个维度来揭示正义的不同属性。第一个是从社会学的维度揭示正义的政治权力、政治体制的属性，第二个则是从道德描述的维度揭示正义利于他人的属性。但是，二者应该是一致的。关于这一点换个视角会看得更明白。这两个正义观点是个别与一般的关系。“不正义是对一个人自己有好处、有利益”（即“正义利于他人”）是一个一般命题，而“正义是强者的利益”是一个特殊命题。在色拉叙马霍斯眼里，统治者是不正义的人。苏格拉底也认可这一点，他说：“假如全国都是好人，大家会争着不当官，像现在大家争着要当官一样热烈。”（347d）言外之意，强者、统治者包括在不正义的人中。基于此，可以说，从自身利益角度看，正义就是他人之善，在政治层面就是强者之善；色拉叙马霍斯正义观的两个观点是一致的，而且是以人性自私论为基础的。

总之，色拉叙马霍斯的正义观是对普通民众正义观的提炼，反映了当时那些道德怀疑者或者愤世嫉俗、冷嘲热讽、秉持人是自私者的流行观点①。与格老孔、阿德曼托斯兄弟相比，色拉叙马霍斯是极端的道德怀疑论者，根本不相信正义的价值。道不同不相为谋，话不投机半句多。所以，在《理想国》的第

---

① Sheppard，D. J. Plato’s Republic：An Edinburgh Philosophical Guide［J］. Edinburgh：Edinburgh University Press，2009：34.

2卷，柏拉图将苏格拉底的对话者换为自己同父异母的格老孔兄弟俩。格老孔兄弟俩从小受到良好的教育熏陶，具有正确的价值观，又具有一定的哲学水平，他们的正义观一般不会滑向当时的“民主派”。

三

色拉叙马霍斯的正义观是“未经哲学反思”的。按照《理想国》后面对灵魂与城邦社会阶层的划分（这种划分成立与否不是这里讨论的话题），色拉叙马霍斯的正义是灵魂中欲望部分的德性与生产阶层的德性或生产阶层成为统治者后的德性，而不是苏格拉底所说的灵魂的整体德性与社会的整体德性。这种“未经哲学反思”的正义观具有“极端性”“狂野性”。

这种极端性、狂野性首先表现在关于正义起源的看法上。对于正义的起源，《理想国》至少有三种说法。一是苏格拉底的“自然劳动分工”说，苏格拉底说这是正义的影子。二是格老孔的“契约”说。三是色拉叙马霍斯的“权力”说。“自然劳动分工”如果能够得到贯彻，那么，它所产生的正义就是理想城邦中的正义。“权力”说与“契约”说都是以人性自私论为前提的，但二者还是不同的。一般认为，格老孔、阿德曼托斯兄弟对苏格拉底的挑战是《理想国》的第二个导言，也是对色拉叙马霍斯挑战的重构性复述。因此，格老孔的挑战在一定意义上与色拉叙马霍斯是一致的。不过，格老孔兄弟的观点要和缓些，不像色拉叙马霍斯那样极端。关于正义的起源与本质，格老孔说：“那些不能专尝甜头不吃苦的人，觉得大家最好订立契约：既不要得不正义之惠，也不要吃不正义之亏。”（359a）这种正义包含合作与妥协。色拉叙马霍斯则在城邦的权力结构中揭示正义的起源，将人的自私性推向极端，认为正义只是不正义者——掌握政权的强者——自身利益的满足，正义的弱者的利益却得不到保证。

前面说色拉叙马霍斯的正义观是当时“民主派”的正义观，其实，严格来说，与这种正义观对应的是堕落的民主政制即僭主政制。柏拉图在《理想国》中将政制分为五种类型，除了王政或贵族制外，其余四种都是不完善的政制。而且，这四种政制反映了城邦的不断堕落过程，一个比一个差。僭主政制是由民主政制退化而来，“是城邦的最后祸害”（544d）。在这样的城邦中，僭主对城邦的福祉没有清楚的概念，其统治只是出于自身的索取。与僭主政制相对应的人格具有以下特点：在非必要的快乐和欲望中，非法的部分即无序的、目无法纪的部分也即兽性和野性的部分，吃饱喝足之后活跃起来而不受理性支配以满足自己的本性要求。他们的生活铺张浪费，纵情酒色、放荡不羁等等（573d）。为了满足这些欲望，他们强夺骗取，当小偷强盗，抢劫神庙，拐骗儿童，甚至告密受贿等。由醒着时能做出睡梦中的那种事的恶人（576b），我们可以想象出，柏拉图在描述色拉叙马霍斯的正义观时，头脑中一定是雅典的三十僭主统治（三十僭主掌握政权后为所欲为）。

有意思的是，柏拉图让色拉叙马霍斯作为“正义是强者的利益”的代言人。众所周知，色拉叙马霍斯是历史上一位真实的人物，大约生活于公元前5世纪到公元前4世纪。在学术流派上属于智者学派。根据史料，色拉叙马霍斯在修辞学和演说方面都做出了贡献，但对我们大多数人而言，他还是因出现在《理想国》中并主张“正义是强者的利益”而为人熟知。但是，历史上的色拉叙马霍斯是不是明确主张过“正义是强者的利益”，我个人表示怀疑。柏拉图之所以让他做代言人，大概还是为了突出这种正义观的极端性、狂野性吧。色拉叙马霍斯的希腊文是Thrasymachus，此词本身包含着“狂野的斗士”的意思。在《理想国》中他的形象的确是言语粗暴，性格急躁，气势汹汹，一副凶神恶煞样子。

四

色拉叙马霍斯的“正义是强者的利益”在现实中很有市场，对后世的一些思想也产生了影响。马克思主义的政治理论就有色拉叙马霍斯的影子。资产阶级剥削工人阶级，并通过掌握国家政权、制定法律来维护和巩固它们的利益。所以，马克思主义在根本上是不承认资产阶级法律的，认为法律就是由国家创制并由国家强制力保证实施的，反应由特定社会物质条件所决定的统治阶级意志的规范体系，资产阶级所说的正义是不利于工人阶级的，工人阶级为了维护自身的利益，必须掌握国家政权，制定自己的法律。在此基础上，马克思主义认为我们应有我们的正义观，我们的正义观认为只有符合工人阶级利益的行为才是正义的。当然，马克思主义正义观不是对色拉叙马霍斯正义观的简单重复，它是建立在科学的唯物史观的理论基础之上的，这样它就与色拉叙马霍斯正义观有了天壤之别。此外，当今强调性别差异的女权主义理论也与色拉叙马霍斯的正义观相似。在这种女权主义的理论里，强者被置换成“男人”，这种理论认为，世界的道德观念、价值标准、社会秩序都是强者男人制定的或者是以强者男人的标准制定的，是男性利益的反映。还有，色拉叙马霍斯的理论对当今的国际关系理论也有一定的影响。国际关系理论中的现实主义就非常强调国家的实力，认为各个国家的不同实力决定着国际格局，一个国家的实力决定着它在国际关系中的地位与影响力。

总之，“强者利益”的正义观具有相对性、“民主”性、极端性或“狂野”性，在当今社会还有一定的市场。对这种正义观的破坏性我们还应加强研究。

发展、城市化与法治：基于中国特色马克思主义法律权利视角

张 浩

（桂林电子科技大学，广西 桂林，541004）

亚当·斯密曾直言不讳地指出“哪里有巨大的财富，哪里就有巨大的不平等。有一个巨富的人，就有500个穷人，少数人的富有，必定以多数人的贫困为前提”①。资本主义国家的经济和社会状况一次次证明了斯密的论断。社会主义中国是否能够摆脱这个魔咒呢？为了释放生产力，解决经济社会发展不充分的问题，我们进行了全面的改革开放，具体方法就是一部分人和一部分地区先富起来，再以先富带动后富②。现在看来这种方法有些过于简单和乐观。因为随着社会财富的激涌，贫富差距逐渐拉开，地区、阶层、行业、代际等各方面的不平衡日益明显。斯密的魔咒似乎再一次应验，不平衡是发展必须付出的代价。

但我们认为事实并非如此。虽然当前中国经济社会发展可圈可点，但并非是一种充分发展，而是一种偏重于效率和效益（尤其是经济效益）优先的片面发展。经济是急先锋，一骑绝尘而去奋勇拼杀，但结果杀敌一千自损八百，各种社会问题的暴露和堆积已经形成经济社会发展难以逾越的瓶颈，经济和社会远未达到充分发展阶段。所以，发展必须以不平衡为代价的结论并不一定适用。

---

① 〔英〕亚当·斯密．国民财富的性质和原因的研究：下册［M］．郭大力，王亚男，译．北京：商务印书馆，1983：383.

② 不知道改革开放的设计者们有没有受到自由主义经济思想的全面影响，但可以看出发展经济学所主张的涓滴效应（Trickling Down Effect）理论实际上成为设计改革路线的主导性思想。这种思想的核心在于一切围绕着经济发展，因为经济的持续发展所带来的福利可以自然地溢出而惠及其他领域和部门，可以带动其他一系列社会、政治问题的解决。——王绍光．大转型：1980年代以来中国的双向运动［J］．中国社会科学，2008（1）：131.

同时，中国的现状不仅不是斯密魔咒的又一个脚注，反而是斯密魔咒的一个反证。由前述已经可以发现，在中国，经济社会充分发展问题的另一面是平衡发展问题。二者互为因果，不可偏废。社会发展是一个综合的动态过程，中国概莫能外。借助于发展和平衡的互动，我们极有希望摆脱斯密魔咒。当然，具体以什么方法实现，需要对当前国情进行分析。具体有以下六点：

第一，从地理和发展区域来看，中国仍然存在着城市和乡村——这两个在很多方面存在较大差距的单元。城市作为资源、信息、先进制造技术的聚集辐射中心，无疑适应和代表了现代化和全球化发展方向，是我国当前进行社会转型和社会全面发展的战略性节点；第二，从经济和社会发展阶段来看，中国已非费孝通先生所描述的乡土社会，但亦非现代化工商社会，而是逐渐从乡土社会走向现代化工商社会途中的“半乡土社会”①；第三，从资本积累和国家主权安全来看，外来的资本主义资本以及跨国公司的国际资本不仅在经济上，甚至在政治上对我国都有一定的冲击，因此，必须花大力气进行资本积累。而原有的单位主导型资本积累低效且有诸多弊端，而新型城市化发展在资本积累过程中无疑占据高位。所以，为了与西方资本相抗衡，我们需要走一条新的城市主导型国家资本积累道路；第四，2007 年世界金融危机爆发以后，促进中国经济高速增长的外向型出口经济一直低迷，不能再依靠外需拉动国内生产和投资，需要开拓国内市场，形成内向型供给与需求结构。这就需要合理设计开发具有不同功能、区位、体量的城市群和城镇群，由此再形成梯度分布、统一、快速、流畅的国内市场网络；第五，从发展方式来看，我们现在既搭上了计算机、信息技术、工业 4.0 的快车，又有大量一家一户小农式的传统耕作和经营，而当务之急在于实现传统方式到现代智造的快速转换；第六，从观念变迁来看，个体化和原子化已经悄然为许多人接受，但家庭观念和传统伦理仍然在很多时候支配着人们的行为。城市作为文明的产物，不仅仅是地理和空间上的概念，还是“一种生活方式”②。借助空间和生活方式的转变，人们得以较好融入现代生活。综上，城市化是解决当前发展不充分和不平衡的必由之路。

自 2010 年起，《法学研究》杂志社等部门就城市化及其法治化治理问题陆

---

① 贺雪峰．新乡土中国：转型期乡村社会调查笔记［M］．广西：广西师范大学出版社，2003．

② 路易·沃斯．作为一种生活方式的都市主义［J］．城市文化读本，1972（4）；Claude S. Fischer. “Urbanism as a Way of Life”: *A Review and an Agenda*［J］. Sociological Methods & Research，1972，1（2）；格奥尔格·齐美尔．大都会与精神生活［M］//汪民安，陈永国，张云鹏．现代性基本读本．郑州：河南大学出版社，2005.

续举办了一系列专题研讨①。此外，还有一些学者也发表过相关重要论著。总的来看，这些研究具有以下两方面特点：

第一，研究的问题比较固定。集中在以下六个方面：农民工市民权和公民权的实现与保护②；违规建筑拆除、城市土地征收、拆迁纠纷③；城市化发展与民生权、社会保障权④；城市社区治理法治化⑤；城市管理中行政法治模式转换⑥；城中村治理。⑦

第二，多从法律权利的角度切入和展开。从上述六个方面中哪一具体问题切入时，出发点和归宿大多不约而同地表现出一个固定的模式，即有无相关法律权利、权利是否被实现、如何实现。虽然也意识到城市治理问题的城市化背景，但基本上停留于简单的背景交代层面，不太关注对城市化整体脉络的理解，从而缺乏对当下中国城市化进程中核心问题的把握，也缺乏对相关学科观点和方法的借鉴。这种状况的结果就是导致城市治理法治化问题的研究表面化、浅层化。这也印证了《法学研究》编辑部对2014年秋季论坛的总体分析，“法律学者对城市化进程的整体脉络和深远影响的理解不够深入，对城市化所涉具体问题在观念、实践方面的梳理不够清晰，其他学科的学者则表现出对城市化的法律维度比较陌生。”⑧

---

① 2010年，上海财经大学法学院与《华东政法大学学报》编辑部共同举办了“法律中的城市与城市中的法律”理论研讨会。2014年，《法学研究》杂志以“城市化与法治化：城市化的法律治理”为主题举办了秋季论坛。《北方法学》编辑部在2016年第4期推出“城市治理与法治研究专题”。

② 马长山．农业转移人口公民化与城市治理秩序重建［J］．法学研究，2015（1）：4－19；周少来．“农民工市民化”与城市治理体系的重构［J］．中国特色社会主义研究，2016（1）：62－67.

③ 陈柏峰．城市规划区违建执法困境及其解释［J］．法学研究，2015（1）：20－38；黄忠．城市化与“人城”集体土地的归属［J］．法学研究，2014（4）：47－62.

④ 魏建国．城市化升级转型中的社会保障与社会法［J］．法学研究，2015（1）：54－67.

⑤ 周少青．论城市社区治理法律框架的法域定位［J］．法学家，2008（5）：26－33；刘爱童．城市基层社会法律制度探新［J］．社会主义研究，2012（5）：102－106；姚怀生，邱小林．论城市化社区法律纠纷的制度构建［J］．河北法学，2016（4）：105－113.

⑥ 莫于川．从城市管理走向城市治理［J］．城市治理，2014（1）：4－6；陈越峰．城市空间利益的正当分配［J］．法学研究，2015（1）：39－53；董彪，龙翼飞．破解城管执法的“塔西佗陷阱”——城管执法公信力调查与探究［J］．城市治理，2014（1）：19－20.

⑦ 陈映芳．城市中国的逻辑［M］．北京：生活·读书·新知三联书店，2012：113－143.

⑧ 法学研究编辑部．城市化与法治化：城市化的法律治理——编者的话［J］．法学研究，2015（1）：4.

法律是权利义务之学，以法治化手段进行城市化治理当然离不开法律权利，但不能形式化地就权利谈权利，在讨论城市治理法治化问题时，必须深入当前中国城市化问题形成脉络中，搞清楚城市治理难题背后的广泛而深层次的原因，揭示出城市化及其法治治理所要面对的独特而复杂的中国问题，在此基础上再去探讨以何种权利何种方式进行治理。

城市化及其法治化治理在当前中国社会发展语境下面临的最重要的问题有三个：何种城市化？谁之城市化？如何城市化？

一、何种"城市化"？

（一）"城市化"而非"城市性"

学界通常习焉不察地使用"城市性"和"城市化"这两个概念，殊不知这是两个在内涵和外延上都有较多不同意旨的概念。所谓"城市性"，指的是城市形成以后通常出现的、和乡村不同的资源聚集和辐射形式、空间格局、工作和生活、思维、舆论方式，以及由于人口密集和空间挤压必然会带来的诸多难题等一系列的样态、过程和结果。"城市化"则指的是城市性形成之前，由于生产力、人口、工业技术的发展和激增而产生的自发的或有目的的产业转型、人口迁移、城市与乡村之间结构和关系的重新塑造调整等过程。尤其在当前中国社会，两者间的不同更需要注意。因为"在社会主义计划体制下，城市不是一个在资本积累上的实体，只是国有企业的集群，是它们的生产场所……传统上社会主义城市是缺乏城市性的"①。直至现在，城市性问题也只是在一些一线城市中才出现，如北上广等一线城市确实已经产生了大量城市性问题，如交通拥挤、住宅紧张、污染严重等。但不能据此说明城市性问题是核心。实际上，绝大部分地区正处于从乡村社会向城市社会转变的过程中。当前主要的政治、经济、社会生活都被如何应对和调适这个转变所主导。城市化之后的城市是否一定会具有通常所见的城市性不得而知，但从迄今为止中外城市发展案例中所观察到的结果来看均是城市化在先②。就普遍性和迫切性来讲，我们现在首要的是解决城市化问题。我们不可能提前逾越这个阶段，这才是我们进行城市治理的真实背景。

---

① 〔英〕吴缚龙．中国的城市化与"新"城市主义［J］．城市规划，2006，30（8）：21.

② 〔美〕布莱恩·贝利．比较城市化——20 世纪的不同道路［M］．顾朝林，等译．北京：商务印书馆，2010.

(二)“异化”的城市化

基于不同的国情可以有多种城市化发展模式。从其推动来源来看，有内在自发进行和外在主动推进之分。和欧美等国家和地区城市化发展主要由经济力量推动，由工商阶层主导不同，当下中国的城市化主要是政府为主导。① 各级政府以城市化作为社会全面发展与转型的突破口，以此拉动内需，保持经济持续快速增长。某种意义上这也是中国迈向现代化的独特道路，中国近三十余年经济奇迹的创造与此也息息相关②。不过，政府主导型城市化运动虽然促进了经济的持续快速增长，但同时也产生很多意想不到的问题，突出表现为城市化在实际的运作中已经被“异化”。中央实施城市化战略的初衷是以“Better Life”来指导设计“Better City”，但在各级地方却最终演变成先有“Better City”才可能有“Better Life”。为何会如此？我们认为有以下五个方面原因：

1. 总体规划中各自为政、盲目推进

1935 年，我国地理学家胡焕庸提出划分我国人口密度的对比线，即著名的“胡焕庸线”（也有的称黑河（爱辉）—腾冲线），将我国分为东南和西北人口疏密悬殊的两部分③。直至现在，这种地理和资源不均衡分布状态仍然没有多大改变④。这已经引起了中央高度重视⑤。实际上各级政府已经对此有了积极回应，就是大力推进城市化（城镇化）。但是在此过程中，很多地方政府没能从地方实际出发因地制宜，而是千篇一律大搞现代化、国际化，进行表面化的城市体量扩张，进而引发财政、城市建设规划、民生、城市社会管理等一系列的失衡和异变。

2. 不合理的人口和资源集聚及其后果

合理的城市化进程应该是人口和资源从村庄—小城镇—省会城市—东部和

---

① 经济学家黄亚生认为“中国的城市化实际上是一种‘政治城市化’。不依靠市场自身发展，而由政府官员推动形成。政府官员的过度干预造成了中国城市化的扭曲”。——〔美〕黄亚生．中国模式到底有多独特？［M］．北京：中信出版社，2011：57.

② 贺雪峰．城市化的中国道路［M］．北京：东方出版社，2014：19－33；陈映芳．城市中国的逻辑［M］．北京：生活·读书·新知三联书店，2012：26－37.

③ 胡焕庸．中国人口之分布——附统计表与密度图［J］．地理学报，1935，2（2）：33－74.

④ 据 2000 年第五次全国人口普查资料，按“胡焕庸线”计算而得的东南半壁占全国国土面积的 43.8%、总人口的 94.1%，平均人口密度为每平方公里 285 人；而西北半壁占全国国土面积的 56.2%、总人口的 5.9%，平均人口密度为每平方公里 14 人。东南半壁与西北半壁总人口之比为 94∶6。

⑤ 李克强之问：“胡焕庸线”怎么破？［EB/OL］．人民网，2014－11－28.

一线城市逐级汇聚。西方国家早期城市化过程中也出现过在时间和迁移半径上都有一定规律性的集聚现象。中国当下的城市化是资源约束下的城市化，应该以梯度开发和分层推进这两种方式进行。但由于各级政府在意识、制度、硬件等方面的大力营造和渲染，人们一窝蜂涌向大城市。但是，这种集聚对于中国社会来说有着不同的后果。广袤的农村和庞大的农村人口决定了我们在推进城市化时必须解决好农村与城市之间的平衡发展问题。一方面，“乡村的命运主要取决于国家如何经营大城市，以及为这些城市的移入人口提供什么样的权利与资源”；另一方面，“城市与国家的命运通常也取决于他们如何对待乡村以及从乡村移出的人口”①。但现在强烈而偏激的城市化导向使得大多数乡村家庭的命运好坏取决于能否进城落户跳出农门。乡村日益空心化，城乡结构平衡被打破，城乡居民消费能力锐减等一系列现象产生②。强有力的国内消费市场暂时不能够形成，而集聚了庞大社会财富的地方政府和城市工商业组织又难以找到有效的投资方向和建设平台，从而大量的资源和财富最终流向两个渠道：一是房地产市场；二是政府的各种城市开发项目。这两种流向客观上造成的结果往往是各级城市政府大兴土木、城市规模盲目扩张、千篇一律的重复建设、房地产市场畸形发展、民生被忽视等。

3. 财政包干、税制改革的副作用

20 世纪 80 年代中期开始的财政包干和税制改革原本要解决财政紧张并刺激地方经济活力，为此，中央政府在财、权、事方面均给予地方政府较以前相对宽泛和自主的权力。但正如我们所知，很多政策在设计上是一回事，实际推行和适用时又是一回事。中央政府与地方政府之间财政包干和税制改革的制度设计并没有形成理想中的地方政府权力边界和框架。“地方政府的权力并不是自上而下的财政和行政分权的自然产物，中央放权并不当然地就意味着地方政府权力的增加，地方政府还需要把中央政府给予的权力空间转变成实质性的权力。而土地天然是一个地方性的资源，因而，通过城市化谋求土地扩张及其带来的利益就变成了地方政府加强自己权力的法宝。”③ 这种看起来不怎么规范的权力

---

① 〔加〕道格·桑德斯. 落脚城市：最后的人类大迁移与我们的未来［M］. 陈信宏，译. 上海：上海译文出版社，2012：125.

② 因此，发展经济学家 M·P·托达罗认为“农业和农村发展是一国发展的绝对必要条件。没有这种一体化的农村发展，工业增长或者将失去意义，或者，即使获得成功，也会使普遍贫困、不平等和失业问题变得更加严重，从而造成国内经济的严重不平衡”。——〔美〕M·P·托达罗. 经济发展［M］. 黄卫平，译. 北京：中国经济出版社，1995.

③ 黄晗. 中国城市化大转型的一种图景［J］. 公共行政评论，2013（4）：159.

运行造成了城市化的畸形发展，表现为各级政府力行“土地财政”，施行土地开发和出让的城市开发策略。从而引发出房价暴涨、以死抗拆、城中村乱象等治理难题。

4. 政治锦标赛体制、区域间竞争的意外影响

以行政绩效作为上级政府考核下级政府的依据的结果之一，就是将政府考核体制变成了“锦标赛体制”①。地方官员的这种治理模式一定程度上促进了地方经济高速增长，但其目标设计和合理的政府职能之间有着严重冲突。例如，官员为了获取晋升机会和在区域竞争中胜出而大搞“人有我有、人无我有、人有我大、人大我洋”式城市开发。对亟待解决的民生问题等却漠不关心。一系列治理问题因此产生②。区域间竞争也是一种为增长而增长的竞争。竞争的目的就在于胜出，在于获得行政绩效，在于因此而升迁。在这种以 GDP 增长为基础的竞争中，城市化和城市开发无疑是能够迅速体现政绩亮点的领域。为了突出这个亮点，经济与社会的平衡发展、民生、城乡关系和结构平衡等可以暂时不予以考虑。这无疑是一种短视行为，因为这些不予以考虑的因素正是城市化健康持续发展所必须予以平衡和重视的。

5. 土地财政与城市化的异化

在政府以权力主导的城市化作用下，城市呈现出三种类型空间分布和辐射：城市中心、城市边缘、乡村边缘。城市化在这三种空间内有着不同的样态和逻辑，分别集中体现了中国政治体制内非常重要的三组关系：条块关系、城乡关系、地方政府间层级关系③。这三种不同的关系结构和主体之间在相对独立的城市化大发展潮流中，有着共同而复杂的利益指向，即土地财政。

在城市中心：看似统一的土地国家所有制度下，实际权益归属却是一个碎片化的格局。作为“计划经济下的土地掌握者”的各垂直机构，如军队、大学、

---

① 即中央会在经济上向地方政府大规模放权，并通过各种方式鼓励和促使地方政府在主要的经济指标上展开竞赛。由于中央政府全面控制了政治、经济、思想领域，所以这种竞赛在严格的设计下展开，各级政府乃至普通民众都被动员起来，类似于竞技比赛的政治和行政体制设计。——周飞舟．锦标赛体制［J］．社会学研究，2009（3）：54－77.

② 周黎安．中国地方官员的晋升锦标赛模式研究［J］．经济研究，2007（7）：36－50；〔美〕弗农·亨德森．中国的城市化：面临的政策问题与选择［J］．城市发展研究，2007（4）；唐磊、鲁哲．海外学者视野中的中国城市化问题［M］．北京：中国社会科学出版社，2014：28.

③ Hsing，You－tien. The Great urban Transformation：Politics of Land and Property in China［M］. New York：Oxford University Press，2010：33－65，155－181.

医院等都拥有自己的土地。市民虽没有土地，却有附着其上的其他权利。当政府进行规划、拆迁、改造、重建时，将会面对各种复杂情况。在城市边缘：当政府通过"开发区""大学城"等方式，大量吞并原来分散在城市边缘的乡村工业土地时，城市政府、乡村组织、村民之间的冲突博弈不可避免。在乡村边缘：城市政府和乡镇政府以"乡镇产权房""经济开发区"等形式共同进行城市化开发。虽然部分缓解了各级政府的财政危机和紧张关系，但架空了村集体土地所有权并产生大量失地农民。

二、谁之"城市化"？

既然在各级政府的主导的城市化过程中产生了这么多的问题，那么，在城市化过程中政府只剩下两种选择：要么退出；要么放弃主导，只是一般性的参与。这两种选择是否可行，我们接下来将对之进行分析。

（一）是否退出？

对此，我们可以从两个方面来看：首先，从最一般的经济发展的角度来看，城市化之所以成为理论和实践中的热议话题，与2007年爆发的世界金融危机有着很大关联。中国经济奇迹的创造很大程度上来自于外向型经济发展促进，需要把外需的持续扩张作为前提。2007年中国GDP中净出口比重占8.8%。但美国次贷危机的爆发中断了这种外需扩张，中国经济很长一段时期不可能再依靠外需拉动，需要寻找经济增长的新动力，从外需转向内需。农村的消费和需求能力较低，所以，拓展内需的主要方法就是城市化。很明显，当前的城市化是国家在复杂的国际国内经济形势下的战略调整与安排，集经济风险回避、产业结构转型、城乡格局调整等各种功能目的于一身。无疑，这已经不是市场经济自发演进所能够解决的，需要国家主动积极的引导干预。①

当然，如果仅仅从上述经济发展的角度来分析的话，还只能说是一种粗略的分析，没能体现当前中国城市化的复杂语境。在中国社会，城市化所牵涉的远非经济发展一种意义，需要进行多维透视，然后在此基础上讨论应否退出。

---

① 不仅如此，在最为广泛的意义上，国家权力的调控也是不可或缺的。当前我国处于从传统社会向现代社会转变的阶段。在此阶段，经济发展固然重要，但"一个决定性的特征常常是政治上的。在政治上，一个以与新民族主义相联系的联盟为基础的、有反对传统的地方地主利益集团和殖民政权的中央集权的、有效率的民族国家的建立是前提阶段的一个决定性因素，而且差不多普遍是起飞的一个必要条件"。——〔美〕W·W·罗斯托．增长的五个阶段：概述［M］//郭熙保．发展经济学经典论著选．北京：中国经济出版社，1998：79.

具体来讲，城市化具有以下四种意涵：

1. 城乡二元结构下的城市化

虽然在各级政府有意识的推动和安排之下，城乡二元壁垒逐渐在松动，但是，就现状来看，还远未达到应有状态。借着户籍制度，中国社会被人为地划分为两大部分——城市和乡村。“虽然农村被赋予了极具共产主义浪漫色彩的积极意义”,① 但是对于大多数农村人来说，能够跃出“农门”，进入城市，实为毕生的理想。这种普遍性地对城市生活的向往直至现在，在农村一直就没有停息过。改革开放之后，在市场经济的作用下，通过农民自发的进城务工形式，终于得到了某种实现的可能性。但正如我们所看到的那样，这个过程从一开始到现在基本上都是由农民工自行发动，政府处于“缺位”状态。由于缺乏政府的引导和帮助，绝大多少农民工在进城务工的道路上备尝艰辛。中国的城市化离不开农民工的市民化，但农民工市民化需要解决的远不止是浅层次的自由职业选择和地域流动，还需要深层次的、实质性地融入城市主流。这已经不是农民工自己能够解决的问题了，需要国家和政府在户籍制度、社会保障、教育和职业培训、发展成果和利益共享机制等方面做实质性的调整与改革。所以，政府应该及时“到位”。

2. 中产阶层视角下的城市化

有学者认为“城乡二元结构是中国社会的稳定器。中国经济增长和发展的发动机是城市，稳定器与蓄水池是农村。在城乡二元结构现实的基础上，以城乡统筹为基础，实现城乡良性互动，可以打造中国现代化的基础”②。如果说这是新中国成立后很长一段时间中国社会结构的真实写照的话，而如今，由于市场经济和城市化的冲击，这种状况已经发生了较大改变，农村和农民已经承载不了或者说不愿再承载这种稳定功能，农业不再无条件支持工业甚至需要工业反哺。从而，城市化进程中发生的矛盾只能在城市中消化。为此，在城市中新型中产阶层的成长和稳定非常重要，培育一个稳定的、数量庞大的中产阶级对于一个国家的社会稳定和经济发展来说大有裨益。③ 但实际上我们现在却面临着两个方面的挑战：一方面，传统中国社会没有中产阶层群体，需要从其他阶

① 陈映芳．城市与中国社会研究［J］．社会科学，2012（10）：71.

② 贺雪峰．乡村的前途［M］．济南：山东人民出版社，2007.

③ 格奥尔格·西美尔．社会学——关于社会化形式的研究［M］．林荣远，译．华夏出版社，2004：448，428；米尔斯．白领：美国的中产阶级［M］．周晓虹，译．南京：南京大学出版社，2006；陆学艺．当代中国社会阶层研究报告［M］．北京：社会科学文献出版社，2002：23.

层群体转化而来。但自20世纪50年代建立起来的固化的社会分层与型塑制度一直没怎么改变，农民和其他底层群体如果想实现地位的上升，需要向各级政府进行“权利资格赎买”，以此在身份等级系统中获得上升。① 这就在事实上限制了阶层转化的渠道。另一方面，就既有的中产阶层来看，原本应该随着城市化一起成长的中产阶层目前在城市化进程中屡受打击。在高房价的情况下，一套房子可以将一个中产家庭轻易地从这个群体中抹去；教育领域市场经济化对城市中产家庭来讲依然是一个沉重的负担。② 在当下，可能没有哪一个群体像中产阶层那样如此焦虑不安。所以，无论是从阶层转化的渠道，还是从发展壮大的制度和机制方面，都需要政府进行调整。这种调整不是简单地退出即可，而是有所为有所不为，大致的方法就是建构一套法律制度体系，以法律规范特有的功能实现保护和自由两种目的。

3. 发展语境下的城市化

历经曲折，现今人们的共识是，发展是硬道理。尤其是经济发展更是从根本上解决诸多社会矛盾的不二之选。社会主义的精髓绝非是排斥发展，而是如何实现公正的发展。长期以来，中国的发展实际上一直在收与放之间徘徊，自由放任肯定不行，不讲求效率同样不行。在城市化建设进程中，这种矛盾被进一步尖锐和放大。城市原本的功能和目的在于集聚、交换和辐射资源，以求取效益最大化。城市化的原初设计目的也在于此，并通过从政策、制度、基础设施等方面采取一系列的措施来加以落实，城市也因此获得了较为迅猛的发展。不过，在这种发展的过程中同时蕴含着诸多问题，突出体现为发展所带来的城市空间分离和不正义、资本主导性力量日益增强、去政治化和去国家化。而这些问题的形成大多是为追求效率牺牲公平所致，最后的结果也往往表现为摆脱国家和政府行政权力控制而自行发展。所以，为了避免这些弊端，政府不能听之任之，这一点对于当下仍处于发展转型阶段的中国社会尤其重要。

4. 全球化语境下的城市化

城市是全球化的主战场、载体和渠道，二者间具有天然的密切关联。借助全球化，城市得以扩张升级；借助城市，全球化得以急速辐射。全球化具有诸多面相，当然，人们首先看到的是其对经济发展的作用。但不可忽视的是，作

---

① 陈映芳．权利功利主义逻辑下的身份制度之弊［J］．人民论坛：学术前沿，2014（42）：62－72.

② 〔美〕李成．“中产”中国：超越经济转型的新兴中国中产阶级［M］．许效礼，王祥钢，译．上海：上海译文出版社，2013：167－230.

为实际上主要由西方发达资本主义国家和组织所主导的，以资本的扩张和渗透为主要方式、以跨国公司为急先锋和主要力量的全球化，在助力一些国家和地区发展的同时，不可避免地会对其产生影响甚至进行主权控制。从普遍性的观察结果来看，城市在其产生和发展的过程中自觉不自觉地具有独立于国家和行政权力的倾向，城市和民族国家在很多方面都有差异。在城市得以充分发展的阶段，可以明确发现这种独立于国家的"市民社会"关系结构在城市中的主导性作用①。在当前的城市化过程中，由于全球化以及资本扩张的作用，无论是城乡结构和关系，还是城市空间结构、群体间社会关系等都出现失衡、异质化和对立现象。公共领域逐渐稀薄缩小，认同感下降，离心力增强。当前中国，在缺乏市民社会传统以及社会组织尚在发育的情况下，自然需要国家和政府介入。

（二）怎样参与？

既然不能够退出，又不能主导，那么，似乎只剩下一般性参与这种途径。接下来我们看看具体应该怎样参与。

参与可以基于多种目的和理由，不同的目的和理由情况下参与的方式、程度以及效果就会有差异，因此，必须将参与的目的理由和参与的方式程序结合起来。

1. 以城市增长为目的的参与

对于很多人来讲，城市的首要目的和功能之一是聚集资源便利交易以促进经济增长。这也是促使大多数城市起源，并在现代社会中得到淋漓尽致的表现的主要原因。所以，有学者将城市视为"增长机器（growth machine）"。认为任何一个地方城市综合体的目的就在于增长。在此过程中，土地与房产开发商、地方政府、银行、律师、工商组织组成增长联盟（growth coalition），共同致力于增长目的的实现②。既然将增长视为城市本质，政府自然就以促进经济增长为己任，从而会失去其主导性地位而成为一般性的参与主体。但随之而来的问题是，由于强调增长因素，从而陷入经济决定论的陷阱，导致经济精英对城市

---

① 对于城市和民族国家之间的异质性分析可参见〔英〕杰夫里·帕克．城邦：从古希腊到当代［M］．石衡潭，译．济南：山东画报出版社，2007：198－202；〔德〕马克斯·韦伯．非正当性的支配：城市的类型学［M］．康乐，简惠美，译，桂林：广西师范大学出版社，2005：22－35、158－178.

② Harvey Molotch. The City as a Growth Machine：Toward a Political Economy of Place［J］. American Journal of Sociology，1976，82（2）：309－332；〔美〕保罗·彼得森．城市极限［M］．罗思东，译．上海：上海人民出版社，2012.

事务的实际统治，城市政府失去必要的自主性，实际上排斥弱势群体进入和分享城市发展成果而造成极大的社会不公①。当前中国的城市化进程中已经可以明显看到这些趋势和现象，如地方政府对于土地和房产开发商和银行的倚重、城市优势经济集团对于地方事务的隐形控制与影响，以及继之而起的城市中贫富差距的急速加大、农民工进城难、发展与民生的错位等。

2. 城市政治（政体）联盟视角下的参与

既然如此，当然就是放弃这种目的，转变角色。那么，能否有这样一种可能，即放弃单一的经济增长目的，建立一种多阶层、不同利益群体都能共享、共存、平等协商交流的制度体系和空间架构，形成民主化的城市政治空间和良好的城市社会生态格局。如果不把权力仅仅理解为静态的且仅局限于政府及其官员专属，而是基于动态和广义理解的话，这种可能是可以实现而且有必要实现的。知识经济、专业主义、国家与社会二元化、独立性社会组织等因素都是促使城市权力分散化多元化的因素。在对康涅狄格州纽黑文市进行系统化的研究后，达尔发现，在政治任命、教育决策、城市重建这三个城市生活的重要领域中，不同的群体和个人基于自己的资源、利益诉求都参与了决策。没有出现某一个或几个群体组织垄断决策的现象。城市权力运行因此处于一种流散状态，进而出现民主化的结果②。通过对亚特兰大市的考察，斯通发现，城市政治生态是通过公私部门的合作形成的，表现为一种非正式的城市政治联盟，城市决策通过多元、复杂、互动的关系结构和网络进行③。

或许这样更为符合城市产生和发展的原初目的。不过，在当下中国社会中看来，这明显是一种理想化的设想。虽然有着引导作用，即将目光从单一的经济问题转向整体性的政治形势，从而触及城市问题的本质，但我们必须注意的是，达尔和斯通等人所观察的城市是典型的现代化美国城市，无论是区位、结构还是发展阶段都与中国城市有较大不同。它基于四个前提之上：其一，国家与社会相对的独立性；其二，社会中间组织的发达和多样；其三，建立在较高经济发展水平上的广泛而自觉的民主和参政意识；其四，多元、包容、开放的城市行业文化和市民文化传统。而这些因素我们当前都还不具备因此不宜照单

---

① See Stephen Elkin. Twentieth Century Urban Regimes［J］. Journal of Urban Affairs，1985，7（2）：18.

②〔美〕罗伯特·A·达尔. 谁统治：一个美国城市的民主和权力［M］. 范春辉，张宇，译. 南京：江苏人民出版社，2011.

③ Clarence N. Stone. Regime Politics：Governing Atlanta，1946—1988［M］. Kansas：University Press of Kansas，1989.

全收。所以，简单套用的话肯定会出现问题。比如说，如果政府以一般性的地位参与城市决策，并希望以此形成多元民主的氛围的话，城市中需要有多元化、多中心的主体，并形成分散化、动态流动的权力网络格局。最基本的是城市社区网络的形成和健全。不过，这正是当前我国城市社会中比较薄弱的一环。计划经济时代的单位制是当时城市最基本的构成模式。按照自上而下的条块分割方法，城市空间被一个个高墙大院所分割。结果是有城无市，有街道无社区。街道办事处和居委会作为行政权力的毛细血管延伸至城市生活的每个角落，当单位制渐渐被弱化，街道办事处和居委会在新形势下逐渐丧失其职能，行政权力也逐渐从其中收缩时，暂时也没有有效的社区权力主体来填补这个真空。

既然一般性的参与会出现这么多问题，那么，法治化的权利构建会如何？

三、如何“城市化”？

（一）产权化与城市化

概括来看，当前各级政府在城市化及其治理过程中采取的是以产权分类及其构建为核心的方法①。

1981 年，制度经济学家张五常就明确提出“中国假以时日将会采纳一种近似私有产权的产权结构②”。在理论界和决策部门的共同推动下，首先从国有企业开始了产权制度改革。国有企业一直以来是城市生活的主体之一，和政府管理机构一起，自 1956 后长时间全方位形塑了中国的城市生活。政府与企业之间、企业与职工之间是一种父子关系③。所以，各个企业虽然是独立法人，有自己的资产负债表，产权关系比较明晰，但政府及其官员作为企业之外的行政力量实际上控制着企业，使得企业处于所有者功能丧失、产权虚置的状况，从而严重影响了经济社会发展和改革进程，国有企业的产权改革因此被提上议程。通过国有企业产权改革的不断调整和实践，较好地实现了经济与政治、国家与社会、管理与治理之间的互动与融合。同时，作为成功的范例，产权改革突破国企改革的范围，被应用到城市治理中的很多方面，在城市化过程中这一点尤

---

① “Property”“Property Rights”一般被译为“产权”或“财产权”。在牛津法律大词典中，“产权”和“财产权”没有区别，是一个包含多方面权利的权利束（a bundle of rights）。——David Me Walker. 牛津法律大词典［M］. 北京：光明日报出版社，1988：729. 但在接下来我们会看到，在当前中国的城市化语境中，详细区分二者非常必要。

② 张五常. 中国的前途［M］. 香港：香港信报出版社，1985：206.

③ ［匈］亚诺什·科尔奈. 短缺经济学：下［M］. 张晓光，等译. 北京：经济科学出版社，1986：273－282.

其明显。对此，我们可以从产权建构的正反两方面来看。

首先，正向产权建构表现为：在城市土地申请、规划、征用中，逐渐改变过去行政划拨、指定使用、无偿收回调配等行政方法，根据土地的不同性质和权利主体分别采用赎买、补偿、拍卖、明确土地使用年限和权利性质。在城市房地产开发中，城市政府更多扮演的是土地所有者乃至商人的角色①，和金融资本所有者、开发商一起进行城市房地产开发。在经济技术开发区建设中，或采取筑巢引凤、或采取共同开发的方法，明确产权归属和利益分享，从而迅速扩张城市体量加快城市化进程。城市化不可能离开乡村，产权改革也延伸至乡村。与农业人口城市化转移和产业转型相配套进行的有，农村土地的确定和流转、集体土地所有权主体的明确、公司加农户的权利组合等。其次，是反向的产权建构；其逻辑是，既然以产权建构为核心，那就围绕该事项去努力，与之无关的事项则不做过多关心。有无产权以及何种产权，取决于土地、资金、技术、知识等要素拥有情况。例如，对于城市居民来讲，享受现代化的城市生活的前提是拥有资金、技术、知识中的一项或数项，以此作为产权要素进入权利的生产和交换。如果没有，则会被迅速排挤在城市主流生活圈之外。在进城务工农民如何城市化问题上，很长一段时间，城市政府并没有过多关心其经济条件改善和身份转换等问题，而是将其从具体的政治、经济、社会情境中抽离出来，等同放置在由政府、企业、银行、跨国公司、其他资产所有者所形成和遵守的权利框架体系中进行角逐。当劳动力作为产权要素越来越不重要时，进城务工农民的城市化问题就让政府头痛起来。

无论是正向产权建构还是反向产权建构，客观来看，有可圈可点之处。以生产和资源要素重组微观和宏观城市社会，一方面避免了企事业单位、政府机关中不正常的微观社会生态的产生和循环；另一方面改变了原来的由行政权力主导形成的封闭静止的“单位”式城市社会结构，促进了城市的扩张与发展。得到肯定的同时也存在着许多问题，基本上在产权式城市化的每一步都能够看到问题。前面已有很多例子，在此不一一赘述。现在需要分析的是，为什么产权化的城市化策略会产生这么多的问题？我们认为，主要源于以下三种混淆。

---

① Andrew G. Walder. Local Governments as Industrial Firms; An Organizational Analysis of China's Transitional Economy [J]. American Journal of Sociology, 1995, 10 (2): 263 - 301.

（二）产权化的三种混淆

1. 经济权利与法律权利的混淆

“经济权利”概念最起码可从两个方面理解：一是经济学（主要是制度经济学）角度。二是法律角度。

在一些对产权问题研究具有代表性的经济学家看来，产权或者是“一个社会所强制实施的选择一种经济品的使用的权利”①，或者是“消费资产、从这些资产中取得收入和让渡这些资产的权力”②，或者是“一个人在没有处罚的情况下对产品、服务或人所行使的选择能力”③，或者是“权利束的构成的形成与结合”，目的在于“帮助一个人形成他与其他人进行交易时的合理的预期”④。当然，还有其他一些看法。但一般来说，关于产权有一些共识性的特征，如：剩余权利控制、支配性、排他性、可转移性等。根据这些定义和特征，我们不难判断经济学意义上的产权实为一种有效利用资产的规则组合及其激励机制。有学者将其精准传神地概括为一种“权利产权”⑤。这就意味着他们并不关注其是否一种法律上的“产权权利”。也就是说，在经济学家看来，在社会成本不为零的前提下，产权不可或缺，其形成和目的在于以规范性的制度演化和运用来减少社会成本，获取最大化效益。经济学家就是从这个角度来探讨产权问题的。而对于法学家来讲，对于产权问题的探讨是从“产权权利”这个角度来进行的。其关注点不在于成本与效益如何优化，而在于以何种方式方法在资产所有者之间、所有者和使用者之间形成公平合理的社会关系秩序。之所以如此，原因在于产权的经济安排不可能解决所有问题，经常会成为一种逐利的手段，从而自觉或不自觉地“忘记历史”⑥，以至于成为“一场道德危机”⑦。当前中国城市

---

① 〔美〕阿尔钦．产权：一个经典注释［M］//科斯，等．财产权利与制度变迁：产权学派与新制度学派译文集．刘守英，等译．上海：格致出版社，2014：166.

② 〔美〕巴泽尔．产权的经济分析［M］．费方域，段毅才，译．上海：上海人民出版社，1991：2.

③ 〔美〕道格拉斯·W·艾伦．再论产权、交易成本和科斯［M］//〔美〕斯蒂文·G·米德玛．科斯经济学：法与经济学和新制度经济学．罗君丽，等译．上海：上海三联书店，2007：103.

④ 〔美〕H·德姆塞茨．关于产权的理论：产权学派与新制度学派译文集［M］//科斯，等．财产权利与制度变迁．刘守英，等译．上海：上海格致出版社，2014：96、97.

⑤ 周雪光．“关系产权”：产权制度的一个社会学解释［J］．社会学研究，2005（2）：3.

⑥ 〔英〕杰夫里·M·霍奇逊．经济学是如何忘记历史的：社会科学中的历史特性问题［M］．高伟，马霄鹏，于宛艳，译．北京：中国人民大学出版社，2008：31－39.

⑦ 〔美〕约瑟夫·E·斯蒂格利茨．自由市场的坠落［M］．李俊青，杨玲玲，等译．北京：机械工业出版社，2011：245－248.

化进程中所暴露出来的诸多问题即为明证。城市化的主推者相信蛋糕做大理论，所以提倡先有“Better City”才可能有“Better Life”。从各级政府大兴土木搞城市建设、热衷于建立各种开发区，从而将城市的体量尽可能做大的做法中就形象地体现这一点①。产权制度设计切实促进了城市经济发展和城市化进程，这种经济效能因而就成为权利唯一目的，城市化所带来的经济利益“被道义化为全面利益”，顺理成章成为城市政府行为合理性来源，不仅掩盖了其应有的法律权利维度，而且很多时候以法律权利的名义对市民实行强制性的压力②。

2. 法律权利与政治权力的混淆

近年来，随着法治国家建设的逐步推进，再加上城市化进程中一些难题至今没有解决，各级城市政府逐渐改变原有的经济与发展至上的做法，在追求效率的同时，也着力解决社会公平。在城市建设和违规拆迁、土地征收、城中村治理、农民工市民化、市容市貌管理等方面逐步试行规范的法治化方法。不过，据此判断推进城市化的主要方式已经切换至法治模式还为时尚早，因为各级城市政府虽欲以法治化方式推进城市化，但实际上往往还是以权力化和行政化的方式来解决问题。之所以这样说，在于法律权利和政治权力有着不同的结构和逻辑，很多城市政府虽然提倡法治主义，但从行为结构和逻辑来看，更接近政治权力的行使。

从法律上看，法律权利对应法律义务。无义务的权利和无权利的义务在法律上都不成立。从政治上看，民主国家的政治权力不是特权，它有相应的对应物，即政治责任。但相对于法律上权利义务关系而言，行使政治权力和承担政治责任之间没有那么严格、明确和及时。在权力行使和责任承担之间允许试错，也可能通过道德、教化、甚至宗教等在二者之间进行疏通和化解。也可以（实际上也是经常性）通过利益识别、博弈、多数决方式获得合法性并免责。当下中国社会处于全面转型期，但与苏联激进式转型不同，我们是一种“渐进式转型”，也就是俗话所说的“摸着石头过河”。由于无先例可循，再加上必须要做一些基础性、长期性的工作，失误和试错可以理解，责任适用也就不那么严格。

① 所以有学者将自改革开放30年来这阶段的城市化总结为“经济型城市化”——刘士林. 中国城市化的文化挑战与回应［J］. 天津社会科学，2014（5）：111－112；或者是“增长主义城市发展战略”——张京祥. 增长主义的终结与中国城市规划的转型［J］. 城市规划，2013，33（1）：45－55.

② 关于各级城市政府这种从发展→经济化增长→道义化的全面利益→行为的合法性证明，这样一个简单和混淆的递推逻辑的详细分析，参见施芸卿. 增长与道义：城市开发的双重逻辑——以B市C城区“开发带危改”阶段为例［J］. 社会学研究，2014（6）：49－73.

如此大规模的城市化是中国几千年来未有之事，探索过程中的失误在所难免。不过，需要注意的是，不能够本末倒置，混淆原本目的。在激烈的区域竞争和绩效政治的环境下，城市政府追求的已经不仅仅是“本级政府利益最大化”，更多的是“本届政府经济与政治利益最大化”①，采取的主要方法是以产权化的方式扩张城市。这样做的好处在于一是能够获得短期的“跨越式”经济发展效果，二是看起来符合法治化、权利化的趋势和要求。但实际上这样做的直接结果就是“将城市发展的经济与社会成本、负担不断积淀并转移给未来”②。所以，行为与责任之间严重不均衡不对等。同时，城市政府兼具管理者和市场参与者两种角色，掌握着权力和产权两种资源，视不同情况在这两种角色之间任意切换，从而有意无意地避开了应该承担的社会责任和义务。政府的这些做法很明显不是法律意义上的权利应用，一是因为其既是裁判员又是运动员，与法律的公平精神谬之千里；二是在其产权化实践中，严重缺失义务承担。

3. 形式化法律权利与实质化法律权利的混淆

产权脱离具体的社会情境逐渐被形式化大致可分为两个阶段：第一个阶段滥觞于洛克③，后经布莱克斯通的强化形成产权形式化的第一波④。其特点在于将产权归溯于不可还原和不证自明的自然状态及其理性选择。第二个阶段则由W·N·霍费尔德、H·L·A哈特、J·格雷等人开启。其特点在于将权利从诸多的实质性观点和利益主张中分离出来，从形式化和逻辑化的角度将其归溯于仅仅是一种法律推理结构、社会习惯性规则、或各种权利关系束。虽然这两阶段之间存在着诸多不同，但在一点上是相同的，就是将权利进行“去情境化”处理。

与之相对应，在当前城市政府的产权化安排中，这种去情境化表现在两个方面：一是以绝对化的方式设置产权，把产权从当下具体的经济社会发展阶段、

① 张京祥，吾缚龙，马润潮．体制转型与中国城市空间重构：建立一种空间演化的制度分析框架［J］．城市规划，2006，32（6）：58.

② 张京祥，吾缚龙，马润潮．体制转型与中国城市空间重构：建立一种空间演化的制度分析框架［J］．城市规划，2006，32（6）：58.

③ 对此，洛克有一段经典表述“未经本人同意，最高权力不能掠去任何人的财产的任何部分。因为，既然保护财产是政府的目的，也是人们加入社会的目的，这就必然假定而且要求人民必然享有财产权，否则就必须假定他们因加入社会而丧失了作为他们加入社会的目的。这种十分悖理的事是无论何人也不愿做的”。——〔英〕约翰·洛克．政府论［M］．北京：北京出版社，2007.

④ 在布莱克斯通看来“每一个英国人生来就具有的第三种绝对权利就是财产权……不受其它任何的控制和减损”。——William Blackstone. Commentaries on the Law of England［M］. Charleston：Nabu Press，2010：138.

民生状况中剥离、超越而归溯至高蹈的人权标准，或归溯至以成本效益分析为目的的纯粹经济标准；二是把产权从公众意识、传统文化等因素中剥离，归溯至无道德化的情境中。例如，在城市房地产开发中，城市政府以各种方法归集建设用地，以市场化竞拍方式获得所有权的最大化效益后就退出该过程，除了一些必要的管制之外，放任金融机构、房地产开发商完全以市场化方式进行运作。至于购房者是何种情况、可能会引起哪些社会问题则一概不管。而这从表面上来看完全符合形式化产权要求，因为可以轻松地用尊重所有者产权而不做过多干预为理由来回应所有的疑问①。从进城务工农民的境况也可以发现这一点。蔚为大观的农民进城务工潮自始就是一个自发性活动，随着20世纪80年代末期城市化运动一起产生成长，现已有3亿左右农民自行流入城市并在城市生活的方方面面发挥着巨大作用。但实际上其中很多农民始终没能够真正融入所在的城市。户籍制度限制、知识技能欠缺、缺少资本等因素是其难以融入的原因，但背后真正的原因是法律权利的混淆。处于弱势的进城务工农民需要的是经济扶助、社会福利保障、劳动技能培训等方面具体而微的实质性权利，但实际上除了空荡荡的人权或公民权以外极少有实质性的、具体的法律权利相配套。不仅如此，在身无他物的状态下就要直接参与去道德化、去福利化的主要由土地、资金、高科技技术为形成要素的产权游戏。进城务工农民如何市民化成为城市化发展中的难题因此在所难免。

（三）中国特色马克思主义法律权利体系构建与城市化

1. 为什么要进行中国特色马克思主义法律权利体系构建

行文至此，这个问题其实已经比较清楚了。综上分析，之所以要进行中国特色马克思主义法律权利体系建构，原因在于：从上述对产权化的三种混淆的描述和分析中可以发现其中有一个递进逻辑，即经济权利→政治权力→形式化法律权利→实质化法律权利。问题的根源及其解决之道在于实质性法律权利体

① 正如西方马克思主义法学创始人卡尔·伦纳所说“财产权作为法律制度，不关心主体（人）与客物（物）。从法理上讲，它只管保有而不在乎人的身份和物的类别。法律保护所有权，即对物的处置权利。私法制度只知道让个人稳固地持有物质财富，但不关心财产何用及何人持有。每一个人，即便是小孩甚至胎儿都有资格成为所有权人，且每个物主都有无限的处理权。最后，私法不关心社会人力的宿命，它忽略任何有意识的劳动监管，不承认劳动义务。就目前来看，我们的法律似乎也可能用来监管天堂里的诸神生活，或极乐世界里的生活，不考虑劳碌和汗水。法律的这种形象无疑被他们看作几乎是超人智慧的结晶”。——〔奥〕卡尔·伦纳．私法的制度及其社会功能［M］．王家国，译．北京：法律出版社，2013：86.

系的构建。马克思主义法律权利理论就是一种实质性法律权利学说。

众所周知，马克思主义历史与社会哲学基本原理之一是经济基础决定上层建筑。作为上层建筑之一的法律由经济基础产生并随着生产关系的变化而变化，同时也会反作用于上层建筑。形式化法律权利之所以会产生以上所说的问题，缺陷在于无视这一点，将产权视为脱离具体情境的理性选择和逻辑推理规则，将其视为“是一切法律概念中最简单和最自足的……最初被提出来时，其逻辑性、抽象性与有说服力的简洁性会使之看似一个永恒的法律范畴，连接着过去与未来”①。而实际上产权却具有多重社会功能并由此形成特有的社会结构。比如说世袭财产制在古代社会造就等级社会结构并进一步对之固化，但随着技术发展和生产力提高却成为新社会的桎梏。但这并不证明世袭财产制一开始就是错的②，当然，也不证明固守其是对的。衡量的标准有很多，经济上的效率和效益是其一，而促进人的幸福和实现人的福祉（well-being），也就是马克思主义所说的实现人的全面发展才是最终目的③。但是，形式化产权很容易把人“异化”或造成不合理的社会结构与阶层关系。虽然没有具体论及产权，但是马克思认为其本质是与劳动的对立，并且劳动权利隶属于私有化的产权。在每一种这样的劳动过程中都能找到劳动以及人的异化。解决的办法就是进行私有产

---

① 〔奥〕卡尔·伦纳．私法的制度及其社会功能［M］．王家国，译．北京：法律出版社，2013：78. 卡尔·伦纳还认为“此概念有个胞弟，即个人自由权。每个人，与所有其他服从规范的人相比较，都可以依愿行事。最毫无意义的事是，就像把个人自由权说成睡觉自由、散步自由或划十字架自由一样”。——〔奥〕卡尔·伦纳．私法的制度及其社会功能［M］．王家国，译．北京：法律出版社，2013：78. 这不禁让我们想起劳伦斯·M·弗里德曼在《选择的共和国：法律、权威与文化》一书中例举纽约时报的报道，寒冬时节纽约市政府试图救助街头无家可归的流浪人员，却被告之其享有自由和权利而拒绝救助。如此“奇异的权利主张，”正是资本主义国家法律权利被绝对化和去情境化的表现。——〔美〕劳伦斯·M·弗里德曼．选择的共和国：法律、权威与文化［M］．高鸿均，等译．北京：清华大学出版社，2005：1-7.

② 如阿兰·福斯特·华特斯所说“没有一个国家会从一张白纸开始，没有一种现存的产权形式会天然地令人满意或令人不满意”。同时，产权的变化“是一种从僵化到灵活性和敏感性的运动。变化过程的核心是法律体系的改革。凡是成功的经济，一定存在一个在审理争执时能依合同法敏锐和公正判决的司法机构”。——〔美〕詹姆斯·A·道，史蒂夫·H·汉科，〔英〕阿兰·A·瓦尔特斯．发展经济学的革命［M］．黄祖辉，等译．上海：上海人民出版社，2000：138-139.

③ 对此，W·W·罗斯托总结道“在诸如休谟、马克思、熊彼特、凯恩斯这些观点迥异的经济学家看来，伟大的创新型企业家都不是单纯的最大利益的追逐者”。——〔美〕W·W·罗斯托．从起飞进入持续增长的经济学［M］．贺力平，等译．成都：四川人民出版社，1988：5.

权的社会性转化①。约翰·E·罗默认为资本家的剥削就是财产关系②。虽然由劳动市场调节，并经过生产契约完善，但只要这种形式化财产权存在，不同社会阶层之间势必会产生依附和剥削③。因此，在对资本主义的观察中所争论的核心问题“是生产资料私有制在道德上的合理性”问题④。不过，我们也不能就此得出全面抛弃产权的结论。一是我们可以而且应该抛弃的是形式化的产权，摸索构建适合当下中国社会实际的实质化产权；二是我们可以改造产权中造成社会不公平的部分，保留其促进经济效率的一面⑤。而如果要实现这种双重任务的话，就需要我们在遵循马克思主义基本理论的前提下，结合中国社会具体实际，构建出适用于当前城市化建设的法律权利体系。

2. 怎样进行中国特色马克思主义法律权利体系构建

（1）中国特色城市产权构建

产权还是要有，但一是不能单单局限于经济意义上的产权构建；二是不能再局限于形式化产权构建。因为，就当前中国整体现实来讲，一方面蛋糕做大不能够解决所有问题，但另一方面做小或没有蛋糕也不行，发展还是硬道理。所以，我们需要研究的问题是：城市产权“作为法律上的经济权利”在当前是什么含义及其构成？

如前所述，和制度经济学家所说的产权不同，此处所说的“作为法律上的经济权利”是法律意义上的。如果一种可交换和排他性的权利体系设置能够促进资源产出率和节约要求、又不至于引起明显和不可接受的不公平后果的话，这是法学家们愿意看到的，也是我们接着讨论的基调。在此基础上，城市产权

---

① 〔德〕卡尔·马克思．资本论：第一卷［M］．北京：人民出版社，1975：95.

② John E. Roemer. A General Theory of Exploitation and Class［M］. Harvard University Press, 1982：7－8.

③ 近年来在我国一些外资企业，尤其是劳力密集型加工企业中频频出现的劳资纠纷、暴力冲突等现象也说明了这一点。

④ 〔美〕约翰·E·罗默．在自由中丧失：马克思主义经济哲学导论［M］．段忠桥，刘磊，译．北京：经济科学出版社，2003：4.

⑤ 即使是西方的马克思主义经济学家对产权的分析，我们也不能不加辨别照单全收。因为合理的产权化制度安排在促进经济效率和效益方面有可取之处。而罗默在分析产权与资本主义剥削关系时就明言其“放弃对效率的分析而选择探讨公正问题”。——〔美〕约翰·E·罗默．在自由中丧失：马克思主义经济哲学导论［M］．段忠桥，刘磊，译．北京：经济科学出版社，2003：4. 我们现在则不能这样做。公平在社会主义国家的重要性自不待言，但是在我们处于并将长期处于社会主义初级阶段这样一个发展和转型的时期，效率仍然不可或缺。这就是我们需要探索具有中国特色马克思主义法律权利体系构建的复杂性和特殊性所在。我们需要构建的是兼顾效率和公平的法律权利体系。

可以分为“城市的产权”和“城市中的产权”。

城市的产权指的是整个城市作为一个主体拥有哪些产权，产权关系主体的另一方的是国家和政府。它是一种“后民族国家”或曰“后现代”产权，是在全球化而引起的国家权力流散和权力去中心化语境中得以展现出来的。不过，就其最初起源可以追溯至欧洲中世纪城市起源，展示出一种具有特有利益和独立地位的共同体的出现①。不过，无论是这种前现代的起源还是后现代的现状都不符合我国的历史与现实，不能够作为我们分析当前中国城市化产权构建的分析模式。学界一般所说的城市产权构建就是“城市中的产权”构建。亨利·列斐伏尔及其后继者提出“城市权利”概念时，很大程度上就是从产权意义上讲的。在他们那里，城市权利意味着“进入城市的权利”或“对城市的权利”，从民众一方来看就是不同主体在城市中在场的权利、争取城市使用权的民主和法律权利，从立法者和城市政府一方来看就是在一个城市中如何进行产权制度安排，以此承担社会公平和平等的法律责任②。在中国语境中主要体现为两个方面：一是国家宏观的社会主义性质的产权安排，关注的是城市土地、国有企业产权性质等。原本这些都有明确的法律界定，但是在城市化过程中由于城市扩张、国企产权改革等遇到一些复杂和边缘性的问题使得产权性质暧昧不明。例如一方面强调农民和集体土地权利的确定性和稳定性，另一方面却是空前的“国进民退”，将城市化演变成了农地国有化。二是自改革开放以后私有资本发展较快，加上和各级城市政府在城市开发过程中比较密切的合作参与，事实上已经在很多方面突破了原有关于产权边界和种类的认识，以及事实上的产权独占。如在政府主导下进行的通过土地置换、征收进行的商品房开发，大型商业广场、设施和公共空间、设施混同下的权属，分类分层的城市空间开发造成的

---

① 在欧洲中世纪城市起源问题上无论是“城堡论”“世袭领地论”“市场论”，还是“城堡与市场结合论”都预设了国家与社会的二元对立的前提。

② Henri Lefebvre. Writings on Cities [M]. Blackwell Press, 2000: 147－159；大卫·哈维论述了集体行动，尤其是城市弱势群体在强势资本产权笼罩下如何获取权利。——David Harver: Rebel Cities: From the Right to the City to the Urban Revolution [M]. Verso Press, 2012: 3－25. 丹·米切尔从空间视角分析城市权利的民主化形成、种类等问题。——Don. Mitchell. The Right to the City: Social Justice and the Fight for Public Space [M]. The Guilford Press, 2003.

事实上的公共产权异化等①。

由于宪法和法律对于城市土地、公共设施、农村土地、国有企业资产等已有规定，所以在处理这两种产权安排问题时，首先要保证国有资产的安全，其次，产权要保持大比例的社会属性，并视治理状况加以调整。“当国家供给公共物品能力比较弱时，产权将会承担更多的社会属性，为基层社会提供民生性公共需求；当国家供给公共物品能力比较强时，产权的社会属性会逐渐减弱，经济属性会逐渐增强。”② 最后，在城市规划、城市更新改造中引导资本。既要借鸡下蛋，也不杀鸡取卵、更要利益共享。以多元化法律权利主体的形式，形成一套公平的对于城市化发展的成果分配和共享机制。

（2）社会权——市民权与公民权之外的第三条道路

当前中国的城市化本质应该是“人的城市化”，而现实中其严重地被异化为“物的城市化”。著名的区域经济和城市规划权威陈栋生先生曾感慨“中国城市化的主要问题是化地不化人”③。城市对于进城务工农民“经济上吸纳，社会上排斥”，“身体上接收，身份上拒绝”。如何化解进城务工农民的这种尴尬状态是进行城市化必须解决的大问题。对此，一些学者提出给予进城务工农民“市民权”的主张。看起来这似乎回到了市民权的本义。“市民权”从词义上看就是“作为城市居民的权利”。“最初‘商人’与‘市民’两个名词就是同义语。不过当它发展成为一个社会阶级时，市民阶级就变成了一个具有高度特性的合法的阶级。”④ 与此相比，中国社会严重缺乏这种城市市民社会传统。重农抑商一直是历代皇权的主张，统治者想要打造的是一个静止的农业社会。即使有城市，也是围绕政治和军事目的而建。直到20世纪90年代初期，城市才逐渐摆脱行政力量严密的管制，从“单位社会”转向“城市社会”。但即使到现在也不能

① 上海太平桥地区的改造即为一例。香港瑞安集团在开发改造太平桥地区时的定位是“上海必须创造优良的生活环境，以吸收、培养、留住国内外最优秀的人才。一个国际金融及商业中心，亦应该在市中心建立各种活动场所让本地及外籍专业人士有个集会场所。不但提供时尚餐馆、咖啡室及酒吧，亦开设画廊及创作室”。——徐明前．上海太平桥地区改造理念及运作机制探讨［J］．城市规划，2002（7）．经过改造后，原来脏乱差的石库门里弄变成了环境优美的集休闲娱乐于一体的高档生活区。但事实上，由于其消费水平和服务内容属于高端，中下收入阶层很少光顾。

② 邓大才．中国农村产权变迁与经验——来自国家治理视角下的启示［J］．中国社会科学，2017（1）：4.

③ 文贯中．吾民无地：城市化、土地制度与户籍制度的内在逻辑［M］．北京：东方出版社，2014：23.

④〔比〕亨利·皮朗．中世纪欧洲经济社会史［M］．乐文，译．上海：上海人民出版社，2001：47.

说已经实现了“工商社会”。而且无论是外部环境还是内在的创新意识以及社会责任担当意识，既有的城市工商阶层还引领不了城市发展，也不足以承担起城市社会的主体责任。既有的城市工商阶层已经如此，赋予从乡村刚到城市，在很多方面还处于空白和待学习状态下的进城务工农民市民权又有多大意义呢?此外，提出市民权概念另外一个弊端在于为各级政府通过身份市场进行权利资格赎买提供了便利。① 还有，从欧洲市民社会起源来看，市民权天然地含有与国家权力对抗、国家和社会二元化的意涵。后来西方社会科学中主流的“国家与市民社会”分析范式就体现出这一点。这也不符合当前城市化发展的现实。社会主义国家的目标及其优势就在于国家与社会的高度契合，城市政府在城市化发展进程中还需要发挥引领作用，只不过需要转变方式方法，以规范的法治化手段来进行。

还有学者提出“公民权”主张，以避免市民权“阶层定位”和“策略性选择”的弊端②。有学者试图说明从长时段来看城市化与公民权之间有着正相关关系，但是在中国，商业和资本的发展并不必然会将农民转变成市民，想要对城市享有权利的话，需要在城市中争取公民权③。有学者认为需要赋予农民广泛的政治参与和参政权，以化解社会冲突④。在我们看来，公民权的适用固然有着积极的意义，但要具体情况具体分析。公民权是一个法律概念，同时，它又是一个重要的政治概念，着眼于阶层分析及其整合，研究将具有不同利益多阶层群体凝结在一起的最小公分母是什么、怎样演化的⑤。当公民权取得了宪法地位后，便以自然法的姿态掩盖了其由来。但我们只要不想把公民权视为一句口号的话，我们最好从阶层分析开始。所以说，公民权不仅不能避免市民权的阶层定位弊端，正好相反。公民权是市民权的上位概念，具有原则性和抽象性，一般都是以宪法性权利方式存在，我国即是如此。当下位的市民权被证明不敷适用时，选择退回上位的公民权概念，在法理上没问题，但是在实践中却

① 陈映芳．权利功利主义逻辑下的身份制度之弊［J］．人民论坛：学术前沿，2014（42）：62－72.

② 马长山．农业转移人口公民化与城市治理秩序重建［J］．法学研究，2015（1）：4－19.

③ 〔美〕苏黛瑞．在中国城市中争取公民权［M］．王春光，单丽卿，译．杭州：浙江人民出版社，2009.

④ 周作翰，张英洪．中国农民的政治参与和参政权［J］．政治研究，2007（2）：36－44.

⑤ 现代公民理论研究的肇始者英国著名社会学家T·H·马歇尔的经典著作即名为《公民身份与社会阶级》。在马歇尔那里，公民权（公民身份）是由历史权利、社会权利、政治权利所组成的复合范畴。

解决不了问题。而且，无论是逻辑上还是法律上都并不是只有退回上位的宪法性权利概念这一条路，可以选择其他的法律权利。我们认为，针对目前的状况，提出“社会权”比较合适。

之所以如此，首先，社会权的提出准确把握住当前社会转型的新动向，同时也避免了市民权和公民权的弊端。如前所述，市民权的弊端在于两个方面，一是南橘北枳式的适用；二是不自觉的阶层定位。如果我们仔细分析为何市民权在我国会产生这样两个弊端的话，会发现问题还是出在第一个方面，即拿西方私权化、个体化的社会模式来解释中国社会。这样做的结果甚至会得出中国有国家无社会的结论。公民权的提出也是如此，其着眼于通过政治化的、公民身份方式进行社会利益分享，社会性维度不够凸显。我们现在必须将社会性维度凸显出来。中国肯定有社会，根据马克思主义原理，社会是随着社会经济文化的改变而改变的。中华人民共和国成立初期至改革开放前，确实存在着强国家弱社会现象，但发展到城市化阶段时，通过城市中的空间重组和多维度社会关系网络的链接，一个庞大的、本体意义上（自为自在的）的城市社会已经形成。但这不是私权化的市民社会，而是共存、共建、共享的社会主义的城市社会。我们提出的社会权的目的就是以这种社会为依据，以规范性力量实现我们的共存、共建、共享的城市社会。

其次，社会权的提出直指当下城市化问题的根本。当前我国进行大规模城市化的根本目的在于解决改革发展过程中出现的财富与贫困同步积聚问题。在洪朝辉看来，“经济贫困其实是社会权利‘贫困’（‘poverty’ of social rights）的折射和表现，经济贫困的深层原因不仅仅是各种经济要素不足，更重要的是社会权利的‘贫困’”①。进一步地说，“社会权利的贫困已成为中国农民工所有贫困现象的重要根源”②。所以，社会权的构建势在必行。从农民工的角度来讲，具体应该从迁徙权、居住权、工作、子女教育四个方面进行③。从城市居民（主要指的是城市中低收入、贫困群体）角度来讲，具体应该从申请以及获得“低保”、保障性住房、失业和医疗保险、养老保险、城市公共设施使用的权利进行。

① Zhao Hui Hong. The Poverty of Social Rights and Dilemmas of Urban Poverty in China [J]. Journal of Contemporary China, 2005, 14 (45): 721 - 39.

② 〔美〕洪朝辉. 论中国农民工的社会权利“贫困” [J]. 江苏社会科学，2003 (2): 116 - 122.

③ 〔美〕洪朝辉. 论中国农民工的社会权利“贫困” [J]. 江苏社会科学，2003 (2): 116 - 122.

(3) 发展权——针对“城市中国的无产化”

既然谈到社会权，那么就不能够遗忘它的同胞兄弟——发展权。所谓发展权，顾名思义，就是随着一个主权国家经济社会发展，该国公民享有这种发展所带来的福祉的权利。这是一种应然的理论上的理解，实际上哪些人能够享有什么样的福祉则要受一系列条件的限制。如果处理不当，则会产生大量的社会不公平。在当前中国城市生活中这种现象已经出现很多。一方面社会财富大量增加，另一方面还有很多人处于基本生活水准以下。发展不均衡问题始终没能得到较好解决，突出表现在城市社会中新的阶层结构正在形成，以及随之而来的分化、隔离、越来越多群体的贫困化。之所以会出现以上所说的现象，在于国内和国际社会的形成和运行已经为新的要素所支配。改革开放前，形成和支持中国城市生活的要素是户口、单位、权威。改革开放后尤其是大规模城市化之后，其要素则变为市场、资本、科技、国际化。新要素形成新的利益增长点并由此型塑新阶层，不同的经济和社会地位又会进一步增强财富分化效应。当公平和共享不再可能以指令性计划进行整齐划一的调配时，就需要认真对待发展权问题。对此，我们从两个方面进行：一是国内的发展权讨论；二是国际的发展权讨论。

从理论上讲，只要是一个主权国家的公民，就有权利享有该国经济社会文化发展所带来的福祉，但由于实际上的差异，一些公民群体并没有享受到或较少享受。在当前中国城市社会中，这些群体主要是进城务工农民和城市居民中的弱势群体。在21世纪初期，第一、第二代进城务工农民在城市打工时，主要是想在农业收入以外获得一些额外的收入。而第三代则与他们的父兄不同，他们希望真正融入所在城市，获得城里人所能获得的东西。这反映出“农民工的利益诉求正从‘底线型’利益向‘增长型’利益转变”。但是，“‘底线型’利益受法规保护并有清晰的利益标准，‘增长型’利益没有正式的法规保护和清晰的利益标准”①。因此，当感到其利益受到损害时，往往诉诸集体行动来进行抗争。由于没有明确的规范可援引，再加上维稳的要求，地方政府一般都是安抚和协调。一般来说，这些问题的处理并不理想。政府原本是想居中协调，但最后却成为矛盾的一方，劳资之间的经济纠纷转变成劳动者和政府之间的冲突与矛盾。这已经成为城市化发展绕不过去的坎。所以，城市政府需要以别的方式来应对，必须在国家、资本、劳动者之间划定清晰的利益标准，然后以正式法

① 蔡禾. 从“底线型”利益到“增长型”利益——农民工利益诉求的转变与劳资秩序[J]. 开放时代，2010 (9)：37 -42.

律法规加以调整和保护。在这个过程中，一定要明确资本的社会责任并严格监督。同时，城市政府要积极承担应有的责任，随着地方财政收入的增加（尤其是当前地方财政收入主要来自城市土地收益、吸引外资和私有资本投资的情况下），必须加大在劳动报酬、社会保险和福利、养老、进城务工农民和城市低收入者住房和子女教育等方面的支出，从而让人们真正享受到国家和社会发展所带来的红利。

中国很多城市政府在进行城市化时都有着全球化的目标，事实上很多的城市也越来越具有国际化因素，北京、上海等一线城市已经成为国际化大都市。在这种全球化及城市治理语境中，重要的问题有两个：一是“谁或什么对变革负责”；二是“在世界经济或世界社会中，谁或什么行使权力——改变结果及改变他人的权力”①。很显然，“经济全球化的进程正在将权力从负责提供公共物品的政府的手中转移到少数公司和金融机构的手中”②。跨国公司、国际金融资本、先端科技拥有者已经进入这些城市成为城市化发展的主导性力量，已经改变并正在继续改变千千万万个人的命运。一方面“权威已经从弱国向强国转移……已经从侧翼由国家向市场进而向从市场份额中得到权力的非国家权威转移③”。跨国公司和国际金融机构在很多国家和地区进行着事实上的统治；另一方面，在海外获取巨额利润后，应该参与所在地经济发展并负担相应社会责任的这些公司和机构并没有这样做④。所以，一方面为了经济乃至政治主权安全，另一方面为了保护国内劳动者共享经济发展利益，都需要所在城市政府对这些公司机构进行合理合法的规制。此时，适用发展权无论是从法理的角度还是从法律教义的角度都是首选。

四、结语

当城市化已经成为当前经济与社会发展的战略性决策时，既要有蓬勃的激情撸起袖子加油干，又要保持清醒的头脑清楚地意识到，和西方城市化不同的是，当前中国的城市化是在将“古今中外”因素都压缩在一起的复杂状况下进

① 〔英〕苏珊·斯特兰奇．权力流散——世界经济中的国家和非国家权威［M］．肖宏宇，耿协峰，译．北京：北京大学出版社，2005：162.

② 〔美〕戴维·C·科顿．当公司统治世界［M］．王道勇，译．广州：广东人民出版社，2006：14.

③ 〔英〕苏珊·斯特兰奇．权力流散——世界经济中的国家和非国家权威［M］．肖宏宇，耿协峰，译．北京：北京大学出版社，2005：166.

④ 在富士康、麦当劳、毕马威会计事务所等一些公司企业在华的表现中都可以看到这一点。

行的。搞得好则可能实现弯道超车，搞得不好则会使发展不均衡和不充分问题更加严重。这就需要实现城市化快速发展和社会公平正义之间的协调。而关键就在于城市政府转变既有的城市化推进方法，走一条既具有中国特色，又坚持马克思主义基本原理的法律权利构建道路。

马克思主义价值论与法律方法的适用

张宇飞

（河南财经政法大学，河南 郑州，450046）

法治诚然是一种规则之治，然而在现实中遇到各种法律问题时，如何才能正确地适用规则予以解决，这就需要一套技术方法——法律方法。尽管法律职业活动范围的广泛性使得法律方法的种类复杂、多样，但是由于司法活动处于法治的中心环节，因此“法律方法基本上被定位为法官站在维护法治的立场上具体应用法律处理案件的方法”①。以司法为定向的法律方法主要包括法律发现、法律解释、漏洞补充、法律推理、法律论证等方法，这些方法对于保障法律的正确实施、维护法治具有重要意义。可是近年来随着对法律方法问题研究的深入，特别是出于对纳粹司法所采用的反形式主义的法律方法论的反思②，一些学者认为法律方法与法治会形成紧张的关系，尤其是无视法律的基本价值的法律方法甚至会对法治造成反动。那么，法律方法对于法治究竟是一种维护，还是动摇？二者的关系到底如何？而法律的价值在二者的关系中又起到何种作用？这些问题无论是在法治主题的研究中，还是在法律方法论的研究中都是我们必须要予以面对和解答的。

一、法律方法与法治关系的两重性

（一）法律方法对法治的积极意义与消极意义

法治的构成要素之一就是独立的法律方法。根据昂格尔的解释，法律自治

① 魏胜强．拯救法治——法律方法对法治的意义初探［J］．西南政法大学学报，2009，11（2）：9－16.

② 陈林林．法律方法与法治：以对纳粹司法的反思为中心［J］．法学家，2010（5）：163.

是法治的基本特征，而法律的自治性又进一步表现在实体内容、机构、方法和职业等四个方面①。法律方法对于法治具有的意义主要是“在成文法律与事实之间架构起一座桥梁，使共性的法律与个性案件建立起逻辑联系，使纠纷在法律范围内得到解决”②。正是由于法律方法在法律与事实间的这种媒介作用，使得人们对于法律的理解不至于偏离法律本来的精神，保证了法律的安定性，进而维护了法治。此外，近现代人类社会法治发展的实践向我们展现了独立的、发达的法律职业对于促成和维护法治所起的中坚作用，而法律职业共同体赖以存在和维系的一项核心技能就是法律方法。

法律方法对法治的积极意义主要表现在如下几个方面：第一，法律方法能保证法律人较为准确地理解法律、解释法律和事实的法律意义，从而在成文法律与事实之间架构起一座桥梁，使共性的法律与个性案间建立起逻辑联系，使纠纷在法律范围内得到解决。第二，法律方法能排除人们对法律的任意理解，它为防止专断与任意设置了“思维方式”的樊篱。法治从其根本上来说，主要是防止专断与任意。为达到此项目的，立法者设计了规则、程序和理念，一般来说，法律必须通过法律方法才能转化为针对个案的法律理由或判决理由。第三，法律方法提升了法律人处理纠纷的能力，从而增大了法律的自生能力和适应复杂社会的功能③。

虽然法律方法对于法治具有上述积极意义，但这只是从宏观角度进行的一般意义分析。实际上法律方法并不是一个抽象的概念，它是一个由多种具有现实意义的、具体的技术方法所组成的体系。如果以具体的法律方法为单元从微观的角度去分析，一方面是以法律的文义解释、形式推理、法律发现等为代表的法律方法，由于充分维护了法律的安定性而对法治具有积极意义；另一方面则是以法律的社会学解释、辩证推理、价值衡量等为代表的法律方法，由于满足法律合理性的需要而对法律的安定性形成破坏，进而对法治产生解构作用。

以法律解释方法为例，在各种具体的法律方法中，法律解释无疑是率先被使用的方法。由于法律只就一般性的问题进行规定，概括性和抽象性是其特点，因此当面对纷繁复杂的案件事实时，就需要对法律进行解释以使抽象转为具体，概括变为特定。而由人类语言的有限性和模糊性所导致的法律概念的“月晕”④

---

① 〔美〕昂格尔．现代社会中的法律［M］．吴玉章，周汉华，译．南京：译林出版社，2001：50－51.

② 陈金钊．关于“法律方法与法治”的对话［J］．法学，2003（5）：9－22.

③ 陈金钊．关于“法律方法与法治”的对话［J］．法学，2003（5）：9－22.

④ 〔德〕魏德士．法理学［M］．丁晓春，吴越，译．北京：法律出版社，2005：79.

问题，更是需要法律解释予以解决。只要法律以成文的形式存在，对法律进行解释就不可避免。法律解释方法实际上也是一个体系，具体又包括文义解释、体系解释、法意解释、扩张解释、限缩解释、当然解释、目的解释、合宪性解释以及社会学解释等方法①。在面对具体案件时，通常优先采用文义解释方法。由于对法律进行文义解释，一般只要按照法律条文通常所具有的字面含义进行解释即可，并不用考虑解释所产生的结果是否公正合理，因此这种解释方法充分体现了对法律的安定性以及法治的维护。当然，文义解释有时会带来多种解释意见，此时，可以进一步采取体系解释方法。体系解释的基础是对法律制度的统一性与融贯性的关注，这使得采用此种方法仍未悖离法律的安定性要求。如果在体系解释的基础上，仍然不能获得满意的结果，那么还可以考虑采用历史解释、目的解释、合宪性解释等方法。而无论是借助立法的历史资料来寻求法律真实含义的历史解释，还是以法律规范目的为根据的目的解释，以及依照宪法所进行的合宪性解释，这些方法依然是以法律文本作为解释中心，未脱离对法律文本本身的关注，由此所获得的解释结果均未突破既有的法律秩序而影响法律的安定性。

然而，社会是不断地发展变化的，旧有法律之目的与社会目的时常不一致，不能切合社会发展的需要，此时，为了贯彻法律的公平正义，确保实质妥当性，还需要采用社会学解释方法。② 尽管社会学解释应以文义解释为基础，且受到法律规范文义范围的限制，但是，社会学解释需要对解释可能带来的社会效果进行预测并依此进行解释，这就使其关注的焦点势必会投射到法律文本之外的社会因素。而在对这些社会因素进行考量后，法律既有目的之外的其他社会目的则将被引入到裁判中。在这一过程中，实质性的社会价值不可避免地被引入到现行的法律价值体系中，亦或可以解释为，作为法律适用者的法官的价值判断此时已经超越了立法者的价值判断。这种“法外求法”的社会学解释路径对于法律的安定性必然会造成冲击，在法律解释方法与法治总体和谐关系的基础上增添紧张。

因此，法律解释方法对于法治，既有维护的一面，又有解构的一面，兼具积极意义与消极意义。与法律解释方法对于法治的这种双重作用相类似的，还

① 梁慧星．民法解释学［M］．北京：中国政法大学出版社，1995：214－246.
② 梁慧星．民法解释学［M］．北京：中国政法大学出版社，1995：230.

有法律漏洞的填补①、法律推理、法律论证等方法。

（二）法律方法对法治的彻底反动——纳粹司法

以拉德布鲁赫为代表的德国法律界在“二战”后认为，法律实证主义是纳粹极权统治的司法帮凶。因为实证主义所持的分离命题，主张法律与道德相分离、法律的有效性独立于自身的道德内容。这使得德国法律阶层和普通民众在“法律就是法律”的思维下丧失了对纳粹暴政的抵抗。拉德布鲁赫命题让法律实证主义成了纳粹恶法体系及其司法的替罪羊②。

但是，在围绕纳粹法学是否为法实证主义这一点上，纳粹主义并没有主张实在法一元论，相反，纳粹法学主张种族自然法思想。围绕法与道德的关系，纳粹法哲学力图使市民伦理与纳粹法律相互同化，使法律和伦理在民族共同体（具体的秩序）中循环运行，强调法与道德之间的融合关系。质言之，纳粹法学不属于法实证主义③。

事实上，由于纳粹对德国的统治时间短暂，纳粹立法的数量较为有限。一方面，纳粹政权通过立法方式，将诸如民族理论、种族理念等纳粹的世界观写入制定法中；另一方面，纳粹政权则通过司法进路，运用“‘具体的秩序思考’、公共福祉、最高领袖（指导者）的意思、健全的民族感情等有利于纳粹价值观

---

① 由于任何法律都会存在漏洞，所以对于法律漏洞的填补亦成为法律适用过程中的一种重要方法。关于法律漏洞，通常可以分为法律体系内的法律漏洞和法律体系外的法律漏洞两种基本类型。前者是由于立法技术的缺陷等原因造成的漏洞，具体又包括开放的漏洞和隐藏的漏洞两种类型。对于开放的漏洞，主要采用类推适用的方法进行填补；对于隐藏的漏洞，则适用目的性限缩的方式进行填补。而无论是类推适用，还是目的性限缩，均是依照立法者的意图进行适用的方法，所获得的结果并未超出立法者的本意。尽管类推适用与目的性限缩将法官的裁判导向了实质性的价值判断，可是这种价值判断仍然是依据立法者确立的价值进行的，只是立法者的价值判断的延伸。因此，对于法律体系内漏洞的填补并不会影响法律的安定性而危及法治。但是，对于法律体系外的漏洞，其是一种在制定法律时未被立法者所考虑到的情形。由于此种漏洞已经超出了立法者的意图范围，因此对其进行填补，无论是适用法理、法律原则，还是依照习惯，亦或采用比较法的方法，实际上都是在立法者原有的价值判断之外产生新的价值判断。这样的填补方式游走于立法与司法的边缘，对既有的法律及秩序构成了冲击，对法治而言不啻是一种威胁。

② 陈林林．法律方法与法治：以对纳粹司法的反思为中心［J］．法学家，2010（5）：163.

③ 顾祝轩．制造“拉伦茨神话”——德国法学方法论史［M］．北京：法律出版社，2011：62－63.

的理论学说"①，通过法官对法律进行转义解释的方式将纳粹的价值观注入既有的法律之中。而这一过程中，在公法领域具有代表性的是卡尔·施密特主张的"具体秩序的思考"，在私法领域具有代表性的则是拉伦茨的所谓的"具体的概念"。纳粹政权的法官们运用"具体的秩序""具体的概念"解释法律，补充法律漏洞。"'具体秩序'思维和'具体的一般性概念'的要点和共同点，在于打破传统法治国的形式主义司法准则，强调依据现实'能动地'产出规范、改变规范，进而将纳粹意识形态和价值观提升为一种新的法律渊源和裁判规范。"②

由此可见，纳粹时期法律蜕变为纳粹意识形态的工具和帮凶的一个重要路径，就是法律方法的运用，通过法官对法律无限制地进行解释。魏玛宪法虽然未被废止，但实质上已经成为一纸空文。作为法治根基的"司法独立、正当程序、罪刑法定、保护个体权利等司法原则，被当作十九世纪'形式主义时代'，'自由主义时代'的过时货而被扫地出门"③。

通过对纳粹司法的分析，我们看到法律方法对法治的彻底解构，彻底反动。法治的确立和维护离不开法律方法的适用，法治不仅需要安定性，同时也要具备合理性。但是，囿于法律的形式价值的法律方法，会失却法治的合理性；而突破法律的形式价值的法律方法，又会对法治的安定性构成威胁，甚至如纳粹司法般将错误的价值观导入到既有法律中。因此，要解决法律方法与法治之间的紧张关系，就需要有一套正确的价值理论对法律方法的适用进行指导。

二、法律方法与法治紧张关系的弥合——马克思主义价值论对法律方法适用的指导

（一）马克思主义价值论的价值分类原理与法律方法的适用

价值作为"一种通过人类的实践活动而将主体与客体进行联系的对象性关系现象"④，其包括价值主体、价值客体和价值内容三个构成要素，而对价值类型的划分可以分别从价值客体和价值主体两个角度进行。从价值主体角度出发，依据所满足的需要在主体生存发展中的整体性质和地位，人们常将价值区分为

---

① 顾祝轩．制造"拉伦茨神话"——德国法学方法论史［M］．北京：法律出版社，2011：68.

② 陈林林．法律方法与法治：以对纳粹司法的反思为中心［J］．法学家，2010（5）：160.

③ 陈林林．法律方法与法治：以对纳粹司法的反思为中心［J］．法学家，2010（5）：160.

④ 李德顺．价值论［M］．北京：中国人民大学出版社，2007：120.

“目的价值”和“手段（工具）价值”。目的是指对一定需要的满足本身，手段则是达到目的所需要的条件和过程。目的和手段是两种最普遍的价值。一切具体的对象或客体，都可以按它们对于主体的价值划分为这两类：或者是目的，或者是手段（工具）①。价值的这种分类反映到法律体系内部，就是法律的目的价值和手段价值。由于从“法律的内部构成”视角出发，法律的目的价值往往反映的是人们对法律在实质方面的需要与要求，而法律的手段价值则反映的是人们对法律在形式方面的需要与要求，因此，法律的目的价值和手段价值亦可表述为法律的实质价值与法律的形式价值。关于法律的形式价值，包括诸如法律面前人人平等、法律不溯及既往、法律不自相矛盾等价值内容。富勒在《法律的道德性》一书中提出的“法律的内在道德”的八项原则②，实际上就属于法律的形式价值范畴。而法律的实质价值，作为人的法律需要的满足本身，其涉及的内容较之法律的形式价值则更为广泛，因此，对于法律的实质价值的内容也就不容易予以把握。虽然如此，无论是一部法律，还是整个法律体系乃至法治，根据价值论的价值分类原理，其均应兼具形式价值和实质价值。法律、法治的这一特性决定了具体应用法律处理案件的法律方法也必须同时兼顾法律的形式价值和实质价值。

通过对德国法律方法论的历史考察，我们看到在法律方法的运用过程中，存在两种极端的思潮。一种是以“概念法学”为代表的法律方法论原则，在对法律的适用和解释中，完全囿于法律的形式价值，而无视法律的实质价值，结果是“法律思维变成了一种纯粹的逻辑活动，各种利益和价值判断不再出现”③。这种情形下法治的安定性看似得到了暂时的维护，但却牺牲了法治的合理性，最终丧失了合理性的法治连带着失却了安定性，法治被解构。另一种是以上文所提的纳粹司法为代表法律方法论原则，完全无视法律的形式价值，抛弃了规范主义的法律观，对既有法律采取无限制的解释，最终颠覆了法治的原则。因此，有鉴于德国法律方法论的历史考察，同时也是以马克思主义价值论的价值分类原理为依据，法律方法的适用必须要同时兼顾法律的形式价值和实质价值，既不能完全囿于法律的形式价值，又不能完全无视法律的形式价值，唯有如此法治才能得以确立和存续。

---

① 李德顺．价值论［M］．北京：中国人民大学出版社，2007：125.

② 〔美〕富勒．法律的道德性［M］．郑戈，译．北京：商务印书馆，2005：55－107.

③ 〔德〕科殷．法哲学［M］．林荣远，译．北京：华夏出版社，2002：203.

（二）马克思主义价值论的价值选择原理与法律方法的适用

法律方法的适用必须要同时兼顾法律的形式价值和实质价值，二者不可偏废。但问题是在法律的形式价值和实质价值二者之间，我们如何进行平衡，亦或是我们何时优先考虑法律的形式价值，又何时优先考虑法律的实质价值？马克思主义价值论的价值选择原理为我们解决这一问题提供了答案。

人们进行价值选择的前提是首先进行价值判断，而价值判断是人们对事物能否满足主体需要以及满足程度所做出的判断。价值判断过程中，一方面要以事实判断为基础，对事物的客观情况及其自身性质进行考察；另一方面还要考虑到价值主体自身的需要。最后，则是对事物的性质、状况与价值主体的需要关系进行判断。因此，价值判断以及以价值判断为基础的价值选择，既具有客观性又具有主观性。

在进行价值判断和价值选择的过程中，为了避免错误的出现，价值判断和价值选择需要遵循一定的原则。一是合规律性和合目的性相统一的原则。价值选择既要符合客观规律，又要符合主体需要。二是社会选择与个人选择相统一的原则。要按照个人需要和社会需要相统一的原则进行选择。三是重点选择与全面选择相统一的原则。价值选择应当是有重点的，同时又是全面的。要把重点和非重点、急需和兼顾结合起来。要抓住主要矛盾，解决重点问题，追求根本价值，满足基本需要；同时，又要关注非主要矛盾，解决其他问题，满足其他需要。四是择优与代价相统一的原则。任何价值选择都要付出代价和成本，任何价值选择都要择优。要确立成本和效益观念，成本要力求低，效益要力求高①。

根据马克思主义价值论的价值选择原理，我们在适用法律方法时，首先要考虑法律和法律体系的本质特征，在此基础上根据具体的情形对法律价值主体的需要，包括一般需要和特殊需要进行综合考虑，使成本和效益符合一定的比例，最后做出价值选择。具体而言，就是在采用法律解释、法律推理、漏洞补充、法律论证等法律方法时，一般情形下优先考虑法律的确定性、普遍性和法治的安定性等法律的形式价值。只有在特殊情形下，即不突破法律的确定性、普遍性、安定性等形式价值，将会导致法律的适用产生极为不合理的结果，或者无法律规则可适用，如不突破法律的安定性等价值，将会导致更为严重的法律的安定性问题，方可根据主体的需要优先考虑法律的实质价值，进行实质性

① 杨信礼．马克思主义价值论与当代中国价值观的建构［J］．山东社会科学，2008（2）：9－10.

的价值判断。

（三）马克思主义价值论的价值本质原理与法律方法的适用

我们在适用法律方法时，如果优先考虑法律的实质价值或者进行实质性的价值判断，应当如何进行呢？或者说选择法律的实质价值、进行实质性的价值判断的路径为何呢？马克思主义价值论的价值本质原理为我们提供了答案。

马克思主义价值论认为，"'价值'是对主客体相互关系的一种主体性描述，它代表着客体主体化过程的性质和程度，即客体的存在、属性和合乎规律的变化与主体尺度相一致、相符合或相接近的性质和程度"①。

在主体对客体施加作用，使客体呈现出主体化的过程中，首先从主体的结构和规定性出发，按照"为我"的方式构建主客体关系。而主体对客体的作用，处处都与满足主体的需要有关。需要是主体发起对客体作用的内在动因，产生于主体自身的结构规定性和主体同周围世界的不可分割的联系。但主体的需要还不能够直接作用于客体，对其尚需进行具体化和现实化，使之以主体的目的的形式呈现出来，在客体主体化的过程中起到定向作用。目的在主客体之间之所以能起到如此作用，这是因为目的不等于全部需要，它往往是主体在一定主客体关系中某些需要的特殊表现，能更集中、更现实地体现主体需要与客体特性之间的具体联系。客体主体化的最后一步则是以主体尺度来衡量的主客体相互作用结果，能够满足主体需要和符合主体目的的东西也即效益②。

由此可见，价值的产生也即客体主体化的过程可以归结为：主体的结构和规定性（为我）→需要→目的→效益。这一过程实际上也说明了在"价值"之中，包含了主体为我的要求、主体的需要、主体的目的和对于主体的效益等四项内容。上述对于价值内容的分解间接地说明了一个问题，即价值是可以衡量的，我们可以运用这些价值内容去进行具体的衡量。而在作为价值主要内容的主体的需要之中，最重要的一个方面就是"主体对物质生活内容和手段的需要，通常表现为生存需要、物质利益、经济利益，简称之为'利益'"③。

"利益衡量"作为一种法律方法，起源于20世纪初的德国利益法学派，其早已为法学界所熟知。利益衡量法律方法的运用，能够有效地在法律的形式价值和实质价值之间达成一种平衡。但是，马克思主义价值论则从哲学的角度对利益衡量存在的可能性、合理性进行了说明，其可以视为利益衡量法律方法的

① 李德顺．价值论［M］．北京：中国人民大学出版社，2007：79.

② 李德顺．价值论［M］．北京：中国人民大学出版社，2007：61－66.

③ 李德顺．价值论［M］．北京：中国人民大学出版社，2007：63.

哲学源头。当然，更为重要的是，由于马克思主义价值论关于价值本质的说明，使得我们明晰了利益的性质，利益实际上是一项价值内容，归属于价值范畴，因此，利益衡量本质上是一种价值衡量。正是从马克思主义价值论出发，站在价值的角度上，将利益衡量方法升华为价值衡量方法，我们才能够克服利益衡量方法所固有的缺陷和不足。

三、法律方法对法治坚守的要旨——马克思主义正义观

（一）马克思主义正义观的基本特征

纵观人类社会历史的发展，正义始终是人们不断追寻的价值目标，然而正义究竟为何，至今也没有一个统一的定义。“正义有着一张普罗透斯似的脸，变幻无常，可随时呈现不同形状并具有极不相同的面貌。当我们仔细查看这张脸并试图解开隐藏其表面背后的秘密时，我们往往会深感迷惑。”① 虽然没有马克思专门就正义问题进行阐述的文献资料，但这不意味着马克思主义没有自己的正义观。马克思主义正义观和马克思主义价值论一样，都是以马克思、恩格斯的理论作为奠基，以马克思主义哲学为框架，采用马克思主义的世界观和方法论，通过社会主义的历史实践和理论总结形成的以人为本，实现人类解放的科学理论。与马克思主义的世界观和方法论一脉相承，马克思主义正义观具有以下基本特征：

1. 正义的社会历史性。正义是一个社会历史范畴，正如马克思所言，“适应自己的物质生产水平而生产出社会关系的人，也生产出各种观念、范畴，即恰恰是这些社会关系的抽象的、观念的表现。所以，范畴也和它们所表现的关系一样不是永恒的。它们是历史性的和暂时的产物”②。从唯物史观来看，一个社会的正义观总是由当时的社会物质生活条件决定的，不存在“永恒的”“终极的”正义。不同的历史时期、不同的社会经济形态、不同的人群，其所秉持的正义观是不同的。正义是历史的、相对的。“平等的观念，无论以资产阶级的形式出现，还是以无产阶级的形式出现，本身都是一种历史的产物，这一观念的形成，需要一定的历史条件，而这种历史条件本身又以长此以往的历史为前提。

---

① 〔美〕博登海默．法理学：法律哲学与法律方法［M］．邓正来，译．北京：中国政法大学出版社，2004：261.

② 〔德〕马克思，恩格斯．马克思恩格斯选集：第4卷［M］．北京：人民出版社，1995：539.

所以，这样的平等观念说它是什么都行，就不能说是永恒的真理。"① 恩格斯进一步解释道："希腊人和罗马人的公平认为奴隶制度是公平的；1789 年的资产者的公平要求废除奴隶制度，因为据说它不公平。在普鲁士的容克看来，甚至可怜的行政区域条例也是对永恒公平的破坏。所以，关于永恒公平的观念不仅因时因地而变，甚至也因人而异，这种东西正如米尔伯格正确说过的那样，'一个人有一个人的理解'。"②

2. 正义的个体性与社会性的统一。"全部人类历史的第一个前提无疑是有生命的个人的存在。"③ 马克思主义的正义观是以个人作为出发点的，在《共产党宣言》中，马克思、恩格斯庄严宣告："代替那存在着阶级和阶级对立的资产阶级旧社会的，将是这样一个联合体，在那里，每个人的自由发展是一切人的自由发展的条件。"④ 这里明确地表达了"每个人的自由发展"即个体性对"一切人的自由发展"即社会性的价值优先性。虽然马克思主义将个人作为思考正义的出发点，但这不意味着马克思主义正义观是一种以个人主义为基础的价值观。马克思认为个人是有着社会规定性的具体的个人，其和社会是相互依存、互为条件的。没有个人，社会就不会存在；而没有社会，个人也不可能得到生存和发展。"只有在共同体中，个人才能获得全面发展其才能的手段，也就是说，只有在共同体中才可能有个人自由。"⑤ "人的本质不是单个人所固有的抽象物，在其现实性上，它是一切社会关系的总和。"⑥ 因此，马克思主义正义观是整体的，是个体性与社会性的统一。

3. 形式正义与实质正义的统一。任何对正义问题的讨论，都绕不过正义的实质性与形式性问题。自然法学派通常坚持实质正义，主张国家法律必须符合自然法的要求，即符合人类的普遍理性和共同的价值追求；而实证主义则坚持

---

① 〔德〕马克思，恩格斯．马克思、恩格斯选集：第 3 卷［M］．北京：人民出版社，1995：305.

② 〔德〕马克思，恩格斯．马克思恩格斯选集：第 3 卷［M］．北京：人民出版社，1995：212.

③ 〔德〕马克思，恩格斯．马克思恩格斯选集：第 3 卷［M］．北京：人民出版社，1995：67.

④ 〔德〕马克思，恩格斯．马克思恩格斯选集：第 1 卷［M］．北京：人民出版社，1995：67.

⑤ 〔德〕马克思，恩格斯．马克思恩格斯选集：第 1 卷［M］．北京：人民出版社，1995：119.

⑥ 〔德〕马克思，恩格斯．马克思恩格斯选集：第 1 卷［M］．北京：人民出版社，1995：56.

形式正义，把正义等同于“合法性”，而不论所合之法是良法还是恶法①。而马克思主义正义观则主张正义既具有形式的面向，也具有实质的面向，实质正义与形式正义二者不可或缺，具有统一性。但是，在实质正义与形式正义之间，马克思主义正义观更注重实质正义。“如果认为在立法者偏私的情况下可以有公正的法官，那简直是愚蠢而不切实际的幻想！既然法律是自私自利的，那么大公无私的判决还能有什么意义呢？法官只能够丝毫不苟地表达法律的自私自利，只能够无条件地执行它。在这种情形下，公正是判决的形式，但不是它的内容，内容早被法律所规定。如果审判程序只归结为一种毫无内容的形式，那么这种空洞的形式就没有任何独立的价值了。”② 在马克思看来，形式正义是为实质正义服务的，如果没有实质正义，那么形式正义将毫无意义。当然，马克思主义正义观也很重视形式正义的作用，同时肯定了形式正义的独立存在价值。“审判程序和法二者之间的联系如此密切，就像植物的外形和植物的联系，动物的外形和血肉的联系一样。审判程序和法律应该具有同样的精神，因为审判程序只是法律的生命形式，因而也是法律的内部生命的表现。”③

（二）马克思主义正义观与法律价值的适用

法律方法的适用必须同时兼顾法律的形式价值和实质价值。在法治的大框架下，法律方法的运用通常与实质价值无涉，只需坚守法的形式价值即可。但在特殊情况下④，则需要考虑法律的实质价值。

关于法律的实质价值，一般认为包括公平、正义、自由、平等、秩序、效率、人权等价值内容。在运用法律的这些实质价值去解决司法个案时，将会面临两个问题：一是法律的价值冲突问题，因为这关系到何种价值将被优先考虑适用；二是对于法律的价值的解释问题，因为价值具有抽象性和概括性。

首先，关于法律的价值冲突，如果高位阶的法律价值和低位阶的法律价值发生冲突，问题则很容易解决。关键是处于同一位阶的不同法律价值发生冲突，

---

① 沈晓阳．马克思主义正义观探要［J］．马克思主义研究，2006（6）：64.

② 〔德〕马克思，恩格斯．马克思恩格斯选集：第1卷［M］．北京：人民出版社，1956：178.

③ 〔德〕马克思，恩格斯．马克思恩格斯选集：第1卷［M］．北京：人民出版社，1956：178.

④ 主要是以下四种情形：一是法律规则本身属于模糊不清或概念太抽象，造成语言解释有歧义；二是如果直接严格适用法律规则就会导致不公正的法律后果；三是法律规定未作明确的规定或规定有漏洞；四是既可适用这种规则又可适用另一种规则，而这些可适用的法律规则之间存在相互冲突。——张保生．法律推理的理论与方法［M］．北京：中国政法大学出版社，2000：449.

我们应如何选择？一般认为正义是法律的最高价值，而其他法律价值诸如自由、平等、秩序、效率、人权等，要么在法律的价值位阶中低于正义，要么为正义价值所吸收和包含。不过，正义价值虽然是法律的最高价值，可是正义价值具有高度的抽象性，概括性，其能够包含最广泛、最多的主体需要，这就使得正义价值不能够直接被适用于具体的案件。如果要将价值适用于具体案件的解决，只能考虑正义之下或者为正义所包含的价值，这时可能就会发生同一位阶法律价值之间的冲突。例如，在“泸州遗赠案”① 中，一方面，自由是民法的核心价值，黄某基于意志自由将财产遗赠给张某，符合《继承法》关于遗赠的规定；可另一方面，当时的《民法通则》第七条规定了公序良俗原则，即“民事主体从事民事活动，不得违反法律，不得违背公序良俗。”这一规定实际体现了法律的秩序价值。而自由和秩序通常是处于同一价值位阶的两个相对应的价值，二者是对立统一的关系，同属于正义价值的范畴。但是在“泸州遗赠案”中，自由和秩序两个价值出现了冲突，那么，我们是保护黄某的遗赠自由更能体现正义价值，还是适用公序良俗原则更能反映正义价值呢？如果秉持马克思正义观去分析这一问题，我们知道正义是个体性与社会性的统一，在保护个人利益、个人自由的同时，我们还要兼顾社会利益与社会秩序，个人自由的行使不能违反社会秩序。具体到该案中，黄某虽然具有赠与财产给张某的自由，可是这种自由应是在良善风俗所维护的秩序内的自由，即“意志自由”价值不能和“良善秩序”价值相抵触。

其次，关于法律的价值的解释，因为价值具有抽象性和概括性，所以如果要将法律的价值运用于司法裁判的解决，对于法律的价值需要进行解释。那么我们依据什么去解释法律的价值？自然是以马克思主义正义观作为解释依据。实际上，我国作为社会主义法治国家，法律的价值无论是公平、正义，还是自由、平等、秩序、效率、人权等，其实从理论上均源自马克思主义正义思想，亦或可以说是在马克思主义正义观指导下写入法律，成为法律价值的。因此，我们在司法中运用法律的价值做出裁判时，或者采用实质法治的法律方法时，均离不开马克思主义正义观的指导。

---

① 姚辉．民法学原理与案例教程［M］．北京：中国人民大学出版社，2007：23－24.

健全社会普法教育机制，建设社会主义法治文化探究

陈雪平

（青岛大学，山东 青岛，266071）

健全社会普法教育机制是习近平在十八届三中全会讲话中提出的，并将其作为法治社会一体建设的重要组成部分。2018 年宪法修正案将习近平新时代中国特色社会主义思想写入其中，表明我国当前已经进入习近平领导的中国特色社会主义新时代。依法治国，建设法治中国已经成为新时代我国社会发展的重要内容。党的十九大报告指出，要深化依法治国实践，并进一步强调要加大全民普法力度，建设社会主义法治文化，树立宪法法律至上、法律面前人人平等的法治理念。这为新时期深化依法治国的实践提出了新思路和具体要求。目前我国已进入了“七五”普法教育阶段，并将“推进社会主义法治文化建设”作为其重要内容之一。建设社会主义法治国家已成为全社会的普遍诉求和共同期望，同时也是实现中华民族伟大复兴的坚强保障。在此之中，公民具备法治素养和法治文化，是关乎国家法治建设的关键。以马克思主义关于人的全面发展的理论为依据，对存在的相关问题进行分析，通过科学合理的设置，健全社会普法教育机制，正是培育公民法治素养，建设社会主义法治文化的必由之路！

一、健全社会普法教育机制，建设社会主义法治文化的科学认识和理论基础

对社会普法教育机制和社会主义法治文化的研究必须建立在对其科学认识的基础上，对相关的概念进行科学界定。同时必须以马克思主义的理论为基础，才能得到社会全体成员的认同，为健全社会普法教育机制，建设社会主义法治文化提供理论依据。

（一）对相关概念的科学认识

1. 对法治教育内涵的科学认识。从学理上厘清法治教育的内涵，首先要明

晰“法治”的含义。法治可以理解为相对于人治而言的一种治国理念和治国方略。亚里士多德曾说：“法治应该包括两层含义：已成立的法律获得了普遍的服从，而大家所服从的法律又应该是良好的法律”。① 与人治相比，法治更趋向于民主的、普遍的服从，即一切组织、个人都自觉自愿拥护法律至高无上的地位，并在法律允许范围内依法办事。但法治强调的并不是限制、禁锢人的行为，其本质和最终目的是为了更好地维护人的权利。法治对人治而言是一种治国方略，因其法律具有强制性、普遍性和统一性等优点，决定了国家和社会的治理必须采取法治手段。其次要将“法制”与“法治”加以区分。从字义来看，“法制”即法律制度，是关于法律的规范、制度等，同时也指社会一切成员，在进行社会活动时，所要遵循的一切法律、原则和制度，是一个静态的制度。而法治则更偏重于治国方法，是一个动态的依法治理国家的过程，并强调法律在公民内心的至高无上性，也是法律精神的实现过程。从范围来说，法制要小于法治，因为只有先具备法律制度，才能实现法治，任何国家在制定法律时，都是为了法律的实施，并最终实现法治。同样，两者应用到教育中，含义也不尽相同。法制教育是对国家法律体系和法律制度的宣传和普及，而法治教育内涵更为广泛，不仅如此，更加突出对人们法治素养的培育和法治文化的提高。因此，法治从法制教育到法治教育的转变，也见证了我国依法治国的进步和发展。

因此，笔者认为，法治教育的内涵可概括为：教育主体根据国家法治建设需要，以宪法教育为前提，以法律知识和法律适用为基础，以培养公民法治思维为方法，以培育公民的法治素养、提高公民的法治文化为目标的教育活动。

2. 对法治文化内涵的科学认识。从学理上厘清法治文化的内涵，必须明晰“文化”和“法律文化”的含义。文化是一个在外延较宽广和模糊的概念，广义的文化是指人类在社会发展中所创立的物质和精神财富的总和，是一个社会共同具有的物质形态和精神状态。狭义的文化仅指人类社会的精神状态，表现为社会的意识形态，包括政治法律思想、道德观念、文学艺术、宗教信仰及风俗习惯等内容。法律文化是文化的具体形态，指一个民族或国家在长期的共同生活过程中所认同的、相对稳定的、与法律现象有关的制度、意识的总和。法律文化反映的是法律生活中整体的思想观念、行为趋向、情感倾向等内容。法治文化是法律文化发展的结果，是文明的、先进的法律文化，不但指先进的法治物质存在方式，而且指人们对法的价值取向及科学的法律思维方式等。

因此，笔者认为，法治文化是指在一个依法治理的国家中，公民对现行法

① 亚里士多德．政治学［M］．颜一，秦典华，译．北京：中国人民大学出版社，2003.

治的认可程度、守法的遵从状态、维权诉讼的选择等主观上对法律的信服程度及对法治运行价值认可度所表现的物质形态。与法律文化相比，法治文化在内涵上更加深刻，在外延上也更加广泛。随着依法治国在我国社会发展中的推进与全面发展，法律文化应转化为法治文化。因为在我国现阶段的法治建设中，法治不仅仅是处于政治上层建筑中，同时也在深刻地影响着人们的思想观念、行为趋向和情感倾向，使人们正不断地从被动强制到理性的认同，情感的关注，从而形成了自觉遵守法律的行为。

3. 对普法教育机制内涵的科学认识。在我国普法教育是指通过行政主管部门制定相应的规划，自上而下向全社会开展的普及法律知识的教育活动。党的十八届三中全会将其确定为法治宣传教育。法治宣传教育，体现的不仅仅是普法教育的外延问题，而且彰显了在我国现阶段人们对法的内在价值和精神的理解和认同。普法教育是面向社会的、开放的教育，是与学校专门的法律教育相对应的。普法教育机制是指普及法治教育过程中各部分之间的相互关系及其运行方式，包括普法教育的主体机制、层次机制、保障机制、功能机制等。普法教育机制体现的是普法教育工作中各个部分的相互关系及运行状态，能否处理好各部分之间的相互关系，使之形成良好的运行机制，关系到普法教育的实效，关系到建设好社会主义法治文化的重大问题。

（二）以马克思关于人的全面发展的学说为理论基础

马克思关于人的全面发展的学说是马克思主义人学思想的主要体现和表达。马克思认为，人的全面发展，是实践性的发展，是人的社会关系的发展，是人的个性自由的发展。《共产党宣言》指出，代替那存在着阶级和阶级对立的资产阶级旧社会的，将是一个联合体，在那里，每个人的自由发展是一切人的自由发展的条件。社会发展以人为主体，人的全面发展是社会发展的根本目的，要求每一个劳动者都能够全面发展自己的能力。十九大报告中也指出："要保证全体人民在共建共享发展中有更多获得感，不断促进人的全面发展"。这是新时代对马克思主义关于人的全面发展学说的继承和发展。法治教育旨在培育人的法治素养，建设社会主义法治文化。国家重视法治教育的发展，即重视人的全面发展，也为法治教育的法治提供了理论支撑。普及法治教育归根到底是对人的教育，要求公民不仅要具备充实而完备的专业知识，还要具备一定法律知识和法律适用的能力。这是我国全面进入依法治国新的历史时代促进人的全面发展的新的要求和重大的历史使命。

同时，人与社会的复杂关系要求我们必须培育公民的法治素养，建设社会主义法治文化。马克思指出，“人的本质不是单个人所固有的抽象物，在其现实性上，它是一切社会关系的总和。”① 因此，作为一个完整的人，必然与社会存在着各方面、各层次的关系，在社会生活中，也必然与社会、与他人出现各种各样的矛盾，在矛盾出现时，如何运用法律武器维护自己的权益，如何运用法律知识预知和衡量自己的行为是否合理合法，需要法治教育的帮助和支持，以使人们能够具备以法治思维解决矛盾和问题的能力。近年来，我国的犯罪案件层出不穷，其中不乏主观共意性极大、情节特别恶劣的社会危害性极恶性刑事案件，如2016年发生在杭州的保姆纵火案（造成四人死亡的严重后果）及当下热议的明星逃税事件，使我们必须深深反思：普及法治教育还有很长的路要走，在面对矛盾和问题时，必须从培育公民的法治素养入手，使其理性维护自身的合法权益。因此，马克思关于人的全面发展的学说为我国当下的法治教育提供了正确的理论指导。

二、我国现阶段健全社会普法教育机制过程存在的问题及原因分析

普法教育之所以重要，是因为法律本身就渗透在公共政策和人们生活的方方面面，并且实现法治国家已经成为一国执政的理念和价值目标。从1986年至2015年，我国已完成了六次普法教育，在“六五”普法教育中把我国宪法的实施日——12月4日确立为“国家宪法日”（原为“全国法制宣传日”），在全国“六五”普法活动中，各地广泛开展了宪法的学习宣传、反腐倡廉宣传教育等法治宣传主题活动，均取得了一定的成效，但也存在诸多需要克服和破解的问题，客观地认识和评价这些问题是十分必要的。为了使所探究的问题及原因分析更具科学性，笔者将普法机制的问题及原因归纳为两个方面：

（一）普法教育客观方面的机制问题

普法实施的主体单一。中国目前普法教育实施的主体是单一的行政机构，隶属于司法部的全国普法办及其各省市的相关部门，负责规划普法并组织实施。由政府作为主体，通过政权体系单一推进普法教育，其优点是计划性强，效率高，阶段性明显，规范性突出。缺点是，形式往往大于内容，过于强调外在灌输的强化效果，经济功能和文化功能较弱，并会导致法治教育过程和结果的行政化和政治化倾向。其原因是中国的法治建设走的是政府推进型法治化道路，是由政府自上而下推进的，这和西方一些国家的做法不同。西方一些国家在社

① 马克思，恩格斯．马克思恩格斯选集：第1卷［M］．2版．北京：人民出版社，1965：60.

会发展及人们对法律认知等条件成熟时而推动的法治化，是自下而上启动的，直接的动力来自社会本身。中国法治之路并不完全是在社会内部形成，而是在政府内部，在政府自身中形成的，是自上而下推进的①。这样就必然会形成由政府担任普及法治教育的主体，通过行政权力向社会推进的状况。

缺少教育者与被教育者的平等沟通机制。由于法治教育是专门的行政部门承担法治宣传教育工作，普法教育主体与被教育者的关系实际上是行政管理关系，普法教育的主体凭借行政权力，通过行政指示、命令和规定等具体措施进行布置落实和监督，这就形成了教育主体与被教育者之间的不平等地位的情形。原因是中国传统的“官本位”思想意识的影响以及民众对行政权力的畏惧心理，这就很可能会使双方不能进行平等地沟通，而影响了普及法治教育的实际效果。

普法宣传流于形式，涉及的范围和对象不够周全。进行有效的普法宣传，营造法制宣传环境，满足全社会公民对我国现阶段法律知识的知情权，是取得普法教育实效的关键。但我国以往的法治宣传活动过程在某些方面缺乏一定的广泛性和深入性，其原因在于我国的普法教育宣传手段高度集中，没有走开放的市场途径和调动全社会的力量，有一定的政治性和功利性特点，过于强调活动的形式和部门的政绩，而不是内容效益本身。一些深层次的问题，如公民如何运用法律才能更好地保护自身的合法权益并未能真正有效地解决，对于经济文化落后地区法律宣传的辐射面还不够，特别是农民的普法教育宣传水平还相对落后。因此目前我国的普法宣传宏观气势磅礴，微观走势受阻，达不到期待的实际效果。

（二）普法教育主观方面的机制问题及原因分析

普法教育的实效应以受教育者对法律知识主观认知的能力作为重要的考量。为体现其科学性，笔者采用量分析方法，设计了一份调查问卷，得到了青岛大学学生会的大力协助，向 2015 级的文、理科学生进行发放。问卷包括选择和填空两部分共 20 道题目。发出 400 份，收回有效问卷 392 份，并将收回的问卷进行了分析：

1. 对于法律的重要性认同性高，但认知性低。调查中，对于问卷中“您认为不了解法律知识是否会对自己的生活产生影响?”的回答，92.7%的同学选择了“是”，这说明法律知识的重要性在大学生群体中得到了较高的认同。但对于具体的法律知识掌握上，大学生们的回答情况却不太乐观，如问卷中的一个

① 何勤华. 法治的追求——理念、路径和模式的比较［M］. 北京：北京大学出版社，2005：14.

常识性题目“我国的法定结婚年龄是?”，仅有 50.2% 的同学选择了正确答案，说明大学生的受教育程度和掌握的法律常识严重不协调。原因在于目前我国公民的法治文化程度较低，缺乏对法律精神的认同和信心，没能真正领会法的精神实质，在总体上对法治的认识还没有上升到理性的高度，运用法律思维分析问题和解决问题能力较弱，特别是缺乏程序和证据意识。表明在现实中，人们一般能认识到法律的重要性，但仍认为法律远离自己的生活，法律知识的多少并不会影响自己的生活质量，对法律知识的系统学习缺乏热情，对法律的内容了解得不多。

2. 对法律知识的运用意识性高，但适用能力低。调查发现，大学生的“知行合一”能力仍有待提高，大部分同学都承认法律的权威并愿意依法办事，但在实际应用过程中又有着选择方面的矛盾心理。在回答“如果明知某一行为会触犯法律但构不成犯罪，并对自身有很大好处，您会如何做?”时，选择“权衡利弊再做决定”的人数居然和选择“坚决不做”的人数相差无几。在用法倾向方面，对“当您的合法权益受到侵害时，您会采取何种措施?”这一问题，57.3% 的同学选择“沉默应对”，仅有 16.7% 的同学选择“通过合法方式维权”，其余学生选择了“通过其他方式维权”。这表明人们对法律有一定程度的敬畏，这是树立法律权威的基础，但这种对法律敬畏程度还不足以激励他们付出行为，往往会受到法律之外各种因素的制约而有所顾虑。其原因在于：第一，守法自觉性低。随着我国普法教育的深入开展，公民的法律知识储备虽然有很大提高，但由于中国传统的伦理道德意识的影响，人们往往习惯于运用道德标准判断是非，使法律知识并没有真正内化成公民的法治素质，法治精神并没有真正发扬光大。这种情况令人担忧；第二，用法能力弱。非法律专业学生学习法律很大程度上是为了应付考试，并没有真正领会法律的精神实质，运用法治思维能力较弱，特别是缺乏程序和证据意识，导致人们在权利受到侵害时，不知所措，而往往会放弃通过诉讼保护权利的做法。

3. 对法治建设的关心度与信心缺失之间存在一定的矛盾。对于“您对于我国现行的法律是否满意”这个问题，调查结果比较令人欣喜，有 95.1% 的大学生都表示“满意”。在回答“对于我国现阶段实行的依法治国，您的看法是?”，92% 的同学也选择了赞同，这说明大学生对于我国目前法治社会的状况有较高关心和满意度。但在对当前法治环境看法的调查方面，情况不容乐观。在“您认为当前法律面前，人人平等吗?”这一问题上，78.2% 的同学都选择了“不太平等”。在“如果您正涉案一项民事诉讼，您对于法律裁决出公正结果的信心度是?”这个问题上，仅有 35.2% 的同学选择了“有信心”，大部分同学选择了

“信心不足”，更有9.7%的同学表示“完全没有信心”。这表明人们对于我国的法治社会建设既关心拥护又缺乏信心的矛盾心理。其原因在于：第一，当前民众把官员腐败与法治建设成效紧密联系在一起，当前官员腐败高发一定程度上降低了民众对建设法治国家的信心。第二，“司法不公”思想蔓延。随着普法教育的开展，“司法公正度”越来越成为民众对司法活动进行评价的重要标准。调查显示，大学生对当前社会的司法现状有很大的不满。近年来随着司法监督的不断完善，一些冤案错案得到了纠正，这在一定程度上抚慰了民心，但也从另一方面反映了司法“不公”会激化民众对社会不满，并会造成殃及人们对整个法治建设不认可的后果。

三、健全社会普法教育机制，建设社会主义文化的对策

党的十八届四中全会提出，要推动全社会树立法治意识，坚持把全民普法和守法作为依法治国的长期基础性工作，深入开展法治宣传教育，并提出要把法治教育纳入精神文明创建内容，开展群众性法治文化活动。这为普法教育的深入开展提出明确的目标。党的十九大报告把加大普法宣传力度，建设主义法治文化作为新时期法治实施的重要内容。因为在现代法治社会中，法治文化作为文化的一种具体形态，对培育人们的法治素质起着重要的作用。通过人们对法治的认同、接受、喜爱所形成的情感基础，把法治教育的外在性和被动性通过法治文化转化为人们内在的法的精神品质，并最终成为人们积极遵法、守法的实际行动，以适应新时期我国全面实施依法治国战略部署的迫切需要。健全普法机制是一个复杂的系统工程，需要动员全社会的力量共同协力才能实现。而问题的关键是要突破和完善原有机制，不断有所创新，并以培育公民的法治素养为普法教育实效的重要内容。因此建议采取以下对策：

（一）要对普法教育客观环境方面的机制进行改革

普法教育客观环境方面机制的改革尤其重要，因为这关系到真正取得普法教育的实效，切实培育公民的法治素养的重大问题。

1. 建立和完善社会主体的补充机制。应当进一步发挥普法教育行政部门在普法教育中主体领导的优势作用，同时应当建立和完善社会主体的补充机制。根据我国的实际情况，现阶段普法教育补充机制应当由妇联、共青团、工会、工商联等社会团体、高校、中小学等教育部门及企业行会组织等机构制成。实际上这些组织在普法教育中也承担着重要的实施任务。要给予这些部门以普法教育实施主体的地位，使他们能够在普法教育规划的统一部署下，根据自己领域的实际状况，有针对性地制定相应的普法规划，给他们更多的自主和灵活的做法，形成普法主体机制的自上而下和自下而上的运行机制。十八届四中全会决议要求实行国家机关“谁执法谁普法”的普法责任制。因此国家机关不同的职能部门应设置相应普法教育责任机制，制定相关领导的普法权限和责任范围及相应的奖励和处罚制度。

2. 探索教育实施者与接受者的平等沟通机制，注重人文关怀和接受者的心理认知过程。要运用现代教育学和心理学的理论和方法，将受教育者作为普法教育过程的主体，学会倾听，学会理解，形成实施者与接受者的平等沟通机制，才能达到普法教育的实效。在强调政治功能的同时，也要发挥普法教育的经济功能和文化功能，特别是文化功能应成为我国今后普法教育的主要功能。法治教育的宗旨就是要通过普及法律知识，培育人们的法治素养，维护社会的稳定，保护公民的合法权益，这其中实际上就包括了对公民物质和精神文化两方面权利的保护。

3. 在宣传方面，应注重宏观和微观机制的结合。普法教育要取实效，前提则是人们对法律的知情、认可和接受。在强调普法教育普遍性时，要防止大格局导致的大而空的局面、所形成的忽视少数、特殊和弱势群体的局面，要注重宏观和微观机制宣传的结合。

第一，在宏观领域要充分保障法治教育的普及性和广泛性。当前我国法律体系已经建立，大量的法律法规也正处于不断成熟的过程中，这就要求法律的宣传必须具有广泛性，要涉及全社会的领域，发挥普法教育行政部门的作用，有计划、有重点、有针对性、有步骤地进行。就内容而言，要突出学习宣传宪法，特别是要把 2018 年宪法修正案及民法总则和中国的现行刑法等基本法作为重点普及的内容。法治文化建设的重点是以有效的传播途径，使法治文化深入人心。“七五”普法要求，应把法治文化建设纳入现代公共文化服务体系，推动法治文化与地方文化、行业文化、企业文化融合发展。繁荣法治文化作品创作推广，把法治文化作品纳入各级文化作品评奖内容，纳入艺术、出版扶持和奖励基金内容，培育法治文化精品。同时法治文化也应本土化，各地方相关部门应得当地与当地的民间艺术有机结合，使法治文化的建设能更加深入人心。就形式而言，应采取为公众所接受的方式，可以以漫画、图解、情景剧等通俗形式进行，并可广泛借助媒体，特别是要通过普法网站、微信、微博等途径，发挥“互联网 + 法治文化”等网络平台、媒体的作用。要通过“12 · 4”国家宪法日，开展以宪法为核心的法治宣传教育，将普法教育转化为法治实践活动，推动法治文化的有较建设。

第二，在微观领域要体现法治教育的针对性和有效性。要有计划地按照“七五”普法内容设定有针对性的主题宣传，如反腐倡廉，保护未成年、妇女、老人和残疾人等特殊人群的合法权益，公民的民事权利，社会公共权利（主要是公共安全方面，包括社会安全、食品安全、生态安全和卫生安全等）、劳动者的合法权益及预防犯罪和惩治犯罪等的法治宣传教育内容。同时要根据机关、乡村、社区、学校、企业等行业的需求，采取有针对性的工作措施。政府机关要大力进行反腐倡廉的法治宣传教育，学校要加强对学生遵法守法的法治教育；中小学教育要进行预防未成年人犯罪和保护未成年人合法权利方面的法律宣传；企业应有计划地进行劳动法规的宣传教育等等。

（二）加强和完善普法教育主观认知和适用法律方面的机制

通过前面对相关问题的分析，笔者认为，与道德的自省性相同，法治文化的形成也是由公民内心的觉悟化形成的，是在社会环境的影响中不断积累，在实践中获得的。加强和完善普法教育主观认知和适用法律方面的机制有利于法治文化的建立，这正是使普法教育取得实效的必要前提。

1. 倡导法的精神。法的精神是一种法治的或实践的理念，是一种理性的精神、道德的精神，正义的精神，是人类的并转化为民族或国家的群体精神，是深入民众内心的法治灵魂。一个人一旦丧失了法的精神，就没有守法的意识并不再自觉地受法律约束①。法治文化落实在行动力上，法治实施才能真正取得实效。十八届四中全会决议指出，法律的权威源自人民的内心拥护和真诚信仰。人民权益要靠法律保障，法律权威要靠人民维护。因此必须弘扬社会主义法治精神，建设社会主义法治文化，增强全社会厉行法治的积极性和主动性，形成守法光荣、违法可耻的社会氛围，使全体人民都成为社会主义法治的忠实崇尚者、自觉遵守者、坚定捍卫者。可见，只有当人人对法不仅是理性的认识，同时也是情感上的信服和执着，才能认同法律，并最终成为人们的自觉行为。具体对策应根据不同人群有针对性地进行：

第一，提高国家工作人员的法治思维能力。对国家工作人员除根据不同的职能部门进行相关的法律培训，使其系统地掌握相关的法律知识外，还要系统学习掌握法律的基本理论，以法治思维和法治方法分析问题和解决矛盾。具体做法可与高校法学专业建立长效的培训机制，根据不同职能部门的需要通过短期、轮训、进修等不同形式对执法人员进行有针对性的系统的学习法

---

① 于德江，王利民．论法治的根本是精神［J］．社会科学辑刊，2012（5）：96.

律，使其真正掌握法的精髓，树立公平、正义等法的基本精神，提高法治思维能力，学会运用法治思维和法治方式处理和解决问题，真正做到依法行政、司法公正。

第二，培育大学生的法治素养。法治素质是社会发展对当代大学生具备综合素质的基本要求之一。对高校的普法教育，首先要优化师资队伍，除提高教师的法律教学水平外，学校还可以聘请当地的法官律师作以案例为内容的讲座，与教师侧重理论的教学形成互补机制。同时要注意教学方法的改革，教师可以在课堂上组织“案例情景模拟”活动，让学生参与表演和讨论，在互动交流中掌握相关的法律知识。同时，教师还可以带领学生到法院旁听案件，直观法庭审判过程，领会法的精神在司法实践中的真实感受，提高学生适用法律的能力。另外，学校相关部门也应当适时地根据普法教育的具体部署，营造校园法治文化气氛，具体可通过“国家宪法日”进行宪法的宣传教育，并结合慎防网络诈骗，宣传网络安全方面的法律法规、结合树立正确的就业观，宣传劳动法方面的法律法规，等等。

第三，提高企业和职工的守法、用法意识和能力。相关主管部门要加强对企业进行劳动法规的普法教育，具体可通过集中培训和轮训的途径进行。企业对职工不仅要对其进行相关的法律规章义务方面的培训，也要对其保护合法权益方面的法规进行教育，特别是安全生产方面的规章，劳动密集型企业和危险性较高的行业要视为重点。可以让从事法律教学的教师和法律专业的高校学生志愿者对其进行授课和答疑，以提高他们知法、守法的能力，特别是理性选择诉讼维权的判断能力。

第四，提高农民的维权意识。相对而言，我国农村地域广泛，人口居住分散，普法教育在及时性和直接性方面会有所不足，因此当地政府要对乡镇、村干部进行培训、轮训。同时要与当地农村经济发展和文化相结合，引导农民在日常农业生产中，提高维权意识，如对地方特产要及时注册商标。加强对与承包合同、宅基地、拆迁和征用土地等近年来频发纠纷相关的法律的宣传力度。对当前存在的食品安全、医疗保险、社会保障等相关法律更要及时宣传到位，要借鉴各地先进做法，创新宣传形式，积极开展专项的“送法下乡”活动，结合地方特色，帮助农村进行有针对性的法治文化产品的创作。可通过社会公益组织和高校大学生的青年志愿者的行为进行。

2. 优化社会法治环境。社会法治环境的好坏对培育公民的法治素养，提高公民的法治文化有重要的影响，在全民对依法治国的社会有了起码的信任后，这些才能最终得到实现。

第一，加强反腐倡廉建设，不断提高执法者的法治素养。建设廉洁政治已成为现代国家执政者执政能力的重要标志，也是中国共产党长期以来在自身建设过程中对其执政能力正当性评价的核心内容。党的十八大以来，中央不断加大反腐力度，本着“苍蝇”“老虎”一起打的坚定决心，已经查处和依法惩治了一大批违法犯罪的国家公务人员，其中甚至包括了曾担任国家重要领导职位的人员。因此在不断加强执法者思想和道德建设的同时，也要不断提高其法治素养。执法者首先要做守法的表率，因为在一个依法治国的社会，执法者只有坚守法律的底线，才能获得民心。否则就会丧失民心，其本人不仅要经历道德责任所带来的良心谴责的痛苦，同时也要承担法律责任所造成的事业、家庭乃至人生毁灭的严重后果。因此要通过普法教育，提高执法者自身的法治素养，特别是要加强对职业犯罪相关法律的认识，自觉严守法律，公正执法，才能优化社会法治环境。

第二，深化司法改革，提高司法的公信力。司法是法律的守护神，是匡扶公正的最后一道防线，也是连接民众与当权者的最为坚实的一条纽带，“公正是为政的准绳，因为实施公正可以确定是非曲直，而这就是一个政治共同体秩序的基础”①。党的十八大以来，我国司法领域加强了改革的力度，平反纠正了一大批冤、假、错案，在社会上引发极大反响，使司法公正得到了重新回归。为确保司法公正，十八三中全会报告指出，要健全司法权力运行机制。优化司法职权配置，……加强和规范对司法活动的法律监督和社会监督。特别是要改革审判委员会制度，完善主审法官、合议庭办案责任制。为了更加有效地确保司法的公正，十八届四中全会决议提出要建立领导干部干预司法活动、插手具体案件处理的记录、通报和责任追究制度，建立健全司法人员履行法定职责保护机制。刑事案件的审理要积极进行以“审判为中心”的刑事诉讼制度改革②，坚持“无罪推定”“疑案从无”“排除非法证据”等原则。今后要进一步制定具体措施，并将其落实到位。司法机关只有在尊重法律价值的基础上，公正地适用法律，公民才会相信其能够真正做到为社会公众主持正义。只有这样，公民才将能从内心尊重法律和信仰法律！

健全社会普法教育机制，建设社会主义法治文化正是为了新时代法治建设

---

① 〔古希腊〕亚里士多德. 政治学［M］. 北京：中国人民大学出版社，2003：142.

② 最高人民法院、最高人民检察院、公安部、国家安全部、司法部于 2016 年 10 月 11 日发布并实施的《关于推进以审判为中心的刑事诉讼制度改革的意见》，是为贯彻落实《中共中央关于全面推进依法治国若干重大问题的决定》的有关要求，推进以审判为中心的刑事诉讼制度改革，依据宪法法律规定，结合司法工作实际制定。

的需要！未来世界的竞争主要是文化的竞争，随着法治社会的建立和发展，法治文化的作用会越来越重要。中国要建成强大的社会主义法治国家，必须从未来发展的高度认识和建设当代中国的法治文化。在我国当前的社会发展阶段中，法治文化作为软实力，在我国的法治建设中所起的作用应当引起人们足够的重视。

深化依法治国实践的理论思考

丁国强

（公安部改革办，北京，100741）

党的十九大报告从坚持和发展中国特色社会主义全局出发，从实现国家治理体系和治理能力现代化高度，对新时代坚持全面依法治国、深化依法治国实践作出了全面部署，体现了习近平新时代中国特色社会主义思想的内在要求，开启了全面依法治国新征程。中国特色社会主义进入新时代，既是对我国发展阶段和历史方位的科学判断，也是对法治建设所处历史条件的科学判断。全面建设社会主义现代化强国的新目标为推进新时代深化全面依法治国实践指明了前进方向、描绘了美好蓝图。担负起新时代深化依法治国实践的历史使命，对于实现全面建设社会主义现代化强国目标具有重大而深远的意义。

一、深化依法治国实践体现了马克思主义法学理论的实践品格

实践性是马克思主义的本质属性，也是新时代中国特色社会主义法治思想的鲜明特征。唯物辩证法告诉我们，实践是不断发展的，对事物本质的认识也是不断深化的。党的十九大报告将坚持全面依法治国纳入新时代坚持和发展中国特色社会主义的基本方略，这是对依法治国实践经验的深刻总结。

首先，马克思主义实践观是法治中国建设的哲学基础。马克思认为，全部社会生活在本质上是实践的。凡是把理论引向神秘主义的神秘东西，都能在人的实践中以及对这种实践的理解中得到合理的解决。法治在本质上是实践的，远离实践的法治只能是闭门造车、纸上谈兵。法治实践是法治精神、法治意识、法治理念的现实化，是法治全面、高效实施的行动化。从法治浙江的地方政治实践到法治中国的治国理政实践，习近平新时代中国特色社会主义法治思想形成的历史过程，也是法治实践与治国理政实践紧密结合的过程。党的十八大以来，以习近平同志为核心的党中央把依法治国放在治国理政的突出位置，坚定

不移全面推进依法治国，法治变革、法治实现和法治行动的力度和成效都是空前的，显著增强了党运用法律手段领导和治理国家的能力。厉行法治已经成为中共、国家和全社会的自觉实践和积极行动。深化依法治国实践是法治思想、法治战略、法治体系不断展开的过程。“理者，物之固然，事之所以然也。”我们要紧紧围绕社会主义法治建设重大理论和实践问题，从中国国情、中国需要出发，发展符合中国实际、具有中国特色、体现社会发展规律和法治建设规律的社会主义法治理论。

其次，中华优秀传统文化是法治中国建设的文化根基。法律是历史实践和历史经验的结晶。中国古代政治家十分注重发挥法律在国家治理中的作用，中国古代社会不仅有着丰富的法律思想，也有着丰富的法律实践活动。张晋藩说：“中国是法制文明发达的古国，其历史不仅悠久，而且从未中断，无论系统性、完整性、典型性均为世界其他文明古国所少有。著名的兴于汉、盛于唐的中华法系，影响了中国和周边国家达千余年之久，遗留下丰厚的法文化资源和宝贵的治国理政的经验。”① 法治智慧是中国智慧的重要组成部分，集中体现了中华民族对历史治乱之道、公平正义之道、为政治国之道的深刻认识和有效实践。

再次，社会生活实践是法治中国建设的现实基础。全面依法治国是一场富有历史意义的伟大实践。在法治的普遍性和特殊性的统一中探寻中国的法治道路，是充满艰巨性和复杂性的法治实践。马克思说，法律应当以社会为基础，法律应该是社会共同的、由一定的物质生产方式所产生的利益和需要的表现。社会生活是法治的源泉。随着中国特色社会主义进入新时代，人们对美好生活的需求更加丰富多元，对公平正义的法治需求也更加强烈。法治实践不是少数人的行动，而是整个社会的共识和行动。孙笑侠认为：“只有当法治成为社会和民众的真实需求与刚性需求，才会有自身的动力。”② 推进法治中国建设必须把回应人民对法治的需要贯穿到法治活动中。法治实践能力说到底就是维护公平正义、保障人民权益、加强权力制约的能力。

二、深化依法治国实践体现了中国特色社会主义的本质要求

中国特色社会主义法治理论随着中国特色社会主义时间和中国特色社会主义法治实践的发展而不断丰富和完善。党的十九大报告对全面依法治国进行了

---

① 张晋藩．但开风气不为先——我的学术自述［M］．北京：中国民主法制出版社，2015：369.

② 孙笑侠．法治需求及其动力［M］．北京：法律出版社，2016：5.

新的理论概括，指出全面依法治国是中国特色社会主义的本质要求和重要保障。必须把党的领导贯彻落实到依法治国全过程和各方面，坚定不移走中国特色社会主义法治道路，完善以宪法为核心的中国特色社会主义法律体系，建设中国特色社会主义法治体系，建设社会主义法治国家，发展中国特色社会主义法治理论，坚持依法治国、依法执政、依法行政共同推进，坚持法治国家、法治政府、法治社会一体建设，坚持依法治国和以德治国相结合，依法治国和依规治党有机统一，深化司法体制改革，提高全民族法治素养和道德素质。从历史发展的维度看，全面推进依法治国既是一项长期而重大的历史任务，又是在中国特色社会主义不同发展阶段逐步向前推进的。我们要深刻理解全面依法治国对于巩固党的长期执政地位、实现新时代中国共产党的历史使命重大现实意义和深远历史意义。

一要立足中国国情。中国特色社会主义法治道路是中国特色社会主义道路在法治领域的具体体现，是建设社会主义法治国家的唯一正确道路。中国的历史文化、基本国情和发展实际，决定了我们必须尊重历史和人民的选择，坚持中国特色社会主义制度，坚定不移走中国特色社会主义法治道路。在有两千多年封建专制传统的文明大国建设社会主义法治国家，实现国家长治久安，绝非一日之功，需要长期努力、久久为功。建设法治中国，推动全社会树立法治意识，从人治真正走向法治，是一项庞大、复杂的系统工程，需要付出长期艰苦努力，甚至几代人的不懈努力、接续奋斗。全面推进依法治国，建设法治中国，是坚持和发展中国特色社会主义的本质要求和重要保障，也是国家治理领域一场广泛而深刻的革命，无论是在中国现代化进程中，还是在人类政治文明史上，都具有重大现实意义和深远历史意义，可谓是任重而道远，必须要有长远眼光、长远考虑，有定力、求长效。习近平总书记指出，推进全面依法治国既要着眼长远、打好基础、建好制度，又要立足当前、突出重点、扎实工作。为此，我们要把全面推进与重点突破有机结合起来，把长远目标与阶段性任务有机结合起来，把解决突出问题与培育法治文化有机结合起来，做到既目标高远又脚踏实地，汇磅礴之力、收长远之功。

二要坚持问题导向。习近平总书记指出，全面依法治国是坚持和发展中国特色社会主义的本质要求和重要保障，事关我们党执政兴国，事关人民幸福安康，事关党和国家事业发展。随着中国特色社会主义事业不断发展，法治建设将承载更多使命、发挥更为重要的作用。“三个事关”是对法治建设重要性的全面论述，也是对法治建设意义和价值的深刻认识。依法治国是执政兴国的必然选择、人民幸福安康的、党和国家事业发展的有力保障，也是应对当前治国理政面临的一系列新情况新问题新挑战的有效手段和重要支撑。法治建设在中国特色社会主义社会主义格局中具有更为突出的地位，其重要使命和重要作用将随着国家治理现代化的推进越来越彰显出来。

三是深刻总结历史经验。全面依法治国是中国特色社会主义的历史进程中的重要任务。中国历史上不乏法治思想、法治智慧，积累了丰富的法治经验，"中华法系"影响深远。学者刘海年说："中国古代，不仅有人很早就提出了'法治'这个概念，而且作了相当充分的论述，更有人为之实现献出了生命。"①新民主主义革命时期，我们党在根据地创造了"马锡五审判方式"等法制建设经验。新中国成立以来，我国社会主义法制建设和民主法治建设取得了很大进展，也有深刻教训。改革开放以来，社会主义法治建设不断深化，有力保障和推动了党和国家各项事业的发展，党的领导方式和执政方式取得了历史性进步。党的十八大以来，以习近平同志为核心的党中央协调推进"四个全面"战略布局，把法治作为治国理政的基本方式，坚持依法治国、依法执政、依法行政共同推进，坚持法治国家、法治政府、法治社会一体建设，开启了全面依法治国新征程，社会主义法治建设取得了历史性成就。习近平总书记说，历史是最好的教科书、最好的清醒剂。我们要从法治发展的历史进程中，深刻把握依法治国之道、公平正义之理，从历史中不断汲取经验智慧、获取前行动力。

三、深化依法治国实践体现了推进国家治理体系和治理能力现代化的目标任务

党的十九大报告指出，全面依法治国是国家治理的一场深刻革命，必须坚持厉行法治，推进科学立法、严格执法、公正司法、全民守法。党的十九大所部署的"两步走"战略目标，分别提出"国家治理体系和治理能力现代化基本实现""实现国家治理体系和治理能力现代化"。深化依法治国实践必须要把法治的逻辑、实践的逻辑、改革的逻辑紧密结合起来，立足当前、谋划长远，在法治轨道上推进国家治理体系和治理能力现代化，充分彰显中国特色社会主义道路自信、理论自信、制度自信、文化自信。

一是坚定不移推进法治变革。法治是一场深刻的社会变革，也是一场克服阻力、触动利益的革命，是国家治理领域一场广泛而深刻的革命。"四个全面"战略布局构筑了改革与法治双轮驱动的格局，推动了改革共识与法治价值、改革引领与法治保障的有机融合，用法治思维和法治方式推进改革，把改革主张

---

① 刘海年．依法治国是历史的经验总结［M］．北京：中国社会科学出版社，2013：310.

转换成法律规范，将改革行动转化为法治实践。可以说，全面依法治国是领导方式、动员手段、治理体制的一场革命，也是法治观念、法治哲学、法治理论的革命。成立全面依法治国领导小组，加强对法治中国建设的统一领导，有利于确保全面依法治国的正确方向，确保党的领导、人民当家作主、依法治国有机统一，把党的领导贯彻到依法治国实践的全过程和各方面。

二是坚定不移推进依法治国和以德治国相结合。习近平总书记指出，中国特色社会主义法治道路的一个鲜明特点，就是坚持依法治国和以德治国相结合，强调法治和德治两手抓、两手都要硬。在多元化、多样化的社会条件下，国家治理需要法律和道德共同发挥作用，将治标与治本有机结合起来。德治是法治的思想条件和文化基础，法治是社会观念的体现，具有价值评判和强制功能，对于社会文明进步具有推动和保障作用。道德为权利实现和秩序形成提供了合法性基础，法律也为道德追求提供了实现路径。法律与道德既是实现社会价值的两个层面，也是凝聚社会共识、规范社会行为、化解社会冲突、维护社会秩序、调节社会关系的交织力量。要把社会主义核心价值观融入法治建设，充分发挥法律的惩恶扬善功能，让法律成为全民的信仰，让道德成为良好风尚，努力实现法律规则与道德规范的同频共振，增强国家治理的系统性和有效性。

三是坚定不移推进马克思主义法学思想中国化。全面依法治国是马克思主义法学思想中国化的伟大实践，习近平新时代中国特色社会主义法治思想是马克思主义法学思想中国化的最新成果，顺应了世界潮流和时代要求，既对于回答中国问题、解读中国道路具有重要意义，也体现了以中国智慧、中国实践为世界法治文明做出贡献的积极努力。全面依法治国必须毫不动摇地坚持以马克思主义法学思想和习近平新时代中国特色社会主义法治思想为指导，坚持不懈地抓好理论武装，把马克思主义法学理论指导贯穿于法治建设全领域和全过程。习近平总书记在视察中国政法大学时指出，加强法治及其相关领域基础性问题的研究，对复杂现实进行深入分析、做出科学总结，提炼规律性认识，为完善中国特色社会主义法治体系、建设社会主义法治国家提供理论支撑。这是对法学研究实践品格的强调。只有紧紧贴近法治中国建设的生动实践，才能不断推进法学理论创新，不断开辟马克思主义法学理论发展新境界。

从何种意义上理解马克思主义法治观？

——对中国法治建设的一种思考

黄丽云

（中国政法大学，北京，100088）

过去的马克思主义法学深受苏联的“维辛斯基法学”影响。复杂的法律现象统统根据阶级斗争理论来解释，僵死的教条成为评价的唯一标准。这导致人们误以为法治就是阶段斗争，就是革命，最直接的后果就是人们害怕法治、不信任法治。在理论研究方面，有的学者对经典著作的片面摘引进行研究，打“语录仗”，理论在很大程度上失去了对实践的指导作用。

“维辛斯基法学”已经被历史否定了。在全面依法治国的新时代，重新思考马克思主义法治观，厘清马克思主义法治观的丰富内涵，思考如何做到把马克思主义法治理论与中国特色社会主义伟大事业结合起来，如何运用马克思主义世界观与方法论来认识中国法治建设的现实国情，指导全面依法治国的具体实践也是意义极为重大的事情。

一、理解马克思主义法治观的分析框架

从基础理念到理论体系的建构显然不是线性的过程演绎，更不是对马克思主义论述的重叠等同，需要更加细致的知识梳理。必须引入这样一个分析框架：从大尺度的时空中看，社会发展经历了从革命冲突到稳定发展的过程，与此相对应，马克思主义法学理论经历了从批判到建构的过程，具备阶段性特征。

马克思主义法学理论创建于18世纪中期，这是新的社会生产力与旧的社会生产方式激烈冲突的时期。马克思主义法学思想关于法的本质、阶级作用等认识对应着这个历史阶段的法的认识，包含着强烈的批判性内容。恩格斯说：“每一个时代的理论思维，从而我们时代的理论思维，都是一种历史的产物，它在

不同的时代具有完全不同的形式，同时具有完全不同的内容。"① 在18世纪欧洲与21世纪中国之时空距离下，在全面推进依法治国、满足人民不断增长的美好生活需要成为主要历史使命的新时代背景下，马克思主义的传统革命法制理论已经明显不能解答当代中国法治实践中的新问题，需要根据理论与具体实践的相结合来实现创新与发展，需要实现马克思主义法治观研究的历史性转变。

当代中国马克思主义法治观研究的一个严重不足，就是一味注重从概念到概念的演绎，对1978年以来中国在法治领域所发生的深刻变革及其内在逻辑缺乏全面深入研究，未从中提炼出新概念、新范畴、新理念、新思想。马克思、恩格斯一再告诫后人，他们的理论"不是教义，而是方法。它提供的不是现成的教条，而是进一步研究的出发点和供这种研究使用的方法"②。马克思主义所阐明的那些"原理的实际应用"必须"随时随地都要以当时的历史条件为转移"③。列宁在探索建设社会主义国家的过程中，也深刻认识到，必须结合各地实际理解马克思主义理论，因为"它所提供的只是总的指导原理，而这些原理的应用，具体地说，在英国不同于法国，在法国不同于德国"。④ 因此，脱离具体语境，仅把马克思主义法治理论理解为一种革命、批判的哲学，强调其阶级性和工具功能是极其片面的。坚持和发展马克思主义，必须坚持以马克思主义的基本原理和世界观、方法论为指导，具体问题具体分析，实现理论与中国法治实践相结合的具体化，展示马克思主义法治理论对当代中国社会主义法治建设的现实解读力量、理论指导意义。

二、完善对马克思主义法治观的法理认知

"理论在一个国家的实现程度，决定于理论满足于这个国家的需要的程度。"⑤ 全面依法治国要以马克思主义理论为指导和依据，但绝不能把马克思主义看作某种一成不变和必须照搬的东西。完善对马克思主义法治观的法理认知，是实现马克思主义法治理论指导现实作用的前提性问题。在此，我们既要澄清一些认识，又要强化一些观念。

---

① 马克思，恩格斯．马克思恩格斯选集：第4卷［M］．北京：人民出版社，1995：284.
② 马克思，恩格斯．马克思恩格斯选集：第4卷［M］．北京：人民出版社，1995.
③ 马克思，恩格斯．马克思恩格斯选集：第1卷［M］．北京：人民出版社，1995：248.
④ 列宁专题文集［M］．北京：人民出版社，2009：96.
⑤ 马克思，恩格斯．马克思恩格斯选集：第1卷［M］．北京：人民出版社，1995：11.

（一）澄清认识

1. 过度强调法的阶级性的不可取

法律的阶级性是马克思主义法学的基本原理之一。马克思从阶级的经济分析出发，把握各个历史时期的阶级关系，从中得出社会矛盾运动的原因和动力。马克思在《德意志意识形态》里明确指出，“他们的个人统治必须同时是一个一般的统治。他们的个人权利的基础就是他们的生活条件，这些条件是作为对许多个人共同的条件而发展起来的，它们作为统治者，与其他个人相对立，而同时却主张这些条件对所有的人都有效。由他们的共同利益所决定的这种意志的表现，就是法律”①。马克思主义强调法的阶级性、统治阶级的意志性，抓住了法的最深刻、最核心的内容，揭示了深藏不露的，不能靠直观认识去把握的法的本质，指出，“你们的观念本身是资产阶级的生产关系和所有制关系的产物。正像你们的法不过是被奉为法律的你们这个阶级的意志一样，而这种意志的内容是由你们这个阶级的物质生活条件来决定的”②。马克思主义认为，国家制定的法律在阶级对立的国家中是一种统治手段，是非公平正义的。“强权也是一种法，而且强者的权利也以另一种形式继续存在于他们的‘法治国家’中”。③ 马克思主义认为，19 世纪中期的资本主义法律制度只能是与统治阶级的公平观念相适应的。对统治阶级“公平”的、对被统治阶级来说可能是不公平不正义的。社会生活和经济交往中，人们拥有法理上的正义，每个人都有法律和政治权利，都有反抗压迫性政治暴力的权利。人们有经济生活上的正义，各种社会资源应该平等地向人们开放。人们有社会分配的正义，人们参加劳动，按劳取酬，资本家不能剥削劳动者的剩余劳动价值。马克思主义创始人认为，面对实质上不公平不正义的资本主义法律制度，人们不必遵守它。人们打破它、破坏它是合理的正义的，也是符合社会生产力发展的自身规律的。马克思主义创始人对 19 世纪法律制度的评价是批判性、否定性的，法治是一种对抗性秩序，要通过对抗或斗争的形式来获取正义。“马克思主义法律理论的主要目标是戳穿法治的信念。马克思主义法学认为，法治是一种无处不在的意识形态，它掩饰了阶级统治的结构”，“马克思主义法学的主要目标是批评自由主义政治哲学的法治理想。马克思主义者对法治的批判是他们批评社会理论传统的一个组成部分……马克思主义法学致力于法律批判，其目标是揭露统治的结构并颠覆它们赖以维系的

---

① 马克思，恩格斯．马克思恩格斯选集：第 2 卷［M］．北京：人民出版社，1995：36.

② 马克思，恩格斯．马克思恩格斯全集：第 1 卷［M］．北京：人民出版社，1995：289.

③ 《政治经济学批判》序言、导言［M］．北京：人民出版社，1957.

信念和价值”①。

马克思主义对法律阶级性的揭示，为科学认识法律的阶级归属提供了视角。无产阶级经历革命并最终夺取政权，要建设一个国家，治理一个社会，不能没有法律。马克思主义法律理论认为，无产阶级在掌握政权之后，不能同资产阶级一样运用法律追求自身利益，而是要通过公正地制定和运用法律，来实现全社会的共同利益和衡平利益。所以，无产阶级在革命时代可以说，当时公正地制定和运用法律，但在无产阶级掌握国家权力、需要运用法律治理社会时，就不能到处宣传自己的法律不具有公正性、正义性。②

法的阶级性问题涉及我国法治建设中的根深蒂固的重大问题。当代中国社会已从革命年代进入稳定发展时期。在当代中国，法治是党领导全体人民通过立法、执法、司法、法律监督和法治宣传教育等环节建立的社会主义法律秩序，具有鲜明的阶级性和人民性。法治作为一种治国的思想转变为现实是一个历史过程。法学界对中国法治的应然形态，显然不是指在“中国要不要实行法治”问题上的认识和主张不一致，而是对于“什么是法治”以及与此直接相关的“什么是中国应当实行的法治”和“中国如何实现法治”等基本问题，全社会缺少必要程度的共识。③ 我们不能照搬照抄、生搬硬套马克思主义创始人关于法的阶级性的某个论断或结论来描述、剪裁和评价当代中国的法治实践，而要以马克思主义的世界观与方法论，实现全面依法治国，坚持党的领导，坚持人民主体地位，坚持宪法法律权威、至上性，实现国家治理体系、治理能力现代化，推动马克思主义法治理论与时俱进、创新发展。

2. 过多强调法的工具性的不可取

法律与国家的内在一致性是马克思主义法学的又一基本原理。在法律与国家关系上，马克思主义认为，没有国家就没有法律。“在社会发展某个很早的阶段，产生了这样一种需要：把每天重复着的生产、分配和交换产品的行为用一个共同规则概括起来，设法使个人服从生产和交换的一般条件。这个规则首先表现为习惯，后来便成了法律。随着法律的产生，就必然产生出以维护法律为职责的机关——公共权力，即国家。”④ 法律是由国家制定与认可，以国家强制

---

① 〔英〕休·柯林斯．马克思主义与法律［M］．邱昭继，译．北京：法律出版社，2012：36.

② 张恒山．中国特色社会主义法治建设的理论基础［J］．法制与社会发展，2016（1）：29.

③ 顾培东．当代中国法治共识的形成及法治再启蒙［J］．法学研究，2017（1）：3.

④ 马克思，恩格斯．马克思恩格斯全集：第18卷［M］．北京：人民出版社，1964：309.

力为后盾的。国家和法律同属上层建筑，国家生产法律并直接决定法律的价值取向、内容结构及其基本走势。恩格斯在致奥·倍倍尔的一封信中曾说起："所有通过革命取得政权的政党或阶级，就其本性说，都要求由革命创造的新的法制基础得到绝对承认，并奉为神圣的东西。"① 恩格斯断言革命政党在获取政权之后必须实行法制，而法制的核心要求就是法律应该拥有神圣、至高无上的权威。通过研究巴黎公社，马克思、恩格斯提出，无产阶级建立的人民民主政权是社会主义法制的前提与基础，人民民主政权中的官员应当严格遵守法律、接受人民的严格监督才能成为"人民的公仆"，"一切官吏对自己的一切职务活动都应当在普通法庭面前遵照普通法向每一个公民负责"②。

一个国家在建设过程中有多种方法。马克思主义创始人特别强调法律规范在国家秩序建设上的作用。马克思主义创始人认为，国家发挥着保障法律实施的重要功能。法律一旦产生，就会形成以国家强制力为后盾的规则力量。在法律规则的有效期间，如果遇到违反法律的阻碍，国家强制力将走向前台，帮助法律排除阻碍，使法律规则能够顺利实现。从这个意义上说，法律的制定与实施都是国家力量的展现，法律是国家职能实现的有力工具。"如果没有一个能够强制人们遵守权利准则的机构，权利也就等于零。"③ 法律有国家之法与社会之法的划分。法律是国家维护其正常统治秩序的重要治理规则，国家统治秩序在很大程度上有赖于法的规范作用。中国的法治建设带有鲜明的国家主义倾向。立法、司法、普法等都纳入国家统一规划中去，强调法律对社会生活的全面规范；强调国家主导下的法治改革与创新，不断建构新的知识与秩序，无形中忽视了传统、历史、文化以及社会的力量。这种被误读的工具主义法律观，将法治当作了管理者的特权，将广大人民群众当作了管理对象，忽视了法的主体性、权威性是前提和基础，忽视了法律是实现社会公平正义的最重要的也是最后一道保障，与中国的法治现代化建设格格不入、背道而驰。

在中国这样的超大型社会主义国家建设法治，马克思、恩格斯、列宁不可能系统而有针对性地论述过。党的十八届四中全会提出建设中国特色社会主义法治国家，本质上是实现法律的国家与社会边界的重合，推动法治国家、法治政府和法治社会的一体建设，"形成完备的法律法规体系、高效的法治实施体系、严密的法治监管体系、有力的法治保障体系，形成完善的党内法规体系，

---

① 马克思，恩格斯．马克思恩格斯全集：第36卷［M］．北京：人民出版社，1974：238.
② 马克思，恩格斯．马克思恩格斯选集：第3卷［M］．北京：人民出版社，1995：324.
③ 列宁全集：第31卷［M］．北京：人民出版社，1985：94－95.

坚持依法治国、依法执政、依法行政共同推进，坚持法治国家、法治政府、法治社会一体建设，实现科学立法、严格执法、公正司法、全面守法，促进国家治理体系和治理能力现代化”①。这使得社会主义法治国家建设的内涵十分明确、具体。它强调政治民主、权力限制、社会正义、公民自由平等；强调法治也重视德治；强调重视现代国家治理的一般规律，也注重法治与历史、社会、文化条件的高度契合。这些体现了对工具主义法律观的扬弃，意味着我国法治建设对马克思主义国家法治理论的拓展、深化和跨越。

（二）强化若干观念

1. 坚持法治“人民立场”的基本属性

马克思主义强调人的价值与尊严的法学取向，批评蔑视人的自由与权利的专制主义，指出“专制制度的唯一原则就是轻视人类，使人不成其为人”，“使世界不成为其为人的世界”②，而且指出应当避免重新把“社会”作为抽象物同个人对立起来，认为“国家只有通过个人才能发生作用③”。就其本质而言，个人是真正现实的主体，也是国家的基础。国家和社会绝不是霍布斯心目中的“利维坦”，凌驾于人们之上并将自己的意志强加于人们。这种利维坦式的国家和社会，将使国家不成国家。因为没有诸多个体的积极活动，就没有社会，也更不可能有建立在社会基础上的国家结构。

马克思主义法律理论认为人是法律的主体。“国家制度就其存在、就其现实性来说，就是不断地被引回到自己的现实基础、现实的人、现实的人民，并被设定为人民自己的作品。”④ 在民主制中，不是人为法律而存在，而是法律为人而存在⑤。在民主制中，国家制度、法律、国家本身，都只是人民的自我规定和人民的特定内容⑥。马克思特别强调法律应当是人民意志的体现。“只有当法律是人民意志的自觉表现，因而是同人民的意志一起产生并由人民的意志所创

---

① 习近平．关于《中共中央关于全面推进依法治国若干重大问题的决定》的说明［M］//中共中央关于全面推进依法治国若干重大问题的决定》辅导读本．北京：人民出版社，2014：51.

② 马克思，恩格斯．马克思恩格斯全集：第1卷［M］．北京：人民出版社，1956：410－411.

③ 马克思，恩格斯．马克思恩格斯全集：第1卷［M］．北京：人民出版社，1956：270.

④ 马克思，恩格斯．马克思恩格斯全集：第3卷［M］．北京：人民出版社，2002：39页以下。

⑤ 马克思，恩格斯．马克思恩格斯全集：第3卷［M］．北京：人民出版社，2002：40.

⑥ 马克思，恩格斯．马克思恩格斯全集：第3卷［M］．北京：人民出版社，2002：41.

立的时候，才会有确实的把握。"① 人民的自由应当以法律的形式存在。"法律不是压制自由的措施……法律是肯定的、明确的、普遍的规范，在这些规范中自由获得了一种与个人无关的、理论的、不取决于个别人的任性的存在。法典就是人民自由的圣经。"② 人永远是法治的目的。人民是历史的创造者，是历史的主人；不是法律制度创造了人民，而是人民创造了法律制度。马克思指出，共产主义社会是自由人的联合体③，强调要把"人的关系还给人自己"④。

马克思主义视野中的人，不是某个人，不是某一阶级，也不是绝大多数的人，而是所有的人。人的意志不完全统一，人的需求也存在多个方面，人的理想也各有追求，人的意志更是千差万别。现代法治正是将各种意志、利益及其实现纳入制度框架内进行整合。党的十八届四中全会提出，"加快完善体现权利公平、机会公平、规则公平的法律制度，保障公民人身权、财产权、基本政治权利等各项权利不受侵犯，保障公民经济、文化、社会等各方面权利得到落实。"⑤ 在法治领域，树立"人民立场"的发展思想，就是要倍加关注人民对民主法治、公平正义、人权保障、产权保护、安定有序、环境良好的美好向往，以满足人民对美好法治生活的向往为宗旨，坚持法治为了人民、依靠人民、造福人民、保护人民。把实现好、维护好、发展好最广大人民根本利益作为法治建设的根本目的，把体现人民利益、反映人民意愿、维护人民权益、增进人民福祉、促进人的全面发展作为法治建设的出发点和落脚点，落实到依法治国全过程各方面。

2. 坚持"现实社会关系对法律的决定作用"的基本要求

马克思主义创始人认为，法律尽管表面上体现为统治阶级意志，但法律绝不是国家权力执掌者可以凭借自己的意志随意地加以制订的。国家权力和法的现实基础是"个人的物质生活，即它们之间相互制约的生产方式与交往方式"，"法的关系正像国家的形式一样，既不能从他们本身来理解，也不能从所谓人类精神的一般发展本身来理解。相反，他们根源于物质的生活关系"⑥。其内容是由特定社会发展阶段的生产关系的内涵以及社会生产力水平所决定的。在法律

① 马克思，恩格斯．马克思恩格斯全集：第1卷［M］．北京：人民出版社，2002：349.

② 马克思，恩格斯．马克思恩格斯全集：第1卷［M］．北京：人民出版社，2002：176.

③ 马克思，恩格斯．马克思恩格斯全集：第4卷［M］．北京：人民出版社，1964：479.

④ 马克思，恩格斯：马克思恩格斯全集：第4卷［M］．北京：人民出版社，1964：439.

⑤ 本书编写组．中共中央关于全面推进依法治国若干重大问题的决定［M］．北京：人民出版社，2014：11－12.

⑥ 马克思，恩格斯．马克思恩格斯选集：第2卷［M］．北京：人民出版社，1995：35.

与社会的关系上，马克思强调，“是社会创造了法律，而不是法律创造了社会”，“社会本身——是所有权、建立在所有权基础上的法律的根源①”。马克思主义抓住决定法律的经济主线，分析影响法律的关键因素，认为“只有毫无历史知识的才不知道君主们在任何时候都不得服从经济条件，并且从来不能向经济条件发号施令。无论是政治的立法或市民的立法，都只是表明和记载经济关系的要求而已”②。

社会关系对法律的决定作用是马克思主义法学的基石。人们在一定社会生产力发展水平约束下所自发形成的生产关系和社会关系内含着一系列行为规则。国家通过立法或司法，将这些生产关系和社会关系固化、法律化。“立法权并不是创立法律，它只是披露和表述法律。”③ 法律是社会经济关系的规则表现。一般而言，“法律本身不提供任何东西，而只是认可现存的关系”④。在马克思主义看来，“每种生产方式都产生出它所特有的法的关系、统治形式⑤”。“每一时代的社会经济结构形成现实基础，每一个历史时期由法律设施和政治设施以及宗教的、哲学的和其他的观点所构成的全部上层建筑，归根到底都是应由这个基础来说明的。”⑥ 因此，社会转型与法治发展的真正根源不仅是思想观念的变革，更是因为经济基础内部的变化与发展。生产力与生产关系、经济基础与上层建筑之间的矛盾运动是社会发展与进步的最重要因素。生产力是最活跃最革命的因素，是社会发展的最终决定力量，因而也是决定和支配法律发展的根本性因素和力量。

生产力的发展与生产关系的变迁，是理解一个社会的法律现象与法治发展的关键。生产力的解放和发展必然会对包括法治在内的政治制度建设提出要求，生产关系的改革与调适也必然带来法治与政治改革与发展的动力。只要生产力还没有发展到足以使竞争成为多余的东西，还在不断地产生竞争，法和法律就将继续存在下去。“旧法律是从这些社会关系中产生出来的，他们也必然同旧社会关系一起消亡，他们不可避免地要随着生活条件的变化而变化。” 在社会主义条件下，法律发展与法治建设是完全不以个人的意志为转移的。

---

① 马克思，恩格斯．马克思恩格斯全集：第26卷［M］．北京：人民出版社，1972：368.
② 马克思，恩格斯．马克思恩格斯全集：第4卷［M］．北京：人民出版社，1958：121－122.
③ 马克思，恩格斯．马克思恩格斯全集：第3卷［M］．北京：人民出版社，2002：74.
④ 马克思，恩格斯．马克思恩格斯全集：第2卷［M］．北京：人民出版社，1957：243.
⑤ 马克思，恩格斯．马克思恩格斯全集：第2卷［M］．北京：人民出版社，1995：29.
⑥ 马克思，恩格斯．马克思恩格斯全集：第20卷［M］．北京：人民出版社，1971：29.

党的十九大报告指出，全面依法治国是国家治理的一场深刻革命，必须坚持厉行法治。全面依法治国是一种新的制度安排、执政方式和社会治理模式，既尊重法治建设规律，又联系中国实际，是马克思主义法治一般原理与中国国情、民意紧密结合后在法治道路、法治理论、法治制度上进行创造性转换的产物，是新时代的要求，是社会主义生产力与经济关系发展的需要，不以人的意志为转移，具有历史的必然性。需要坚定的法治意志，把党的领导贯彻落实到依法治国的全过程和各方面，坚持依法治国、依法执政、依法行政共同推进，坚持法治国家、法治政府、法治社会一体建设，依法治国和以德治国相结合，依法治国和依规治党有机统一。增强全社会法治意识和法治观念，形成尊法、学法、守法、用法护法的社会氛围。提供更好的制度性法治产品，不断满足人们对民主、公正、正义等法治新需求。

三、重新理解马克思主义法治观的重要意义

马克思主义法治观是一个时代的命题，其最为深刻的根据在于经济社会发展及相关的政治、文化发展的内在要求。我们既不能用马克思主义的传统革命法制理论去否定当代中国特色社会主义法治发展的理念与实践，也不能用当代中国特色社会主义法治理论创新的最新成果去质疑和否定传统马克思主义法律理论关于法律问题的解读与论断。传统马克思主义法学理论在创建时代的法律思想与当代中国马克思主义法律思想中关于法的本质、作用等方面在认识、观念上的不同对应着无产阶级在革命解构时代与在建设治理时代的历史性任务的不同，是针对不同历史阶段的法的认识而出现的差别，但是，从本质上来看，它们是统一的，它们统一于历史唯物主义的思想方法和认知框架，统一于对历史性可实现的公平正义的追求，统一于全人类自由解放这一终极性价值指向①。

马克思主义法治观总是与一定的时空相联系。今天我们重新思考马克思主义法治理论，“我们决不把马克思的理论看作某种一成不变的和神圣不可侵犯的东西；恰恰相反，我们深信：它只是给一种科学奠定了基础，社会主义者如果不愿意落后于实际生活，就应当在各方面把这门科学推向前进”②。马克思主义法律理论要成为当代中国法治建设的理论指引与行动指南，也必须完成其中国化、时代化的历史过程。要契合当代中国特色社会主义法治建设的实际需要，

---

① 张恒山．中国特色社会主义法治建设的理论基础［J］．法制与社会发展，2016（1）：29.

② 列宁选集：第1卷［M］．北京：人民出版社，1995：274.

解释和回答当代中国法治理论与实践的重大问题。不是将马克思、恩格斯等马列经典作家的相关论断神圣化、教条化和绝对化，更不是将他们的某句经典语句用来扣帽子、打板子，而是应该根据当代中国法治建设的实然情况，像马克思那样去思考问题、解决问题，在吃透马克思主义法律理论的原理、搞清中国国情的基础上，认清时空条件的特定性，将文本分析、内部实践和中国实践整合一体，体现与时俱进的法律观、实事求是的方法论。唯此，马克思主义法律理论对于中国法治建设才真正具有理论和实际的指导意义。

党的十九大提出，“要以良法促进发展、保障善治”。所谓良法，就是反映人民意志、尊重保障人权、维护公平正义、促进和谐稳定、保障改革发展、引领社会风尚的法律，就是体现民意民智、符合客观规律、便于遵守和执行的法律。所谓善治，就是中国特色社会主义法治不仅是形式法治，更是实质法治。“必须从我国实际出发，同推进国家治理体系和治理现代化相适应。既不能罔顾国情、超越阶段，也不能因循守旧、墨守成规。”① 不仅要在中国政治、经济、法律、文化、道德等资源环境中，建设体现现行宪法、中国特色社会主义法治道路等的制度文明成果，还要寻求国家治理经验、法治战略、法治体系、机制与新时代中国政治经济社会发展之间的契合点，提炼包括国家法治理念、法治价值、法治理论、法治精神等的精神文明成果。要进行长久的积淀、筛选、比较、淬炼与优化，弘扬社会主义法治精神，建设社会主义法治文化，建成全面依法治国的观念基础。要倍加重视和呵护宪法法律的权威，强调法治是党领导人民当家做主的规则之治，强调法治代表中国特色社会主义所追求的公平正义、良法善治，强调宪法法律作为全体社会成员必须遵守的规范体系的权威性、至上性等等，实现现代法治理论的重大创新，实现马克思主义法治理论在中国的发展与飞跃。

① 习近平．加快建设社会主义法治国家［J］．求是，2015（1）．

以责任追究促进党风廉政建设“两个责任”的落实*

——基于责任政党和政党责任的理论分析

李秋涛[1]　张银霞[2]

（1. 中共河南省纪委监察委，综合事务管理室；
2. 河南财经政法大学 马克思主义学院，河南 郑州，450000）

政党作为一个政治主体，在政党政治的发展中占据着重要位置，影响和决定一个国家内政外交的走向。任何一个政党都以谋求和保持执政地位作为其奋斗目标。中国共产党作为当代中国的执政党，无疑要巩固执政地位，关键就在于如何提高党的执政能力。而如何建设社会主义国家的负责任的责任型执政党？如何通过履行执政责任带动“全面从严治党”？如何从政治学和行政学角度来认识当前党风廉政建设“两个责任”工作？这些都与党的执政能力建设息息相关，都是新时期党的建设必须直面和回答的现实问题。

一、中国共产党构建社会主义国家的责任型政党的理论分析

中国共产党建设责任型政党的任务不是一个政治习惯或执政能力大小的问题，而是判断其在法治社会背景下能否尊重执政的客观规律、自觉担负起立党为公、执政为民的责任问题。从理论上研究中国共产党建设社会主义国家的责任型执政党问题，需要从政治学和行政学的角度，运用责任政党和政党责任理论来客观、辩证、历史地分析。

---

* 基金项目：2018 年河南省哲学社会科学项目《改革开放 40 年中国共产党纪律建设基本经验研究》（2018CDJ012）；2018 年河南省高校廉政专题项目《高校监督执纪运用“第一种形态”问题研究》（2018－LZYB20）；南通廉政研究中心课题《新时代中国共产党廉洁形象建设研究》（2018YB02）。

责任政党概念的提出，是基于美国政党责任的旁落，由谢茨施耐德于1950年在《走向更加负责任的两党制》报告中界定为"就是能够向选民提供合适的政策选择的政党"①。它和政党责任息息相关，是一个相对概念，包含着对政党责任理解的差异。在西方多党制的国家，政党责任指通过选举而实现的两党对社会大众的责任。1990年代后二者进入了国内研究视野。有的学者认为责任政党就是指"建设一个有严密纪律和组织结构、民主的、责任的、有效的政党，它必须能够充分表达人民意愿并为人民控制，也能处理现代政府的复杂问题"②。而政党责任是政党伴随人们给予其更多权力的基础上，在社会政治发展过程中应当履行或完成的职责、使命和任务等。一般而言，政党责任包括公共责任（外部责任）和组织责任（内部责任）。政党公共责任往往体现在公民的政策选择权方面，而组织责任往往指政党内部通过党章或党纲对党员、干部规定的责任。

那么，中国共产党的政治责任是什么呢？现行《中国共产党章程》规定："中国共产党是中国工人阶级的先锋队，同时是中国人民和中华民族的先锋队，是中国特色社会主义事业的领导核心，……党的最高理想和最终目标是实现共产主义。"③ 在社会主义初级阶段，中国共产党的政治责任是"领导和团结全国各族人民，以经济建设为中心，坚持'四项基本原则'，为把我国建设成为富强民主文明和谐的社会主义现代化国家而奋斗。"当前，中国共产党在自身建设方面的首要政治责任就是："聚精会神抓党建，严明党的政治纪律政治规矩，全党齐抓党风廉政建设和反腐败斗争，坚持从严治党，落实管党治党责任。"总的来说，中国共产党的政治责任就是革命时期，履行自身作为革命党的政治任务，坚守带领全国各族人民群众争取民族独立、人民解放的使命；在建设和改革时期，作为执政党，充分表达人民意愿并为人民服务，承担起执政国家政权推动社会政治经济发展的职责、使命和任务。

中国共产党所承担的政党责任的实质是什么呢？这就需要从政党责任性质和中国共产党性质的角度来深入分析。任何一个政党在争取政权、执掌政权的过程中，必不可少的便是政党的意识形态。政治意识形态实质上是政党对自身

---

① Schlesinger, Arthur, Jr. Toward a More Responsible Two - Party System: A Report of the Committee on Political Parties [J]. The Annals of the American Academy of Political and Social Science, 1951 (271): 222.

② 姚尚建. 以责任政党保卫责任政府——国外政府理论的发展逻辑 [J]. 南京社会科学, 2008 (7): 80-84.

③ 中国共产党章程 [M]. 北京: 人民出版社, 2017: 1.

角色定位的一种“应当”责任，或“角色责任”①。它是政党基于某种信仰或价值观对于自己角色的评价或认识，借助于执掌国家政权来影响人们的行为，使其成为主流意识来实现政党的主张。除了自身评价外，政党还要受到民众和法律的评价，承担起相应的客观责任。从民众的角度而言，该政党作为执政党或参政党在国家政治经济发展过程中应当承担哪些责任。这些客观责任是政党获得民众支持、参与政治的社会基础，甚至于执政基础。除了民众的评价外，任何政党都要受到来自法律法规的约束，承担相应的法律责任。当政党的主张与民众对其的评价一致时，政党的执政基础就更加巩固。中国共产党作为当代中国最大的执政党，“他们没有任何同整个工人阶级和其他劳动群众的利益不同的利益”，其政党意识先进性和执政合法性不容置疑。作为中国工人阶级的先锋队，自建党以来中国共产党始终代表中国先进生产力的发展要求，代表中国先进文化的前进方向，代表中国最广大人民的根本利益。说到底，中国共产党所承担的政党责任就是在革命、建设和改革的历史过程中履行和兑现的政治、行政、道德和法律责任；实质上就是立党为公、执政为民。

二、中共履行执政责任实现全面从严治党的历史实践

从1921年建党至今，中国共产党实现了政治身份的转变，经历革命过程而成为领导中国建设和改革的执政党。在这一历史过程中，中国共产党是否兑现了对人民承诺的政党责任？中国共产党又是如何通过履责带动全面从严治党的落实？回顾中国共产党90多年的夺取政权和建设国家的奋斗历程，最重要的一条经验就是始终坚持党要管党、从严治党。

党要管党、从严治党既是政党自身的主观责任，也是民众所要求的客观责任。在新民主主义革命和社会主义革命、建设时期，尽管没有明确提出党风廉政建设“两个责任”的概念，但中国共产党领导人在党风廉政建设和从严治党的指导思想和现实实践中都涉及党内追责问责制，且探索和积累了不少经验。可以说，“新民主主义革命时期，是党内问责制的开创时期。党内问责制的整体制度框架在这一时期逐步建立，为新中国成立后党内问责制的发展奠定了基础”②。新民主主义革命时期，以毛泽东为核心的党的领导集体，就艰苦卓绝的斗争环境下如何解决建党问题实现从严治党，围绕党内追责问责制进行了多方面论述。1936年6月，对于《关于领导方法的若干问题》，他提出：“对于任何

---

① 吉龙华．政党责任论［J］．学术探索，2005（2）：15－19.

② 王一星．中国共产党党内问责制研究［D］．北京：中央党校政法教研部，2009：47.

工作任务（革命战争、生产、教育，或整风学习、检查工作、审查干部，或宣传工作、组织工作、锄奸工作等等）的向下传达，上级领导机关及其个别部门都应当通过有关该项工作的下级机关的主要负责人，使他们负起责任来，达到分工而又统一的目的（一元化）。”① 此外，毛泽东着重强调党内领导干部追责问责工作，指出：“对于某些犯有重大错误的干部和党员……群众不但有权对他们放手批评，而且有权在必要时将他们撤职，或建议撤职，或建议开除党籍”②，且赞成群众革掉那些“犯了官僚主义，不去解决群众的问题，骂群众，压群众”③ 的领导干部。新中国成立后，中国共产党面临的首要问题就是如何在夺取政权后保持党不被腐化变质。党中央在全国各地建立纪律检查委员会，着手建立党内有组织、有系统的监督制度。针对党内存在腐化堕落现象，党中央先后多次开展采取整党整风运动。在整党整风运动中，毛泽东强调应发动广大群众包括民主党派及社会各级人士大张旗鼓地去进行“三反”运动，做到“一样的首长负责，亲自动手，……轻者批评教育，重者撤职、惩办、判处徒刑（劳动改造），直至枪毙一批最严重的贪污犯”④。整党整风运动不仅加强了党的作风建设，也是党内问责制的重要形式，严厉惩处了一批腐化分子，为当时统一全党思想、纯洁党的干部队伍、巩固党的执政地位起到了关键作用。

党的十一届三中全会后，以邓小平为核心的党中央领导集体，在总结革命时期管党治党的经验教训，着手从制度层面落实党风廉政建设和从严治党。首先，正式建立中央纪委，恢复党内问责专门机构，明确中央纪委的工作任务和职权范围，并出台《关于党内政治生活的若干准则》《关于处分违反党纪的党员批准权限的具体规定》等党内法规文件。这些举措都涉及党内问责制，推动了党内问责制的发展。从党的十三届四中全会到党的十六大，基于建党以来从严治党的宝贵经验，面对市场经济的新挑战，以江泽民为核心的第三代中央领导集体着手解决新世纪下“建设成为一个什么样的党”和“怎样建设党”的根本问题。这一时期，党中央逐步推进党内问责制走向制度化。中共中央印发《中国共产党纪律处分条例（试行)》，对违反纪律的党员进行党纪处分。1998 年 11 月，中共中央、国务院印发《关于实行党内廉政建设责任制的规定》，对党风廉政建设进行党内问责的制度安排。此外，党中央及各级纪委有效地开展了党内

---

① 毛泽东．毛泽东选集：第 3 卷［M］．人民出版社，1991：900 - 901.

② 毛泽东．毛泽东选集：第 4 卷［M］．北京：人民出版社，1991：1271.

③ 毛泽东．毛泽东选集：第 5 卷［M］．北京：人民出版社，1991：326.

④ 毛泽东．毛泽东选集：第 5 卷［M］．北京：人民出版社，1991：54.

问责实践，查处了一批典型的党内问责案件。党的十六大以后，党中央进一步推进党内问责制发展，拉开“问责风暴”序幕；印发《中国共产党纪律处分条例》，对各类问责内容及相应的责任处理方式进行详细的规定；印发《中国共产党党内监督条例（试行）》，明确问责主体的问责权限，增强党内监督与党内问责的合力。自2004年《关于加强党的执政能力建设的决定》明确提出“问责制”至今，中国共产党党内问责制建设日益严密和完善。尤其是迈入新时代，新一届党中央明确提出“全面从严治党”，出台《中国共产党纪律处分条例》《中国共产党廉洁自律准则》《中国共产党问责条例》等党内法规，全面聚焦党内问责，推动全面从严治党落实。自2015年的“问责年”始，党中央采用深入调研、广泛约谈等方式，从中央部委和省一级抓起落实党风廉政建设责任制，把责任分解到组织、宣传、统战、政法等党和国家机关工作部门，并把责任落实情况纳入巡视重点；以及完善问责制度，围绕党的事业和党的建设领导责任，综合运用检查、通报、诫勉、组织处理、纪律处分等方式，追究主体责任、监督责任和领导责任。据统计，2014年以来，全国共有7020个单位党委（党组）、党总支、党支部，430个纪委（纪检组）和6.5万余名党员领导干部被问责①。党的十九大召开后，十九届中央纪委二次全会就2018年纪检监察工作做出部署时强调紧紧咬住“责任”二字，抓住“问责”这个要害，推动全面从严治党责任落到实处，明确指出“加强对所辖地区和部门党组织履行全面从严治党责任情况的监督检查，用好问责利器，做到失责必问、问责必严。加强上级纪委对下级纪委的领导，完善地方纪委派驻体制机制，强化监督职责，推动管党治党责任全面覆盖、层层传导”②。

可以看出，在不同的历史时期，中国共产党从严治党的方式方法会有所不同，实现责任政党也是一个不断发展和完善的过程，但这些都离不开人民群众的支持和认可。构建社会主义国家的责任型执政党，既是中国共产党提高自身执政能力的主观要求，也是应对时代发展和复杂政治问题不能回避必须直面的现实挑战。

三、中共通过追责问责促进“两个责任”落实的现实分析

如何破解如影随形的腐败现象，关键在于切实用好责任追究这个“杀手

① 十八届中央纪律检查委员会向中国共产党第十九次全国代表大会的工作报告［EB/OL］. 新华网，2017-10-29.

② 赵乐际. 以习近平新时代中国特色社会主义思想为指导 坚定不移落实党的十九大全面从严治党战略部署［N］. 中央纪检监察报，2018-01-11（1）.

锏”。强化责任追究，就是明确“两个责任”怎么追究的问题。即加强对主体责任和监督责任落实情况的督促检查，严格落实责任追究办法，制定实施切实可行的责任追究制度，以保证责任追究到位，做到有责必问、问责必严。新时代下，全国各级党委、纪委尽管落实“两个责任”进程步伐不同，表现出一些共性特征，但也存在一些不可忽视的问题。

（一）强化责任追究，促进“两个责任”落实的共性特征

各级党委、纪委在党风廉政建设“两个责任”追责落实工作中，表现出一些共性特征和规律性措施：第一，把纪律和规矩挺在履责前，突出执纪特色。各级党委、纪委积极开展以“抓思想”促进“思想抓”的纪律和规矩的专题教育活动，使纪律和规矩意识入心入脑的同时，党员干部以更多种方式践思践行，增强履责责任感，转变执纪观念。第二，坚持以上率下，层层传导压力。各级党委认真贯彻落实中央“两个责任”精神，主动“挂帅出征”，树立标杆范例；切实担当起统筹领导之责、示范带头之责，带动下面各基层党组织落实好应承担的责任。第三，牢牢牵住“牛鼻子”，用好问责“撒手锏”。各级党委牢牢牵住“牛鼻子”，层层分解落实主体责任。各省市党委把主体责任落实在行动上，纷纷制定出台了《关于落实党风廉政建设主体责任和监督责任的实施意见（试行）》《2015 年全市党风廉政建设和反腐败工作主要任务分工意见》等办法，使各单位落实“两个责任”的目标任务具体化、责任明确化。在分解责任基础上，各级党委深化作风建设，种好“责任田”，采取自查、集中检查、明察暗访、交叉检查等方式，用准“撒手锏”。第四，制定问责机制，倒逼责任落实。各省市不断建立完善问责机制，着力构建明责—定责—督责—述责—追责为一体的责任链条；在履责内容上，对日常管理失职行为问责、对相关领导失职行为问责等，加强事后问责与事前事中监督预警相结合，明确“问责”重点和导向，以严格的责任追究倒逼“两个责任”落实。第五，通报典型案例，强力追责不留情面。党的十八大以来，全国各级纪委不断通报了“两个责任”履责、履职不力的典型案例，通过典型案例，问责一个，警醒一片。第六，坚持问题导向，立足抓早抓小。回归党章本源，找准职责定位，转职能转方式转作风，把纪律挺在前，运用监督执纪“四种形态”，抓住“关键少数”。

（二）强化责任追究，促进“两个责任”落实中的主要问题

1. 被动出击，职能交叉，定责困难

当前强化责任追究、促进“两个责任”落实的定责过程中，存在追责被动、定不准则的情况。不少纪检监察人员不会在群众信访举报的基础上主动去收集

线索，导致纪律审查放走了“大鱼”，只捞到一些“小虾米”。另一方面，当前实际工作中职能交叉、权责不对等现象仍然大量存在，容易出现“一根藤上长几个瓜”“几根藤共长一个瓜”的不正常现象：各级党委（党组）的正职与副职之间、各层级之间的权责难以厘清，个别部门权力边界不清、行政首长负责制和集体决策民主集中制之间交叉重叠等。职能交叉使得纪检监察机关在问责过程中难以定责，导致实际决策者没有受到应有的处罚，而具体实施者、甚至临时接手者成为问责对象。

2. 不敢担当，执纪不严，问责不实

在强化责任追究、促进“两个责任”落实的工作实践中，出现了不少“不抓老鼠的猫”“抓不到老鼠的猫”。有的纪检人员遇到矛盾就绕道走；有的纪检人员习惯了当“协助者”而不会当“监督者”；有的纪检人员想方设法为违纪人员开脱，“大事化小，小事化了”。拉不下面子，担心自己被边缘化，影响自己的政治前途。此外，纪检监察机关存在不少理论知识不足、业务能力不强的工作人员，这些人员面对实际问题不知如何下手，往往影响了纪律审查工作的顺利开展，最终“抓不到老鼠”。

3. 文牍主义苗头初显，消极应对现象存在

全国各省市的纪检监察网站“曝光台”一栏信息大多以转发中央关于强化责任追究、促进“两个责任”落实的部署、转发中央关于通报某省、某市典型的案件，或是本省（市）关于强化责任追究、促进“两个责任”落实的工作动态为主，实际追责问责的工作动态较少，“两个责任”落实不力的典型案例通报更是少之又少。看似火热开展，实际上“雷声大、雨点小”，以文牍主义消极应对中央督促检查。

4. 党委、纪委合力不强，预警机制尚未建立

在实际工作中，纪检监察机关的监督力度往往取决于部门党组织特别是一把手对党风廉政建设和反腐败工作的重视程度，一把手态度疲软的部门，纪检部门则畏畏缩缩，伸展不开拳脚。党委和纪委相互牵制。此外，当前实际工作存在大量“头痛医头、脚痛医脚”的现象，纪检监察部门只是发现一起查处一起，并没有建立起杜绝同类问题再次发生的预警机制，党委和纪委缺乏配合，合力不强，导致问责治标不治本。

四、对中国共产党强化责任追究促进“两个责任”落实工作的对策和建议

（一）加强责任意识教育力度，提高党员干部内在政治素养

各级党委、纪委要高度重视，把党风廉政建设“两个责任”工作摆在重要

议事日程，认真组织实施，抓好党风廉政建设学习、教育、宣传。要制定好周密详实可行的学习计划和专题活动。针对党员干部的思想实际情况，开展“学纪、守纪、执纪”为重点内容的学习活动，把党纪政纪条规教育放在突出位置；同时丰富学习内容，组织党员干部学习党建理论和基本知识，提醒党员干部时刻牢记共产党员的宗旨，力求使党员干部真正树立廉洁从政，奉公守法的意识。二要创新学习方式。各级党委、纪委要根据本地实际情况，有针对性地开展党风廉政建设教育活动，采取灵活的学习方式进行学习、宣传和教育，丰富教育形式和载体。除了开展专题学习之外，党委、纪委可以通过印发廉政宣传手册，录制廉政教育宣传片，举办廉政书法大赛等形式，加强党员干部廉政意识和责任担当的塑造，更好地激发党员干部自身的正能量和责任感。

（二）严要求，强素质，聚焦“执纪问责”外在素质提升

各级纪检监察机关应回归党章，狠抓干部队伍建设，打造忠诚干净担当的执纪“铁军”。所谓打铁还需自身硬，先要成为“铁打的人”“素质过硬的人”，就必须掌握监督执纪问责的“十八般武艺”。各级纪检监察机关要以提升执纪队伍战斗力为切入点，经常开展“学监督业务、练执纪技能、创优秀业绩”的业务培训，全方位提高纪检监察干部的业务水平和综合素质。严把用人选人的“入口关”，在有条件情况下成立专门的考核机构，对录用和调入的工作人员的政治素养和业务能力等进行严格的考核筛选。

（三）强化监督检查，破解消极应付现象

文牍主义现象的出现，反映了个别单位“只动嘴不动手”的现象。破解消极应付症结的药方就是强化日常监督检查。一坚持日常监督检查，完善监督机制。党的十八大以来，各级纪检监察机关加强和改进监督的形式、途径和方式，这些日常监督检查机制，尤其是针对重点领域反腐败工作及党风廉政建设“两个责任”落实情况，起到及时较有成效地整改纠正。因此在后续的强化责任追究过程中，各级纪委要充分发挥执纪问责职能。二坚持定期汇报制。各级纪委要以书面、例会等形式，每季度汇报一次工作总结，重点汇报党风廉政建设“两个责任”中各项工作落实情况，探讨存在问题和解决办法。三从严从实，强化自我监督。各级党委、纪委要把纪律挺在前面，对组织内部干部违反纪律和规矩的行为，必须不护短、不手软，动辄则咎。四扩大监督渠道和网络。党委、纪委在相互监督的同时还要接受舆论监督和群众监督。加强党务政务公开，拓宽舆论监督途径，畅通群众诉求渠道。

（四）建立惩防制度，整合问责合力

强化责任追究，必须在制度上下功夫。一要立足“抓早抓小”，完善和健全日常管理制度。认真贯彻《建立健全惩治和预防腐败体系2013—2017年工作规划》，完善选人用人机制，强化用制度管权、管事、管人，从制度层面解决不敢、不能、不想执纪问责的问题。另外各级党委、纪委要做好协调配合，发挥联动问责合力。各级党委要从自身做起，带头落实“两个责任”工作落实。尤其是主要领导干部要带好班子，全面负责。纪委要切实承担起监督责任，认真监督执纪问责，协助党委组织协调，各部门各负其责，依靠群众支持和参与开展反腐败工作。

新时代主要矛盾的转化解读

李　青

（中国人民公安大学 马克思主义学院，北京，100038）

党的十九大是在我国决胜全面建成小康社会和开启建设社会主义现代化强国关键时期召开的一次大会，在总结历史性成就的基础上，全面分析了中国特色社会主义社会的现实状况，做出两个全新的重大判断：第一是“中国特色社会主义进入新时代”；第二是“我国社会主要矛盾已经转化为人民日益增长的美好生活需要和不平衡不充分的发展之间的矛盾”。这不仅是重大的政治宣示，而且是重大的理论命题，需要从政治上、理论上、实践上进行理解和阐释。

一、中国特色社会主义进入新时代

中国特色社会主义进入了新时代，这是我国发展新的历史方位。任何事物都是个动态的变化发展过程，社会的历史方位就是社会在历史发展中所处的位置。判断一个社会的性质或该社会发展的具体历史阶段，是马克思主义者及其政党认识社会状况，制定方针政策、确定发展战略的必要前提和重要条件。

（一）新时代有丰富的内涵。

在历史方位上，新时代是中国由大国走向强国的时代，在时间上，既是“现在时”，又是“将来时”。新时代的基本内涵就是要致力于解决我国发展起来以后由大国成为强国的根本问题，实现富民强国的发展目标，实现中华民族的伟大复兴。新时代具体内涵十分丰富，大致包含以下五个方面的内容：

1. 新时代是承前启后、继往开来、在新的历史条件下继续夺取中国特色社会主义伟大胜利的时代。这是“中国特色社会主义”层面。中国特色的社会主义的发展并不是一帆风顺的。20 世纪 90 年代苏联解体、东欧巨变，社会主义阵营土崩瓦解，世界社会主义处于低潮，社会主义面临着要走向哪里的严峻现实。

中国共产党坚持社会主义道路不动摇，经济上进行体制创新，启动了社会主义市场经济，激发了社会的活力和动力，经过几十年的发展，科学社会主义在21世纪的中国，迸发出了强大的生机活力，“社会主义实践的前半程”富起来的目标已经基本完成，进入了继续夺取中国特色社会主义伟大胜利的时代，主要是解决中国“社会主义实践的后半程”，使中国特色社会主义强盛起来。

2. 新时代是决胜全面建成小康社会、进而全面建设社会主义现代化强国的时代。这是国家层面。决胜全面建成小康社会既有良好基础又面临严峻挑战，正如习近平同志所讲的：“特别是要坚决打好防范化解重大风险、精准脱贫、污染防治”的“三大攻坚战”，到2020年就要实现“精准脱贫”这个目标，防范化解重大风险和污染防治都是长期任务。全面建设社会主义现代化强国，就要继续“撸起袖子加油干”，完成好“新时代中国特色社会主义发展的战略安排”，“奋力谱写社会主义现代化新征程的壮丽篇章”，真正把中国建设成富强、民主、和谐、文明、美丽的社会主义现代化强国。

3. 新时代是全国各族人民团结奋斗、不断创造美好生活、逐步实现全体人民共同富裕的时代。这是人民的层面。改革开放之初，采取了让一部分人先富起来，然后先富带动后富的政策，新时代就是要逐步实现全体人民共同富裕。新时代要牢固树立并落实以人民为中心的发展思想，牢固树立并落实新发展理念，坚持走共同富裕道路，使全体人民共享改革发展成果。

4. 新时代是全体中华儿女勠力同心、奋力实现中华民族伟大复兴中国梦的时代。这是民族复兴层面。中华民族是个有56个民族的大家庭，历史悠久，文化灿烂。既有五千年的文明，有辉煌的历史，近代又历经被殖民、被压迫的深重苦难。新时代担负着重大的历史使命，需要全体中华儿女勠力同心、奋力实现中华民族伟大复兴的中国梦，使中国“强大起来”。

5. 新时代是我国日益走近世界舞台中央、不断为人类做出更大贡献的时代。这是中国和世界的关系层面，主要是解决“中国在世界的地位”问题。新时代国际关系深刻变化，面临百年变局。新时代中国正日益走近世界舞台中央，提供中国方案，为人类做出重大贡献。

（二）新时代的历史定位具有重大意义。

新时代标志着中国特色社会主义建设取得了阶段性的胜利，我们进入了一个新的历史阶段，站在一个新的历史起点。

1. 新时代意味着久经磨难的中华民族迎来了从站起来、富起来到强起来的伟大飞跃，迎来了实现中华民族伟大复兴的光明前景。

2. 新时代意味着科学社会主义在21世纪的中国焕发出强大生机活力，中国特色社会主义伟大旗帜依然在世界上高高举起。

3. 新时代意味着中国特色社会主义道路、理论、制度、文化不断发展，拓展了发展中国家走向现代化的途径，给世界上那些既希望加快发展又希望保持自身独立性的国家和民族提供了全新选择。想当年，十月革命的一声炮，给我们送来了马克思列宁主义，从此，中国革命的面貌就焕然一新了。那么，今天中国特色社会主义为解决人类问题贡献了中国智慧和中国方案。改革开放几十年就解决了13亿人的温饱，基本解决了落后的社会生产与人民不断增长的物质文化生活的需要之间的矛盾，彰显了社会主义的活力，显示了社会主义制度的优越性，我们应该有理由制度、道路、理论自信，继续沿着中国特色社会主义道路，把我国建设成为富强、民主、和谐、文明、美丽的社会主义现代化强国。

二、社会主要矛盾的转化

主要矛盾的转化是与新时代密切联系的，主要矛盾的转化既是我国进入新时代的依据，也是新时代的重要标志和主要特征。

改革开放之初，1981年十一届六中全会决议提出了“我国所要解决的主要矛盾，是人民日益增长的物质文化需要同落后的社会生产之间的矛盾”。这样的主要矛盾规定了主要任务就是要致力于发展生产力，提高生产力水平，满足人民日益增长的物质文化需要。经过几十年的改革开放，中国社会取得了巨大的发展。党的十九大根据变化发展了的中国社会的实际状况，坚持唯物辩证法，适时地对主要矛盾进行了新的概括、提升和凝练，做出新的重大判断：我国社会主要矛盾已经转化为人民日益增长的美好生活需要和不平衡不充分的发展之间的矛盾。

（一）主要矛盾转化的现实依据

主要矛盾转化的依据是我国目前阶段社会发展的真实状况，以往的主要矛盾即人民日益增长的物质文化需要同落后的社会生产之间的矛盾基本得到解决，主要表现在两个方面：

1. 关于“落后的社会生产”方面。首先，社会生产力水平总体上显著提高。与改革开放初期相比，我国生产力水平显著提高，生产能力在很多方面进入世界前列，中国正在由制造大国向制造强国迈进。中国制造不仅供给国内市场，也走出国门开拓了国际市场，提高了生产的国际化程度。经济发展速度保持长期的持续中高速增长，在世界主要国家中名列前茅，国内生产总值增长迅速，稳居世界第二，对世界经济增长贡献率超过百分之三十。（十九大报告）数字经济等新兴产业蓬勃发展，发展势头良好。比如：“双11”天猫单日销售额逐年攀升，2013年350亿元，2014年571亿元，2015年912.17亿元，2016年的“双11”天猫单日销售额过1207亿元，2017天猫“双11”全天成交额再次刷新纪录，达到1682亿元。数字经济正在成为中国经济增长的新引擎。其次，高铁、公路、桥梁、港口、机场等基础设施建设快速推进，表现出了生机勃勃的良好发展局面。创新驱动发展战略大力实施，创新型国家建设成果丰硕，“天宫”“蛟龙”“天眼”“悟空”“墨子”“大飞机”等重大科技成果相继问世，走在世界前列。再次，开放型经济新体制逐步健全，对外贸易、对外投资、外汇储备稳居世界前列。这种情况下，“落后的社会生产”已经不能反映我国真实的发展状况，更加突出的问题是发展不平衡不充分。发展不平衡不充分表现在发展质量和效益还不高，创新能力不够强，实体经济水平有待提高，生态环境保护任重道远等。

2. 关于“人民日益增长的物质文化需要”方面。首先，人民的生活已经明显提高，今非昔比，生活水平得到大幅度的提升。日常生活“三大件”（20世纪70年代：手表、自行车、缝纫机；20世纪80年代：冰箱、彩电、洗衣机；20世纪90年代：空调、电脑、录像机；21世纪：房子、车子、银行卡）的变化，可以形象地反映人民物质生活水平的节节攀高。其次，人民生活的社会保障明显改善。社会保障体系目前基本上能够覆盖城乡居民，公共文化事业从形式到内容都得到开拓发展，人民的生活保障显著增强。十八大以来“我国稳定解决了十几亿人的温饱问题，总体上实现小康，不久将全面建成小康社会，人民美好生活需要日益广泛，不仅对物质文化生活提出了更高要求，而且在民主、法治、公平、正义、安全、环境等方面的要求日益增长”。人民不仅需要环境的青山绿水，还要社会的公平正义，不仅仅需要物质上的温饱、小康，还要国家的富强、生态的美丽，还要有精神上更多的获得感、安全感、幸福感，需要更加丰富多样。所以用“人民的物质生活需要”已经不能真实全面反映人民群众的愿望和要求，发展不平衡不充分已经成为满足人民日益增长的美好生活需要的主要制约因素。十九大报告强调指出：我国社会主要矛盾已经转化为人民日益增长的美好生活需要和不平衡不充分的发展之间的矛盾。社会主要矛盾的转化的重大判断，及时反映了社会发展的状况，反映了人民的心声，顺应了人民的意愿，体现了我们党“以人民为中心”的指导思想。

（二）新时代社会主要矛盾的基本内容分析

1. 不平衡不充分的发展。“不平衡不充分的发展”是讲发展问题。发展不平衡不充分体现在多方面，突出表现在区域、城乡、经济和社会、物质文明与精神文明、经济建设和国防建设等关系上，其中经济发展的不平衡不充分是最根本的，从“落后的社会生产”到“不平衡不充分的发展”，是生产力水平从低到高的转变，是生产力发展的新阶段。所谓新时代，从经济意义上的依据就是生产发展状况的转变，不是根本性的质变，所以我国处于社会主义初级阶段并没有变。“不平衡不充分的发展”是概括我国发展的现实状况，把握我国发展的阶段性特征。所谓不平衡，包括地区、领域、行业的发展不平衡，也指人们收入财富的不平衡。从地区分布看，目前我国东部沿海地区和南方地区经济较为发达，中部内陆地区次之，而西部地区相对落后。从收入来看，城乡居民收入差距较大，根据国家统计局提供的数据，2016 年我国城乡居民人均收入倍差是 2.72。个人收入之间的差距就更加明显，根据中国社会科学院发布的 2016 年《社会蓝皮书》显示：中国收入最高的 1% 家庭拥有全国 1/3 财富，收入最低的 1/4 家庭只拥有全国 1% 财富。所谓“不充分”是指我国总体生产力水平还不高，除工业生产力较发达之外，信息生产力、科技生产力、教育生产力、文化生产力与服务生产力等还相对落后，与发达国家相比还存在较大差距。

2. 人民美好生活的需要。人的需要一方面是人作为动物的本性，具有生物意义的特征，更重要的是人的需要具有社会性，会随着社会的变化发展而变化。在马克思、恩格斯看来，人的需要是人进行各种社会活动的内在动力，人类社会的“历史不过是追求着自己目的的人的活动而已”① 正是满足人的需要，构成了人们实践活动的价值意义。

应当看到人的需要是极其复杂的。从需要层次来看，有层次高低之别，大致可以分为生存需要、发展需要和享受需要；从需要内容来看，需要是丰富全面的，有自然需要、精神需要和社会需要，等等；从需要的主体看，需要是多种多样的，需要有个体需要、群体需要、国家需要和人类需要；从需要的性质看，需要有好坏的区分，比如：合理的、正当的需要和不合理的、不正当的需要。对各种各样需要的满足构成人的多彩多样的生活方式和社会的全面发展。我们国家是在“一穷二白”的基础上建设社会主义的，改变中国贫穷落后的面貌成了人民群众的共同需要，落后的社会生产与人民群众日益增长的物质文化需要之间的矛盾成了我国社会的主要矛盾，我们党带领广大人民群众，大力发展社会生产，努力创造物质财富，改变了国家贫穷落后的面貌，解决了全国人

---

① 马克思，恩格斯．马克思恩格斯全集：第 2 卷［M］．北京：人民出版社，1957：118－119.

民的温饱问题，满足了人民基本的生存需要。这意味着落后的社会生产与人民群众日益增长的物质文化需要之间的矛盾基本解决，物质需要的满足一方面为更高的需要提供了基础和条件，另一方面激发了人们层次更高和内容更丰富的需要，人民的需要结构与层次发生了全局性、历史性新变化。正如习近平在十九大报告中所指出的，广大人民群众不仅对物质文化生活提出更高要求，而且在民主、法治、公平、正义、安全、环境等方面的要求日益增长，可以概括为“人民美好生活的需要”。

美好生活是价值概念，人民美好生活确定了价值主体是人民，人民是整体、是大多数人，不是个体和少数人。这样人民美好生活内涵就十分丰富，首先人民美好社会是内容丰富全面的。它不仅包括美好的物质生活，还包括美好的政治生活、文化生活、社会生活，以及美好的生态环境，它们是全面的相互联系的一个整体。目前人民的美好社会不仅生活温饱小康，还要发展享受、环境良好；不仅有物质，还要有精神文化；不仅要个人富裕，还要国家富强；不仅经济发展，还有政治民主、社会保障等，习近平总书记做了通俗的概括：人民“期盼有更好的教育、更稳定的工作、更满意的收入、更可靠的社会保障、更高水平的医疗卫生服务、更舒适的居住条件、更优美的环境、更丰富的精神文化生活”①。其次，人民美好生活是动态开放发展的。需要是人的本性，已有的需要一旦满足，新的需要会随即产生。中国古语“知足常乐”的人生观是基于对不知足的人性的理性关照。人们美好生活的需要在本质上是不会停顿的，一定是不断变化发展的，这种变化发展呈现出量的扩张和质的提升的过程，形成一种不断上升的趋势，这样美好需要的不断满足就造成社会的文明和进步。主要矛盾转化的判断是基于我国人民需要发生变化发展的基本事实，对物质精神生活的需要转化为对美好社会需要的现实变化的适时正确反映。从矛盾的观点分析，美好与不美好是相伴而行的，对美好的追求就是对不美好的抑制，新时代主要矛盾的转化中把人民美好生活的需要当成矛盾的一方，就是内含着对善的价值趋向，显然关照人民需要内容的新变化成为我们党判断新时代我国社会主要矛盾的转化的现实依据，也构成新时代党治国理政的价值追求。

（三）主要矛盾的转化与基本国情和国际地位的不变

理解主要矛盾的变化应当注意的是：主要矛盾的变化是我国社会主义长期

① 习近平在省部级主要领导干部“学习习近平总书记重要讲话精神，迎接党的十九大”专题研讨班开班式上发表重要讲话强调高举中国特色社会主义伟大旗帜为决胜全面小康社会实现中国梦而奋斗［N］．人民日报，2017－07－28.

发展过程中的现阶段性的变化，标志着我国进入了新时代，意味着经过党和全国人民的努力，基本改变了原来生产落后的面貌，已经能够满足人民物质文化需要，原来的主要矛盾已经解决，转化为人民日益增长的美好生活需要和不平衡不充分的发展之间的矛盾。主要矛盾转化了，并不意味着我国社会主义初级阶段结束了，主要矛盾的转化并没有改变我国社会主义所处的历史阶段，我国仍处于并将长期处于社会主义初级阶段的基本国情没有变，我国是世界最大发展中国家的国际地位没有变，应该坚持辩证思维，从“没有变”中把握“变”。习近平明确指出：“当代中国最大的客观实际，就是我国仍处于并将长期处于社会主义初级阶段，这是我们认识当下、规划未来、制定政策、推进事业的客观基点，不能脱离这个基点。”①

为什么我国仍处于并将长期处于社会主义初级阶段的基本国情没有变，我国是世界最大发展中国家的国际地位没有变？两个“没有变”主要的依据是我国生产力发展的现实状况以及发达国家的现实状况。

1. 国民生产总值即 GDP 总量。近些年来我国经济发展保持中高速增长，我国国民生产总值不断上升，在世界主要国家中名列前茅，自 2010 年超过日本成为全球第二，但这并不意味着我国已经成为世界经济强国。2016 年我国 GDP 总量是 11. 39 万亿美元，排名世界第二位，美国位列第一，其 GDP 总量是 18. 56 万亿美元，在 GDP 总量上我国与美国相比仍有很大差距。应当看到当年美国 GDP 总量超越英国后，经过 50 年左右的努力后才替代英国成为了世界经济强国，所以我国成为世界经济强国还任重道远。

2. 人均 GDP。我国人口众多，尽管 GDP 总量名列前茅，但是人均收入较低。2017 年人均收入最高的是卢森堡，人均收入高达 10. 67 万美元。美国人均收入 5. 77 万美元，排名第五。韩国人均 2. 8 万美元，排名第 28。中国人均收入为 8865 美元，排名第 69 名。比较之下差距很明显。

3. 产业结构。根据世界一般发达国家的标准，第一、二、三产业占国民生产总值的比例分别应不超过 5%、约 30%、和 65% 以上。“目前美国三大产业所占国民生产总值的比例分别为不到 1%、20% 和约 80%，而我国三大产业所占比例分别为 8. 9%、39. 8% 和 51. 6%（以 2016 年为计）。”② 按照国际上一般发达国家的标准，显然我国不在发达国家范围之列。文化产业作为一种新兴的产

---

① 学哲学用哲学“磨刀不误砍此工”［EB/OL］. 新华网，2015 - 02 - 01.

② 杨生平. 关于中国特色社会主义“主要矛盾”的理解与意义［J］. 贵州社会科学，2017（11）.

业，是国家软实力的标志，它的发展更能反映一个国家生产发展水平。美国文化产业占 GDP 比重的 25% 以上，2016 年我国文化产业占 GDP 的比重为 4.07%，比较之下差距显而易见。总的看来，我国生产力发展结构存在明显不平衡，生产力水平总体上还处于从欠发达阶段向中等发达阶段跃升时期，因而作为发展中国家的国际地位没有变，而且还将持续较长时间。

三、新时代社会主要矛盾转化的积极应对

主要矛盾在事物的发展过程中所处支配地位和所起决定作用的内涵决定了它的变化必然会对事物产生深刻的影响。十九大报告指出，“我国社会主要矛盾的变化是关系全局的历史性变化，对党和国家工作提出了许多新要求。”因此要深刻理解主要矛盾的历史性变化，顺应主要矛盾的转化的新要求，确定新时代发展的矛盾重点，要在继续推动发展的基础上，着力解决好发展不平衡不充分问题，大力提升发展质量和效益，更好满足人民在经济、政治、文化、社会、生态等方面日益增长的需要，回应人民对美好生活的需求，促进社会全面发展、增进人民福祉。

（一）坚持人民为中心，以不断满足人民对美好生活的新需求为价值导向

坚持以人民为中心就是强调发展为了人民、发展依靠人民、发展成果由人民共享。

1. 坚持和完善党的领导是实现人民美好生活的政治保证

毛泽东所说：“为什么人的问题，是一个根本的问题，原则的问题。”习近平总书记在党的十九大报告中强调：“为什么人的问题，是检验一个政党、一个政权性质的试金石。”① 共产党从性质上就是为人民的政党，让人民过上安定、自主、富足、美好生活是中国共产党的初心和始终不渝的奋斗目标。新民主主义革命时期，中国共产党带领人民进行了 28 年艰苦卓绝的斗争，摆脱了半殖民地半封建社会的统治，解决了中华民族和帝国主义之间的主要矛盾，实现了国家民族的独立，人民过上了独立自主的生活。新中国建立以来，党带领人民致力于发展，基本解决了落后的社会生产与人民日益增长的物质文化需要之间的矛盾，人民生活解决了温饱、总体上实现了小康，过上了相对富裕的生活。

进入新时代，主要矛盾发生了转化，人民生活的需求层次更高、内涵更全

---

① 习近平．决胜全面建成小康社会　夺取新时代中国特色社会主义伟大胜利——在中国共产党第十九次全国代表大会上的报告［M］．北京：人民出版社，2017：44－45.

面、内容更丰富。以人民为中心的价值导向，对党治国理政提出了更高的要求，所以全面从严治党保持党的纯洁性、先进性，就成了顺应新时代主要矛盾转化的内在要求。中国社会主要矛盾的解决关键在于中国共产党的领导，所以应当毫不动摇坚持和完善党的领导，全面推进党的建设，深入反腐败斗争，使我们党始终走在时代前列，始终得到人民群众衷心拥护，成为永葆活力的马克思主义执政党，为中国社会主要矛盾的解决提供坚强的政治保证和组织保障。

2. 完善服务型政府，落实执政为民的理念

新时代主要矛盾的转化对国家治理提出新要求，促使政府要进行改革，以更好地满足广大人民群众日益增长的美好生活需要。改革开放初期，采取了“先富”政策，让先富带动后富，实现共同富裕。“在社会主义初级阶段某一特定时期，由于发展的不平衡性，只能是少数人先富裕起来。但是，发展并不仅仅是为了这些少数先富裕起来的人，而是为了绝大多数人、全体人民，为了人民的不同社会群体，为了每一个具体的人。”① 各级政府要以更全面地、更大程度地满足人民群众美好生活的需要为价值目标，把实现好、维护好、发展好最广大人民根本利益作为出发点和落脚点，在继续解放和发展社会生产力基础上，既要从大局着力维护和实现人民群众在经济、政治、文化、社会、生态等各方面的权益，同时又要从局部聚焦解决人民群众最关注的热点难点焦点问题，化解社会矛盾防范社会风险。推进供给侧结构性改革，改善供给状况，更加注重效益和质量，实施国家品牌发展战略，以更丰富更好质量的供给去满足人们日益增长的多方面多层次的需要，逐步改变国人出国购买潮。通过创新大力推进体制机制改革，打造政治清明、服务民众的政府，为人民提供更优质服务，使人民有更多的获得感和幸福感。

3. 发展社会主义民主制度，保障人民当家作主

人民群众对美好生活的向往，不仅包括经济方面，还包括社会和政治方面。中国是社会主义国家，在政治地位上人民是国家的主人，健全社会主义民主制度是人民当家作主的保障。发扬社会主义民主，一方面要倾听人民意愿、反映人民意志、保障人民权益；另一方面要激发人民群众自身的主人翁意识，调动人民群众参与管理经济社会文化事业、参与社会事务和国家管理，畅通人民群众参政议政的渠道，发挥人民群众的监督功能，激发人民的创造力，营造共建共治共享的社会治理格局。新时代条件下回应人民对美好生活的需求，推动社会主要矛盾的解决，就要不断健全和发展中国特色的社会主义民主政治，积极

① 吴向东. 以人民为中心的发展观［N］. 光明日报，2018－01－15.

稳妥地推进政治体制改革，真正体现人民当家作主的民主制度本质。

（二）坚持发展为根本，贯彻新发展理念

习近平总书记指出：面对复杂形势和繁重任务，首先要有全局观，对各种矛盾做到心中有数，同时又要优先解决主要矛盾和矛盾的主要方面，以此带动其他矛盾的解决。因此既要注重总体谋划，又要注重抓住牵住“牛鼻子”。在任何工作中，我们既要讲两点论，又要讲重点论。没有主次，不加区别，眉毛胡子一把抓，是做不好工作的。新时代社会主要矛盾的主要方面是生产不充分不均衡，解决主要矛盾的根本就在于抓住主要矛盾的主要方面，要坚持发展为根本，贯彻新发展理念。

1. 立足初级阶段的实际国情，把发展当成根本任务

新时代主要矛盾的主要方面是发展不充分不均衡问题，主要矛盾的转化并没有改变我国初级阶段的国情和发展中国家的国际地位，这就规定了目前以及今后相当长一段时期之内我国主要任务仍然是要注重发展，坚持发展是硬道理，把发展当成头等要务，发展仍是解决我国所有问题的关键，发展是解决我国社会主要矛盾的“牛鼻子”。十九大报告指出：“全党要牢牢把握社会主义初级阶段这个基本国情，牢牢立足社会主义初级阶段这个最大实际，牢牢坚持党的基本路线这个党和国家的生命线、人民的幸福线，领导和团结全国各族人民，以经济建设为中心，坚持四项基本原则，坚持改革开放，自力更生，艰苦创业，为把我国建设成为富强民主文明和谐美丽的社会主义现代化强国而奋斗。”①

以发展为根本这是解决主要矛盾的基本思路，针对主要矛盾中“发展的不平衡不充分”问题，协调、充分发展则是发展的具体路径，应当遵循唯物辩证法、坚持辩证思维，全面理解发展不平衡不充分与协调发展充分发展的问题。第一，发展不平衡是经济社会发展的基本规律，自然条件基础不同、人力资源差异都是发展不平衡的客观因素，发展不平衡是长期存在的，并不是中国特色社会主义进入新时代才开始出现的矛盾。平衡是相对的，不平衡发展是绝对的。城乡之间、区域之间、居民收入之间的不平衡在社会主义初级阶段是长期存在的，实行平衡发展有一个从低级到高级、从不平衡到平衡的动态发展过程。协调发展是平衡和不平衡的统一，需要注意的是，解决发展的不平衡问题、无论是区域不平衡还是收入不平衡，绝不是搞平均主义，我们党曾经吃过平均主义

① 习近平．决胜全面建成小康社会夺取新时代中国特色社会主义伟大胜利——在中国共产党第十九次全国代表大会上的报告［N］．人民日报，2017－10－28.

的苦头。解决发展的不平衡问题是解决严重的不平衡即不协调和失衡问题，比如缩小我国东西部差距和居民贫富的差距等。第二，发展的不充分问题是生产力发展水平问题，发展的不充分是长期存在的，不充分是绝对的，生产总是要向前发展的，充分只是相对的，相对于一定历史阶段和人民的需要而言，可以通过充分发展来解决发展和需要之间的矛盾，但相对于更高的历史阶段和人民更高更丰富的需要，发展的不充分问题又会凸显和呈现出来。因此，充分发展并不能一劳永逸。充分发展不是“大跃进”似的发展，而是依据生产力水平和状况渐进式的发展。我国跨越了资本主义的“卡夫丁”峡谷，但必须充分吸收资本主义生产力的发展成果，现时代更要特别注重充分发展生产力。第三，不平衡和不充分是密切联系的，如果在发展不充分问题没有解决的情况下，将发展不平衡作为社会主要矛盾的主要方面会产生怎样的影响呢？对于这一问题最主要的途径就是通过国家再分配政策予以解决。在发展不充分的条件下主要通过国家分配政策的调整的结果，可能会进一步激化发展不平衡。从生产过程分析，如果不解决生产发展不充分的问题，企业就活力不足，经济收益就会下降，劳动者收入随之受到影响，新的就业陷入困难，国家财政收入难以保障，这样必然会影响到再分配政策。但是过剩的资本会为寻求盈利走向金融化，居民收入差距会随金融化过程而进一步拉大，产业结构和空间布局必然趋于失衡，这样就会进一步激化发展不平衡。可见解决不平衡发展不能离开充分发展而孤立地进行。习近平曾经明确批评“分配优先与发展”的观点，认为这不符合党对社会主义初级阶段和我国社会主要矛盾的判断。习近平总书记指出：“有一些人说，目前贫富差距是主要矛盾，因此‘分好蛋糕比做大蛋糕更重要’，主张分配优先于发展……党的十八大提出准备进行具有许多新的历史特点的伟大斗争，是为了毫不动摇坚持和发展中国特色社会主义，不是不要发展了，也不是要搞杀富济贫式的再分配。”① 十八大以来，贯彻落实“创新、协调、绿色、开放、共享”的五大发展新理念，制定了许多政策措施来改变发展不平衡过程，比如：扶贫政策、社会保障制度等，正在逐步改变发展不平衡的格局。

2. 立足新时代特点，认真落实新发展观和新发展理念

新时代发展依然是解决我国一切问题的基础和关键，所以必须以发展为根本任务，但是不平衡不充分的发展现状倒逼我们必须树立新发展理念，因为

---

① 中共中央文献研究室．习近平关于社会主义经济建设论述摘编［M］．北京：中央文献出版社，2017：12.

“发展理念是战略性、纲领性、引领性的东西，是发展思路、发展方向、发展着力点的集中体现”①。贯彻“创新、协调、绿色、开放、共享”的五大发展新理念，坚持把创新摆在国家发展的核心位置，以创新为引领，继续倡导“科学技术是第一生产力”，加强科技投入和研发，提高科技生产力；以协调为基准进行中国特色社会主义发展总体布局；发展要以绿色为前提，强调人与自然的和谐共生，增强“青山绿水就是金山银山”的理念，保护自然资源和自然环境；发展要顺应世界历史发展潮流，以开放为助力，扩大开放，把国内市场与国际市场结合起来，促进发展；发展的目的是共享，使全体人民共享发展成果，感受到更多的公平正义，有更多的获得感，实现共同富裕。坚持科学发展，尊重自然规律，从发展方式上实现转换，改变以劳动密集型、能源资源浪费型、环境污染型的粗放发展方式，转化为技术密集型、资源节约型、环境友好型的集约发展方式，实现可持续发展，发展成果惠及全体人民。坚持发展为人民，激发全体人民的创造力和发展活力，要更加注重发展质量与发展效益，更加注重发展成果服务民生，全面推进社会的进步。

发展不平衡不充分集中体现在效率与公平的关系上，不能再顾此失彼，要在强调发展效率的同时，更加注重公平问题，改变“效率优先兼顾公平”的发展理念，探讨“既有效率又有公平”的新的发展方式，实现公平与效率的协调统一。针对我国人民收入与财富差距拉大、基尼系数超过0.4的“警戒线”的突出问题，逐步缩小收入差距，精准扶贫、精准脱贫是行之有效的措施。

3. 以经济发展为龙头，带动社会各方面综合发展

中国特色社会主义是全面发展的社会主义，既包括经济持续发展，也包括政治民主健全、文化繁荣昌盛、社会和谐稳定、生态环境优美，五者缺一不可、相辅相成。其中经济发展无疑是社会发展的物质基础。经过改革开放几十年的发展，中国经济发展成就突出，已经成为经济大国，经济总量跃居世界第二，经济发展一马当先，而政治、社会、文化、生态领域的发展虽然稳步推进，但与经济发展不相匹配，尤其是社会保障相对落后、资源代价沉重、环境破坏严重。所以按照社会主义本质要求、顺应新时代主要矛盾的变化和要求，已经不能再是异军突出似的发展，应当以经济发展为龙头，带动社会各方面综合、协调发展。在加快经济建设的同时，协同推进政治建设、文化建设、社会建设与生态建设，按照国家“五位一体”总体布局“四个全面”战略布局，统筹规划

① 习近平谈治国理政：第二卷［M］．北京：外文出版社，2017：197.

整体推进社会的全面发展。这就需要：在国家层面，根据自然规律和社会发展规律，科学规划社会的全面发展，聚焦时代发展的重大问题，做好发展顶层设计。在社会层面，提高保障和改善民生水平，让人民有更多获得感，让幼有所育、学有所教、劳有所得、病有所医、老有所养、住有所居、弱有所扶，不断推动社会全方位进步和人的全面发展。

法治是社会主义本质的内在规定和必然要求

刘进田

（西北政法大学 马克思主义学院，陕西 西安，710063）

社会主义可分为现实社会主义即中国特色社会主义和未来社会主义。

现实社会主义即中国特色社会主义是中国正在实践的社会主义，即中国改革开放的开创者、总设计师邓小平提出的中国特色社会主义。未来社会主义是马克思和恩格斯提出和论证的资本主义高度发展之后的社会主义。

未来社会主义由于资产阶级法权或权利处于消亡过程中，所以法治也处于消亡过程中。因而马克思在《哥达纲领批判》中批评资产阶级法权，否定法治。但马克思是站在未来社会主义时间方位上来批判资产阶级法权的，而不是站在现实社会主义时间方位上来批判资产阶级法权的。改革开放前我们之所以批判法权、否定法治，原因是我们搞错了时间方位，误把未来社会主义当作现实社会主义，犯了乌托邦主义、空想主义、浪漫主义错误。为了记住历史的教训，我们必须特别注意马克思强调的“时间结构”思想。马克思极为重视时间结构问题。他认为重视历史就是重视时间。马克思要求人们把时间结构中的“现在”和“未来”“最近”和“将来”区别开来，否则会有奇灾大难发生。关于“时间结构”思想，马克思和恩格斯在《共产党宣言》中明晰强调：“共产党人为工人阶级的最近的目的和利益而斗争，但是他们在当前的运动中同时代表运动的未来。”① 在此马克思、恩格斯把“最近”和“未来”区分开来，认为当下的实践要为“最近”的目的和利益而斗争，不能是直接为“未来”的目的和利益而斗争。这是马克思主义理论中非常值得注意的珍贵的“时间结构”思想。近来有的所谓学者写文章说要在中国消灭私有制，要求民营经济退场。这显然是违背马克思的“时间结构”思想的，从而也是违背历史唯物主义的，是非历史

① 马克思恩格斯．共产党宣言［M］．北京：人民出版社，2014：64.

的。《大学》云："物有本末，事有始终，知所先后，则近道矣。"① 知始终、先后之时间结构，就是近道、合道，否则就是远道、违道，必受惩罚。否定社会主义有法权、权利、非公经济、法治，从理论上看，就是无视马克思主义"时间结构"思想、不尊重历史思想，也不符合中华传统文化"知所先后，则近道矣"思想，有违大道，有违历史规律。

根据马克思主义"时间结构"思想和中国哲学"知所先后，则近道矣"思想，我们必须把社会主义区分为现实社会主义和未来社会主义。具有深厚理论感和历史感的邓小平同志对社会主义本质的解读，就是着眼于现实社会主义的。邓小平指出："我们总结了几十年搞社会主义的经验。社会主义是什么，马克思主义是什么，过去我们并没有完全搞清楚。马克思主义的另一个名词就是共产主义。……共产主义是没有人剥削人的制度，产品极大丰富，各尽所能，按需分配。按需分配，没有极大丰富的物质条件是不可能的。要实现共产主义，一定要完成社会主义初级阶段的任务。社会主义的任务很多，但根本一条就是发展生产力，在发展生产力的基础上体现出优于资本主义，为实现共产主义创造物质基础。"② 邓小平同志在此已将现实社会主义与未来社会主义区分得很清楚，并认为现实社会主义为未来社会主义创造物质基础。邓小平同志区分现实社会主义与未来社会主义，是他在理论上的一个重大贡献。其背后的理论基础是马克思主义的"时间结构"理论，是实事求是思想，他廓清了以往把未来社会主义混同于现实社会主义的严重理论和实践错误。遗憾的是邓小平的这个重要理论至今有些人尚不了解，还想用未来社会主义代替现实社会主义，将"未来"时间误置于"现在"时间。如民营经济退场论、第二次社会主义改造论等。不是近道，而是背道，同中国特色社会主义格格不入。

邓小平以务实的作风，巨大的理论勇气，依据马克思主义"时间结构"思想，依据实事求是原则，依据中国国情，给社会主义重新下了一个定义："社会主义的本质，是解放生产力，发展生产力，消灭剥削，消除两极分化，最终达到共同富裕。"③ 解放生产力，发展生产力的主要方法不再是阶级斗争（所谓"抓革命，促生产"），而是社会主义市场经济。这是邓小平同志理解的不同于未来社会主义的现实社会主义，也就是中国特色社会主义。

在这一社会主义的本质论断中，直接地看包含着社会主义的经济规定、社

---

① 乌恩溥．四书译注［M］．长春：吉林文史出版社，1990：1.
② 邓小平文选：第3卷［M］．北京：人民出版社，1993：137.
③ 邓小平文选：第3卷［M］．北京：人民出版社，1993：373.

会规定，同时内蕴着社会主义的政治规定、文化规定和价值规定。“解放生产力，发展生产力”，是社会主义的经济规定。“消灭剥削，消除两极分化，最终达到共同富裕”，是社会主义的社会规定。要达到“消灭剥削，消除两极分化，最终达到共同富裕”的社会目的，则必须要有政治国家的民主，因而民主是社会主义的政治规定。社会主义既是对人类社会历史发展规律的体现和反映，又代表着人民的利益，因而它不是非理性的迷信和幻想，而是一种理性主义文化。显然，社会主义的文化规定是理性文化。此理性包含理论理性和实践理性。反映客观世界规律是理论理性，体现人民群众利益是实践理性。社会主义的价值规定是以人为本，是自由、幸福、公正、民主、科学。解放和发展生产力的目的不是为了物（商品、货币），最终是为了人，为了人在自然面前的自由，为了人的幸福；消灭剥削，消除两极分化，达到共同富裕，是为了人在社会面前的自由，为了社会公正，为了实现社会公正，人在社会面前的自由，需要政治的民主、国家的民主；为了实现幸福、公正、民主诸价值，需要理性和科学。邓小平的社会主义本质观中蕴含着一个系统而完整的价值体系。社会主义本质与社会主义价值是内在统一的，实现社会主义本质，同时就是实现社会主义价值。

社会主义本质及其经济规定、社会规定、政治规定、文化规定和价值规定，都内在的要求法治。法治是社会主义本质的内在规定和必然要求，法治对现实社会主义不是可有可无的。法治是社会主义的核心价值。法治是实现社会主义本质的必然路径。否定法治，就会否定社会主义本质，肯定和推进法治，就是肯定和发展现实社会主义，就是肯定和发展中国特色社会主义。我们肯定法治的视角是现实社会主义，不是未来社会主义，更不是封闭僵化的社会主义。如果站在未来社会主义和封闭僵化社会主义的立场和视角，就会否定法治。

一、法治是“解放生产力，发展生产力”的内在必然要求

作为社会主义本质规定的“解放生产力，发展生产力”需要强大的驱动力，动力不足难以推动生产力的解放和发展。那么，生产力发展的动力是什么？我们的哲学教科书的回答是人的需要和自然之间的矛盾。“人的需要和自然之间的矛盾，是人类社会的一个永恒矛盾。正是这个矛盾，作为一种客观的强制的力量，推动着生产力的发展。”① 这里的需要不是动物式的本能需要，而是人的需要，即具有社会性的需要。这里的社会性包括社会经济关系、社会政治关系、社会法权关系，社会思想关系。人的需要、欲望，即社会性的需要、欲望。在

---

① 肖前．历史唯物主义原理［M］．北京：人民出版社，1991：111.

“社会性需要”这个表述中，很多人关注的是需要，对社会性有所忽略。其实在历史唯物主义视域中“社会性”比“需要”更为需要。因而其动力性更为强大。李泽厚指出：“实践也有感知，为什么感知觉不是出发点和基础？好些人搞不清这个基本问题；正如好些人认为先有需要（吃、喝……）才去生产，因而需要比生产应更根本更是出发点一样，这是由于他们没重视任何需要，感知的具体存在和发展状况恰好是被历史的决定于具体社会实践和社会生产的条件和水平。例如原始人的感知和需要就不同于现代人……感知和需要的共性只是动物性或并不存在的观念抽象。具体的感知、需要都是被社会实践所制约和决定的。”① 需要被社会实践所制约和决定，说明社会性、实践比需要更为根本。而在社会性、社会关系中，我们过去只重视其中的社会经济关系、生产关系，而对其中的法律、法权社会关系重视不够。现在看来法权社会关系对需要的作用很大，法权关系、法权制度、法治对于生产力的解放和发展起着非常重要的驱动力作用。

法治的真谛是权利。权利的基本内容是财产所有权。法治的一个基本作用是保护财产所有权，使其安全稳定，不受侵犯。生产是创造财富，法治是保护财富。保护财富是创造财富的重要动力。只有当生产者所创造的财富能得到保护，他们创造财富的动力才会更足，相反，如果生产者所创造的财富得不到保护，很不安全，那么他们创造财富的动力和积极性就会下降、弱化，或者把财产转移到重视保护财产的国家去，移民，导致生产力难以得到充分发展。因而，法治、产权保护是解放和发展生产力的重要动力，保护财富是生产财富的重要动力。人们生产财富的动力是想从穷人变为富人，但当他们生产出来的财富会轻易被人夺走的时候，他们的富人梦就破灭了，其动力也就弱化或没有了。法治就是要解决这个问题，它要通过物权、债权、继承权、知识产权等权利制度把人们生产的财富保护起来，圆人们的富裕梦、富人梦，并以此途径推动生产财富，推动解放生产力，发展生产力。目前世界上百分之八十的资金在北美和西欧两个地区流动，原因就是这两个地方财产保护到位，法治健全，人们不害怕财产丢失，而中国现在人有了钱就想移民，被那些高喊要消灭私有制的所谓学者（如周新城们）吓的不行。

在法治所保护的权利中，知识产权对解放和发展生产力的动力作用越来越重要。在科技文明时代，科技创新是生产力发展的首要动力，而科技创新的一个重要动力正是知识产权保护。如果有严格有效的知识产权制度，人们的发明

① 李泽厚．批判哲学的批判［M］．合肥：安徽文艺出版社，1994：480.

权、发现权、专利权、商标权、著作权等权利能得到真正保护，能使人通过这些权利名利双收，实现价值，服务社会，那么，解放和发展生产力的动力就会极大增强。党中央国务院已认识到创新是引领发展的第一动力。发展动力决定发展速度、效能、可持续性。而创新的动力又是什么呢？是法治、是产权保护，尤其是知识产权保护。大家都认为美国是全球第一强国，那么美国强大，成功的秘密是什么呢？是法治。美国学者托马斯·弗里德曼喻示："美国成功的秘密不在华尔街，也不在硅谷；也不在于空军，也不在于海军；不在于言论自由，也不在于自由市场；真正的秘密在于上述现象背后长盛不衰的法治和制度。正是这种制度使每一个人可以充分发展而不论是谁在掌权。美国真正强大的力量，在于我们所继承的良好的法律与制度体系——有人说这是一种由天才设计，所以蠢才们能加以管理的体系。"① 法治保护权利，特别是财产权和知识产权，这构成解放和发展生产力的巨大社会动力。既然社会主义的本质是解放和发展生产力，那么，法治就是社会主义的本质规定和内在要求。由于我们把法治看作上层建筑，而往往低估法治的作用。而在现代社会中上层建筑和经济基础是融合着的。因此，法治和经济要融合。因此邓小平说："搞四个现代化一定要有两手，只有一手是不行的。两手，即一手抓建设，一手抓法制。"② 可以说，建设和法治这两手是互为动力的，这一点现在越来越看得明显了。

二、法治是"消灭剥削，消除两极分化，最终达到共同富裕"的内在必然要求

社会主义的本质体现在人与自然的关系上，就是"解放生产力，发展生产力"，体现在人与人的关系上，就是"消灭剥削，消除两极分化，最终达到共同富裕。"

消灭剥削也好，消除两极分化也好，最终达到共同富裕也好，都有一个共同本质，那就是正义或公正。剥削、两极分化都不正义、不公正，消灭之就是求正义、求公正。因而，社会主义的社会规定显然是正义、公正。

公正必然要求法治，没有法治，公正无从实现。公正和法治的关系是内容和形式的关系。公正内容决定法治形式，法治形式对公正内容有巨大能动反作用。

---

① Thomas L. Friedman. Mdeal of Honor［N］. New York Times，2000 - 12 - 15.

② 中央文献研究室. 邓小平关于建设有中国特色社会主义的论述专题摘编［M］. 北京：中央文献出版社，1992：138.

首先，“消灭剥削”要依赖法治。过去我们认为消灭剥削要靠阶级斗争，而且是疾风暴雨式的暴力革命的阶级斗争。但恩格斯晚年对此观点已有所松动和改变。恩格斯在《卡·马克思〈1848年至1850年的法兰西阶级斗争〉一书导言》中明晰指出：“旧式的起义，在1848年以前到处都起决定作用的筑垒巷战，现在大大过时了。”① 恩格斯认为，要用争取普选权的法治方式得到自己的权利，实现公正。他说，德国工人“给了世界各国同志一件新的武器——最锐利的武器中的一件武器，向他们表明了应该怎样使用普选权”②。恩格斯强调，普选权“由历来是欺骗的手段变为解放的手段”。他说：“《共产党宣言》早已宣布，争取普选权、争取民主，是战斗的无产阶级的首要任务之一，而拉萨尔又再次提出了这个要求。当俾斯麦不得不实施普选权作为促使人民群众对他的计划发生兴趣的唯一手段时，我们的工人立刻就认真地加以对待，把奥古斯特·倍倍尔选进了第一届制宪帝国国会。从此以后，他们一直这样使用选举权，以致他们自己得到了千百倍的好处，并成了世界各国工人的榜样。如果用法国马克思主义纲领中的话来说，选举权已经被他们由历来是欺骗的手段变为解放的手段。”③ 就是说“消灭剥削”，实现公正，可以不再用筑垒巷战的暴力方式，而用争取权利（普选权）的法治方式来实现了。工人解放的方式可以不是暴力革命，而是法治。这是恩格斯晚年的一个极为重要的思想变化。恩格斯的思想为告别疾风暴雨式的阶级斗争，实行法治提供了理论根据。

更何况我们现在进行的是现实社会主义、中国特色社会主义，是马克思主义的中国化、时代化，因而劳资之间的矛盾要通过斗争中的调和、合作方式来解决，用法治的方式来解决。我们要把更多的工人选进人大机构，制定体现工人利益的法律，运用劳动法、合同法、工会法等法律来维护自身利益，逐步减少以至消灭剥削，实现公正，实现社会主义本质。

其次，“消除两极分化”要依赖法治。“两极分化”同利益差别是不同的。在社会主义市场经济条件下，合理的利益差别是客观存在的，是不能消灭的。因为市场经济承认人的天赋特权。当然，正义、公正原则要求对利益差别有所限制。罗尔斯提出的正义的第二个原则中的差别原则（在与正义的储存原则一致的情况下，适合于最少受惠者的最大利益）就是要限制利益差别过大，造成

① 马克思，恩格斯．马克思恩格斯选集：第4卷［M］．北京：人民出版社，1995：517－518.

② 马克思，恩格斯．马克思恩格斯选集：第4卷［M］．北京：人民出版社，1995：516.

③ 马克思，恩格斯．马克思恩格斯选集：第4卷［M］．北京：人民出版社，1995：516－517.

两极分化，就是想消除两极分化。两极分化是利益差别的扩大化、极端化，它往往是由经济的、政治的掠夺而形成的。如经济上的不正当竞争和违法经营，政治上的以权谋私，权钱交易，损公肥私等，都会造成两极分化。社会主义所要消除的不是合理的利益差别，而是两极分化。两极分化的实质是不公正。要追求公正，就要消除两极分化。如果将消除两极分化等同于消除合理的利益差别，那就走向了另一种不公正，即平均主义大锅饭。不公正有两种：一是两极分化，一是平均主义。这是两种极端。这两个极端之间的中道，就是公正。追求公正，要两面开弓，既要消除两极分化，又要消除平均主义，不能从一个极端跳到另一个极端。

“消除两极分化”的重要方式就是法治。因为法治的本质和核心价值就是公正。法治的基本使命是实现权利和义务的统一，而权利和义务的统一就是公正。法治与道德不同，法治主要是除恶，而非扬善。这里的“恶”就是损害他人的行为。损害他人是恶邪，不损害他人是正义。法治的除恶，就是打击损害他人的人，就是维护正义。法治通过维护权利来除恶，来实现正义、公正。法治的各个环节都是以不同的方式在实现公正，实现社会主义本质。立法是关于公正的分配问题，是向全体国民公正地分配权利和义务；执法是通过行政的方式实现公正，是行政的公正。司法的实质是矫正不公正，以实现公正；守法就是在行为中遵守公正。建设法治社会，就是建设公正社会；建设法治国家，就是建设公正国家；建设法治政府，就是建设公正政府。因而，依法治国，就是要实现社会主义本质。

最后，“最终达到共同富裕”要依赖法治，共同富裕不是一下子达到的，是逐步达到的。共同富裕需要厚实的物质基础。只有在法治动力的推动下，才会创造出充裕的物质财富，为共同富裕创造物质基础。物质财富是共同富裕的物质基础，公正是共同富裕的社会基础。无论是物质基础还是社会基础都要依靠法治。共同富裕只能建立在丰裕的物质基础和公正的社会基础之上，而这两个基础依赖于法治，依赖于法治社会、法治国家、法治政府建设。

三、法治是社会主义市场经济的内在必然要求

邓小平同志的一个重大理论贡献是把什么是社会主义与怎样建设社会主义统一起来，把社会主义本体论和方法论结合起来了，从而进一步把社会主义从空想变成了科学，把理论转化成了切实的实践。怎样建设社会主义，最根本的就是实行社会主义市场经济。

社会主义市场经济内在必然地实行法治。因而自 20 世纪 90 年代以来，市

场经济是法治经济的观点，已经是人们的共识了。正因为市场经济是法治经济，所以党的十五大才提出坚持依法治国，建设社会主义法治国家的重大战略，党的十八届四中全会才提出全面依法治国的战略布局。20世纪90年代中期孙国华主编出版了《市场经济是法治经济》一书，江平主编出版了《法与市场秩序——市场经济法律机制研究》一书，还有大量的这方面的论文。这些论著使人们认识在怎样建设社会主义问题上必须要实行法治。法治既是社会主义本体论的内容，也是社会主义方法论的内容。

用哲学的话语来讲，社会主义市场经济是"火"与"逻各斯"的辩证统一。古希腊哲人赫拉克利特提出"火"与"逻各斯"是宇宙的本质。其实市场经济就是这个宇宙本质在社会发展中的体现。宇宙观和社会观统一在市场经济体制之中。市场中的"火"就是人的感性物质欲望，市场经济中的"逻各斯"，就是理性、规则、语言、法治。市场经济只有把欲望和理性、规则结合起来，才是好的市场经济，否则就是坏的市场经济。市场经济是能把人的物质欲望激发邀请出来的制度，同时又要求对这种非理性的欲望加以节制、规范。

权利制度实际上就是把"火"与"逻各斯""欲望"与"规则""自由"与"规范"结合起来的制度发明。权利制度既肯定人的欲望，又强调界限、尺度、规则，使社会发展既有充足动力，又有规则秩序。因而权利制度的创新，是近代最伟大的制度创新。权利制度体现了"火"与"逻各斯"辩证统一的宇宙本质，体现了欲望和秩序统一的社会本质。而法治的真谛是权利。权利制度要通过法治制度来实现。因而，法治也体现着宇宙本质和社会本质。市场经济离不开权利制度，自然也离不开实现权利的法治。

四、法治是政治民主的内在必然要求

民主是社会主义本质的政治规定。因为要实现社会公正，必须依靠政治民主、国家民主，否则社会公正这一社会主义本质是无从实现的。而政治民主又要依靠法治，没有法治，民主有可能走向其反面，真正的政治民主必须靠法治来保障。这里"公正—民主—法治"，从后往前形成层层保障关系：法治保障民主，民主保障公正，没有法治就没有民主，没有民主就没有公正。法治通过保障民主而保障公正，保障社会主义本质的社会属性和政治属性。

改革开放之前中国共产党也想搞民主，但由于那种民主是脱开法治的民主，因此导致了混乱无序，造成了个人专断，走向了民主的反面。邓小平总结道："从遵义会议到社会主义改造时期，党中央和毛泽东同志一直比较注意实行集体领导，实行民主集中制，党内民主生活比较正常。可惜，这些好的传统没有坚持下来，也没有形成严格的完善的制度。例如，党内讨论重大问题，不少时候发扬民主、充分酝酿不够，由个人或少数人匆忙做出决定，很少按照少数服从多数的原则实行投票表决，这表明民主集中制还没有形成为严格的制度。”① 由于民主集中制“没有成为严格的制度”，没有制度化，造成了“文革”等严重问题。由此历史教训得出的重要经验就是，民主和法治不可分割，必须使民主制度化、法律化。邓小平说：“我们的民主制度还有不完善的地方，要制定一系列的法律、法令和条例，使民主制度化、法律化。社会主义民主和社会主义法治是不可分割的。不要社会主义法制的民主，不要党的领导的民主，不要纪律和秩序的民主，绝不是社会主义民主。相反，这只能使我们的国家再一次陷入无政府状态，使国家更难民主化，使国民经济更难发展，使人民生活更难改善。”② 民主是法治的基础，法治是民主的保障。这是我们用历史的血的教训得出的重大经验和结论。民主是法治的基础和目标，但在现实政治发展中往往需要法治先行。林毓生认为：“实现民主必须先有法治。”“事实是，必须先有法治才能实行民主，但我们压根儿就没有法治的传统（只有人治和刑罚的传统），这是我们的根本问题所在。”③ 国内也有不少学者主张“法治优先论”。顾肃认为：“在我国现阶段，在更大规模的民主化实现之前，有必要先厉行法治和宪政主义。”④ 麻宝斌指出：“法治对于民主具有优先性或前提性，是在现实层面上说的，其真实含义是，法治不依赖于民主，民主却离不开法治；没有法治的支持和约束，民主固有的缺陷必然使它夭折或发生蜕变；没有建立在法治基础上的民主无法正常运作并真正收到成效。”⑤ 这些观点都说明法治对于民主的重要性，说明没有法治就很难有真正的民主。民主是社会主义的生命，没有法治就没有民主，因而没有法治也就没有社会主义。

五、法治是社会主义价值理念实现的内在必然要求

社会主义本质有其价值规定，这就是幸福、公正、民主、理性、自由、美丽等价值。这一组价值不是凭空想象出来的，是从社会主义本质和实践中内在

---

① 中共中央文献研究室．邓小平关于建设有中国特色社会主义的论述专题摘编［M］．北京：中央文献出版社，1992：107.

② 中共中央文献研究室．邓小平关于建设有中国特色社会主义的论述专题摘编［M］．北京：中央文献出版社，1992：123.

③ 林毓生．中国传统的创造性转化［M］．北京：三联书店，1988：93－94.

④ 顾肃．论法治基础上的民主［J］．学术界，2000（3）．

⑤ 麻宝斌．论民主的法治前提［J］．吉林大学社会科学学报，2001（5）．

地引申出来的：解放和发展生产力，是为了实现幸福价值；消灭剥削、消除两极分化、最终达到共同富裕，是为了实现公正价值；政治民主，是为了保证公正；理性（科学、道德）是为了实现幸福和公正；美丽是为了改善和修复发展生产力过程中人对自然的破坏；自由则是人在自然和社会面前的自主状态。

价值是一种应然性理念。这种应然性理念要变成实然现实，就要转化为制度。法治制度就是把社会主义价值转化为现实的可靠中介和路径。因此党中央和国务院多次做出决议，要求把社会主义核心价值观融入法治法规中去，在立法、执法、司法和守法中全面落实，落细核心价值观。

社会主义价值观是社会主义本质的价值规定，它规约着中国特色社会主义的发展方向。为了实现社会主义本质，坚定中国特色社会主义发展方向，就要把社会主义价值观融化在法治中，融化在宪法法律中，融化在法治社会、法治国家、法治政府中。这样作为观念存在的价值才能转化为作为现实存在的价值。在此理论和实践的统一具体化为社会主义价值和社会主义法治的统一上，法治能够让价值主观变为价值客观，能够让价值应然变为价值实然。

社会主义价值为社会主义法治提供合理性根据，社会主义法治为社会主义价值提供实现路径，二者相互依赖、相互推动。在依赖和互动中共同实现着社会主义本质。

新时代人才法治环境建设研究

马抗美[1]　王丽娜[2]

（1，2. 中国政法大学 马克思主义学院，北京，100088）

“环境好，则人才聚、事业兴；环境不好，则人才散、事业衰。”① 人才竞争的实质是人才环境的竞争。对于人才来说，最有吸引力、竞争力的发展环境，就是法治环境。人才法治环境建设是新时代人才工作面临的一个重要挑战，也是重要机遇。充分认识人才法治环境建设的重要性，深刻把握人才法治环境建设的基本原则和着力点，是推动新时代人才法治环境建设必不可少的理论前提。

一、新时代人才法治环境建设的重要性

新时代人才法治环境建设的重要性，在人才强国战略与依法治国方略的互动中得以显现，契合了社会主义法治理念进步的价值追求，是人才体制机制改革的必然选择。

（一）法治环境建设是人才强国战略实施的重要保障

人才在当今时代有着特殊的重要的地位和作用。随着新一轮科技革命和产业变革的深入，“人才资源作为经济社会发展第一资源的特征和作用更加明显，人才竞争已经成为综合国力竞争的核心”。正是基于对人才作用的深刻认识，十九大报告将人才视为“实现民族振兴、赢得国际竞争主动的战略资源”，基于对人才作用的深刻认识，我国将人才强国战略提升为国家核心战略之一，将人才视为引领经济社会全方位发展的先导力量，赋予人才发展以优先权。人才强国战略作为一项国家的重大战略，有着丰富而深刻的科学内涵。人才强国战略的提出，确立了我国人才资源培育和开发的指导思想、战略目标、基本原则和工

① 习近平在欧美同学会成立100周年庆祝大会上的讲话［EB/OL］. 中国共产党新闻网，2013－10－21.

作重点，为我国人才工作指明了方向。

改革开放以来，人才工作始终与社会主义市场经济体制建立、完善的过程相伴随。在市场经济条件下，市场的运行规律被越来越多的引入人才资源开发的诸多环节，市场经济所具有的规范、理性、法治的精神内核不断推动人才工作科学化、规范化、制度化。但是，长时间以来人才工作所主要依靠的“政策驱动”模式已不能完全适应经济社会发展的需要。当前改革已进入深水区，利益格局盘根错节，特别是人才强国战略的实施涉及不同群体、不同个人之间权利利益的分配调整，必然会触及已形成的利益格局，也会因之遇到多种异议和阻力。在这种情况下，法律手段得到越来越多的关注。它契合了社会主义法治理念，其自身所具有的刚性、普遍性、强制性等特征也适应了新时期人才工作科学化、规范化、制度化的要求。

党的十八届四中全会首次将依法治国作为中央全会主题，提出了全面依法治国基本方略。全面依法治国为人才强国战略顺利实施提供良好的法治环境，表现在：人才领域改革的成果需要上升至法律层面加以巩固和扩大，重大人才政策、人才项目需要以法的形式予以具体化和规范化，政府作为行政主体在人才工作中的职责权限需要法律予以明确，人才、单位等不同主体的权利义务关系需要法律加以调整，人才问题中的热点难点及深层次矛盾纠纷需要法律的力量予以化解疏导。人才强国战略的实施离不开法治环境建设，这是人才强国战略与全面依法治国方略互动的体现①。

（二）法治环境建设是社会主义法治理念进步的内在价值追求

何为法治？“法治通常的理解就是法律之治，即通过法律治理国家；同时，法治又是指通过法律使权力和权利得到合理配置的社会状态。”② “法治”区别于“法制”，区别的根基就在于以人治还是以法治为前提③。“法制”是“法律制度”的简称，主要指的是具体的法律条文，强调的是按照法律制度办事，即“有法必依”“依法办事”，一个国家法律制度的产生和发展与国家的发展密切相关。而“法治”作为一种治国方略，强调的是法律在治国方式中权威性、至上性的地位，要求法律面前人人平等。有了法制不一定就有法治，在专制集权统治下也存在法制，法制往往充当专制和特权的工具。而法治与专制和特权相

① 南连伟．关于人才开发法治环境的思考［J］．中国人才，2014（1）：54.

② 中共中央政法委员会．社会主义法治理念读本［M］．北京：中国长安出版社，2009：3.

③ 李德顺．法治文化论纲［J］．中国政法大学学报，2007（1）：9.

对立，不仅要求法律制度是“良法”，还要求严格执法和守法。相对于“法制”，“法治”是更高的要求，也是更全的目标，是社会文明进步的标志。

法治理念是人们对法治的信念、理想和观念，社会主义法治理念则是体现社会主义法治内在要求的一系列观念、信念、理想和价值的集合体，是中共对近现代尤其是改革开放以来中国法治建设的经验总结和理论升华。社会主义法治理念有着丰富而深刻的内涵，依法治国是其原点和核心①。党的十八大首次提出“法治是治国理政的基本方式”，之后召开党的十八届四中全会提出了“全面依法治国”的总体要求，在中国特色社会主义进入到新时代，党的十九大明确提出全面依法治国是中国特色社会主义的本质要求和重要保障，是新时代坚持和发展中国特色社会主义的基本方略之一，必须坚持厉行法治，推进科学立法、严格执法、公正司法、全民守法。这不仅意味着我国政治、经济、社会的活动以及公民在各个领域内的行为都应该依照法律进行，而不受个人意志的干涉和破坏，也意味着必须自觉维护法律的权威，保证法律在国家和社会各个方面得以普遍、切实地遵守。

长期以来，我国法治观念淡薄，重人治轻法治，在人才工作中表现为不尊重人才成长规律和市场规律，按个人意志行事，行政审批过多，人才使用不合理、人才流失、人才浪费、人才埋没等。要改变这种状况，就必须以社会主义法治理念作为最重要的指导原则和基本规范，加强人才法治环境建设，其中，坚持依法治国是核心内容，坚持党的领导是根本保证，坚持公平正义是重要价值导向。人才法治环境建设不但要求我们在宏观整体上考量人才法律制度是否合理，而且要从微观细节上审视人才法律制度实施的成效如何。这契合了新时代社会主义法治理念进步发展的价值追求，是社会主义法治理念对人才工作领域提出的具体要求。

（三）法治环境建设是人才发展体制机制改革的必然选择

我国已经是一个人才资源大国，人才工作面临着由人才大国向人才强国转型的历史任务。随着经济社会的迅速发展，原有人才工作机制和管理模式的弊端不断显现，矛盾日益突出，包括惠及少数人群的特惠政策或重点工程与人才队伍整体开发、改革成果人民共享之间的矛盾，行政权力对人才开发管控过多与市场在人才资源配置中的基础作用之间的矛盾，人才资源开发的碎片化、缺乏持续性和稳定性与人才发展环境的稳定性、安全性、开放性之间的矛盾等。

---

① 张文显．社会主义法治理念导言［J］．法学家，2006（5）：9.

这些矛盾制约着人才强国战略的实施进度和成效，削弱了人才资源开发主体的积极性，也严重影响各级各类人才的成长发展，对我国人才工作转型和体制机制改革提出了严峻挑战。

新时代人才体制机制改革的实质，是如何在巩固扩大已有改革成果的同时，破除对原有工作模式的“路径依赖”，从追求数量的规模效应转向优化结构配置的集聚效应，从政府主导的干预效应转向市场配置的自主效应，从地区分割的马太效应转向打破体制壁垒的蝴蝶效应，为人才成长发展提供良好的外部环境①。习近平总书记在视察前海时曾说：“前海的改革，要相信法治的力量。”②这句话对于人才体制机制改革，同样适用。

首先，法律通过调整不同主体的权利（力）义务关系，为人才体制机制改革廓清界限。作为调整社会关系的一种方式和手段，法律通过将权利（力）与义务在不同主体间进行分配，来调整人才与政府、人才与所在单位、不同人才群体以及相互之间的关系，把人才流动的权利交给人才，把人才开发的权利赋予市场，把政府权力“关进笼子”，最大限度减少行政干预，将人才工作对政策创新的依赖转到遵循市场规律和人才成长规律，营造公平合理、透明开放的法治环境上来，提高环境的公平性和可预期性，增强环境对人才的吸引力。

其次，法律通过推进依法行政，为打破条块分割、加强资源整合提供保障。人才工作千头万绪，利益主体多、协调部门广、涉及领域杂，出现了政出多门、各自为政、政策“打架”等现象，使得人才政策协调成本高、力量分散，部门倾向和地方保护主义时有出现。通过推进依法行政，对行政权力的行使条件、范围、程序做出明确的法律规定，有助于规范行政主体行为，增强行政执法的统一性和权威性，提高服务人才工作科学化水平。

再次，法律通过发挥效力的普遍性、执行的强制性等特性，为顺利推进体制机制改革、保护人才基本权益保驾护航。人才体制机制改革是对原有利益格局的重新调整，难免遇到利益集团的阻力，法律的普遍适用和强制执行，排除了特权的存在，确保改革的顺利推进。通过违法必究和利益补偿，对侵害人才基本权益的行为进行惩罚和震慑，切实保护人才基本权益。

二、新时代人才法治环境建设的基本原则

人才法治环境建设，是法治精神在人才领域的投射，也是尊重人才、人才

---

① 吴江．法治化——人才工作的机遇与挑战．中国人才，2014（12）：53.

② 大鹏同风起 扶摇三万里［EB/OL］．凤凰网，2018－03－08.

优先发展理念在法学领域的显现。人才法治环境建设是在中国特色社会主义法治道路框架中进行的，不论是人才立法，还是法的实施状态、服务保障等，都要根据人才成长与发展的一般规律和市场发展规律，坚持以下基本原则：

（一）人才优先原则

随着知识经济的不断发展，人们越来越清醒地认识到人才资源是区别于物质资源的宝贵的第一资源，人才的重要性越来越充分地显示出来。美国经济学家卢卡斯认为，“从传统农业经济向现代化经济转型的成功关键取决于人力资本积累率的提高。”① 人力资本中最高层次的人才资本是能够在更高数量级上创造利润的最宝贵的资本。这就是说，人才资源相对于物质资源而言，有着更大的收益递增性和惊人的可开发性，是经济社会发展中最具根本性和关键性的资源，是最为重要、最有潜在优势、最可持续发展和最可靠的战略资源。因此，在经济社会发展中确立人才优先发展的战略布局，充分发挥人才的基础性、战略性作用，是世界进入人力资本时代的必然要求。法治作为人才资源的维护及其优势发挥的最可靠的保障，应当把人才优先原则作为主导性原则。

首先要切实树立人才资源是战略资源的思想，用战略眼光确立人才资源开发相对于物质资源、环境资源、资金资源以及其他方面资源开发的优先地位。其次，人才优先原则意味着人才不仅是作为管理的普通对象，而应作为一种社会资源着眼于开发和使用，使其发挥其最大效益。最后，与人才相关的制度要放在优先创新改革的地位，通过制度创新尽可能给人才创造发挥作用的机会、条件。

然而在实践中，还存在着重物质、环境、资金等资源开发，轻视人才资源开发；重产业结构、区域结构、需求结构等结构调整，轻视人才结构调整；重物质投入，轻视人才投入；重工作创新、管理创新，轻视人才制度创新等现象。要解决这些问题，固然需要多方面的共同努力，但从法律上保证人才优先发展的战略布局的形成无疑是最重要的。因此，人才法治环境建设坚持人才优先的原则，就是要从人才资源优先开发、人才结构优先调整、人才投资优先保证、人才制度优先创新方面，把人才优先发展的战略思想通过不断完善的法律法规体系，以及人才法律的实施，予以充分体现和落实。

（二）人才保护原则

人类发展的历史表明，人才是先进生产力的开拓者和推动者，在各种资源

---

① 卢卡斯．经济发展讲座［M］．罗汉，等译．南京：江苏人民出版社，2003：16.

中居于能动和统领地位。但是，我们又要看到，人才劳动具有开拓性、探索性、创造性等特征，因此人才在其所从事的各种创造性劳动中，要有敢于突破束缚、超越前人的勇气，要付出更多的体力和精力，要面对更多的挫折和失败，要承担更多的风险和压力。党的十九大报告提出“以识才的慧眼、爱才的诚意、用才的胆识、容才的雅量、聚才的良方”把优秀人才集聚到党和人民的伟大奋斗中来，充分尊重了人才劳动特点和成长规律，显示出尊重、保护人才的基本立场。因此，人才保护性开发应成为人才法治环境建设的宗旨和使命。

在社会主义法治建设过程中对人才予以保护，并不意味着赋予人才某些特权。人才与其他社会成员地位平等，所享有的各项权益，实际上是公民权利的一部分，并无特权。但同时，人才作为人力资源中能力和素质较高者，创造才能更高，创造成果更多更优质，因而，在其权益保障方面就显示出独特性。这种独特性体现在，人才保护原则不但体现在尊重人的生命、利益、价值、权利等基础方面，还更关注人的创造性的培养和创造能力的发挥，以及创造性劳动成果的保护。人才保护的原则，就是针对人才创造性劳动的特点，通过法律手段对人才创造性劳动成果和人才成长与持续发展机会提供有效保障。这不仅涉及人才的受教育权、休息权、择业权等，还涉及其创造性劳动成果的知识产权。在人才工作现实中，依然存在对人才的培训重视不足、培训经费不能落实等情况。这些新情况、新问题都呼唤着人才法治建设的进一步完善。

（三）鼓励创新原则

人类社会的发展离不开人才的重要作用。尽管各类人才发挥作用的形式和途径有所不同，但就一般意义而言，人才的历史作用都是通过其创造性劳动来实现的。创造性是人才最本质的特征。所谓“创造性”，即新颖性、独特性，非模仿性和非重复性。不同类型的创造才能、不同类型创造性劳动成果的产生，标志着不同类型人才的产生。主体成才的关键在于创造性实践活动。当前，尽管我国的人才资源在逐年增加，但自主创新能力不强、人才创新能力不强的弱势已成为我国经济社会发展的障碍。习近平总书记高度重视创新，强调实施创新驱动发展战略决定着中华民族前途命运。“重大科技创新成果是国之重器、国之利器，必须牢牢掌握在自己手上，必须依靠自力更生、自主创新。”① 基于人才在科技创新中的关键作用，习近平强调，“人才是创新的根基，是创新的核心要素。创新驱动实质上是人才驱动”，“我国要建设世界科技强国，关键是要建

① 习近平．重大科技创新成果是国之重器必须牢牢掌握在［EB/OL］．东方财富网，2018－05－03.

设一支规模宏大、结构合理、素质优良的创新人才队伍，激发各类人才创新活力和潜力”①。因此，将鼓励创新作为人才法治环境建设的基本原则，是推动创新驱动发展战略实施、鼓励人才勇于科技创新、促进创新人才辈出的必然要求。

鼓励创新，一是要建立培养创新型人才的教育体制和机制，改变应试教育所带来的人才培养的僵化和同质化，使创新意识、创新精神和创新能力贯穿于人才培养的全过程。二是建立宽容失败的社会环境。创造性劳动与重复性劳动的不同在于重复性劳动可以在稳定的生产条件下，按预定程序进行即可取得成果。而创造性劳动则没有稳定的条件、现成的程序和方法，只能不断摸索。因此创造性劳动的效果也具有不确定性，并不一定与劳动时间和体力精力的消耗成正比。对于每一个探索者来说，都不可避免地要面临错误和失败的考验。如果没有容忍失败的环境，人才的创造性活动很难持续。三是完善人才发展机制。要用好用活人才，打通人才流动、使用、发挥作用中的体制机制障碍。

（四）公平竞争原则

当前，我国已经从人才资源相对匮乏的国家发展成人才资源大国，人才队伍的数量和质量显著提升。充分激发各类人才不断释放创造活力，是人才强国战略的核心。正如习近平总书记指出的，“要营造良好创新环境，加快形成有利于人才成长的培养机制、有利于人尽其才的使用机制、有利于竞相成长各展其能的激励机制、有利于各类人才脱颖而出的竞争机制，培植好人才成长的沃土，让人才根系更加发达，形成天下英才聚神州、万类霜天竞自由的创新局面。”②

竞争是生物界和社会普遍存在的法则，也是促进人才充分发挥作用的动力机制。有竞争，就需有规则。因为只有公开、平等、公正的竞争，才能调动人才的积极性，使人才队伍不断壮大，取得更多的创造性成果。相反，不公平的竞争只能挫伤人才，压抑人才，以至于造成社会价值导向的扭曲和社会风尚的败坏。公平竞争的原则，就是要遵循社会主义市场经济规律和人才成长规律，积极为各类人才干事创业和实现价值提供平等的机会和条件，创造有利于人才脱颖而出和充分发挥才能的公平有序的法治环境，最大限度地激发人才的创造活力，实现人尽其才、才尽其用。

平等权是中国公民的一项基本权利，中华人民共和国宪法明确指出，“公民

---

① 习近平叮嘱加快科技人才建设：功以才成，业由才广［EB/OL］．中国共产党新闻网，2016-06-11.

② 习近平在中国科学院第十九次院士大会、中国工程院第十四次院士大会上的讲话［EB/OL］．中国共产党新闻网，2018-05-29.

在法律面前一律平等。”平等是社会主义法律的基本属性。这一基本权利，在人才领域应体现为公民在成才和展才过程中的机会平等，以及相关方面的平等。具体说来，就是在人才的培养、选拔、使用、评价、管理等各个环节上，每个人都有平等竞争和追求成功的机会，每个人都能受到一视同仁的待遇。人才法律通过规定相应权利义务，对不同主体应该做什么、不该做什么、怎么做进行规范，以防止义务的落空、权利的滥用。这是对行为的一种约束和规范，但规范本身不是目的，真正的目的在于通过法律的手段规范个体和组织行为、理顺内外部关系，为人才的成长发展提供公平竞争的外部环境。建设良好的人才法治环境是实现这一目标最有力的保障。

我国从20世纪80年代颁布《学位条例》和《义务教育法》至今，已初步建立起全国性和地方性教育法律、法规相互配套的体系框架，为实现教育公平做出了努力。《公务员法》等法律法规也对人才的选拔、使用和管理做出了明确规定，这些都是我国在立法上维护人才公平竞争环境的实践举措。但是，现实中影响和制约人才公平竞争的因素依然存在，人才公平竞争的法治环境亟待加强。尽管在现实中绝对的公平是很难实现的，但这并不表明我们默许人才竞争中的不公平现象存在并任其扩大，不采取相应的措施去追求公平状态。相反，对公平竞争环境的不懈追求正是人才法治环境建设的重要动力。

三、新时代人才法治环境建设的着力点

人才法治环境建设既要为全面深化改革提供人才保障，又要为人才的成长成才提供公平竞争的社会环境，形成有利于各类人才脱颖而出的选人用人机制，促进人才自身的成长成才。遵循人才资源开发和使用规律，新时代人才法治环境建设以促进人的成长和发展为目标，应在完善人才法律体系、坚持依法行政、创新和拓展公共法律服务、深化法治宣传教育四个方面下功夫。

（一）完善人才法律体系

制度建设是一个国家得以生存和发展的最基本的条件，是一项带有全局性、根本性、稳定性和长期性的工程。人才事业要得到快速发展，制度建设同样是重要保证。当今世界愈演愈烈的人才竞争，归根到底是人才制度的竞争。实现人才制度环境的现代化是激发人才创造活力，有效应对国际人才竞争的根本措施。人才法制建设是人才制度建设的重要组成部分。

改革开放以来，我国高度重视人才立法，已陆续制定了不少有关人才的法律法规，在人才工作的规范化、法制化方面发挥了重要作用。近些年来，我国

已制定了不少关于人才的法律法规，发挥了重要作用。但是，随着形势的发展和对人才的强烈需求，我们必须清醒地看到，我国人才立法的基础较为薄弱，其发展水平远远不能适应新时代全面依法治国的需要。目前，人才立法层次低、速度慢、程序不规范、分散化、碎片化等弊端越来越充分地暴露出来。

在立法理念上，应以保障人的发展权为基础，以促进人人都可以成才和为经济社会发展提供人才保障为目标。在内容上，以社会需求和人才成长规律为依托，聚焦人才成长过程中的各种法律问题。正如马克思曾提出，“立法者应该把自己看做一个自然科学家，他不是在制造法律，不是在发明法律，而仅仅是在表述法律，他把精神关系的内在规律性表现在有意识的现行法律之中”①。

由于人才现象本身的复杂性，人才法律涉及的内容相当广泛，既有人才培养、选拔、评价、激励等问题，又有不同类型人才队伍建设与发展问题，还有国家人才队伍整体规划和调节等问题。在现有的人才法律法规中，尚缺乏一部基础性、综合性的法律规范性文件来统领和规范人才工作的基本原则和制度框架。中共中央印发的《关于深化人才发展体制机制改革的意见》提出了制定《人才工作条例》的任务，这是一项带有全局性、统领性的工作，也是人才法制建设中的重要基础，成为人才立法中最为关键的一步。

当前人才发展体制机制改革的重点是要理顺政府、市场、社会、用人主体关系，明确各自功能定位。人才法制建设是一个系统工程，要找准切入点和突破口方能有效推进。随着国家之间、用人单位之间对人才资源的争夺日益激烈，人才评价成为一个影响人才创新活力的突出问题，社会反映也颇为强烈。人才流动的频繁与无序，也造成组织机密泄漏、经济资源流失、核心和关键技术外流等现象的出现，人才安全问题显得越来越突出，关系到国家的安危。因此，规范人才开发及人力资源市场建设、人才评价、人才安全应该成为人才法律法规建设的重点。同时，为进一步扩大开放，也亟需把完善外国人才来华工作、签证、居留和永久居留管理的法律法规提到法制建设的日程。

（二）坚持依法行政

“法立，有犯而必施；令出，唯行而不返。”② 法律的生命力在于实施。在人才工作领域，以言代法、以权压法、徇私枉法等有法不依、执法不严现象依然存在，依法行政作为法律执行力的重要体现，是人才法治环境建设的关键。

---

① 马克思，恩格斯．马克思恩格斯全集：第1卷［M］．北京：人民出版社，1995：183.

② 习近平用典［M］．北京：人民日报出版社，2015：279. 原出自［唐］王勃《上刘右相书》。

首先，行政部门需要法律制度的约束。法律制度为行政部门确立了基本的行为准则，不仅明确了各个方面权利的具体内容，还设置了相应的法律责任，使得权、责统一。不受法律约束的权力就会出现人为的随意性、反复性和不确定性，这就为权力的拥有者提供了巨大的自由裁量空间和腐败机会，造成社会公平正义的缺失。"法无授权不可为，法无禁止即可为"，实际上是告诉我们可以干什么、不能干什么、应该干什么，不论是政府、单位还是个人。因此，应加快政府职能转变，加快法治政府的建设。正如习近平总书记在2014年中央政法工作会议上指出，做到严格执法、公正司法，要靠制度来保障，让执法司法权在制度的笼子里运行①。其次，依法行政能够整合资源、加强人才工作的整体性。人才工作涉及的部门多、领域多，由于利益的盘根错节，轻则出现作法不规范、不统一的问题，重则容易产生部门化和地方保护主义倾向。按照法律的要求，人才问题的解决方式和手段的合法性考量要放在首要地位。通过依法行政，能够规范不同主体的权利义务，在法律的框架下，统筹资源，整合力量，形成人才工作的合力。

再次，依法行政还需要依赖群众监督。只有健全和完善群众监督机制，才能推动依法行政。因此要健全和完善社会监督机制，增强人才培养、选拔、评价和管理工作的透明度、公开性和公正性。

（三）创新与拓展公共法律服务

公共服务是21世纪公共行政和政府改革的核心理念。人类发展的本质是人的发展，而人的发展取决于一个国家（地区）的基本公共服务供给状况。因此，基本公共服务是人类发展的重要条件，也是人类发展的重要内容。

发展权最终目的是为了增进人们的福祉，满足人们追求幸福的企盼，实现人权和个人基本自由。在权利表现形式上，发展人权不同于以往的最低限人权，之前的人权目标要么是为了保护人的基本的公民权利、政治权利和自由不受国家和政府专横行为侵犯，要么是要求国家和政府给人们提供足以保障生存的最基本的社会、经济福利待遇和机会，而发展权就摆脱了这种底线思维的束缚，要求人应该享有更多的权利。随着社会主要矛盾的变化和全面依法治国实践的不断深入，人民群众在个人全面发展，以及民主、法治、公平、正义、安全、环境等方面的需求日益增长，对推进公共法律服务提出了新的更高要求。

当前，公共法律服务是新时代人才法治环境建设的创新性重要举措。在当今时代，人们对个体成才的愿望出现前所未有的高涨，人才进行创造性劳动需要更

① 坚持严格执法公正司法深化改革 促进社会公平正义保障人民安居乐业——习近平出席中央政法工作会议并发表重要讲话［N］. 人民日报，2014-01-09.

加完善的工作岗位和相应的保障条件，更渴望最大限度地实现自我价值。用人单位在人才的引进、使用等也更加趋于灵活多样。在这种情况下，无论是人才个体，还是用人单位，都需要得到更加专业的法律服务。而公共法律服务，是指由司法行政机关统筹提供，旨在保障公民基本权利，维护人民群众合法权益，实现社会公平正义和保障人民安居乐业所必需的法律服务，是公共服务的重要组成部分。公共法律服务是政府公共服务体系的重要组成部分，是司法行政机关的基本职责任务。公共法律服务在人才工作领域中亟需创新与拓展。司法行政机关要树立强烈的人才意识，遵循人才成长规律和市场规律，在服务人才上下功夫。针对人才的流动、合同契约、成果保护、学习提高等方面的特殊需求，组织律师、公证、仲裁等法律服务行业和法律援助、法治宣传工作积极服务人才工作。

（四）深化法治宣传教育

改革开放以来，特别是党的十八大以来，我们党高度重视人才工作，实现了创新驱动就是人才驱动、聚天下英才而用之等一系列重要思想观念的创新，党的十九大报告指出，“人才是实现民族振兴、赢得国际竞争主动的战略资源”。这一重要论断把人才的重要性提升到中华民族伟大复兴的高度，凸显人才问题的战略意义，体现了我党随着形势的发展对人才问题的认识不断深化和细化。

经过多年的努力，我国人才事业得到了巨大发展，中国共产党关于人才工作的一系列基本理念已经成为社会各界的共识。但是在新的历史条件下，对人才问题的认识仍然存在误区。因此，破除束缚人才发展的思想观念方面的障碍仍然是一项重要任务。从某种意义上说，思想观念方面的障碍不破除，体制机制方面的改革就更加难以推进。要真正落实科学人才观，形成爱才、敬才、用才的浓厚氛围，还需要政策解读和舆论引导，特别是各级人才管理部门和人才工作者要转变思维方式。这就要求我们进一步增强全民尊重知识、尊重人才的意识，真诚地关心人才、爱护人才、保护人才，推动形成爱才重才惜才的社会风气；尊重和保护人才的合法权益，加强对人才工作的组织协调，为人才建功立业创造平台。

党的十九大报告强调“提高全民族法治素养和道德素质”，“加大全民普法力度，建设社会主义法治文化，树立宪法法律至上、法律面前人人平等的法治理念”。这是人才法治环境建设的重要内容和内在要求。法治宣传教育要聚焦党和国家人才工作大局和人才所思所盼，综合考虑不同地域、不同普法受众的不同情况，把真正符合法治宣传教育工作目标的有效需求作为谋划工作的依据。以问题为导向，使法治宣传教育更加具有针对性，从而为人才的发展营造良好的社会环境。

党内法规执行不力的责任探究*

欧阳山[1,2]

（1. 陕西师范大学 哲学与政府管理学院，陕西 西安 710062；
2. 昌吉学院 马克思主义学院，新疆 昌吉 831100）

十八大以来，在加强党的建设和反腐败时代主题下，以习近平同志为核心的党中央将党内法规制度建设提到了新高度。十八届四中全会把党内法规体系与法律制度体系并列，升华为中国特色社会主义法治体系之一，以促进国家治理体系和治理能力现代化。目前，以党章为核心，以准则、条例、规则、规定、办法、细则为具体法规，包括立法、守法、执法和保障、监督等①较完整的党内法规体系初步形成，基本做到了有规可依。法律与制度的生命力在于实施，法律制度只有得到严格执行，才能彰显价值和权威。“现在，我们有法规制度不够健全、不够完善的问题，但更值得注意的是已有的法规制度并没有得到严格执行。”② 习总书记的论述深刻指出了党内法规建设中的突出短板，即“重制定、轻执行”的问题。“一分部署，九分落实”，提高党内法规执行力已经成为当前和今后一段时间理论与实务部门亟需解决的重要课题。

学界已有党内法规执行力的研究中，学者采用单一视角或全景立场，对党内法规执行不力的原因、影响因素、背景、解决途径、构建机制等进行了尝试

* 基金项目：国家社会科学基金一般项目（批准号：13BZZ016）“反映道德多元的执法司法案例与社会主义核心价值观培育的新机制研究”。

① 叶笃初，陈绪群．试论完备的党内法制［J］．武汉：江汉论坛，1996，（5）．

② 中共中央纪律检查委员会，中共中央文献研究室．习近平关于严明党的纪律和规矩论述摘编［M］．北京：中央文献出版社，中国方正出版社，2016：65.

性的研究①，为我们充分认识党内法规执行力问题提供了很好的理论支承与现实借鉴。在党内法规本体性研究还处于探索阶段下，对党内法规执行力的探究从整体上来说参与者少，产出分量轻，论证有待深入，没有形成体系。更为担忧的是对党内法规执行不力的关键因素与根本原因的忽视，不能不说这是一大遗憾。如此研究难以对现实困境给出合理、贴切的回应与解答。诚然，影响党内法规执行力的变量是多方面、多层次的，但当前党内法规执行中责任意识不强，监督不力，追责不严，程序不健全等已经严重制约了党内法规执行的落地生根。执行不到位，关键在于责任不到位；提高执行力，重在责任建设。责任因素无疑成为党内法规执行的关键与短板。“从严治党，必须增强管党治党意识、落实管党治党责任。历史和现实特别是这次活动都告诉我们，不明确责任，不落实责任，不追究责任，从严治党是做不到的。”② 基于此，本文以责任为视角，剖析党内法规执行不力的原委。

一、党内法规执行不力责任追究的理论依据

理论来源于实践又高于实践，科学理论追溯、还原实践的根据，从规律上预见实践发展的过程和结果，又在具体的实践中进行指导，所以科学理论对实践有巨大指导作用。党内法规是具有中国特色的社会主义法治体系的重要组成部分，需要科学的理论解释实践，解决问题，引导创新。

（一）党的性质的根本要求

《中国共产党章程》开篇规定：中国共产党是中国工人阶级的先锋队，同时是中国人民和中华民族的先锋队。党的两个先锋队性质决定了党全心全意为服务的根本宗旨，这是中国共产党区别于其他一切政党的根本标志，也是它的优势所在。“全心全意地为人民服务，一刻也不脱离群众；一切从人民的利益出发，而不是从个人或小集团的利益出发；向人民负责和向党的领导机关负责的

---

① 操申斌．党内法规制度执行力的若干限制因素分析［J］．科学社会主义，2011（2）；操申斌．党内法规制度执行不力的立法探源［J］．理论探讨，2011（2）；潘泽林．党内法规制度贯彻执行研究［J］．中共南昌市委党校学报，2009，（4）；梁静．全面从严治党视角下党内法规制度执行力研究［J］．人民法治，2017（2）；潘泽林，吴晓敏．建立健全贯彻执行党内法规制度的长效机制研究［J］．湖北社会科学，2007（5）；邵从清．论提高党内法规制度体系执行力［J］．山东社会科学，2016（12）；梁瑞英．提高党内法规制度执行力的几点思考［J］．领导科学，2015（32）；王芳，刘长秋．提高党内法规制度执行力研究［J］．观察与思考，2017（5）．

② 习近平．在党的群众路线教育实践活动总结大会上的讲话［M］．北京：人民出版社，2014：15.

一致性；这些就是我们的出发点。”① 中国共产党全部历史证明：为人民服务得好，还是脱离人民、违反人民的意愿，这是中国共产党走向胜利还是遭受挫折的关键所在。先锋队的性质和全心全意为人民服务的宗旨决定了党内法规严于国家法律，要求党员领导干部必须保持与人民群众的血肉联系，始终对人民负责。“党内法规是党要管党、从严治党的制度依据和保障，目的是让党更好地为人民服务。”② 强化责任意识和构建责任机制是为人民负责的根本体现，是党内法规在执行中不走样、不变形、不异化的保障。党内法规的贯彻执行有了责任依托，为人民服务的能力和水平有了提升。

（二）权责相一致的内涵

责任与职责、权力紧密相连。责任概念的内涵：（1）使人担当起某种职务和职责；（2）分内应做的事；（3）做不好分内应做的事，因而应该承担的过失③。职责就是一种责任。美国著名法哲学家哈特对责任有精辟的论述，在他看来：“只要某人在某一社会组织中具有一种特殊的地位和职位，而为了给他人谋福利或为以某种特殊的方式促成该组织的目标或目的，该地位或职位被赋予某些特殊的职责，那么这个人就有履行这些职责，或有责任做为履行这些职责所必须的事情。这些职责就是人的责任。”④ 依此理解，在社会组织中处于某种特殊的地位或具有某种职务则应承担责任。中国共产党作为中国特色社会主义事业的领导核心，肩负领导人民实现“两个一百年”奋斗目标和中华民族伟大复兴的历史重任，在政治、经济、文化、社会、生态建设等方面享有广泛而深入的权力。中国共产党特殊的使命和权力决定了中国共产党人应负有的责任。

从权力的来源来说，近代民主政治的理论渊源已得到普遍认可，核心观点就是权力来源于人民，为人民所赋予，政党或政府存在的正当性基础就在于通过履行维持社会的秩序的职责从而实现公民权利和利益的最大化。可以说权力与责任同时产生、相互依存。权力与责任在量上对等，在质上应匹配，有权必有责，权大责大，权小则责小，反之亦然。这就是权责一致理论的要求。在现代法治社会中，人民通过代议制形式将权力转移至法律，由法律治理社会，制度规定权力。但“自古以来的经验表明，所有拥有权力的人，都倾向于滥用权

① 中央文献编辑委员会．毛泽东选集：第3卷［M］．北京：人民出版社，1991：1095.
② 付子堂．法治体系内的党内法规探析［J］．中共中央党校学报，2015（3）：21.
③ 谢军．责任论［M］．上海：上海世纪出版集团，2007：24.
④ 〔美〕哈特．惩罚与责任［M］．王勇，张志铭，方蕾，等译．北京：华夏出版社，1989：201－218.

力，而且不用到权限绝不罢休。"① 权力背离责任而导致权力的异化是制度执行中常见的痹症，为防止制度执行中权力的滥用与出轨，确保权力与责任相一致，为权力设定责任的限度与边界是理想的途径和方式之一。对党内法规的执行力进行责任治理正是"权责一致"理论的基本要求。

（三）执政成本的考量

所谓执政成本，通常是指执政党维持执政地位和政权运行，为推行自己的社会理想和政治主张而耗费的执政资源的总和，简单地说，就是在执政过程中对执政资源的消耗②。执政成本是一个"成本投入—效益产出"的过程，通常称为绩效。如果执政的成本支出超出了执政的收益表示执政的成本高，反之则成本低。

执政成本概念来源于经济学领域中的交易成本理论，20 世纪 70 年代，交易成本理论开始在政治学、社会学和法学等相关学科领域中得到广泛的应用，以此尝试用经济学方法提高制度、政策的执行力，降低执政成本，提高执政效率。执政成本除经济成本、政治成本、文化成本和其他成本外，责任成本也是一个影响执政成本的重要因素。如果执政党的责任机制比较明晰，则交易成本相对较低；如果执政党的责任机制不完善，则交易成本上升。长期以来，权责不对称成为我国政策、制度执行成本过大、效率不高的主要症结。因此，针对当前我国在社会规制中存在的重制定，轻执行，忽成本倾向，提高执政党党内法规的执行力，应从责任视角构建权责对称的责任模式，这是执政成本考量的重要内容。

二、党内法规执行不力责任问题现状

（一）党内法规执行责任意识不强

当前大多数党员干部能做到遵规守纪，严格贯彻执行党内法规，把党员的义务和职责铭记在心，但也有不少党员规矩意识不强，责任担当缺失，在遵守和贯彻执行党内法规制度中不仅没有起到榜样和示范作用，而且由于自身的违规违纪甚至违法犯罪行为造成极不好的影响，影响了党内法规在广大党员群众中的地位和权威。

党员干部执行党内法规的责任意识不强存在于思想中，展现在工作行为中，

---

① 孟德斯鸠．论法的精神［M］．许明龙，译．北京：商务印书馆，2012：185.

② 郑永廷，曹群．执政成本与执政效益的辩证及转化——兼论执政党的执政能力建设［J］．中山大学学报（社会科学版），2005（6）：75.

表现形式是多样的，突出表现在以下几个方面：

一是回避责任。这是轻微的责任意识不强表现。党内法规执行中责任意识淡薄，在党内法规执行中找各种理由。不少党员干部工作中看不清自己应履行的政治责任，工作上追求“不求有功，但求无过”。淡忘责任，无视共产党员的先锋模范作用，忧患意识不强，安于现状、浑浑噩噩；发展意识不浓，不思进取、得过且过；有的机关党员干部发展气魄不够，因循守旧、观念落后。

二是逃避责任。这是中等程度的责任意识不强表现。在党内法规执行中没有担当意识，无视共产党员应尽的义务，面对问题时不善负责，不敢负责，在工作中不分是非、不讲原则、敷衍塞责，对于人民群众的呼声和疾苦置若罔闻；有人责任感缺失，言行不一，由于自身的独断专行、公信丧失使得党员形象和公信力下降；“传统的为官思想往往息事宁人，怯于担当，回避矛盾，避之唯恐不及，宁可无功不可有过，而不是在其位谋其政，尽其心负其责，关键时刻站出来。面对领导指示有时候虽有不同见解然而往往抱着‘领导永远是对的’的思想，害怕冒犯，不敢进谏。集体讨论或者民主生活会常常避实就虚，说好不说差，往往流于形式，不能很好地开诚布公，批评与自我批评”①。

三是放弃责任。这是最为严重的责任意识不强表现，在党内法规执行中置党纪国法而不顾是最为极端的体现。有的党员干部甚至背叛责任，政治立场极不坚定，存在形式主义、官僚主义、享乐主义和奢靡之风等“四风”问题。工作中存在以权代法、以言代法现象，在“政绩”、政治前途或个人利益的诱惑下，不顾党纪国法的后果与责任，走上违法犯罪的道路。

（二）党内法规执行责任内容不明确

1. 党内法规的基础研究薄弱制约执行责任内容

党内法规概念的属性讨论“大致经历了党的政策（含党内法规）的效力之争、‘党法’概念之争和‘党内法规’概念之争三个阶段”②。随着对党内法规研究的深入，目前其兼具政治性和法律性已成为给党内法规证成的主流，“党内法规既有法律的一些特征，又有政策的一些特征，是具有法政二重属性的规范性文件”③。党内法规性质的归属为执行责任的承担划定了范围，但引发了新的

---

① 马宝成．关于敢担当，总书记是啥要求［J］．人民论坛，2017（8）：14.

② 武小川．“党内法规”的权力规限论——兼论“党内法规”软法论的应用局限［J］．中共中央党校学报，2016：（14）．

③ 屠凯．党内法规的二重属性：法律与政策［J］．中共浙江省委党校学报，2015（5）：53.

问题。一是党内法规既然具有政治性，执行党内法规不力是否承担政治责任，什么是政治责任，政治责任的内容具体涵盖什么，政治责任是否涉及道德责任等问题没有给出具体明确的答案。二是软法理论对党内法规法律性的执行责任承担造成迷惑。为使党内法规具有“法”的属性进而证成其概念的合理性把党内法规定性为软法在学术界占有重要地位①，且还有“泛软法主义”的倾向②。对此，有人提出质疑，认为“软法和党内法规在形式特征上有显著差，软法的实施未必依赖国家强制力”③。但更难以解释的是党内法规执行时责任如何承担，责任内容也是没有强制性。三是党内法规的政治与法律双重属性对于违反党内法规是否相应承担政治和法律双重责任，政治责任与法律责任两者的关系是什么，更是一片茫然。

2. 党内法规内容原则性太强

党内法规总体的内容过于宏观，比较笼统和宽泛，规定的弹性空间过大，缺乏量的规定性，操作起来困难较大，从而影响了法规制度贯彻和实施的责任追究。例如对“重大损失”“情节较轻”“情节较重”“情节严重”“重大事项”等内容的界定和表述，不同层次、不同部门的党组织理应有不同的具体标准，但现在仍缺乏一个具体的规定。又如对党内知情权的具体规定也不明确，党务公开的内容和标准也未确定等④。在党内法规执行责任方面也是秉持整体风格，在责任的主体、归责原则、违规违纪行为、危害结果、违规违纪行为与危害结果之间的关系、责任承担的具体形式等构成要素只是做了原则式、概括式的规定，具体归责原则、责任标准、监督问责程序等有待细化与明确化。如党内法规本身没有完整的行为模式和行为后果相配套。党内法规有的仅设定了行为模式，规定不得干什么，但没有设立相应的行为后果；有的设立了行为后果，但是没有规定责任保障，使党内法规形同虚设。

（三）党内法规监督机制不完善

完善而有效的监督机制是党内法规执行力的保障，也是党内法规执行责任

---

① 姜明安．论中国共产党党内法规的性质与作用［J］．北京大学学报（哲学社会科学版），2012（3）；操申斌．“党内法规”概念证成与辨析［J］．当代世界与社会主义，2008（3）．

② 武小川．“党内法规”的权力规限论——兼论“党内法规”软法论的应用局限［J］．中共中央党校学报，2016（17）．

③ 武小川．“党内法规”的权力规限论——兼论“党内法规”软法论的应用局限［J］．中共中央党校学报，2016（17）．

④ 潘泽林．中国共产党党内法规及其体系构建问题研究［J］．南昌大学学报（人文社会科学版），2007（1）．

的重要环节，监督乏力，执行责任无从谈起。

1. 现有的监督机构独立性不够、权威性不强

党章和党内监督条例规定的专责党内监督的各级纪律检查委员会为双重领导体制，既接受同级党委的领导又受上级纪委的领导，这种监督体制和职责与权力相一致原则相悖，制约了各级纪委监督职责的发挥，其独立性、权威性严重受挫，在实际运行中带来诸多问题：一是各级纪委在同级党委的领导下开展工作，办理案件容易受到同级党委的影响与干扰，独立性削弱；二是各级纪委无法实现对同级党委及其领导的监督；三是上级纪委监督“山高皇帝远”，同级党委只对重大事项监督，对各级纪委的监督乏力，产生“谁来监督监督者”的担忧与疑虑。因同在党内系统，陷入自己监督自己的悖论。

2. 党内法规执行监督没有形成良性的运行机制

现有党内法规的监督没有形成完整和系统化的监督程序制度，事前、事中、事后的监督不能相互协调并良性循环运转。如果没有具体规定监督的启动程序，处置程序，对违反制度而应承担的后果和责任没有做出明确规定，缺少责任追究和责任连带，没有很好地解决“违反了制度怎么办”的问题，没有相应的监督反馈机制，那么，当监督制度在执行中遭到损害时，没有相应的保障制度加以抑制和修复，制度在实施中难以奏效，责任无从落地①，现实中常出现的情况是监督的环节与途径不畅，无法常态化运行，“前腐后继”式腐败才会出现。

3. 多元的外部监督没有发挥作用

党内监督条例规定：纪律检查机关自觉接受党内监督、社会监督、群众监督，确保权力受到严格约束；各级党委应当支持和保证同级人大、政府、监察机关、司法机关等对国家机关及公职人员依法进行监督，人民政协依章程进行民主监督，审计机关依法进行审计监督。这种多元的外部监督发挥作用还要靠内部监督的启动才能奏效，但现实中内部专司监督职责的各级纪委独立性不够、权威性不强，党内法规执行监督没有形成良性运转，各部门相互协调、互动的监督合力力量弱小，多元外因激发内部监督处于不确定性，外部监督作用有限。

（四）党内法规问责不科学

对违反党内法规进行严格而合理的问责彰显有权必有责、有责要担当、失责必追究的权责理念，以责任推动党内法规的贯彻执行，达到问责一个、警醒一片，树立没有问责就难有担当的责任意识。2016 年由中共中央政治局审议并

① 王翠芳．中共党内监督存在的现实问题及其成因［J］．社会主义研究，2011（4）：26.

通过，面向各级党组织和各级领导干部的《中国共产党问责条例》的主要目的就在于以问责倒逼落实。但在问责实际中，受政治稳定性的多虑、影响或打击党员领导干部工作积极性的疑虑、传统“功过相抵”思维惯性、探索成本错误归因等臆想、虚拟或错误思想影响下，存在问责不严的问题：

一是在责任形式上存在强制性不足。问责条例和纪律处分条例规定的党内法规责任形式包括对组织和对党员领导干部个人两种，组织的责任形式包括检查、通报、改组和解散四种，党员领导干部个人责任形式有通报、诫勉、组织调整或者组织处理、警告、严重警告、撤销党内职务、留党察看、开除党籍八种，责任形式仅涉及处罚程度相对较轻、形式意义上的申诫罚、资格罚，而不涉及处罚程度较重的人身罚、财产罚、行为罚，强制力性与威慑力不足，这与党员领导干部所享有的广泛而重要的职责与权力不相匹配。二是在责任主体上发生变异。发生违反党内法规应承担责任时，出现本应由个人承担责任转而由组织承担责任或本应由组织承担责任转而由个人承担责任现象，甚或出现党内主体责任转嫁至党外主体责任乱象，目的都是转移责任、推卸责任。三是责任性质上相互僭越。主要是以党内法规责任代替法律责任。党内法规责任的范围比法律责任广泛，从这一角度而言党内法规责任比法律责任更严格，但就责任主体承受的压力与负担来说，法律责任比党内法规责任更重。以党内法规责任代替法律责任实质是减轻、逃避责任的借口，这也是党内法规责任程度弱化的原因之一。四是责任承担程度弱化。以责任程度较轻的责任形式替代责任程度较重的责任形式，如本应追究撤销党内职务、留党察看等资格责任而以通报、诫勉、警告、严重警告等申诫责任对付。五是追责不及时。追责时没有起到防微杜渐，把问题消灭在萌芽状态的作用，据有关机构统计“苍蝇式腐败”“小官巨腐”者以46至50岁居多，平均“潜伏”6年①。六是甚至出现逃避责任、不追究责任的情形。

（五）党内法规执行责任程序不健全

一是党内法规执行责任公开程度弱。党内法规的参与程度低，对于执行的过程与环节公开程度不够，执纪审查与党纪处分公布出来的只是处理的结果，仅有短小的几十个字，格式不统一，语言不规范，内容不详实，时间、地点、频率具有不确定性。当领导干部受处分时，基层民众嘲弄干部被“秒杀”，惊叹“人生如戏全靠演技”，对反腐产生“运动式”的质疑；二是党内法规执行责任

---

① 李文姬，张珺，崔明辉．科级巨贪 六成“一把手”［N］．法制晚报，2014－11－24（19）．

救济途径不畅。党内法规规定了党员在受到处分时是有陈述、申辩的权利，但现实中追究党员领导干部违纪违规责任时鲜有救济的情况发生，查办后就没有了下文。

三、责任视角提高党内法规执行力的思考

从理想的状态来说，如果党内法规执行过程没有各项因素的烦扰，能平滑地进行，可能就不会出现责任因素的介入。但理想的假设并不能映照现实的场景。从前述理论阐释与原因分析中可以窥视出党内法规执行中责任的逻辑，也暴露出问题的症结所在，知道了问题的症结，应该可以找出对症的最优解决办法与途径。片面的、单一的对策与措施是需要的，但视野狭窄，效果有限，挖掘、提炼其中共通性、普遍性的要素更能说明问题，切中要害，也更具有重要性与紧迫性，以下为理论性的探讨与尝试性分析，希冀能起到抛砖引玉的作用，给提高党内法规执行力提供一些借鉴和参考。

（一）明确党内法规执行责任的内涵

党内法规的研究起步较晚，党内法规奠基在中国共产党组织内，其政治属性不言自明，目前学界从“软法”、社会法等各种视角来论证党内法规的法律属性的研究依然处在探索与深入的阶段，从国家的导向及学界的努力方向来看，党内法规的政治与法律属性走向应是呼之欲出、官方盖棺的定论。性质决定内容，结合党章和新修订的纪律处分条例规定的政治纪律、组织纪律、廉洁纪律、群众纪律、工作纪律、生活纪律六大纪律，可限定党内法规执行不力的责任既包括政治责任也包括法律责任，既含社会责任也含道德责任，既有组织责任也有个人责任，是政治责任、法律责任、社会责任、道德责任、组织责任、个人责任的综合体。其中，政治责任是核心，法律责任是重点，道德责任是底线，组织责任是保障，个人责任是基础。从这一意义上来说，党内法规规定党员领导干部的责任与一般公民的责任相比：内容上比一般公民要多；标准上比一般公民要高；后果上比一般公民要严格；程序上比一般公民要规范。这是党的性质与历史赋予我们的使命，是党员领导干部职权与职责相统一的要求，也是党内法规执行责任的前提与基础。如此，对于党内法规的定性争论制约执行责任内容问题应可以给出比较合理与恰当的答案。党内法规执行责任内含的明确当然需要完备与高效的制度予以保障。

（二）抓紧党内法规执行责任制度的清理与完善

党内法规是党的制度建设的重要内容之一，邓小平同志说：“制度带有根本

性、全局性、稳定性、长期性。制度好可以使坏人无法任意横行，制度不好可以使好人无法充分做好事，甚至会走向反面。”① 习近平总书记提出“把权力关进制度的笼子里”②。但就当前党内法规制度而言，制度“供给过剩”③ 与制度不完善并存，笼子太大与笼子有漏洞同在，其实质是党内法规的执行不能满足现实的需求。为此，当务之急是加紧党内法规的清理与完善，形成有规可依、有规必依、执规必严、违规必究的党内法规执行目标。党内法规执行责任内容不明确、监督机制不完善、问责不严、程序不健全均涉及党内法规的清理与完善。

清理是完善的前提。党内法规的清理是党内法规的自我监督，可通过党内法规的备案审查机制，废除党内法规中过时、失效的内容，剔除党内法规中与时代特征不相符的内容，追求制度的精简，因为制度纷繁复杂，承载的内容太多会影响制度的功能、执行及责任的承担。党内法规的完善在执行责任内容方面应确定党内法规的性质、范围、功能、结构等定性要素，及时出台党内法规的解释，“解释乃是一种媒介行为，借此，解释者将他认为有疑义文字的意义，变得可以理解”④。借用拉伦茨法律解释的任务，党内法规的解释的任务也就在于“清除可能的规范矛盾，回答规范竞合及不同规定之规定竞合的问题，更一般的，它要决定每项规定的效力范围，如有必要，并须划定其彼此间的界限”⑤；在监督机制方面改革专责党内监督的各级纪律检查委员会的隶属关系，确保其相对的独立性。明确规定监督的启动程序，处置程序，反馈机制及违反监督职责应承担的责任。推动党内法规执行监督形成良性的运行机制。积极发挥多元的外部监督作用；在问责方面，强化问责，以零容忍的态度，坚持“老虎”“苍蝇”一起打，防止问责过程中主体、性质、程度、时间、内容上发生异化；在健全党内法规执行责任程序上，以公开为主，以不公开为辅。对党内组织调整或者组织处理、严重警告、撤销党内职务、留党察看、开除党籍等严重纪律处分可以借鉴司法裁决书的内容结构、公布方式，包括统一格式，具有当事人、事实、依据、处理结果等必备要素，在专业媒介（纸质或网络）上公布。党内法规执行责任制度的清理与完善预达至的效果就是寄期实现党内法规执行

① 邓小平．邓小平文选：第3卷［M］．北京：人民出版社，1994：333.

② 本书编辑组．习近平谈治国理政［M］．北京：外文出版社，2015：385.

③ 农燕．近五年来国内学术界关于党内法规的研究综述［J］．中共乐山市委党校学报，2016（4）：21.

④〔德〕卡尔·拉伦茨．法学方法论［M］．陈爱娥，译．北京：商务印书馆，2003：193.

⑤〔德〕卡尔·拉伦茨．法学方法论［M］．陈爱娥，译．北京：商务印书馆，2003：194.

责任与行政责任、法律责任等责任的协调与配合。

（三）积极探索党内法规执行责任与行政责任、法律责任等责任的协调与配合

党内法规执行责任与行政责任、法律责任等责任的协调与配合主要是处理好党内法规执行责任与行政责任、法律责任等责任相关的关系。一是党内法规责任与行政责任、法律责任相抵触问题。处理的原则是法律责任是底线，不能逃避。行政责任以职务、职级相匹配。党内法规责任为基本，不能相互代替。二是责任承接问题。因党的领导的重要途径是组织领导，坚持党管理干部原则，党内法规责任与行政责任两者有时是重合的，追究了党内法规责任和行政责任后再追究法律责任。实践中对涉嫌违规违法问题的党员领导干部先以党内纪律处分予以处理，其违法犯罪问题移交司法机关依法处理。这样处理程序容易出现以党内法规责任、行政责任代替法律的弊端。承接后相应出现折抵问题。三是责任交叉、折抵问题。党内法规执行责任、行政责任、法律责任之间是否可以相互折抵，如何折抵。处理的原则应是性质相同的责任形式可以折抵，性质不同的责任形式不能相互折抵，不能用较轻的责任折抵较重的责任。四是责任的协调与整合问题。发挥党内法规责任、行政责任、法律责任各自的优势与作用，相互配合与衔接，形成责任体系的合力，促进党内法规的执行。

总之，明确党内法规执行责任的内涵是前提，抓紧党内法规执行责任制度的清理与完善是内容，预期的目的是党内法规执行责任与行政责任、法律责任的协调与配合。

结语

以责任的视角来讨论党内法规执行不力的问题，其目的不是在于对执行党内法规不力的党员领导干部追责、问责，而是督促其更好地履行党内法规确定的职责与义务，把党内法规作为其思想的自觉，职业的规范，行为的准则，在实际的工作、生活中践行党内法规的思想、精神与责任，做到内化于心、外化于行，实现制度管党、从严治党的目标，进而提升国家治理体系与治理能力的现代化。十八大以来，以习近平同志为核心的党中央全面贯彻从严治党要求，加大反腐败力度，发挥巡视巡察利剑作用，积极推动党内法规的执行落实，净化了党风，凝聚了民心，顺应了历史的选择，回应了人民的期待，用事实诠释了以责任方法提高党内法规执行力的最好例证。

实际上，党内法规执行不力与责任问题互为因果，相互影响。执行不力导

致责任落空，反过来，没有严格落实责任，党内法规就得不到很好的执行。而党内法规执行不力和责任从形式上看是党员及党组织权利义务的享有与承担问题，本质上可以归结为利益问题，党内法规执行不力受益的是个别人或利益集团，大多数的利益受到损害，而责任追究是维护全体组织利益。

习近平民主政治思想对马克思主义中国化专业硕士生课程群建设的启示

吴 穹

（北京工商大学 马克思主义学院，北京，100048）

一、习近平民主政治思想的基本内涵和核心要义

习近平民主政治思想基本内涵主要体现在“八个明确”和“十四个坚持”之中，它包括“明确中国特色社会主义最本质的特征是中国共产党领导，中国特色社会主义制度的最大优势是中国共产党领导，党是最高政治领导力量；明确坚定道路自信、理论自信、制度自信、文化自信；明确全面深化改革总目标是完善和发展中国特色社会主义制度、推进国家治理体系和治理能力现代化；坚持党对一切工作的领导、坚持人民当家作主”① 等。

从本质上讲，这些论述的核心要义是分析和阐明中国特色社会主义民主政治具有强大生命力，中国特色社会主义政治发展道路符合中国国情、保证人民当家作主的正确道路。这个道路和制度是最可靠和最管用的，它具有理论和实践的必然性，符合历史潮流和社会发展规律，受到人民拥护，被实践证明能够维护中国人民的长远利益、根本利益和整体利益，因而必须始终坚持、不断发展，必须树立“四个自信”，在多元多变多样的社会思潮和政治制度实践中保持政治定力和战略思维，在鉴别、比较、思考、分析、研究、实践中加深对政治价值观念、政治发展道路、政治运行体制的理解。

① 习近平．在中国共产党第十九次全国代表大会上作报告［N］．人民日报，2017－10－18.

二、习近平民主政治思想对马克思主义中国化专业硕士生课程群建设的启示

高质量的课程体系和课程群是科研与教学的交汇点，构建一流的专业课程群是推进高校“双一流”建设的必然要求。专业核心课程群的质量和水平是体现和反映学科专业水平的基本指标，也是衡量研究生培养质量的基本环节。构建以公共课、专业基础课、专业核心课、实践课、选修课程为主要组成部分的研究生课程群，是马克思主义中国化学科硕士点总体建设的重要环节。不断探索和深化研究生课程体系建设是改革创新研究生培养模式的内在要求和题中之义。

习近平民主政治思想的丰富内涵为研究生课程群的建设提供了可资利用的深厚资源。习近平民主政治思想进入课程建设体系的方式和途径必须回应研究生学术能力提升的迫切要求，适应提高和增强各门课程在服务培养目标和学位要求方面的系统性、整体性和协同性要求，与加强课程体系的系统设计和整体优化相一致，服务于最大限度地提供丰富、优质的课程资源的目标，为构建结构科学、特色鲜明、紧密衔接、有效整合的马克思主义中国化研究生课程群奠定坚实基础。

习近平民主政治思想进入课程着力点在于提高研究生对民主政治理论和实践的比较力、批判力、反思力、研究力、传播力、实践力和预见力。

1. 比较力

中国特色社会主义制度是具有鲜明特色的政治制度，既不同于苏联等传统社会主义政治模式，又不同于美国等西方国家的政治制度。它在基本原则、价值取向、制度设计、文化基础、实践特色等方面形成了独具一格的中国特色政治发展道路。“各国国情不同，每个国家的政治制度都是独特的”①，要理解我国政治制度的特色和优势，必须以他国政治制度和政治发展模式作为参照系，这样才能在比较中深化对自身制度独特性的认识，为制度自信的形成和巩固提供智识上的基础。因此，可以在拓展学生国际视野和比较思维上下功夫，开设《比较政治制度研究》等相关专题，以差异性的展示来凝聚对中国现行政治制度的认同。

2. 批判力

在当今中国，多元社会思潮在社会广泛传播，研究生群体是“新自由主义”

① 习近平．习近平谈治国理政：第二卷［M］．北京：外文出版社，2017：285.

"普世价值"等错误思潮瞄准的目标和对象。在网络无国界的信息传播条件下这些错误思潮就更加容易给他们带来影响。要增强学生的鉴别力必须培育其批判性思维能力，对西方现行政治制度及其背后的理论基础加以深入研究，揭露其理论上的荒谬性和实践上的危害性，让学生从学理上识破西方理论和宣传的真面目，在实例的分析中得出选举时漫天许诺、选举后无人过问，人民形式上有权、实际上无权，国家机关之间相互掣肘、内耗严重，党争纷沓、相互倾轧等西方民主存在的结构性矛盾和弊端的结论。在课程设置上，可考虑以《事实与真相：西方民主批判》作为专题教学的主题，以批判的精准性和犀利性带动学生深入思考。

3. 反思力

反思是批判的自然延伸和必然后果，在批判中反思世界上一些发展中国家盲目照搬西方政治模式和以西方价值标准裁剪评价现实，造成国家动荡不安、制度水土不服、葬送民族命运等严重后果；反思文化大革命时期所鼓吹的"大民主"给国家经济建设、人民生活和民主法治事业带来的沉痛教训。在反思力的培养过程中，可考虑设置"第三世界国家政治发展史""新中国政治发展史"等课程，强化学生以长远的历史眼光和高度负责的态度对历史教训的反思和汲取。

4. 研究力

研究生要达成树立"四个自信"的目标，达成对习近平民主政治思想的真诚认同和强烈信仰必须在有自主性的研究中获得独创性和个性化的认识。要实现这一培养目标，就必须要具备较强的研究能力和深厚的研究功底，树立一定的研究意识。除了导师在培养过程中进行不定期的学业和学术指导外，还应开设专门课程"硕士生研究能力培养"，以彰显本科生和硕士生在能力要求、培养强度和评价标准上的差异。

5. 传播力

马克思主义中国化专业的研究生要取得一定的学术造诣，真正发挥对于社会的影响力，就必须在对习近平民主政治思想真信、真用的基础上担负起传播正确思想观念、驳斥错误言论的重任。这要以一定的传播能力为基础。研究生要积极学习政治传播理论和策略，发挥自身理论优势和专业优势，力所能及地把理论的魅力传递到在朋友、亲属、同学和校园中。在课程设置上可考虑增加"政治传播概论"，以初步了解传播知识，培养传播技能，涵养传播艺术，增强传播实效。

6. 实践力

理论上的信服和知识上的深厚还不足以达成贯彻落实习近平民主法治思想的目标，身体力行的实践才是培养成功的标志。没有自觉的实践，就不会有从纸面上的道理转化为日常生活中的习惯。研究生在实践的主要领域可分为三个方面：首先，在校园生活中，广泛宣传习近平民主政治思想，积极参与学校的民主管理、民主决策和民主监督；其次，正确行使公民拥有的权利，担负起应履行的义务，积极参与人大代表选举等重要政治活动；最后，在网络空间中，捍卫四项基本原则，与错误言论和思潮作意识形态上的斗争。

7. 预见力

“中国特色社会主义民主是个新事物，也是个好事物。当然，这并不是说，中国政治制度就完美无缺了，就不需要完善和发展了。”① 坚定对根本政治制度和基本政治制度的自信和对其改革创新是有机统一的，要在前瞻性地发展和预见中实现制度的自我完善，在国家治理体系和治理能力现代化的实践中不断适应新形势、新任务、新目标，在补齐体制机制短板上贡献智慧和力量。因此，要在课程教学中培养对中国特色社会主义政治制度未来发展方向和趋势走向的理性认识，在不断超越和完善中增强对未来的信心，在对习近平民主法治思想最新发展的追踪和关注中获得新的体会和收获。

① 习近平．习近平谈治国理政：第二卷［M］．北京：外文出版社，2017：285.

中国特色社会主义法治文明若干思考

袁　方

（中国政法大学 马克思主义学院，北京，100088）

党的十八大以来，党中央在推进依法治国的实践的同时，对社会主义法治的本质特征、价值功能、内在要求、基本原则等重大理论问题做了深刻阐述，回答了什么是社会主义法治、如何建设社会主义法治国家、法治政府和法治社会等一系列重大和根本问题，奠定中国特色社会主义法治文明的基础。从一般意义上讲，中国特色社会主义法治文明，就是中国共产党人以马克思主义法学思想为指导，继承中国法治文明传统，借鉴西方法治文明成果，结合我国现实国情，总结我国社会主义法治建设的经验与教训，从而凝练和升华而成的文明形态，是中国特色社会主义理论体系的重要组成部分。

依循唯物史观的基本观点：法作为由国家经济基础决定的上层建筑，它是社会的经济关系和人们物质利益的体现，法的关系要深入到人们的物质生产生活中才能得到正确解读。社会主义法治文明构建，也应依照中国特色社会主义实践的逻辑展开，从社会主义市场经济的历史实践中寻找答案。据此，本文拟从中国特色社会主义实践与社会主义法治文明之间的内在关联性，对中国特色社会主义法治文明建设进行若干思考。

一、中国特色社会主义法治文明样态的基本特质

社会主义法治文明，是一种文明样态。何谓文明？我们熟知却存在歧义，在中国古籍中也常见，如《易传》中的“见龙在田，天下文明”，《尚书舜典》中的“濬哲文明，温恭允塞”，这些“文明”用法，与今天通常指代的“人类自出现以来的各个社会”之意相去甚远。简言之，文明（civilization）是与蒙昧、野蛮相对的范畴，是一个人或一个族群达到开明、开化、发达等状态，是文化进化到较高层次的状态及结果。现代汉语词典中“文明”被定义为“社会

发展到较高阶段和具有较高文化”。据历史学家布鲁斯．马兹利什在《文明及其内涵》一书考证说，文明这个概念首先由法国大革命时期的政治家米拉波在其所著的《人类之友》一书中提出，用来指代一个文雅、有教养、举止得当、具有美德的社会群体。在他创造这一名词之后不到10年的时间里，“文明”一词风靡欧洲，成为启蒙思想中的常用词。源自启蒙思想的“文明”一词，有现代性的内涵，是一种现代社会的精神特质。

当我们说“法治文明”时，与法律规范、法律程序等概念不同，它不是指具体操作程序，而是指作为文明形态。法治文明是指一个社会的法的理念、法律文本、司法行为等达到现代文明的程度。一个社会用公正的、理性的和人道的法律来解决各种问题，维护社会正义与民众合法权益，这样的法律体系就是法治文明。法治文明应是两方面含义的统一：一方面，它是特定文明和文化的重要组成部分。一个民族或一个国家的内部认同，并与其他民族和国家“认异”。法治文明也是认同和“认异”的根据之一。例如中国法治文明作为中华文明的一部分，与西方的法治文明相区别。另一方面，法治文明是指一个社会文化的法律体系、法治体系达到了开化、文明、理性与人道等更高的程度，这种程度通常用理性、民主、自由、正义、文明等价值标准衡量。从这个意义上理解的法治文明，是相对于专制蒙昧的法律体系而言的。

从人类社会发展过程看，社会主义法律体系和法治体系应是人类历史上所有法律体系和法治体系中最高级的形式。中国特色社会主义法治文明，是中国特色社会主义法律体系和法治体系中的理念、制度、措施等方面的最高概括和总结，是法律体系和法治体系的文明程度之表征。它主要体现两层含义：

第一，中国特色社会主义法治文明是一种新型的文明样态。

人类社会发展和文明进步的不同阶段，有不同的法律制度；不同的法律制度有不同的理念、价值和本质特征，并通过不同的律令、制度、措施体现出来。社会主义是目前人类社会发展的最高社会形态，社会主义的法律体系理应高于以往一切法律体系，应是人类法治文明的最高形态。因而，中国特色社会主义法治文明应该具备如下特征：

首先，中国特色社会主义法治文明应体现现代文明的特质。作为社会主义的法，不是其他意义上的法，而是现代文明法，亦即科学的、民主的和充满人文关怀的法律体系和法治体系。它是在经济、社会和法律发展的历史中，合目的性与合规律性的统一，是中国共产党的领导、人民当家作主的统一，是法治政府、法治社会和法治国家的统一，是法律体系、法治体系和人民群众自觉行为的统一。这种统一达到了如此境界，以至让全体人民都能切身感受到，只有通过并依靠法治，才有真正的权利、尊严、自由与幸福。法治成为人民群众的日常生活方式，成为人民的“第一需要”。人民大众不但遵法、守法，还会敬法、爱法。

其次，中国特色社会主义法治文明应体现社会主义的核心价值观。其中，“自由、平等、公正、法治”是对美好社会的生动表述，也是从社会层面对社会主义核心价值观基本理念的凝练。它是中国特色社会主义的基本属性。自由是指人的意志自由、存在和发展的自由，是人类社会的美好向往，也是马克思主义追求的社会价值目标。平等指的是公民在法律面前的一律平等，其价值取向是不断实现实质平等。它要求尊重和保障人权，人人依法享有平等参与、平等发展的权利。公正即社会公平和正义，它以人的解放、人的自由平等权利的获得为前提，是国家、社会应然的根本价值理念。而法治作为治国理政的基本方式，它通过法制建设来维护和保障公民的根本利益，是实现自由平等、公平正义的制度保证。社会主义法治文明要体现这种价值理想，以自由、平等、公平、正义为社会主义法治文明的价值导向，致力于人们的人格、尊严和基本权利的平等，致力于社会资源的公平、公正分配，致力于人们平等的劳动权利和义务等等。社会主义法治文明与特权等级不相容，与损人利己、损公肥私不相容，与一部分人利用资源和特权剥削压迫他人的不平等现象不相容。

最后，中国特色社会主义法治文明应该有利于人的自由全面发展。马克思主义创始人指出，未来的共产主义社会是自由人的联合体，是人的独立自由个性。人的自由全面发展是马克思主义的最高社会价值目标。社会主义法治文明应该体现这种自由精神，应借助法治力量，把人的权利和责任还给人，从法律上保障人们能更好地发挥自己的积极性和创造性，能更加自由地发展自己，提升自己，有更多的机会和更合理的评价机制，以便每个人能自由地、全面地发展自己，完善自己。

第二，中国特色社会主义法治文明应具有中华文明的风格、气象与特质。

谈到法，它从来都是文明的一部分。说起古希腊文明，就离不开它的民主制；说起古罗马文明，就离不开罗马法；说起西方现代文明，就离不开自由、民主、人权等启蒙思想。同样，中华文明也包括独具特色的中华法系，诸如“民为邦本”“德法并重”“公正廉明”“正大光明”“天理良心”等法文化。诚然，中国古代历史上的法文化，总体说是为宗法皇权服务的，与社会主义法治文明基础不同，但作为中国文化传统之一的法文化需要批判继承。换言之，文化传统不是僵死的，而是不断随历史发展而演变的。每代人都会在原有的文化积淀基础上，通过创造性改造推进本民族的文明。法治文明也是如此，中华法系的法文化历史元素应当在中国特色社会主义伟大实践中，通过批判继承、改造创新而更具生命力。

中国特色社会主义法治文明的建设，应从中国特色社会主义建设实践中，特别是从改革开放的实践中，获得智慧、生命和动力。经过70年社会主义建设特别是40年的改革开放实践，我国的经济、社会、科技、文化等都得到极大发展，在世界舞台上的话语权也得以提升。这些都为社会主义法治文明建设奠定了良好基础。今天，我们迫切需要从法治文明建设的视角对改革开放40年的历史进行总结与升华，对我国社会主义法治建设的成就进行总结与升华，并在此基础上构筑有中国风格、中国气质的法治文明。这是我们这一代人的责任。

二、从"依法治国"到法治文明的历史逻辑

我国社会主义法治建设，经历了一个从"依法治国"到法治文明的发展过程，即从确立各种法律制度，到将法律当作文明和文化加以建设的过程。这个过程与我们国家发展的历程密切相关，与中国共产党对法律认识不断深入密切相关，它是由中国特色社会主义建设的历史实践决定的，也是我党不断地探索和总结历史规律的结果。

新中国成立以后，人民群众当家作主，社会主义法律体系逐步开始建设。不过，由于复杂的历史原因，中华人民共和国成立后的前30年，这项建设工作进行得并不顺利，甚至出现了"文化大革命"这样的悲剧。"文化大革命"结束后，以邓小平为首的党中央痛定思痛，认为中国封建历史悠久，民主法制传统较少；"解放以后，我们也没有自觉地、系统地建立保障人民民主权利的各项制度，法制很不完备，也很不重视。"① 鉴于这种情况，邓小平要求："为了保障人民民主，必须加强法制，必须使民主制度化，法律化，使这种制度和法律不因领导人的改变而改变，不因领导人的看法和注意力的改变而改变。"② 在这样的背景下，我党提出了"以事实为根据，以法律为准绳"等一系列的法治理念，颁布了系统的法律法规，完善法律制度和法律设施。这些举措，奠定了后来我国法律体系和法治文明的基础，也为后来进一步的改革开放提供了法律保障。

此后，历届党中央都把完善国家法律体系、提升法治文明当作重要战略任务。其中特别值得关注的是：十八届四中全会通过的《中共中央关于全面推进

---

① 邓小平文选：第2卷［M］．北京：人民出版社，1994：332.
② 邓小平文选：第2卷［M］．北京：人民出版社，1994：146.

依法治国若干重大问题的决定》，对我国法律体系和法治体系，进行了全面而系统的高层设计。十九大报告中，习近平总书记总结十八大以来的成绩，其中就包括“明确全面推进依法治国总目标是建设中国特色社会主义法治体系、建设社会主义法治国家”。报告还要求“加大全民普法力度，建设社会主义法治文化，树立宪法法律至上、法律面前人人平等的法治理念”①。“法治文化”这个重要概念首次被纳入党的文献。

回顾中国特色社会主义法治建设之路，社会主义法治建设目标，正在从政府、社会、国家多层面向现代法治文明转型，法治建设的关注点已经由原来重技术性、操作性层面，上升到重文化、文明层面，易言之，我国的法治建设，正面临质的飞跃：从政府主导型法治建设向民众自觉参与型法治文化转型；法治建设的重心正从外在形式的增长向内在精神的凝练转型；从制度设施的奠基，向文化价值的优化转型，从“硬件”的增长向“软件”升级转型。这些都标志着我们的法治正在日益成为一种文明和文化。

三、中国特色社会主义法治文明的价值系统

文明的核心是价值系统，而价值的主要特征是主体性——价值是关于人的主体状况的表征，任何价值都是指某个对象对特定的主体有何种价值。中国特色社会主义法治文明的主体性，就是法治以人民为主体。这既是符合马克思主义的基本立场，也是基于中国社会主义法治建设的历史总结。

唯物史观认为人民群众是历史发展的真正主体。恩格斯曾提出过著名的“历史合力”论。他说：“与其说是个别人物，即使是非常杰出的人物的动机，不如说是使广大群众、使整个的民族，并且在每一民族中又是使整个阶级行动起来的动机；而且也不是短暂的爆发和转瞬即逝的火光，而是持久的、引起重大历史变迁的行动。”② 毛泽东同志也说：“人民、只有人民，才是创造世界历史的动力。”③ 事实上，中国特色社会主义建设取得了伟大成果，特别是改革开放之后取得了举世瞩目的成就，重要原因之一在于通过改革开放，清除了影响人民群众积极性和创造性的落后思维，使人民群众拥有了独立自主地发展与创造的权利和责任，他们的积极性和创造性被激发出来了。没有千千万万的人民

---

① 习近平．在中国共产党第十九次全国代表大会上的报告［M］．北京：人民出版社，2017：39.

② 马克思，恩格斯．马克思恩格斯文集：第4卷［M］．北京：人民出版社，2009：304.

③ 毛泽东．论联合政府［M］．毛泽东选集：第3卷．北京：人民出版社，1991：1031.

群众自己发展自己，自己提升自己的历史实践，就没有改革开放的成就。

人民群众是历史发展的主体，也应是中国特色社会主义法治文明的建设主体。只有让人民群众从法治建设中秉持自由、平等和正义价值，感受到自己的合法权益得到保障；只有让十几亿人积极主动地参与到法治建设中来，中国特色社会主义法治才一定会深入人心，从而推动中国特色社会主义法治建设从他律转化为自律，从制度构建转化为文化建设。正因如此，党的十八届四中全会公报明确提出，在全面推进依法治国进程中要始终坚持人民群众的主体地位："必须坚持法治建设为了人民、依靠人民、造福人民、保护人民，以保障人民根本权益为出发点和落脚点，保证人民依法享有广泛的权利和自由、承担应尽的义务，维护社会公平正义，促进共同富裕。"十九大报告则提出，求"坚持党的领导、人民当家做主、依法治国有机统一"。

列宁在建立世界第一个社会主义国家之后，提出建设社会主义应该吸收和借鉴人类发展进程中所创造的一切文明成果，"无产阶级文化应当是人类在资本主义社会、地主社会和官僚社会压迫下创造出来的全部知识合乎规律的发展①"。那么，作为社会主义建设重要内容的社会主义法治，也应该是吸收全部人类文明成果的最高形态。因而形成社会主义法治文明的价值资源，就应以人类历史的传统法治文明的精华为前提，以马克思主义法学思想、社会主义法治理念、改革开放以来我国法治精神的凝练与升华、社会主义核心价值观、传统中华法系和西方法治精神的精髓等为基础，与中国特色社会主义法治实践进行结合整合、批判、创新，来形成独具特色的中国特色社会主义法治文明。中国特色社会主义法治文明最重要的价值是坚持公正、平等、自由。

公正即社会公平和正义，它以人的解放、人的自由平等权利的获得为前提，是国家、社会应然的根本价值理念。社会主义法治文明的直接目的是维护社会正义，实现社会公正。法要起到扬善惩恶的效果，要以事实为根据，以法律为准绳，权利与责任的划分，资源与机会的配置，法律裁定等都要以公正为标准。

平等是从空想社会主义到几百年来各种社会主义者所追求的基本价值。平等的价值取向是不断实现实质平等。它要求尊重和保障人权，人人依法享有平等参与、平等发展的权利。中国特色社会主义法治文明所要求的平等，是指人们"底线"基本价值平等，要求公民在法律面前的一律平等，中华人民共和国一切公民享有平等的权利，履行平等的义务。这个基本原则可以衍生为各种具体的法律原则。

① 列宁全集：第32卷［M］. 北京：人民出版社，1972.

自由是指人的意志自由、存在和发展的自由，是人类社会的美好向往，也是马克思主义追求的社会价值目标。国家权力的价值基础是人民群众，国家公器以为人民服务为目的价值，就是要“加强人权法治保障，保证人民群众依法享有广泛权利和自由。……保障人们知情权、参与权、表达权、监督权”，等等①。说到底，就是要真正落实宪法“中华人民共和国一切权利属于人民”之规定。

四、中国特色社会主义法治文明的实践逻辑

政治和法的上层建筑建立在经济基础之上，与生产关系相适应，并随着经济基础的发展变化而变化，这是唯物史观的基本观点。马克思认为，法的关系作为“一种反映着经济关系的意志关系。这种法的关系或意志关系的内容是由这种经济关系本身决定的”②。马克思在批判蒲鲁东时，指出他的错误在于企图“通过否定历史上的实在法来证明法的观念的演变，证明公平的不断实现”③，把法的发展史变成了观念的变迁史。因此，我们不能从观念中确立抽象的、永恒的公平观念，并用以“指导”现实的法律关系。法律所确认的公平、平等原则，恰恰是根源于一定的经济关系的运动。

当下进行的中国特色社会主义法治实践，应该遵循社会主义发展建设的实践逻辑，按照实践本身的问题、目标、路径与运行机制展开与深入。事实上，习近平总书记对这个问题有明确指示。他指出，“必须坚持从中国实际出发，走什么样的法治道路，建设什么样的法制体系，是由一个国家的基本国情决定的。”④ 从我国实际出发，同推进国家治理体系和治理能力现代化能力相适应，突出中国特色、实践特色、时代特色，既不能罔顾国情，超越阶段，也不能因循守旧、墨守成规。

中国的基本国情，是中国特色社会主义理论的基本出发点，同时也是中国特色社会主义法治文明的出发点。中国特色社会主义发展建设遵循的实践逻辑就是实事求是的逻辑，就是尊重客观规律、按客观规律办事的逻辑，就是以经济建设为中心带动我国综合国力快速增长的逻辑，就是在党的领导下激发全体

---

① 习近平．在中国共产党第十九次全国代表大会上的报告［M］．北京：人民出版社，2017：37.

② 马克思．资本论：第1卷［M］．北京：人民出版社，2004.

③ 马克思，恩格斯．马克思恩格斯全集：第3卷［M］．北京：人民出版社，2002.

④ 习近平，习近平总书记系列重要讲话读本（2016年版）［M］．北京：学习出版社，人民出版社，2016：90.

民众的积极性和创造性的逻辑，就是“面向现代化，面向世界，面向未来”的开放式发展的逻辑。

改革开放以来我国之所以迅速发展为全球第二大经济实体，科技、文化等等也极大提升，主要在于我们把发展生产力放在首位，长期坚持以经济建设为中心。只有经济发展，才能带动社会各方面的发展，才能提高人民群众的生活水平，我们的综合国力才能增强，无产阶级政权才有稳固的基础。经济的发展又取决于我们解放思想，实事求是，尊重客观规律，按经济规律办事，对不适合经济发展的落后的思想观念和管理办法等，进行调整和改革。社会主义法治文明也需要遵循这样的逻辑：要有解放思想和实事求是的科学理性精神；要顺应改革开放的大趋势，顺应市场化、全球化和高科技为特征的现代经济发展趋势，为社会主义发展建设服务。社会主义发展建设中的各种法律问题，也需要借鉴和仿效经济建设的思路；发展建设社会主义市场经济的探索和创造精神，也应成为发展建设社会主义法治文明的精神。不囿于传统的束缚，不囿于抽象概念和话语标签，勇于探索，在实践上下功夫。

改革开放以来我国经济建设的成就，还有一系列相应的环境与条件：它不是农耕文明时代的小生产，而是大工业、高科技时代的现代经济；它不是封闭的系统，而是全球化时代的开放型市场，是面向世界、参与国际经济大循环的经济；它不是无规则的、非理性的，而是按照理性原则和契约精神开展的经济。这些是我国经济建设取得成效不可或缺的因素，所以，将社会主义建设实践中的经验规则升华为法律原则，将改革开放中的历史实践精神改造为社会主义法治文明的内在精神就是构建中国特色社会主义法治文明的题中之意。

新时代马克思主义法治观的创新发展

袁 芳

（中国政法大学 马克思主义学院，北京，102249）

党的十八大以来，围绕全面依法治国、加快建设社会主义法治国家，中国共产党在继承社会主义法治建设理论的基础上开始了崭新的探索，对依法治国、建设社会主义法治国家提出了许多新论断、新思想、新主张。党的十八届四中全会是中国共产党90多年历史上第一次以依法治国作为中央全会的主题，对如何全面推进依法治国作出了一系列的重要部署，将法治与全面深化改革联系起来。尤其是十九大报告全面部署了深化依法治国的实践，把法治提升到了治国理政的战略高度，创新发展了马克思主义的法治观，这是中国改革开放四十年来法治建设持续发展的必然结果，体现了中国特色社会主义法治的人民性、全面性和实践性。

一、新时代马克思主义法治观的新境界

（一）宪法法律至上：法治理念的新定位

早在2007年12月26日，胡锦涛总书记在全国政法工作会议上提出了“党的事业至上、人民利益至上、宪法法律至上”的重要观点，如何认识“三个至上”之间的辩证关系，如何在实践中化解三者之间的矛盾，成为我国推进法治建设理论和实践领域的重大问题。在具体的司法实践中，如何处理党与法、情与法之间的关系，成为我国法治建设中面临的核心问题。十九大报告针对党的领导、人民利益和宪法法律之间的关系，给予了“有机统一”的明确回答，认为三者有机统一于我国的社会主义民主政治伟大实践之中，还明确指出党的领导是根本保证、人民当家作主是本质特征、依法治国是党领导人民治理国家的

基本方式①。值得注意的是，十九大报告中明确提出了“树立宪法法律至上”，并没有再提“党的事业至上”和“人民利益至上”，看似只强调了“一个至上”，却是中国特色社会主义法治理念的新定位，解决了法治的核心关键问题。

我国的宪法是党和全体人民共同意志的体现，这是由中国特色社会主义的本质特点决定的，我国社会主义民主政治的本质就是国家的一切权力属于人民，我国是人民民主专政的社会主义国家。宪法和法律权威的树立，事关党的事业的成败、也事关人民根本利益的实现，宪法和法律如果不能有效实施，那么国家前途、人民命运就堪忧。因此，在我国维护和捍卫宪法和法律权威，也就是维护和捍卫党的权威，维护人民共同意志的权威。

“宪法法律至上”这一法治理念的提出，标志着新时代法治理念的确立，具有深刻的时代意义和重要的战略意义。宪法和法律在我国法律体系中具有至上的地位，其中宪法是根本法，是治国理政的总章程。习总书记在首都各界纪念现行宪法公布施行30周年大会上的讲话里就讲道：“依法治国，首先是依宪治国；依法执政，关键是依宪执政。”宪法只有获得了实施，才有生命，才是鲜活的。依宪治国要确保宪法得到实施，只有宪法得到了实施，宪法的权威才可以得到显现。在我国，依宪治国的内容非常丰富，其中最主要的就是要坚持宪法规定的根本政治制度、基本经济制度和基本的政治生活原则。“宪法法律至上”的确立，实质就是要长期坚持和全面贯彻中国特色社会主义的根本制度、基本制度和基本原则，确保基本制度和原则的毫不动摇。这是我国社会主义建设和发展的根本方向。尤其是党的十九大报告中首次明确提出了“推进合宪性审查工作”的要求，这表明，我国一切违反宪法的行为都必须接受“合宪性审查”的监督予以纠正，由此真正解决了宪法实施的保障问题，使得“宪法法律至上”的理念有了实质性保障。

（二）法治中国：法治目标的新定位

2013年，十八届三中全会通过的《中共中央关于全面深化改革若干重大问题的决定》确认了“法治中国”这一概念，并将推进法治中国建设确定为中国的法治建设的长远目标。回顾依法治国的历史进程，过去党的文件中一直提的是“法治国家”，将建设法治国家作为社会主义法治建设的根本目标。党的十五

① 决胜全面建成小康社会 夺取新时代中国特色社会主义伟大胜利——在中国共产党第十九次全国代表大会上的报告（2017年10月18日）［M］．北京：人民出版社，2017：36.

大将“依法治国”确立为治理国家的基本方略；十六大提出“三者统一论”①；十七大将“深入落实依法治国基本方略列入实现全面建设小康社会奋斗目标的新要求”。2013 年首提“法治中国”后，十八届四中全会则更进一步号召全党和全国各族人民向着建设法治中国不断前进、为建设法治中国而奋斗，习近平总书记还专门谈到为什么全会以法治建设为主题进行专题部署，指出只有用好法治这个治国理政的基本方式，在中国这样一个人口多发展不平衡、基础薄弱的国家建设中国特色社会主义才有可能。改革开放以来，社会主义市场经济的确立和发展，为中国经济的突飞猛进提供了重要的制度条件。而市场经济的本质就是法治，市场经济在允许并鼓励人们追求个人利益的同时，还需要法律来规范人们追求个人利益的边界和方式，通过规则的建立真正维护公平正义。

“法治中国”相比“法治国家”而言，内涵更加丰富、理念更加先进、目标更加具体，对完善国家治理、提高党的依法执政能力、全面深化改革都具有重要意义。从立法层面上说，法治中国不仅强调有法可依，更强调所立之法为“良法”，认为只有确保立法的科学化、民主化、体系化，才能确保法律的有效执行。从法律体系上说，“法治中国”不仅重视中国特色社会主义法律体系的建设，而且重视法律与法规、法律与党纪之间的区别和联系，形成法律和制度的和谐统一。从社会管理上看，法治中国强调法治覆盖的领域更广泛，包括经济、政治、文化、生态等各个领域的全覆盖。从法律实施上看，法治中国强调尊法、学法、用法和守法等各个方面全面推进，尤其将尊法放在首位，强调法律信仰。不仅强调政府要严格执法，还强调立法、执法、守法的全面推进，强调国家、政府、社会的法制化进程要一体化建设②。由此，法治中国的提出，是对社会主义法治国家基本方略和目标的进一步丰富与深化，这是新时代我国全面推进改革的重要保障和前提条件，法治中国是全面推进改革的应有之义。

法治中国不是简单的一个提法上的改变，而是法治国家在中国的现实版，与我们耳熟能详的富强中国、民主中国、文明中国、和谐中国、美丽中国一样，是中国特色的新时代法治建设的目标。未来我国法治理论的发展、法治战略共识的形成、中国法治建设的进程的加快无疑都建立在法治中国这一概念所构建的蓝图之上。

---

① “要把坚持党的领导、人民当家作主和依法治国有机统一起来。”

② 江必新．国家治理现代化：十八届三中全会《决定》重大问题研究［M］．北京：中国法制出版社，2014：100.

（三）科学立法、严格执法、公正司法、全民守法：法治建设方针的新定位

十八大以来，党中央根据社会发展进程中新的现实和问题以及国情、党情、社情的变化，进一步发展、丰富和完善中国特色社会主义法治建设指导方针，提出了科学立法、严格执法、公正司法、全民守法十六字方针。其实，在我国不同历史时期，根据不同的形势和任务，法治建设的指导方针有不同表述①。科学立法、严格执法、公正司法、全民守法十六字方针包含的内容丰富，条理清晰：从立法层面上说，强调立法的科学化，要求进一步完善中国特色社会主义法律体系；从执法层面上说，单独将严格执法加以强调，要求切实严格、规范、公正、文明执法；从司法层面上说，司法是社会公正的最后一道防线，特别强调公平正义的价值追求；从守法上说，强调了树立法治权威的重要性，强调了全民守法的自觉性，倡导在全社会努力营造法治的良好氛围。总之，法治建设十六字指导方针的提出，为建设法治中国，全面推进社会主义法治国家建设指明了具体路径。

具体说来，科学立法要求一切从实际出发，立足中国国情，遵循立法规律，符合人民群众的利益，不违背宪法精神。科学立法应当是依法立法，遵循立法的程序，恪守立法的权限，应当坚持开放立法，注重有序的公众参与。新十六字方针对执法也提出了要求——严格，强调只有保障法律得到严格实施，法治才能真正得到实现。行政机关是执法的主体，这在客观上也说明依法行政的重要性。行政机关要做到严格执法，除了要严格依照实体法和程序法进行法律的实施工作，还要强调在执法的过程中必须接受监督，任何权力都具有天然的扩张性，只有自觉接受监督，严格执法才可能真正落到实处。新十六字特别强调公正在司法过程中的重要意义，而公开是实现公正的重要方法，一切徇私枉法、以权压法的行为都是见不得阳光的，权力在黑暗中运行，或者有选择地走出黑暗，司法的公信力就无从谈起。只有让司法权在人民群众的视野中，在阳光下公开运行，司法的权威和公信力才可能有保证。习近平总书记强调司法最主要的因素还是人，多次针对司法队伍建设提出要求。他明确指出，每一个司法工作者都要把正义放在心中，刚正不阿、一身正气、两袖清风、勇于担当、忠于

① 改革开放初期，党有针对性地提出了“有法可依、有法必依、执法必严、违法必究”的十六字法治建设指导方针，在重建中国特色社会主义法律秩序中发挥了重要作用，后又提出了“依法治国、公平正义、执法为民、服务大局、党的领导”的二十字社会主义法治建设指导方针。

法律，敢于排除各种干扰，坚守自己的良心，确保公正司法的底线不被突破①。新十六字方针强调要树立法治的权威、增强人民群众守法的自觉性。只有在全社会都树立遵守法律为荣，违法乱纪可耻的良好意识，全民守法才有坚实的基础，人们才真正会自觉遵守法律。这也可以使得人民群众反映诉求、保障权益、追求权利都会在法治轨道内进行。

（四）法治思维：法治人才素质的新定位

党的十八大以来，习近平总书记多次提到“法治思维”的概念，过去更多提出的是“法律思维”。早在 2012 年，在首都各界纪念现行宪法公布施行 30 周年大会上，习近平首次提到“法治思维”这一概念。十八大报告中明确提出了领导干部要学会运用法治思维和法治方式化解社会矛盾，随后多次会议上都提到了“法治思维”，提出各级领导干部要运用法治思维和法治方式，提高深化改革、推动发展、化解矛盾、维护稳定的能力。十九大报告中将“法治思维”作为五大思维之一与提高执政本领、提升执政能力联系在一起，由此，“法治思维”提升到了治国理政的战略高度。

“法治思维”不同于“法律思维”，“法治思维”比“法律思维”更强调法律的权威性。“法治思维”以合法性为起点，以追求公平正义为价值目标，是一种运用法律逻辑和法律方法思考问题的逻辑思维方式。与“法治思维”相对应的是“人治思维”，虽然“人治思维”在革命战争年代发挥着重要作用，但在新时代要推动社会主义市场经济的完善和发展，必须自觉培养“法治思维”。“法治”强调多数人之治，追求民主的目标，表现出稳定性和一惯性，最高权威是法律本身；而“人治”依据个人德性、能力和魅力，追求个人专制，虽然在一定历史时期能够有效发挥作用，但具有不稳定性，最高权威是个人。因此，区分“法治思维”和“人治思维”的关键在于遵循的最高权威是法律还是个人。

习近平同志提出，各级领导干部要做尊法学法守法用法的模范②。尊法强调的就是法律的最高权威，就是“法治思维”的重要特征。2017 年，习近平总书记在中国政法大学的座谈会上，专门将“尊法”提到“学法”“用法”“守法”之前，明确强调对法律要有信仰和敬畏，如果没有尊法，就无法真正实现

---

① 加快坚守社会主义法治国家（2014 年 10 月 23 日）［J］. 求是，2015（1）.

② 习近平谈治国理政：第 2 卷［M］. 北京：外文出版社，2017：126.

学法用法和守法①。由此，习近平总书记将“尊法”作为法治人才的必备素质。由此，法治人才培养应将“法治思维”的培养作为首要内容，不仅要提高法治人才的法律知识素养，更要提升法治人才的法律信仰。一个人缺乏对法律的尊崇和信仰，没有建立真正的“法治思维”，即便掌握再多的法学知识，也不能成为新时代所需要的法治人才。尤其在面对利益诱惑时，还可能做出知法犯法的违法行为。

二、新时代马克思主义法治观创新发展的鲜明特征

（一）价值目标的人民性

法治已是世界大多数国家和人民的共同选择，现代法治国家的核心与基石就在于分权制衡。法治作为人类文明的共同话语，在中西不同的文化视野下，具有不同的内涵。法治到底是为了谁的利益，运用的是哪一个阶级的法律，成为区分马克思主义的法治观与西方的法治观的分水岭。新时代马克思主义的法治观始终围绕人民性这一核心价值取向，将人民作为法治的出发点和落脚点，坚持了以人民为中心的法治话语立场，真正明确了“为了谁”这一法治理论和实践中本质性和根本性的前提问题，才使得“法治”在广大民众中能形成广泛的社会号召力和影响力。建设法治中国的要求非常明确而具体，其核心价值追求就是保障人民的基本权利。根据现代的政治理论，全体人民出让自己的部分权利，交给国家政权，其根本的目的就是为了保障公民自身的权利。公民基本权利通常通过宪法条文加以列举和宣示，公民在履行基本义务的前提下，享有多项正当权利，这些权利庄严而不得侵犯。尤其是手握国家权力的公职人员，如果没有法律约束公权力，公民的权利将难以得到保障。由此，“法治中国”强调要依照法律治理国家事务，政府部门的所有行为要有法律依据，依法定的程序进行，同时，中国共产党也应在宪法和法律的范围内活动，着力进行法治国家、法治政府和法治社会一体化建设。

（二）法治建设的全面性

新时代马克思主义的法治观主要在法治理念、法治目标、法治方针、法治队伍四个方面实现了创新发展，涵盖了法治建设的目标、路径和队伍，体现了法治建设的全面性。党的十八届三中全会提出“要依法治国、依法执政、依法

---

① 立德树人德法兼修抓好法治人才培养 励志勤学刻苦磨炼促进青年成长进步［N］. 人民日报，2017－05－04.

行政，要建设法治国家、法治社会、法治政府”，明确了法治建设包含立法、执法、司法、守法四个方面，而且依法治国不仅仅是国家层面的要求，也是政府层面和社会层面的要求。这一表述体现了我们党对法治认识的深化，实现了对法治建设全面性认识的新高度——只有全面的法治，才能对应全面推进依法治国的总要求。这种全面性不仅在思想理念上重视法治的全面性，而且在具体实践中实现了法治的全面建设。十八大之后，司法改革进入深水区，解决体制性问题成为不可回避的问题。这一轮司法改革的重点之一就是去除司法的地方化和司法的行政化这两大顽疾。十八届三中全会启动了司法管理体制的改革，提出要打破司法的行政化、地方化，推动省以下地方法院和检察院人、财、物统一管理。四中全会再次提出要“优化司法职权配置”，最高人民法院设立巡回法庭，审理跨行政区域重大行政和民商事案件，探索设立跨行政区划的人民法院和人民检察院，办理跨地区案件，这些都是全面深化司法体制改革的重要一步，对于解决司法地方化，行政化无疑具有重要的意义。

（三）法治思想的实践性

新时代马克思主义的法治观源自改革开放以来的中国共产党人的实践探索，有着丰富的实践基础和深厚的中国特色。法治作为一种治国方略，强调的是法律在政府执法中权威性、至上性的地位。“法治通常的理解就是法律之治，即通过法律治理国家；同时，法治又是指通过法律使权力和权利得到合理配置的社会状态。”① 近年来，我国经济总量一直居于高速发展水平，中国特色社会主义市场经济的发展呼唤公平的竞争环境，我国政治、经济、社会的活动以及公民在各个领域内的行为都应该依照法律进行。然而，长期以来，我国法治观念淡薄，重人治轻法治，法治建设远远滞后于社会经济发展，基层政府执法过程中按个人意志行事，行政审批过多等现象屡见不鲜。要改变这种状况，必须强化法治意识，积极转变发展理念，寻找加快法治发展的突破口，通过法治建设的提升进一步优化经济社会发展环境。习近平总书记深刻指出，法律的生命力在于实施，法律的权威也在于实施②。十八大之后，以习近平同志为核心的党中央抓立法、减审批、促放权、废劳教、试司改、推反腐、严治军、重党建，这一系列举措充分体现了“踏石留痕、抓铁留印”的执行力，彰显了新时代法治思想的实践性。

---

① 中共中央政法委员会．社会主义法治理念读本［M］．北京：中国长安出版社，2009：3.

② 十八大以来重要文献选编（上）［M］．北京：中央文献出版社，2014：717.

三、新时代马克思主义法治理论创新发展的趋势

（一）以战略眼光深刻认识全面推进改革和全面依法治国的关系

市场经济的本质是法治经济，强调充分发挥法治在资源配置的决定性作用，尤其要发挥法治在调控市场秩序和保障市场主体权利中的重要作用。习近平总书记曾在2015年新年贺词中用“鸟之两翼、车之双轮”生动揭示全面深化改革与全面推进依法治国的逻辑关系。从这个意义上说，全面依法治国，既是我国全面深化改革的必然要求，也是未来进一步有效推进改革的重要手段。未来要实现法治中国的建设目标，践行宪法法律至上的法治理念，要以战略眼光更加深刻认识全面推进改革和全面依法治国之间的有机统一。

一方面，通过全面深化改革，推进体制机制创新，有助于进一步解放和发展生产力，为建设中国特色社会主义法治国家创造条件。在改革进程中，针对法治建设还存在的与全面深化改革不适应的问题，可以有效推进相关法律的立改废工作，使立改废工作同改革开放不断深化相适应。另一方面，通过全面推进依法治国，确保改革沿着法治轨道有序推进，可以为推进国家治理体系和治理能力现代化提供有力的法治保障。通过完善社会主义法律体系，使各种政治关系、政治行为都在法治的轨道上运行，才能有效制约公权力以保障公民私权利的实现。这主要源自公权力具有天然的扩张性，必须关进制度的笼子，法治就是这样的一个笼子。在生态环境建设中，法治的保障和引领作用同样不能忽视，法治在能源保护、污染防治、水资源保护、地下水的管控、核废料的处理等方面都具有调控作用。强调法治还有利于人权保障的法治化水平，有助于公民权利意识的培育和提高。只有每个公民都有了宪法上的权利意识，才可能有争取权利的内在动力，只有公民的法治思维的水平不断提高，才可以不断地督促官员提高其履行职责、维护人权的自觉性，并接受监督；总体说来，只有全体公民权利意识觉醒，努力追求自己的权利，才能使我国的人权水平不断得到提高。

未来我们要进一步深刻认识推进依法治国和全面深化改革之间的关系，促进两者有机结合，互相促进，推动国家治理的科学化。用法治的思维和方式加快全面深化改革的进度和程度，同时用改革的成果进一步丰富法治的内涵，更加深刻认识法治中国、法治国家、法治政府、法治社会之间的关系，促进中国特色社会主义道路越走越广阔，步伐越来越稳健。

（二）以辩证思维清晰认识加强党的领导与维护法律权威的关系

党和法治的关系问题是中国特色社会主义法治建设的核心和关键，“党大还

是法大”的问题，一时成为人们关注的重点问题。建设中国特色社会主义法治体系，全面推进社会主义法治国家建设，必须从理论与实践、历史与现实的结合上正面回答“党大还是法大”这一问题，才能更加自觉地坚持和实现加强党的领域和维护法律权威之间的一致性。习近平总书记早在2015年就对这一问题给予了清晰回答。他提出，“党大还是法大是一个伪命题，对各级党政组织、各级领导干部来说，权大还是法大则是一个真命题。纵观人类政治文明史，权力是一把双刃剑，在法治轨道上行使可以造福人民，在法律之外行使则必然祸害国家和人民”①。因此，加强党的领导与维护法律权威不是对立的，而是辩证统一的关系。

依法治国是党领导国家的基本方略，这一表述体现了中国特色社会主义法治的本质特色：全面推进依法治国必须以坚持中国共产党的领导为政治前提，同时中国共产党的领导必须以法治思维和法治方式治国理政。我们党从中国社会主义建设的历史实际中得到一条宝贵的经验就是坚持维护法治的权威，走有中国特色法治道路。办好中国的事情最关键的在党，最有效的方法是依法办事②。

我国宪法规定，中国共产党是中国社会主义事业的领导核心，中国共产党是建设法治国家的领导核心。中国共产党的宪法地位，决定了它必然是维护法律权威的政治保障。中国的法治体现的是人民的意志，以维护和保障最广大人民的利益为根本。中国共产党是全心全意为人民服务的政党，除了最广大人民群众的根本利益之外没有自己的利益。中国共产党通过多种民主机制和政治参与渠道将最广大人民的意志和诉求聚合起来，并通过法定程序上升成为国家意志和符合客观规律的良法，这本身也是实现中国共产党领导的过程。值得注意的是，我们只是从理论和制度上讲清党与法是高度统一，这还远远不够，还要在全面深化改革的进程中切实把权力关进法律和制度笼子，下大气力解决好部分党员领导干部法律观念不强的问题。未来我国法治建设不改变以权压法、以言废法、贪赃枉法等问题，就会严重影响人民群众对法治的信心。因为人们总是倾向于从关乎自身切身利益的问题来感受法治，这样一来，少数一些地方、部门和个人，不尊重法治，权大于法的言行就会被归咎于我国的政治体制、共产党的领导和社会主义法治方面存在问题，于是党大还是法大这个问题就会很

① 在省部级主要领导干部学习贯彻党的十八届四中全会精神全面推进依法治国专题研讨班上的讲话［N］．人民日报，2015-02-02.

② 李林．法治发展与法治模式中国与芬兰的比较［M］．北京：社会科学文献出版社，2013：11.

自然地被提起。因此，党领导人民制定实施宪法和法律，当然也要模范地遵守法律加强党的领导要坚持政治领导，要坚持党政分开。

（三）以全局观念重新认识尊法、学法、用法、守法的关系

法治被看作一种培育自由、遏制权势的有效方法，从法治的产生的历史背景来看，法治理念的实践本质就是民主，法治理念的价值标尺就是公平正义。一个社会的法治进程的推进离不开民众对法律能够实现公平正义的认同，离不开法律意识的培育。法律意识更多地体现为一种精神力量，这种精神力量对社会法治建设的作用是巨大的。过去一段时期，我们常常将法治当成一种工具，形式上建立一种法治的框架，这种形式主义的法治观会严重阻碍法治建设的实际效果。随着我国法治建设的逐渐推进，中国共产党人越来越认识到法治不仅仅意味着建立完备的法律体系和完善相关的操作技术，而更意味着民众对法律的尊重和信仰，真正运用法律来真实有效地调整社会关系。

我国与西方法治发展方式是不同的，我国的法治建设不是由于社会有了共同的法律意识之后再来构建法治秩序，而是先来构建一种法治，然后再来主动培育一种主体认知的过程。由此，中国公民的总体法治观念比较薄弱，普遍地，社会民众的法治信任度相对较低。法律和司法过程都由人来实施，制度再完备，在实际运行中也会有不尽如人意的地方。由此，社会主义法治本应具有尊重个人权利、维护公共秩序等法治精神要素在某些地方就显得曲高和寡，这些都是中国共产党未来法治建设中面临的重大挑战。未来，随着我国社会转型时期利益格局的不断调整，追求公平正义的权利意识的日益苏醒，更要注重引导公民依法维权、合法维权。习近平总书记将“尊法”放在“学法”“用法”和“守法”之前，实质上就是强调法律信仰对法治社会的重要性。我们在法治中国建设过程中，要以全局的战略观念重新认识尊法、学法、用法和守法的关系，尤其要注重推进全社会“尊法”意识的形成和发展。未来我们要培育社会主义法治精神，这种培育过程是一种教育过程，也是一种理解过程，更是一种社会氛围的构建过程。我国仍处于并将长期处于社会主义初级阶段的基本国情是我们进行法治建设和推进法治发展的出发点和立足点，未来我们要加强法治文化研究，注重吸收具有现代法治文明因素的法治精神，吸收我国优良的文化传统，将这些因素都结合到社会主义法治建设进程之中。

习近平新时代中国特色社会主义法治思想研究综述

张　国

（北京建筑大学 马克思主义学院，北京，102616）

习近平新时代中国特色社会主义法治思想是习近平新时代中国特色社会主义思想的重要组成部分之一，近年来已经成为国内法学研究领域内的一个热点问题，并取得了一定的研究进展。目前已经公开发表了80多篇期刊论文、至少20篇硕士学位论文，已经公开出版的专著特别少。同时，也必须看到，在目前的研究中也存在着一些不足之处，亟待在今后的研究中得到进一步加强。

一、习近平新时代中国特色社会主义法治思想的研究现状

近年来，国内学界在习近平新时代中国特色社会主义法治思想的研究中已经取得了一定的进展，所取得的研究成果主要体现在以下几个方面：

（一）产生的时代背景研究

目前，国内学界对习近平新时代中国特色社会主义法治思想产生的时代背景的研究主要体现在以下两个方面：

1. 产生的国际背景研究

近年来，国内有些学者对习近平新时代中国特色社会主义法治思想产生的国际背景做了一些研究工作。陈兵兵（2015）认为，习近平法治中国建设思想的提出，既是适应当前国际化和全球化发展的现实需要，也是实现中华民族伟大复兴的实际需要①。王帅（2016）指出，习近平依法治国思想是在国际上和平与发展仍然是当今时代的主题、局部冲突依然存在、全球化与信息化迅猛发

① 陈兵兵．习近平法治中国建设思想及其时代价值［J］．人民论坛，2015（5）：202－204.

展的国际背景下提出的①。周超（2016）认为，在中国致力于建立新时期互惠互赢的新型大国关系和在经济发展上坚持对外开放政策的背景下，习近平提出了独具特色的法治思想②。孙文淑（2017）指出，党的十八大以来，为妥善应对经济全球化对加快国内法治建设的必然要求，习近平法治思想应运而生③。幸达（2017）认为，在当今世界，国家主权在当今国际关系中发挥着更重要的作用，在资源的争夺和生态环境问题上国际摩擦和冲突不断增多，国际经济利益分配格局正发生深刻变化。在此背景下，习近平法治思想提出了④。

2. 产生的国内背景研究

近年来，国内有些学者对习近平新时代中国特色社会主义法治思想产生的国内背景开展了一些研究。张忠军、张立伟（2015）认为，党的十八大以来，习近平从坚持和发展中国特色社会主义出发，从实现中华民族伟大复兴中国梦、确保党和国家长治久安的战略高度提出了全面依法治国的重要思想⑤。王宝宁（2016）指出，习近平法治思想的提出是基于全面建成小康社会、全面深化改革和全面从严治党等方面的现实需要⑥。侯晴（2016）认为，习近平法治思想的提出是为了满足社会主义市场经济健康发展、社会主义民主政治建设顺利推进和社会主义法治文化繁荣等方面的实际需要⑦。赵晓禾（2016）指出，在中国特色社会主义建设中，目前复杂的经济环境与繁重的经济任务决定了习近平法治思想的产生，社会中存在的多元文化对习近平法治思想的产生和发展提出了现实要求⑧。吴怀友（2016）认为，全面依法治国思想，是习近平从坚持和发展中国特色社会主义全局的出发，为确保党和国家长治久安而提出的重大战略思想⑨。李林（2016）指出，习近平站在治国理政的战略高度，立足“四个全面”的战略布局，着眼“两个百年”战略目标，围绕全面依法治国提出了一系列新的理念、思想和战略⑩。

---

① 王帅．习近平依法治国思想研究［D］．武汉：华中师范大学，2016.

② 周超．习近平法治思想论［D］．南昌：南昌大学，2016.

③ 孙文淑．习近平法治思想研究［D］．泰安：山东农业大学，2017.

④ 幸达．习近平法治思想研究［D］．昆明：云南师范大学，2017.

⑤ 张忠军，张立伟．习近平全面依法治国思想论纲［J］．中共中央党校学报，2015（6）：13－21.

⑥ 王宝宁．习近平法治思想研究［D］．锦州：渤海大学，2016.

⑦ 侯晴．习近平依法治国思想研究［D］．西安：西安科技大学，2016.

⑧ 赵晓禾．习近平法治思想研究［D］．济宁：曲阜师范大学，2016.

⑨ 吴怀友．习近平全面依法治国思想论纲［J］．毛泽东研究，2016（2）：98－108.

⑩ 李林．习近平全面依法治国思想的理论逻辑与创新发展［J］．法学研究，2016（2）：3－22.

（二）理论来源研究

近年来，国内有些学者对习近平新时代中国特色社会主义法治思想产生的理论来源开展了研究。侯晴（2016）认为，马克思列宁主义、毛泽东思想中的关于民主法制的思想，中国的传统法律思想，以及邓小平、江泽民、胡锦涛的法治思想是习近平依法治国思想的理论源头①。赵晓禾（2016）指出，习近平法治思想的理论渊源是中国优秀的传统法治思想、马克思主义的法治思想以及西方优秀的法治思想②。马怀德（2016）认为，习近平法治思想继承了中国传统法律文化的精华，吸收了世界法治文明的有益经验，极大地丰富了马克思主义法学理论宝库③。吕培亮等（2016）指出，以习近平同志为核心的新一届中央领导集体，正是在继承和发展老一辈无产阶级革命家关于依法治国的理念、原则和重大决策的基础上，形成了中国化的马克思主义法治思想的最新成果④。刘用军（2016）认为，习近平法治思想继承和发扬了中国传统文化和新中国历代中央领导集体的法治思想⑤。周瑶（2016）指出，习近平法治思想形成的理论渊源主要包括新中国几代中共领导人的法治思想、中国传统的法治思想、马克思恩格斯列宁的法治思想以及西方资本主义的法治思想⑥。康帅（2017）认为，习近平法治思想的形成不能脱离马克思主义经典作家关于法治的精辟阐述，离不开对新中国历届领导人法治思想的继承和发展，不能舍弃对中国古代法治思想精华的提取和对西方国家法治思想中合理成分的借鉴⑦。白小丽（2017）指出，习近平法治思想的理论渊源就是马克思、恩格斯、列宁、斯大林、毛泽东、邓小平、江泽民、胡锦涛的法治思想⑧。刘国琴（2017）认为，马克思主义法治思想是习近平法治思想形成的理论基石，毛泽东法治思想和中国特色社会主义法治理论是习近平法治思想形成的理论来源，中国优秀的传统法律思想是习近平法治思想形成的文化底蕴，西方法治文明的先进经验是习近平法治思

---

① 侯晴．习近平依法治国思想研究［D］．西安：西安科技大学，2016.

② 赵晓禾．习近平法治思想研究［D］．济宁：曲阜师范大学，2016.

③ 马怀德．贯彻中国特色社会主义法治理论繁荣法学研究［J］．新湘评论：2016（11）：19.

④ 吕培亮，杨美勤，李芳．习近平法治观的新思想研究［J］．中共成都市委党校学报，2016（1）：41－46.

⑤ 刘用军．习近平法治思想的形式、要义与战略高度［J］．郑州轻工业学院学报（社会科学版），2016（6）：1－10.

⑥ 周瑶．习近平法治思想初探［D］．荆州：长江大学，2016.

⑦ 康帅．习近平法治思想研究［D］．保定：河北大学，2017.

⑧ 白小丽．习近平法治思想研究［D］．呼和浩特：内蒙古师范大学，2017.

想形成的有益借鉴①。戴艳军、段中卫（2017）指出，习近平全面依法治国思想是在马克思主义法学思想的指导下，全面继承中国法律文化精华和充分借鉴西方优秀法治文明成果的基础上形成的②。屈琦（2017）认为，在习近平法治思想的形成中，他汲取了马克思主义经典作家的法治观点、中国共产党领袖人物的法治思想、中华民族优秀传统文化中的有益养分以及西方法治思想的合理成分③。

（三）产生和发展的脉络研究

近年来，国内有些学者对习近平新时代中国特色社会主义法治思想产生和发展的脉络进行了研究。张涛、万高隆（2015）指出，在正定工作期间，习近平法治思想开始孕育，初具雏形；在主政福建、浙江等地期间，习近平提出了依法治省的主张；党的十八大以来，围绕法治的四大环节，习近平精辟地阐释了法治建设的若干要义，构成了其全面依法治国思想的精髓，习近平法治思想走向系统化④。沈辰辰、袁寿其（2015）认为，党的十八大以来，习近平围绕社会主义法治建设提出了许多重要论断，十八届四中全会的胜利召开标志着其社会主义法治思想的初步形成⑤。邱萍（2016）指出，习近平法治思想，从在福建、浙江工作期间的“依法治省”到党的十八大之后的“依法治国”，随着时代的变迁而不断发展和完善⑥。康帅（2017）认为，从主政河北正定到“法治浙江”提出之前这一段时期是习近平法治思想的萌芽阶段，主政浙江时期是习近平法治思想的发展阶段，当选为中共中央总书记至十八届四中全会的召开期间是习近平法治思想趋于成熟并最终形成的阶段⑦。白小丽（2017）指出，在正定担任县委书记期间是习近平法治思想的形成阶段，在福建、浙江、上海主政期间是习近平法治思想的发展阶段，十八大尤其是十八届四中全会以来是

---

① 刘国琴．习近平法治思想研究［D］．重庆：西南大学，2017.

② 戴艳军，段中卫．论习近平全面依法治国思想的理论渊源［J］．马克思主义与现实，2017（3）：176－181.

③ 屈琦．习近平法治思想及其认知维度［J］．渭南师范学院学报，2017（15）：19－24.

④ 张涛，万高隆．习近平全面依法治国思想的理路［J］．中共云南省委党校学报，2015（6）：21－24.

⑤ 沈辰辰，袁寿其．习近平社会主义法治思想的人本向度［J］．江苏大学学报（社会科学版），2015（4）：50－54.

⑥ 邱萍．引领法治建设 推进依法治国——习近平法治思想解读［J］．福建省社会主义学院学报，2016（1）：46－51.

⑦ 康帅．习近平法治思想研究［D］．保定：河北大学，2017.

习近平法治思想逐步迈向成熟的阶段①。刘国琴（2017）认为，在领导地方经济社会发展的过程中，习近平孕育了比较丰富的法治思想；从十八大到十八届四中全会，习近平法治思想已经基本形成；十八届四中全会后，习近平法治思想日趋系统完善，处在深入发展的阶段②。庄妍（2017）指出，习近平法治思想的初步形成是在地方任职期间，十八大以来，习近平法治思想的发展实现了重大飞跃，即习近平从不同层面阐释了法治对于国家治理和社会发展的重要作用，着重强调了对依法治国基本方略的遵循，规划了建设社会主义法治国家的蓝图③。

（四）内容的研究

近年来，国内学界对习近平新时代中国特色社会主义法治思想内容的研究主要体现在以下两个层面：

1. 主要内容的研究

近年来，国内有些学者对习近平新时代中国特色社会主义法治思想主要内容开展了研究。胡锦光（2014）认为，习近平法治思想的主要内容就是，法治是治国理政的基本方式，依法治国首先是依宪治国，通过制度建设来规范权力运行，深化司法体制改革，严惩司法腐败④。吴传毅（2014）指出，习近平法治思想的基本构架体现在总体目标是法治中国、基本方略是整体推进、根本目的是保障人权、价值追求是公平正义、重点突破是法律实施、率先改革是司法体制等方面⑤。公丕祥（2015）认为，党的十八大以来，习近平对全面依法治国的战略考量、根本遵循、推进方略、动力机制等问题进行了深入研究，深刻揭示中国特色社会主义法治建设的基本规律，形成了体系完整的法治思想理论⑥。杨小军（2015）指出，习近平法治思想涵盖法治建设道路思想、依宪治国依宪执政思想、法治实施的思想、法治建设方针思想、系统推进法治建设布局路径思想、法治权威思想、法治思维和法治方式思想、司法公正思想、党的领导与依法治国关系思想等内容⑦。曹守晔（2015）认为，习近平法治思想完

① 白小丽．习近平法治思想研究［D］．呼和浩特：内蒙古师范大学，2017.

② 刘国琴．习近平法治思想研究［D］．重庆：西南大学，2017.

③ 庄妍．习近平法治思想［D］．长春：东北师范大学，2017.

④ 胡锦光．习近平法治思想内涵解读［J］．人民论坛，2014（28）：29－31.

⑤ 吴传毅．习近平法治思想的基本构架［J］．中共福建省委党校学报，2014（8）：4－9.

⑥ 公丕祥．习近平法治思想述要［J］．法律科学（西北政法大学学报），2015（5）：3－16.

⑦ 杨小军．习近平法治思想研究［J］．行政管理改革，2015（1）：20－24.

整总结了中国特色社会主义法治建设的基本经验，系统阐述了中国特色社会主义法治体系的基本内容，深刻说明了中国特色社会主义法治道路的本质，鲜明揭示了中国特色社会主义法治的规律以及两大核心价值①。万高隆（2015）指出，习近平法治思想在执政理念、法治价值、法治目标、法治布局、法治道路等方面蕴含着丰富的新观点、新见解和新论断②。卓泽渊（2016）认为，习近平全面推进依法治国的总体思路是，坚持党的领导、依法治国和人民当家作主的有机统一，依法治国、依法执政和依法行政的共同推进，法治国家、法治政府和法治社会的一体化建设，推动和建设法治中国，实现中华民族伟大复兴的中国梦③。李林（2016）指出，习近平全面依法治国思想的主要内容如下：把依法治国作为党领导人民治国理政的基本方略，把法治作为党治国理政的基本方式；在推进全面依法治国中，必须坚持党的领导、人民当家作主和依法治国的有机统一；全面依法治国是“四个全面”战略布局的根本法治保障，其系统性强；坚持中国特色社会主义法治道路、法治理论、法治体系“三位一体”；在坚持党的领导的前提下，处理好党与法的关系，抓住领导干部这个关键④。张文显（2016）认为，从法哲学层面梳理，习近平法治思想的一般理论包括关于坚持与拓展中国特色社会主义法治道路、社会主义法治的本质特征、法治中国建设的理论、党法关系的理论、社会主义法治核心价值的理论、社会主义法治体系的理论、法治与改革发展的理论、法治与国家治理体系治理能力现代化等方面的理论⑤。张文显（2016）指出，从全面依法治国的实践面向梳理，习近平全面依法治国思想的重大理论观点主要包括关于完善中国特色社会主义法律体系、宪法法律实施、法治政府建设、司法与司法改革、法治文化与法治社会建设、法治经济建设、权力制约与监督、从严治党与依法反腐、依法治军与建设法治军队、法治队伍建设、领导干部运用法治思维与法治方式治国理政、全

① 曹守晔．坚持和拓展中国特色社会主义法治道路——习近平法治思想初探［J］．人民法治，2015（9）：46－48.

② 万高隆．习近平法治思想对中国法治理论的新贡献［J］．学理论，2015（32）：52－54.

③ 卓泽渊．全面推进依法治国的总体思路——习近平总书记相关论述的学理阐释［J］．法学杂志，2016（1）：1－10.

④ 李林．论习近平全面依法治国的新思想新战略［J］．法学杂志，2016（5）：1－16.

⑤ 张文显．习近平法治思想研究（中）——习近平法治思想的一般理论［J］．法制与社会发展，2016（3）：5－37.

球治理体制与治理规则变革等方面的核心观点①。熊若愚（2016）认为，党的十八大以来，习近平深刻阐述了全面依法治国的重大意义、根本道路、总目标、基本格局、基本方法和依靠力量等重大理论和实践问题，形成了全面依法治国的思想体系②。陈洪玲（2017）指出，在习近平全面依法治国思想中，主要对什么是中国特色社会主义法治和怎样全面建设中国特色社会主义法治进行了深入阐发，规划了推进国家治理现代化和国家治理法治化的宏伟蓝图③。孙德龙、邢冰（2017）认为，就其基本内涵和主要内容而言，习近平法治思想既包括法治的一般理论尤其是中国特色社会主义法治的一般理论，也包括指导依法治国实践推进的一系列重大的理论观点④。

2. 某一方面内容的研究

近年来，国内有些学者对习近平新时代中国特色社会主义法治思想某一方面的内容进行了研究。汪保康、张红（2016）指出，习近平关于军事法治建设重要论述的内涵可以概括为以下四个方面：目标要求是建设社会主义法治军队，核心内容是加强党对军队的绝对领导，根本标准是战斗力标准，四大支柱是指军事法规制度体系、军事法治实施体系、军事法治监督体系、军事法治保障体系⑤。丛文胜（2016）认为，在依法治国方略的指导下，习近平提出了国防和军队法治建设一体推进、深度融合、共同发展的战略构想，明确了依法治军、建设法治军队是全面加强国防和军队建设的重要战略目标⑥。王贵东（2017）指出，党的十八大后，习近平法治宣传教育思想主要体现在宪法宣传是全面推进依法治国的重大事项、全民普法是依法治国的长期基础性工作、教育引导领导干部把法治的第一粒扣子扣好、法治教育要从娃娃抓起、坚持法制教育与道德建设相统一、坚持法治教育与道德建设相统一、媒体普法坚持依法监督与注重社会效果相统一等方面⑦。张红、汪保康（2017）认为，习近平军事法治思

① 张文显．习近平法治思想研究（下）——习近平全面依法治国的核心观点［J］．法制与社会发展，2016（4）：5－47.

② 熊若愚．习近平全面依法治国思想体系述要［J］．理论探讨，2016（4）：43－46.

③ 陈洪玲．国家治理视域下习近平全面依法治国思想论析［J］．山东社会科学，2017（7）：26－32.

④ 孙德龙，邢冰．习近平法治思想的立足点和理论创新［J］．理论学习，2017.4：10－13.

⑤ 汪保康，张红．习近平关于军事法治建设重要论述研究［J］．西安政治学院学报，2016（2）：23－28.

⑥ 丛文胜．习近平国防和军队法治建设思想探析［J］．法学杂志，2016（5）：50－57.

⑦ 王贵东．试论党的十八大以来习近平关于法治的新论断［J］．学校党建与思想教育，2017（8）：86－87.

想强调要构建系统完备、严密高效的军事法治体系，阐释了军事法治实施中的六大关系①。葛大伟（2017）指出，习近平关于依法治网的重要思想主要体现在树立法治思维、推进网络立法、加强网络执法、鼓励网络监督、构筑国际网络新秩序等方面②。周汉华（2017）认为，面对网络时代的突出问题，习近平高度重视互联网法治建设，强调在认识和把握互联网发展规律的基础上，全面推进网络空间法治化，维护网络安全和国家的根本利益③。莫纪宏（2018）指出，习近平生态法治思想的内容可以概括为生态文明建设要靠法治保障、生态立法是生态法治建设的前提、完善与促进生态文明建设相配套的法律制度、注重运用综合治理的手段来推进生态文明建设、建立必要的法律责任制度来确保生态文明法治建设的效果、严厉惩治破坏生态环境的违法犯罪行为等方面④。

（五）基本特征的研究

近年来，国内有些学者对习近平新时代中国特色社会主义法治思想的基本特征进行了研究。沈辰辰、袁寿其（2015）认为，习近平法治思想始终坚持以人民群众为主体，以人民利益为主线，以公平正义为核心，将实现共同富裕作为社会主义法治建设的出发点和落脚点⑤。曹守晔（2015）指出，习近平法治思想运用辩证思维分析法治现状，运用长远眼光分析法治问题，运用战略思维谋划法治全局，将马克思主义法律观与中国具体的法治实践相结合，从国家整体战略布局的高度来思考全面推进依法治国的重大问题⑥。董鑫（2015）认为，习近平依法治国思想的人民性具体表现在以下几个方面：强调树立以民为本理念，坚持科学立法；牢记为人民服务宗旨，坚持严格执法；落实人民至上的原则，坚持公正司法；彰显人民主体地位，坚持全民守法⑦。吕培亮等（2016）指出，习近平法治观坚持在尊重历史和借鉴国外的基础上与时俱进，坚持在立

① 张红，汪保康．习近平军事法治思想体系中的六大关系［J］．西安政治学院学报，2017（3）：76－81.

② 葛大伟．深刻理解习近平依法治网思想的战略意蕴［J］．党建，2017（10）：41－42.

③ 周汉华．习近平互联网法治思想研究［J］．中国法学，2017（3）：5－21.

④ 莫纪宏．论习近平新时代中国特色社会主义生态法治思想的特征［J］．新疆师范大学学报（哲学社会科学版），2018（2）：22－28.

⑤ 沈辰辰，袁寿其．习近平社会主义法治思想的人本向度［J］．江苏大学学报（社会科学版），2015（4）：50－54.

⑥ 曹守晔．坚持和拓展中国特色社会主义法治道路——习近平法治思想初探［J］．人民法治，2015（9）：46－48.

⑦ 董鑫．习近平同志全面依法治国思想的人民性意蕴［J］．毛泽东思想研究，2015（5）：76－79.

足国情与理论创新的前提下注重实践，坚持在顶层设计与基层探索的结合中逐步推进①。张文显（2016）认为，习近平法治思想具有科学的理论形态和鲜明的理论风格，展现出了守正创新的理论思维、高瞻远瞩的战略思维、求真务实的实践思维、运筹全局的改革思维、精准练达的辩证思维等特征②。陈洪玲（2017）指出，习近平全面依法治国思想体现了全面依法治国与实现国家治理现代化的内在契合，凸显了现代国家治理的核心要义是全面依法治国③。周汉华（2017）认为，习近平互联网法治思想既突出了互联网法治建设的重点和主要任务，又强调互联网法治建设的全面性和系统性④。姜明安（2017）指出，习近平法治思想放射出法治思想创新、法治理念创新和法治理论创新的耀眼光芒，是"理论一定要体现原创性、时代性，要解决中国的实际问题"的最好体现⑤。彭先兵（2017）认为，习近平法治建设思想的特点主要体现在重视法治建设的顶层设计、强调法治建设要与体制改革互动发展、推动政治体制改革为法治建设提供体制支撑等方面⑥。

（六）重大意义的研究

近年来，国内学者对习近平新时代中国特色社会主义法治思想重大意义的研究主要侧重于以下两个层面：

1. 整体上对重大意义的研究

近年来，国内有些学者对习近平新时代中国特色社会主义法治思想整体上的重大意义进行了研究。陈兵兵（2015）指出，习近平法治思想对推进国家治理现代化将发挥深化认识、统领思想、规范行动的强大引领作用⑦。张忠军、张立伟（2015）认为，习近平全面依法治国思想丰富和发展了中国特色社会主

① 吕培亮，杨美勤，李芳．习近平法治观的新思想研究［J］．中共成都市委党校学报，2016（1）：41 –46.

② 张文显．习近平法治思想研究（上）——习近平法治思想的鲜明特征［J］．2016（2）：5 –21.

③ 陈洪玲．国家治理视域下习近平全面依法治国思想论析［J］．山东社会科学，2017（7）：26 –32.

④ 周汉华．习近平互联网法治思想研究［J］．中国法学，2017（3）：5 –21.

⑤ 姜明安．习近平总书记法治理论的重要创新［J］．人民论坛，2017（26）：20 –22.

⑥ 彭先兵．习近平法治建设思想的新特色探析［J］．毛泽东思想研究，2017（3）：53 –58.

⑦ 陈兵兵．习近平法治中国建设思想及其时代价值［J］．人民论坛，2015（5）：202 –204.

义法治理论，有力推动了中国特色社会主义法治理论和实践的创新发展①。公丕祥（2015）指出，习近平法治思想是马克思主义法学中国化进程中的最新理论成果，是21世纪中国马克思主义法治思想的系统性阐发，有力推动了中国特色社会主义法治理论的创新发展，为全面推进依法治国和加快建设法治中国提供了科学的理论指导②。石云霞（2015）认为，习近平法治思想为广大干部群众深入理解全面推进依法治国的指导思想、总体目标、基本原则，深入理解党的领导和依法治国的关系，深入理解中国社会主义法治建设的性质、方向和道路，指明了方向③。熊若愚（2016）指出，习近平全面依法治国思想是马克思主义中国化的最新理论成果，是顺利推进当代中国改革发展伟大实践和实现中华民族伟大复兴中国梦的重要指导思想④。张文显（2016）认为，习近平法治思想是马克思主义法学中国化的重大理论成果，是中国特色社会主义法治理论的最新成果，是全面依法治国、建设法治中国和推进法治强国的指导思想⑤。夏道玉、左雪松（2016）指出，习近平法治思维方式闪耀着马克思主义法治的立场、观点与方法，是对中国特色社会主义法治理论的进一步丰富与发展⑥。

2. 某一方面内容上的重大意义研究

近年来，国内有些学者对习近平新时代中国特色社会主义法治思想某一方面内容的重大意义做了一些研究。汪保康、张红（2016）认为，习近平关于军事法治建设重要论述对提高中国的军队治理能力和法治军队的建设具有重要的指导意义⑦。丛文胜（2016）指出，研究习近平的国防和军队法治建设思想，对于深刻理解党的依法治国理论、加快提升国防与军队建设的法治化水平、全面实现法治军队的建设目标都具有重要意义⑧。隋从容（2016）认为，在建设平安中国和法治中国的背景下，梳理和总结习近平的“严格执法、公正司法”

---

① 张忠军，张立伟．习近平全面依法治国思想论纲［J］．中共中央党校学报，2015（6）：13－21.

② 公丕祥．习近平法治思想述要［J］．法律科学（西北政法大学学报），2015（5）：3－16.

③ 石云霞．习近平依法治国思想研究［J］．思想理论教育导刊，2015（2）：29－35.

④ 熊若愚．习近平全面依法治国思想体系述要［J］．理论探讨，2016（4）：43－46.

⑤ 张文显．习近平法治思想研究（上）——习近平法治思想的鲜明特征［J］．2016（2）：5－21.

⑥ 夏道玉，左雪松．论习近平法治思维方式的基本特征［J］．长春师范大学学报，2016（5）：32－36.

⑦ 汪保康，张红．习近平关于军事法治建设重要论述研究［J］．西安政治学院学报，2016（2）：23－28.

⑧ 丛文胜．习近平国防和军队法治建设思想探析［J］．法学杂志，2016（5）：50－57.

思想，对于提高政法机关的执法司法公信力、促进社会和谐稳定意义十分重大①。李墨（2016）指出，党的十八大以来，习近平国际法治思想为新形势下正确处理国家关系、化解地区争端、做好外交工作指明了方向，是当代中国维护国家核心利益和开展国际合作的基本遵循②。莫纪宏（2018）认为，习近平生态法治建设思想对于全面推进生态文明建设和把生态文明建设有机地融入法治建设之中具有十分重要的理论和现实意义，是新时代推进中国生态法治建设的行动指南③。

（七）贯彻执行的研究

近年来，国内有些学者对习近平新时代中国特色社会主义法治思想的贯彻执行开展了研究。祝小茗（2015）指出，深入理解习近平依法治国理念，就要从大局、大势和大事中，深刻认识依法治国是中国治国理政的基本方略，坚持依宪治国、维护宪法法律权威；不断深化司法体制改革，严肃惩治司法腐败；规范权力的运行，切实遏制权力的滥用④。马怀德（2016）认为，法学界应当充分认识习近平法学思想的重大意义，认真研究其科学内涵、基本原则、主要特征和根本要求，并将其贯彻到法学各专业的教学和科研中，推动法学理论的创新⑤。夏道玉、左雪松（2016）指出，广大党员和干部必须深刻领会习近平法治思想的科学内涵与精神实质，不断提升运用法治思维方式推进“四个全面”战略布局的能力⑥。代旭辉、高文（2017）认为，在习近平全面依法治国思想的引领下，相关部门要多维度分析法治环境，由社区治理到社会治理，应用现代化的思维体系，有效推进国家治理现代化；同时，在法治人才的培养上要对培养什么样的人、如何培养人、为谁培养人进行全面思考，创新卓越法治人才培养的思维体系和支撑体系⑦。王敬川、李尧（2017）指出，在依法治国的大背景下，新时期的党建工作需要积极学习和运用习近平同志法治思想，从培育

---

① 隋从容．论习近平的“严格执法、公正司法”思想［J］．东岳论丛，2016（2）：165－171.

② 李墨．习近平国际法治思想探略［J］．领导科学，2016（1）：12－15.

③ 莫纪宏．论习近平新时代中国特色社会主义生态法治思想的特征［J］．新疆师范大学学报（哲学社会科学版），2018（2）：22－28.

④ 祝小茗．习近平法治思想探微［J］．中共太原市委党校学报，2015（1）：3－7.

⑤ 马怀德．贯彻中国特色社会主义法治理论繁荣法学研究［J］．新湘评论，2016（11）：19.

⑥ 夏道玉，左雪松．论习近平法治思维方式的基本特征［J］．长春师范大学学报，2016（5）：32－36.

⑦ 代旭辉，高文．习近平全面依法治国思想与卓越法治人才培养研究［J］．法制与社会，2017（20）：217－218.

党员干部法治精神、监督党员干部依法行政、树立党员干部防腐防变防线等方面入手，不断优化党组织和加强党的建设①。陈冀平（2017）认为，以习近平中国特色社会主义法治理论引领和繁荣法学研究，必须强化法学理论工作者的政治意识和政治担当，系统深入研究党的十八大以来法治建设的基本经验，努力形成重大理论攻关的合力②。

二、习近平新时代中国特色社会主义法治思想的研究展望

综上所述，到目前为止，国内学界在习近平新时代中国特色社会主义法治思想的研究中已经取得了一定的进展，但在目前的研究中仍旧存在着以下几个方面的不足之处亟待加强：

其一，描述性的研究过多，而学理性的研究则不足。在目前的研究中，国内学者中有不少是在复述习近平新时代中国特色社会主义法治思想的内容，而没有对其进行深入的学理上的分析，没有运用相关学科的理论分析框架来开展研究。在今后的研究中，国内学者首先应当选择合适的学科理论来开展这方面的研究，切实改变仅仅复述相关文献的研究模式。为此，研究者在开展研究之前就应当了解乃至熟悉国际政治、军事学、社会学、生态学等相关学科经典理论和最近的理论突破问题。在此基础上，选择合适的理论来开展更有特色和更富成效的研究。

其二，多学科研究的局面还尚未形成。在目前国内对习近平新时代中国特色社会主义法治思想进行研究的学者中，大多是马克思主义理论和法学的学科背景，其他学科背景的还特别少。在今后的研究中，人文社科领域中马克思主义理论学科和法学学科背景之外的学者应当加入进来，而且应当在研究中彰显自身的学科特色，进行更有学理深度的研究。

其三，对全国各地实践经验的研究亟待加强。目前，国内学者还很少关注全国各地贯彻习近平新时代中国特色社会主义法治思想的具体经验，而对此进行实证研究的就更少了。在今后的研究中，要切实加强对各地贯彻习近平新时代中国特色社会主义法治思想的具体经验的研究，通过对这些经验的全面总结，使之上升到理论的层面，进一步丰富中国特色社会主义的法学理论体系。

---

① 王敬川，李尧．论习近平法治思想对党员领导干部队伍建设的实践意义［J］．毛泽东思想研究，2017（3）：76－80.

② 陈冀平．以中国特色社会主义法治理论引领和繁荣法学研究［J］．法治现代化研究，2017（4）：5－6.

马克思主义法学对全面依法治国的作用

张晓璐

（山西省中共翼城县委党校，山西 临汾，043500）

马克思主义是包含哲学、政治经济学和科学社会主义三大理论在内的重要理论体系，在政治、经济、社会、生态等领域都有成熟或独到见解。其中，马克思主义法学是其重要组成部分。虽散见于浩如烟海的马克思恩格斯著作中，但经济与法律关系的法理分析以及行政法、民法、经济法、刑法等部门法中的法学思想依旧具有现实指导意义。

全面依法治国作为中国特色社会主义的本质要求和重要保障，作为全面建成小康社会的重要推动力量，结合长期的革命、建设、改革实践经验，必须坚定马克思主义科学真理的指导。因此，我们有必要进一步对马克思主义法学的相关理论进行研究，丰富全面依法治国的理论内涵和实践举措。

一、马克思主义法学的基本内容

2018 年 5 月 4 日，习近平总书记《在纪念马克思诞辰 200 周年大会上的讲话》中有这样一段精辟的表述："马克思是全世界无产阶级和劳动人民的革命导师，是马克思主义的主要创始人，是马克思主义政党的缔造者和国际共产主义的开创者，是近代以来最伟大的思想家。"马克思涉猎政治、经济、哲学、法学等多领域，并且均做出卓有成效的贡献。他的一生，可以说是不断探索、勤于实践、精于思考的典范。在法律方面，受祖父洛宾·列维（Rabbin Marc Levy）、父亲亨利希·马克思（Heinrich Marx）的影响以及自身的勤勉学习，经历了信奉黑格尔法哲学—运用费尔巴哈的人本主义法律观批判黑格尔法哲学①—彻底清算黑格尔和费尔巴哈错误思想，最终确立历史唯物主义的马克思主义法学体

① 《黑格尔法哲学批判》，马克思法律观根本转变的主要标志。

系基本框架①。该体系主要集中于法学理论及部门法方面。

（一）在法学理论方面

马克思主义注重从经济角度分析国家法律问题，对黑格尔“头足倒置”的唯心主义法律观进行批判，从家庭和市民社会是国家的前提分析到经济对法律的决定作用，同时，恩格斯也深刻论述了法律对经济基础的反作用，这些论述逐步形成科学理性的马克思主义法哲学思想。

马克思在对黑格尔法哲学的批判中对存在与思维、物质与精神的关系有了科学的认识，对费尔巴哈强调的法依赖于社会存在的观点予以肯定，并提出个人新观点。“那些决不依个人‘意志’为转移的个人的物质生活，即他们的相互制约的生产方式和交往形式，是国家的现实基础，而且在一切还必需有分工和私有制的阶段上，都是完全不依个人的意志为转移的。这些现实的关系决不是国家政权创造出来的，相反地，它们本身就是创造国家政权的力量。在这种关系中占统治地位的个人除了必须以国家的形式组织自己的力量外，他们还必须给予他们自己的由这些特定关系所决定的意志以国家意志即法律的一般表现形式。”② 强调经济对国家与法的支配和决定作用是社会发展的普遍规律。恩格斯在晚年写的书信中不仅进一步提出“经济因素起着最终的支配作用”③ 但非唯一决定因素，而且指出作为上层建筑的法律规范和制度④对经济发展具有能动的反作用，“并且能在某种限度内改变它”⑤。具体表现为三种情况：“它可以沿着同一方向起作用，在这种情况下就会发展得比较快；它可以沿着相反方向起作用，在这种情况下它体现在每个大民族中经过一定的时期就都要遭到崩溃；或者是它可以阻碍经济发展沿着某些方向走，而推动它沿着另一种方向走，这第三种情况归根到底还是归结为前两种情况中的一种。但是很明显，在第二和第三种情况下，政治权力能给经济发展造成巨大的损害，并能引起大量的人力

---

① 《德意志意识形态》（1845—1846年），这部著作创立了历史唯物主义，并以它为理论基础，阐明法律根源的物质性，法律本质的阶级性，法律与国家政权的依存性，法律发展的规律性，以及法律文化的继承性等一系列法学的基本原理，从而构造起马克思主义法学体系的基本框架，实现了法学发展史上的伟大革命。但是，由于这部著作在马克思和恩格斯生前并未得到发表，它仅是完成马克思、恩格斯彻底清算黑格尔和费尔巴哈的错误，使自己“弄清问题”的任务并没有作为一种法律学说公之于世。

② 《德意志意识形态》第一卷，《马克思恩格斯全集》第3卷，第377—378页。

③ 马克思，恩格斯．马克思恩格斯选集：第4卷，第477页。

④ 〔美〕E·博登海默．法理学：法律哲学与法律方法［M］．邓正来，译．北京：中国政法大学出版社，2010：103.

⑤ 马克思，恩格斯．马克思恩格斯选集：第4卷，第484页。

和物力的浪费。"① 该论述精辟地论述了法律不仅对经济发展有反作用，而且消极影响还很严重。此外，作为上层建筑的政治、法律、哲学、宗教、文学等②各种因素之间又具有"交互作用"③。恩格斯还特别强调宪法和法律等法权形式对上层建筑其他领域所产生的巨大影响。这是对马克思主义法学经济与法律关系基础理论的完善与升华。

此外，马克思主义的道德观，对法与道德的关系进行了阐述。"切勿偷盗"作为私有制社会中的戒律，具体表现形式随经济基础的变化也在发生不同程度的变化，但都是对人们行为的约束——惩恶扬善。与法律相配合，对良好社会秩序的维系具有重要作用。马克思主义的人权思想，指出"在民主制中，不是人为法律而存在，而是法律为人而存在"④，强调保障人权作为国家重要的社会职能，需要强有力的法律作支撑。这些法学观点对治理国家都具有重要的理论指导价值。

（二）在部门法方面

在刑法领域，从主客观方面分析犯罪构成，尤其是在分析盗窃林木时对侵犯法益的分析，在阐述是否构成侮辱时对罪与非罪进行具体解释；在民法领域，对婚姻关系存续、基本原则及离婚条件等内容的理性分析；在行政法领域，通过分析资产阶级"三权分立"伪装的公平公正，强调对公权力有效的制约和监督；在经济法领域，通过分析商品经济发展规律，得出法在维护社会公共利益中所具有的社会职能。从这些经典的论述中可以看出马克思对司法的严谨态度，对我们发展社会主义市场经济以及建立与之相匹配的社会主义法治治理模式，具有重要的指导价值。

二、全面依法治国的时代特色

全面推进依法治国作为习近平新时代中国特色社会主义法治思想的重要组成部分，为实现全面建成小康社会的战略目标提供了重要的法治保障。关于"全面"的理解，早在2012年12月4日，习近平总书记在首都各界纪念现行宪法公布实施三十周年的大会上首提：推进依法治国，必须是依法治国、依法执政、依法行政共同推进，法治国家、法治政府、法治社会一体建设。同时还指

① 恩格斯致康·施米特（1890年10月27日），《马克思恩格斯选集》第4卷，第483页。
② 马克思，恩格斯．马克思恩格斯选集：第4卷，第506页。
③ 马克思，恩格斯．马克思恩格斯选集：第4卷，第477页。
④ 马克思，恩格斯．马克思恩格斯全集：第1卷，第281页。

出“全面推进科学立法、严格执法、公正司法、全民守法进程”，要“坚持把依法治国与以德治国结合起来”。反映出我们党在治国理政方面、在对法治重要性的认知方面又有了新的提高，这归结于在长期实践经验的总结中得出的正确结论。

（一）全面依法治国的新要求

全面推进依法治国的总目标是建设中国特色社会主义法治体系，建设社会主义法治国家。自十五大将“依法治国”确立为党领导人民治国理政的基本方略，至十八届四中全会第一次以一次全会的形式专题讨论依法治国若干重大问题，再到十九大进入中国特色社会主义新时代，这是一条长期探索、实践总结出的成功经验。如何加强党的依法执政，如何强化政府的依法行政，如何做到立法、执法、司法、守法四个环节的协调推进，这些都是我们需要研究的新议题。

（二）以德治国对全面依法治国的作用

恩格斯通过对封建贵族、资产阶级以及无产阶级、共产主义社会道德要求进行对比分析，批判杜林永恒道德观的历史唯心主义，得出结论：“一切已往的道德论归根到底都是当时的社会经济状况的产物。”① 具体讲，道德评判标准是由经济关系决定的，必然随着经济基础的变化而变化，不可能存在适用于一切时代的永恒的、终极的道德观。在我国，由于改革开放和社会主义市场经济的不断发展，社会主要矛盾也转变为人民日益增长的美好生活需要和不平衡不充分的发展之间的矛盾，与此相匹配的人民的价值观和道德观势必也发生不同程度的变化。在这种情况下，学习和坚持马克思主义的道德观、自由观，对于正确评价西方的政治和法律思想，抵制资产阶级腐朽思想的侵蚀②，对于加强我国社会主义核心价值观建设，无疑具有重要意义。

习近平总书记在党的十九大报告中明确提到，坚持全面依法治国，需要做到依法治国和以德治国相结合，提高全民族法治素养和道德素质。明确新时代道德标准，以德治国助推全面依法治国，一方面，有助于促使广大人民群众树立正确的价值观；另一方面，对厘清西方国家鼓吹的三权分立、司法独立、多党政治等法治思潮，激发人民群众坚定不移地走中国共产党领导的中国特色社会主义法治道路具有重要的社会意义。

---

① 马克思，恩格斯．马克思恩格斯选集：第3卷，第134页。

② 黎国智．马克思主义法学论著导读［M］．北京：中国政法大学出版社，1993：143.

（三）全面依法治国的重要性

在全面建设社会主义现代化国家的新征程中，为顺利实现“五位一体”总体布局、“四个全面”战略布局，为牢牢掌握意识形态工作领导权，为打好防范化解重大风险、精准脱贫、污染防治的攻坚战，离不开党的坚定领导，而依法治国又是党领导人民治理国家的基本方式。可见，强调全面依法治国，坚持走中国特色社会主义法治道路对各项事业的开展都具有重要作用。而要实现全面依法治国战略举措，营造风清气正的社会环境，离不开马克思主义理论，尤其是马克思主义法学相关理论对我们如何应对重大挑战、抵御重大风险、克服重大阻力、化解重大矛盾、解决重大问题，如何依法依规避免人治挑战法治具有重要的指导和借鉴作用。

三、马克思主义法学对全面依法治国的指导作用

马克思主义是博大精深的。不仅涵盖了政治、经济、社会等宏观领域，而且对法治、文化、生态等领域也有成熟、经得起实践检验的独到见解。单就本文提到的马克思主义法学相关理论及部门法思想对全面推进我国的法治建设具有重要的指导作用。习近平新时代中国特色社会主义思想是马克思主义中国化的最新成果，其治国理政的法治理念也渗透着马克思主义法学的一些质朴内容。中国共产党作为马克思主义的忠实信奉者、坚定实践者，我们也有义务通过立足本国国情、探索出切实可行的中国特色社会主义法治经验，完善、丰富、充实马克思主义的相关理论，让马克思主义焕发新时代光芒。

全面依法治国的亮点之一在于强调科学立法、严格执法、公正司法、全民守法“四个环节”的共同推进。该举措与实践要求蕴涵着深厚的马克思主义法律理论。

（一）科学立法是前提

强调立法先行，就是杜绝无源之水，无本之木。恩格斯对经济基础与国家法律的辩证关系分析以及宪法和法律等法权形式对上层建筑其他领域所产生的巨大影响，与我国强调科学立法在很大程度上是一脉相承的，都是强调法律在国家治理中的重要性。良法是善治之前提，要坚定不移走中国特色社会主义法治道路，前提就是要不断完善以宪法为核心的中国特色社会主义法律体系，建设中国特色社会主义法治体系。

有国不能无法，建国必须立法。这是马克思在分析巴黎公社法制实践时得出的结论。公社重视革命法制对建立和巩固政权的作用，成立第二天便颁布法

令，向全世界宣告："公社现在是唯一的政权"，是"唯一的政体"①。随后成立司法委员会，在有限的72天内，相继制定和颁布了上百个法令，使公社革命胜利的"事实成为确定的制度"②。马克思对巴黎公社所采取的这一系列立法举措表示认同与赞许③。新中国成立前，第一届中国人民政治协商会议颁布的《中国人民政治协商会议共同纲领》规定了国家制度和社会制度的基本原则及各项基本政策，起到临时宪法的作用。2018年3月，十三届全国人大一次会议表决通过《中华人民共和国宪法修正案》，把习近平新时代中国特色社会主义思想载入宪法，把党的指导思想转化为国家指导思想，以国家根本法的形式确立习近平新时代中国特色社会主义思想在国家政治和社会生活中的指导地位。这些法治实践活动，对完善中国特色社会主义法律体系，全面推进依法治国的顺利实现具有重要的实践支撑和理论指导作用。也只有不断将成熟、经得起实践检验的政策、理论、思想上升到法律的高度，才能促使法律规范与时俱进，维护宪法法律权威，更好、更科学地实现有法必依、执法必严、违法必究。

科学立法，需要考虑谁立法、立什么法、怎么立等一系列问题，其实这并非新问题，针对现有立法问题，十九大报告完善并重申"发挥人大及其常委会在立法工作中的主导作用"，发展社会主义民主政治"维护人民根本利益"，"树立宪法法律至上"，确保人民"广泛持续深入参与"。这些表述对科学立法提出更高要求。

其中，我们尤其要重视发挥人大及其常委会立法主导权。我国的法律体系依制定主体和层级的不同包括宪法、法律、行政法规、部门规章、地方性法规及地方政府规章等内容。人大及其常委会作为立法机关，享有《中华人民共和国宪法》《中华人民共和国立法法》赋予的立法权。但是，针对大部分法规案多是由政府提出、政府相关部门单独或者联合起草，部门权力利益化、部门利益法制化的现象时有发生，从侧面反映出人大立法主导权的缺位。如何有效、高质量地发挥立法主导权呢？一方面在做好本职立法工作的同时，主动参与到政府法规的提案、起草、制定过程中去，尤其是对于职能部门管辖界限不明甚至存在利益冲突的综合性立法，更应该发挥主导权或者监督权。另一方面，现在改革进入攻坚期和深水区，习近平总书记要求重大改革都要于法有据，确保全面深化改革的科学规范性。依照改革的急迫需要，在对现有立法文件改废释及

① 《巴黎公社会议记录》第1卷，第53页。

② 马克思，恩格斯．马克思恩格斯选集：第2卷，第374页。

③ 黎国智．马克思主义法学论著导读［M］．北京：中国政法大学出版社，1993：25.

空白领域立法轻重缓急统筹权衡的基础上，确定立法顺序和时间表，保证每一项重大改革、决策都能有法可循。当然，强调人大主导立法，并非一盘否认政府及其相关部门在立法工作中的贡献，而是为了实现更科学的立法职能分工。政府及其有关部门作为行政管理、行政执行的一线部门，对实际工作中存在的问题、解决对策有长期经验，因此，人大主导立法权应该有所侧重。对于单个部门内的法规立法工作以监督为主，对于多部门存在交叉管辖的综合性法规则应发挥牵头立法职能及监督职能，并充分调动政府及其相关部门沟通协调的主观能动性，坚持立改废释并举，增强法律对改革实践的针对性、及时性和高效性，从根源上提高立法质量，处理好改革创新与法律滞后性之间的矛盾，确保改革在法治轨道上顺利进行。这种结合我国国情的新探索、新实践方式，对驳斥错误判断人治与法治观点以及类似于早期巴古宁的法律虚无主义的鼓吹者，对繁荣和发展马克思主义法学都将起到重要作用。

（二）严格执法是关键

严格执法主要是针对政府及其相关职能部门而言的。李克强总理曾指出：政府要切实做到法无授权不可为、法定职责必须为。这是与“三个法治”一体推进中依法执政密切相联的。恩格斯在《家庭、私有制和国家的起源》中对国家有这样的分析“国家是社会在一定发展阶段上的产物；国家是表示：这个社会陷入了不可解决的自我矛盾，分裂为不可调和的对立面而又无力摆脱这些对立面。而为了使这些对立面，这些经济利益互相冲突的阶级，不致在无谓的斗争中把自己和社会消灭，就需要有一种表面上驾于社会之上的力量，这种力量应当缓和冲突，把冲突保持在“秩序”的范围以内；这种从社会中产生但又自居于社会之上并且日益同社会脱离的力量，就是国家”①。与旧的氏族组织相比，国家需要公共权力维系，“随着国内阶级对立的尖锐化，随着彼此相邻的各国的扩大和它们人口的增加，公共权力就日益加强”②。依托监狱、警察等各种强制机关维持这种公共权力，管理国家事务。这就需要采取措施制约和监督公共权力以防滥用，例如，恩格斯提到由无产阶级选举自己代表的普选制。但是，由于历史条件的局限性，恩格斯并没有更深层次的分析。中国共产党成立后，不但将马克思主义公共权力学说用于指导革命和国家建设，而且在实践中不断

---

① 马克思，恩格斯．马克思恩格斯选集：第4卷，第166页。
② 马克思，恩格斯．马克思恩格斯选集：第4卷，第167页。

开创马克思主义公共权力学说新境界①。权力是把双刃剑。习近平总书记在十八届中央纪委二次全会上指出:“要加强对权力运行的制约和监督,把权力关进制度的笼子里,形成不敢腐的惩戒机制、不能腐的防范机制、不易腐的保障机制。”自此,通过“打虎、拍蝇、猎狐”的反腐败斗争、“扫黑除恶”专项斗争等举措净化政府行政、党执政的政治环境。这是在中国共产党的领导下,开展的具有中国特色的利剑行动,对促使政府及其职能部门的工作人员严格执法起到警示和监督作用。

(三)公正司法是重点

司法程序包括立案、审判、执行等重要环节。马克思为《克罗茨纳赫笔记》草拟名目索引时对宪法、立法权力、执行权力、司法权力、政党、选举权等内容进行了框架式的罗列,并未详细阐述②。1871年6月在伦敦正式发表的《法兰西内战》③以及恩格斯写的1891年单行本导言中,较系统地阐述了马克思主义中对建立无产阶级新型司法制度的观点。包括法官的选举制、公开审理和审判等制定,这些在总结巴黎公社法制实践的基础上确立的具体可操作的司法制度对现阶段维护司法公正都具有现实意义,而且一些规定、构思也是中国特色社会主义法律体系着重完善的,例如证人出庭作证、被告辩护权、公开审判等。可以看出,马克思主义对司法的关注侧重点在庭审公正,中国在以往的司法实践中也过多地注重这一环节,而忽视了立案阶段和执行阶段的公正。于是,相继出现了立案难、执行难等司法难题。而要让人民群众在每一个司法案件中真正感受到公平正义,就需要司法公正覆盖全过程。

面对立案难的问题:2015年4月13日,最高人民法院审判委员会通过的《最高人民法院关于人民法院登记立案若干问题的规定》④,为充分保障当事人依法行使诉权,变立案审查制为立案登记制⑤,试图从源头解决人民群众“立案难”问题。

---

① 陈全民.马克思主义权力学说与行政权力制约和监督[J].西南民族大学学报(人文社科版),2015:195.

② 马克思.关于现代国家的著作的计划草稿[M]//马克思,恩格斯.马克思恩格斯全集,第42卷,第238页。

③ 马克思,恩格斯.马克思恩格斯选集:第2卷,第324—439页。

④《最高人民法院关于人民法院登记立案若干问题的规定》(法释〔2015〕8号)于2015年4月13日由最高人民法院审判委员会第1647次会议通过,现予公布,自2015年5月1日起施行。

⑤《最高人民法院关于人民法院登记立案若干问题的规定》第一条:人民法院对依法应该受理的一审民事起诉、行政起诉和刑事自诉,实行立案登记制。

面对执行难的问题，实行了一系列组合拳：2016 年 3 月 13 日，最高人民法院党组书记、院长周强在十二届全国人大四次会议作出“用两到三年时间基本解决执行难问题”的郑重承诺；2016 年 6 月，中央深改组审议通过《关于加强推进失信被执行人信用监督、警示和惩戒机制建设的意见》；2017 年 4 月，人民法院发布《人民法院规范执行行为“十个严禁”》，清除执行队伍的害群之马，避免矫枉过正；2018 年 1 月，中共中央政治局委员、中央政法委书记郭声琨在 2018 年中央政法工作会议上强调，要深化执行制度改革，加强执行信息化建设，完善综合治理执行难工作格局；2018 年 4 月，周强在最高人民法院召开的执行工作现场会上又发出执行攻坚动员令：“以决胜的精神状态和敢打必胜的信心、决心，攻坚克难、顽强拼搏，坚决如期打赢‘基本解决执行难’这场硬仗。”此外，包括网络司法拍卖、异地执行机制、借助新媒体对执行过程全公开等措施的配套运用，为解决执行难提出新方案。

在经济发展的不同阶段，政治民主健全的不同时期，主要矛盾和次要矛盾还是会有区别的。经济基础决定上层建筑，有雄厚的经济实力做后盾，就会增强道路自信、理论自信、制度自信、文化自信。为不断充实人民当家作主的民主权利，执政党就需要有更大的责任担当，主动解决更多关系国计民生的大问题、小问题。像司法实践中依次下大力气决心攻克审判不公、立案难、执行难等问题，发展了马克思主义法学司法公正相关理论，也是对我们百年大党的执政考验。总之，对我们如何确保全面依法治国不留死角也带来更多思考。

（四）全民守法是基础

“全民”依据角色不同分为两种，一种是各级党组织和全体党员，一种是除此之外的广大人民群众，前者需要承担更大的责任或者义务。强调全民守法，就是要加大全民普法力度，建设社会主义法治文化，树立宪法法律至上、法律面前人人平等的法治理念。同时，各级党组织和全体党员要积极主动带头尊法学法守法用法，任何组织和个人都不得有超越宪法法律的特权，绝不允许以言代法、以权压法、逐利违法、徇私枉法①。马克思在为国际工人协会起草的共同章程中写道“没有无义务的权利，也没有无权利的义务”②，并且，“一个人

① 习近平．决胜全面建成小康社会 夺取新时代中国特色社会主义伟大胜利——在中国共产党第十九次全国代表大会上的报告［M］．北京：人民出版社，2017.

② 1864—1871 年，马克思起草并修订《国际工人协会共同章程》，马克思恩格斯选集第 2 卷，第 137 页。

有责任不仅为自己本人，而且为每一个履行自己义务的人要求人权和公民权”①。这段话明确地表达出权利与义务的辩证统一性，即使是广大人民群众，也并非可以游离于法治规范之外，违反法律也要受到处罚，这为新时代强调的全民守法提供更坚实的理论支撑。当然，全民守法作为全面依法治国的基础，对更好地参与、监督立法、执法、司法活动将起到良性互动作用。

结语

马克思主义经过一百多年的历史传承，依旧厚重有力。经济基础与上层建筑之间的辩证关系不仅在分析经济、哲学领域问题时具有理论指导意义，对深入分析法学领域的相关制度构建也具有重要的指导价值。具体到我国全面依法治国，对科学立法、严格执法、公正司法、全民守法等重要环节都起到重要的理论和实践借鉴意义。为我国全面依法治国及其他各项事业的开展提供重要的思想武器。

① 马克思，恩格斯．马克思恩格斯全集：第16卷，第16页。

社会主义核心价值观与社会主义法治教育的逻辑关系研究

房玉春

（山东中医药大学 马克思主义学院，山东 济南，250355）

党的十八届四中全会报告中提到“必须弘扬社会主义法治精神，建设社会主义法治文化，……使全体人民都成为社会主义法治的忠实崇尚者、自觉遵守者、坚定捍卫者。”① 这是我们党历史上首次将“建设社会主义法治文化”写入全会决定。社会主义法治文化在本质上是社会主义性的，离不开社会主义核心价值观的正确引领；而社会主义核心价值观要真正发挥作用，又离不开法治教育，通过教育将其内化为精神追求，外化为自觉行动。因此，在全面推进依法治国基本方略的社会主义新时代，如何用社会主义核心价值观引领社会主义法治教育？如何在开展法治教育的过程中用法律的权威增强人们学习、践行社会主义核心价值观的自觉性？这是建设社会主义法治文化的基础性工程，也是中国特色社会主义理论研究与实践探索的基本要求。

一、社会主义核心价值观和社会主义法治教育的统一性

从字面上理解，社会主义核心价值观侧重的是价值观，社会主义法治教育强调的是教育实践，但二者在文化属性和价值属性上具有内在的一致性。

（一）社会主义核心价值观与社会主义法治教育具有相同的文化属性

社会主义核心价值观和社会主义法治教育都是我国社会主义法治文化的重要组成。从国家实力建设的视角看，一个国家文化软实力的发挥，离不开文化四个层次力量支撑。从物质文化层面看，要求有富裕的物质基础，因为社会物

---

① 《中共中央关于全面推进依法治国若干重大问题的决定》辅导读本［Z］. 北京：人民出版社，2014：26.

质的存在决定了整个社会政治、精神、思想存在发展的过程。从制度文化层面看，只有构建科学合理的制度规范，才能为人们思想观念和思想体系的塑造培养提供基本的保障。从行为文化层面看，必须有一个社会见之于日常起居动作之中的行为举止。从精神文化层面看，必须有统领经济社会发展的指导思想或者核心价值观①。社会主义文化是一个综合系统，包括多个子系统，社会主义核心价值观和社会主义法治教育就在其中。可以说，二者具有鲜明的文化属性，是我国文化建设的重点，对我国文化的性质和发展有重大影响。

社会主义核心价值观是社会主义文化的灵魂。社会主义核心价值观以社会主义文化为建设根基，二者关系如同中医理论中的“神”与“形”的关系：“形者神之体，神者形之用；无神则形不可活，无形则神无以为生。”② 在经济全球化、文化多元化的发展浪潮中，文化竞争已成为国家较量的重要领域。在激烈的国际竞争中，任何国家想要占据主动和先机，立于不败之地，就必须加强核心价值的教育，增强其影响感召力、生命力、凝聚力。当前我国社会主义文化的核心内容就是社会主义核心价值观，社会主义核心价值观是社会主义文化区别资本主义文化的本质属性。从这个视角看，培育和践行社会主义核心价值观就是在进行社会主义文化建设。社会主义核心价值观教育有利于社会主义文化建设坚持正确的方向，有利于社会主义文化沿着社会主义的建设轨道取得实质性进展与有效成就。

社会主义法治教育是社会主义法治文化在宣传建设过程中的重要途径。对于当今世界而言，法治建设是现代文明国家建设的重要内容，是国家文明发展的重要评判依据，也是一个国家文化软实力的重要表现。法治文化是否是国家文化的重要组成部分，法治文化是否符合社会文明发展趋势、是否是人们社会生活的重要内容、成熟与否等，是法治文化建设是否成功的标尺，也是判断法治教育是否取得实效的重要标尺。“建设社会主义法治文化，弘扬社会主义法治精神”是我国社会主义文化建设的重要目标，也是我国社会主义法治教育的重中之重。社会主义法治教育，既要进行制度法规知识的灌输，又要进行法治精神和文化的培养，二者缺一不可。没有法治具体知识的掌握，社会主义法治教育就是空中楼阁；缺失精神和文化，法治教育就会失去灵魂。

（二）社会主义核心价值观与社会主义法治教育具有相同的价值属性

社会主义核心价值观与社会主义法治教育除了其文化属性相同外，还有其

---

① 张谨．社会主义核心价值观的文化向度［J］．学术研究，2015（1）．

② 李志庸．张景岳医学全书［M］．北京：中国中医药出版社，2002：363.

价值属性相同，即相同的价值取向与价值立场。

社会主义核心价值观的重要前提和最本质特征就是“社会主义”。习近平总书记2014年5月4日在北京大学师生座谈会上明确指出：“我们提出的社会主义核心价值观，把涉及国家、社会、公民的价值要求融为一体，既体现了社会主义本质要求，继承了中华优秀传统文化，也吸收了世界文明有益成果，体现了时代精神。”① 社会主义核心价值观反映了新时代我国人民价值认同的“最大公约数”，既是我国社会主义文化的灵魂，也是社会主义本质要求和价值取向的集中体现。不论在国家层面“富强、民主、文明、和谐”国家意志的表达，在社会层面“自由、平等、公正、法治”社会发展的要求，还是个人层面“爱国、敬业、诚信、友善”的个人价值准则，都是对社会主义本质要求的继承发扬和经典概括，深化了对社会主义价值及本质的认识。“解放生产力和发展生产力是实现社会主义核心价值目标的重要前提；消灭剥削、消除两极分化是实现社会主义核心价值目标的政治保障；实现共同富裕（包括物质富裕和精神富裕）是社会主义核心价值观的最终愿景目标。”② 因此，社会主义核心价值观彰显了社会主义的价值性，为我国社会主义发展构建了价值之魂。

我国法治教育具有社会主义的价值追求和导向。法治与中国特色社会主义法治教育有实质性差别。法治，作为现代国家文明的重要价值理念为中性概念，不存在姓社还是姓资的问题，但一旦放到具体的社会环境中，就必然具有不同的国家特征和历史蕴含。我国法治教育则是一个价值概念，实质上是特指“中国特色社会主义法治教育”，是一个蕴含我国法治文化的教育类型，是一个内涵丰富的概念。中国特色社会主义法治教育是改革开放以来，是社会主义法治建设过程中形成的，体现社会主义先进文化的教育类型，它不是西方法治教育的全盘模仿复制，不是中国传统教育方式的简单传承，也不是改革开放前学校政治教育的一味沿袭。法治教育的核心是价值观，核心价值观的性质决定着法治教育的性质。我国社会主义核心价值观决定了我国社会主义法治教育的社会主义属性：其首先表现为我国法治教育必须以社会主义核心价值观为指导，要自觉服务于社会主义核心价值观建设，要将培育和践行社会主义核心价值观融入法治教育全过程。其次，我国法治教育必须坚持党的领导，坚持以宪法为核心的对广大群众法治精神和法治意识的培养；再次，我国法治教育还要突出强化

---

① 习近平谈治国理政［M］. 北京：外文出版社，2014：169.

② 韩振峰. 社会主义核心价值观体现社会主义的本质要求［N］. 光明日报，2015-05-07（16）.

人民群众的主体地位，既要依靠人民开展法治教育，又要为了人民开展扎实有效的法治教育，让人民群众成为法治教育的创造者和受益者。社会主义法治教育只有体现的是社会主义核心价值观，社会主义法治教育才是社会主义性质的。

二、社会主义核心价值观和社会主义法治教育功能的互补性

社会主义核心价值观与社会主义法治教育作为上层建筑的重要组成部分，在功能上是辩证互动、相互作用的，具有互补的关系。当然，从不同的视角、在不同的阶段，存在二者存在谁为主、谁为辅以及如何在双向关系中实现互相影响的问题。

（一）社会主义核心价值观指导社会主义法治教育

法治教育离不开核心价值观的指导。古往今来，任何时代、任何国家的法治建设及法治教育在价值上都不会是绝对中立的，都必然包含着一定的价值取向和政治立场。社会主义法治教育以什么为指导思想，以什么为核心价值观，是社会主义法治教育必须首先解决的重要问题。卢梭在《社会契约论》中指出：法律“既不是铭刻在大理石上，也不是铭刻在铜表上，而是铭刻在公民们的内心里”①。仅仅有完善的法律制度是不够的，法律必须被人们认同。只有体现这个社会的核心价值观的法律法规才能够走进人们的内心，其原因是一个国家或一个时代的核心价值观往往是人们在社会生活中获得的核心价值观念，是这个社会的人们逐渐达成的价值共识，它能够反映这个时代人们的心声。因此，以核心价值观为指导的法治教育，更能取得教育的实效，将法律铭刻在人们的内心。

社会主义核心价值观是我国法治教育的基础和导向。社会主义核心价值观是我国人民在长期的革命建设过程中探索获得的核心价值理论，是我国人民在社会生活中共同达成的价值共识，是当前需要大力培育和践行的社会核心价值理念，也是指导人们方方面面生活的核心价值理念。在法治建设中，尤其法治教育过程中，只有以社会主义核心价值观为价值基础，社会主义法治理念才能切实深入到人们的内心中去。当前我们面向社会大众的法治教育离不开社会主义核心价值观的指导，脱离社会主义核心价值观指引的方向，社会主义法治教育就会失去社会价值基础，难以成为具有社会价值理性的法治教育。因此，社会主义法治教育不能缺少社会主义核心价值观的价值支撑和方向指引，否则，

---

① 〔法〕让·雅客·卢梭，社会契约论［M］. 何兆武，译. 北京：商务印书馆，1980.

社会主义法治教育就不能满足我国社会主义建设的需要，甚至会发生本质的异化。

（二）社会主义法治教育是培育和践行社会主义核心价值观的重要平台

我国社会主义法治教育，是我国法治建设的重要内容，也是社会主义核心价值观培育和践行的重要平台，是社会主义核心价值观走进人们内心的重要途径。习近平总书记强调：社会主义核心价值观在本质上是实践的，其根本生命力也在于其实践性；一种价值观要真正发挥作用，必须融入社会生活，让人们在实践中感知它，领悟它，让社会主义核心价值观日常化、具体化、形象化、生活化，将其内化为精神追求，外化为自觉行动。核心价值观离不开一定的载体。作为一种核心价值观念，作为一种社会意识形态，无形的社会主义核心价值观依赖具体的平台来展现，以表明其存在的意义和价值。没有各种类型的载体的推广和平台的展示，就不可能培育和践行社会主义核心价值观。通过社会主义法治教育这个载体，社会主义法治精神和理念、社会主义核心价值观才会落实到人们的工作生活中，在实践中生根发芽，彰显其现实价值。加强社会主义法治建设的改革创新，建设和利用好这个平台，对于培育和践行社会主义核心价值观具有十分重要的意义。

社会主义核心价值观培育和践行是一个系统性的工作，需要多层次、多方面力量的参与。正如法治教育开展有国家层面、社会层面和个人层面的参与，社会主义核心价值观也是既有国家的主导，又离不开社会和个人的努力。社会主义核心价值观与社会主义法治教育紧密联系，利用社会主义法治教育立体全方位的教育环境，通过对全社会成员法治精神和法治理念的培养，社会主义核心价值观扩展了教育途径、丰富了教育内容，避免了价值观教育的单调和空洞，提升了社会主义核心价值观的影响力。

（三）加强社会主义法治教育是培育和践行社会主义核心价值观的重要保障

习近平总书记曾指出："培育和弘扬社会主义核心价值观，不仅要靠思想教育、实践养成，而且要用体制机制来保障。"① 法治，既是社会主义核心价值观在社会层面的基本要素，也是社会主义核心价值观实现的保障机制。西方国家虽然执政党轮流更替，但政局却能保持一定的稳定性，其根本原因就是其价值

① 在十八届中央政治局第十三次集体学习时的讲话［N］. 人民日报，2014－02－26（1）.

理念的连续性，其核心价值观的持续性和稳定性。比如他们通过法律制度，借助法律的强制力进行推广和普及，保持核心价值观的至上和权威，从而实现社会核心价值观被社会成员遵循和贯彻。当前进行的法治，既是具有人类法治共同属性的法治建设，又是从中国国情出发具有中国特性的法治建设。中国特色社会主义法治必须在社会主义核心价值观的指导和引领下进行，通过精神引领、制度约束、行为规范来内化和践行社会主义核心价值观。国家通过法律规定，旗帜鲜明地表明支持和反对、保护和禁止，促使人们做遵纪守法的行为，做符合社会主义核心价值观要求的公民。法治建设的过程，也是社会主义核心价值观推广和被人民认同的过程。

而这个过程中，法治教育功不可没。在社会主义核心价值观宣传的过程中，培养民众法治品格的法治教育是不可或缺的环节。“一言以蔽之，那些先进的现代制度要获得成功，取得预期的效果，必须依赖运用它们的人的现代人格、现代品质。”① 法治教育通过民众法治品格的培养以实现社会主义核心价值观的内化和活化。立法者具有法治品格才能从实际出发，根据中国国情科学合理地界定公民、法人及其他法律主体的权利与义务，界定政府机关的权力与责任，保证在立法过程中发挥社会发展所需求的核心价值观的指导作用。司法者具有法治品格才能将专业品格和核心价值理念渗入社会生活和公共领域，保证在司法过程中从业者以其良好的法律素养对法律纠纷给以智慧合理的裁判，达到司法与社会的有效沟通与协调。执法者具有法治品格，才能对社会主义公正、民主、自由和平等的核心价值观有正确的把握，保证在执法过程中，可以对民众展现法律应有的人本关怀。尤其在守法过程中，社会公众具有法治品格，依靠法律、信仰法律，诚信待人、律己守法，在法律允许的范围内维护自身权益、化解矛盾纠纷，提升参与法治建设的积极性，进而将社会主义核心价值观内化为信念、外化为行动。所以，加强法治教育是社会主义核心价值观的重要保障要素，对于和谐社会的建设具有重要的推动作用。

三、社会主义核心价值观与社会主义法治教育实践协调性

社会主义核心价值观作为当前我国的主导意识形态与社会主流意识形态在本质上是一元性的，与社会主义法治教育实践的多样性之间存在一定的矛盾。那么在实践中如何协调二者之间的关系，如何在法治教育实践中发挥社会主义

---

① 〔英〕阿历克斯·英格尔斯. 人的现代化［M］. 殷陆君，译. 成都：四川人民出版社，1985：4.

核心价值观的作用、实现其价值，这是我们必须面对的重要问题。

（一）社会主义核心价值观与社会主义法治教育实践发展的不平衡性

研究社会主义核心价值观与社会主义法治教育的关系，不但要看到二者之间的统一性、互补性，还要实事求是地看到其存在的发展的不平衡性，它们之间可能出现的发展的不平衡性。马克思主义认为，物质生产方式的变化，特别是生产力的发展，会导致社会政治法律和人们精神生活的变化，即上层建筑的变化。但上层建筑内部组成部分的变化并不一定是同步同频同向的，往往存在着差异，有快有慢，有迟有早。显性的政策、法律往往变化快，而其背后的隐性文化则相对变化较慢，这样就会产生暂时的不适应与不协调。因此，社会主义核心价值观作为一种社会意识形态与社会实践类型之一的社会主义法治教育存在发展的不平衡性是一种不可避免的现象，也是很现实的一个问题。社会主义核心价值观与社会主义法治教育建设实践发展的不平衡性，一个重要的现实原因就是社会主义核心价值观的提出、培育和践行是一个国家政府工程，是中国共产党代表全体人民提出的，是个政府主导积极推进的重要工程。它寄托着国家发展的未来，代表着全国人民的理想，是个应然的价值追求目标，党和国家高度重视。

而我国的法治教育是一普通的教育类型，是个文化工程，是教育在历史发展中产生的自发的过程，被定义在当下，意味着社会现实，是具体的教育生存状态的体现。在当前追求升学率、强调专业技能教育的社会大环境下，法治教育被视为人文通识教育学科，在教育实践中有被轻视、趋于边缘化的境况，高校法治教育基础课在高校改革过程中课时一再压缩、教学内容逐渐减少就是显证。虽然党的十八届四中全会确立全面依法治国的战略后，习近平总书记多次强调法治教育的重要性，近几年我国法治教育的地位有所提升，但社会主义法治教育与社会主义核心价值观无论在产生方式、还是稳定状态上都有很大的差别，二者存在着不平衡性。

（二）社会主义核心价值观与社会主义法治教育价值实现的差异性

建设与改进社会主义法治教育，其具体实践形式并不是单一的，而是需要多角度多样化的实行。当前，我国法治教育的开展，至少需要三个层面的实践力量，即国家层面、社会层面与学校层面。从国家层面讲，宣传推广社会主义法治文化是一项国家工程，是我国全面实现依法治国的必然要求和重要思想文化保障；从社会层面讲，全面推广普法教育，培养全民法治品格，是维护社会稳定和净化社会风气的客观要求；从学校层面讲，向学生灌输法律常识，提升学生法律素养，是培养全面发展的社会主义建设者和接班人的基础工程。不同层面的法治教育实践，其教育形式必然不同，国家社会层面的法治教育实践与学校层面的法治教育必然存在很大的差异性，这对社会主义核心价值观在多样的法治教育实践中具体如何发挥作用，构成了很大的挑战。

不同层面的法治教育对社会主义核心价值观的价值实现角度和内容是不一样的。学校层面的法治教育在对学生进行法治教育的过程中，更侧重于爱国主义、诚信契约精神、敬业友善等社会主义核心价值观个人层面的品质培养，在实践形式方面，显然更具有灵活性和可操作性，但也具有很大的不稳定性，导致社会主义核心价值观教育实效性降低。而对于社会层面的法治教育实践而言，社会主义核心价值观如何在不同价值取向的社会群体中得到认同和践行，的确不是一件容易做到的事情。对于国家层面的社会主义法治教育实践而言，社会主义核心价值观对国家建设实践的核心指导与引领，依靠党和政府的高度重视，显然比社会层面和学校层面的法治教育更为直接和高效，富强民主和谐的社会主义核心价值观更容易得到全体国民的认同。

（三）社会主义核心价值观与社会主义法治教育在实践中实现统一

社会主义法治教育实践虽然具有多样性，但这多种多样的表面性并不能否定其性质的单一性，即社会主义法治教育是社会主义性质的教育，是社会主义性质的文化建设实践，社会主义法治教育是我国社会主义建设实践的重要组成部分。我国法治教育的社会主义性质，决定了社会主义核心价值观与之在性质上的一致性与统一性。虽然法治教育建设实践的多样性给社会主义核心价值观的指导与引领带来了不少问题，构成不少挑战，但二者之间并不是根本性的对抗性矛盾，而是在社会主义建设实践过程中的可协调、可统一的内部矛盾。历史发展证明培育与践行社会主义核心价值观是社会主义现代化建设的精神动力，是社会主义建设实践的客观要求，也是社会主义新时代发展社会主义文化理论的本质要求。作为培育社会主义先进文化理论重要组成途径的社会主义法治教育，培育与践行社会主义核心价值观也必然是其本质要求。社会主义法治教育的社会价值，必然要通过这个时代的核心价值观来体现，也即必然要通过具有时代引领性与现实重要性的社会主义核心价值观来体现。同样，社会主义核心价值观要实现其先进性，要发挥其对现实生活的具体影响，就必须借助包括社会主义法治教育在内的平台，与国家发展方向、人民的需求保持一致性与统一性。把培育与践行社会主义核心价值观作为社会主义法治教育实践的重要内容，把社会主义法治教育作为培育与践行社会主义核心价值观的重要领域，是社会主义现代化建设对培育践行社会主义核心价值观和改革完善社会主义法治教育的客观要求。培育践行社会主义核心价值观和发展完善社会主义法治教育是统一的，二者统一于社会主义现代化建设的伟大实践中。

在经济全球化、文化多元化的浪潮中，要想在激烈的国际竞争中立于不败之地，必须着力加强社会主义法治文化建设，强化社会主义核心价值观的引领，离不开社会主义法治教育的推动，这也是全面实现法治中国建设的需要，是马克思主义法学中国化的伟大实践。在这个过程中，只要有足够的自信和毅力，有水滴石穿的精神，社会主义法治文化建设一定能繁荣，我们的中国梦一定能够实现。

马克思主义政德观：当代中国“为政之德”的核心原则

付　洪[1]　张长虹[2]　郑文娟[3]

（1，2，3. 南开大学 马克思主义学院，天津，300350）

“为政之德”是对为政者至高的道德要求，是干部的立身之本、从政之基。进入社会主义新时代，中国面临着法治化战略与国家治理体系推进的重要时期。可以说，“为政之德”因法治国家与国家治理现代化的推进而彰显出独特的价值，其研究与建构也进入一个崭新阶段。为政之德的法治化建设是法治国家建设的题中应有之“义”，也是国家法治建设水平最鲜明与敏感的区域与领域；另外，为政之德的推进也为中国法治化建设提供公权的道德保障与道德动力。因此，立足现实诉求、回溯经典思想、回顾历史经验、建构当代“为政之德”的规范体系，并推进其制度化与为政者的人格化，当是推进当代中国为政之德建设的基本思路。

一、马克思主义政德观：无私的道德要求

马克思主义政德观念是当下中国为政之德的主要价值结构，规定了当代中国为政之德的核心价值与精神主旨。“共产主义道德即无产阶级道德。是无产阶级和劳动人民根本的利益和要求的反映，是人类历史上最伟大、最高尚的道德。……它要求人们在实现共产主义事业的过程中，具有大公无私、舍己为人、热爱劳动和劳动人民的高贵品质，具有彻底的革命精神和严格的科学态度。培养和提高全体人民的共产主义道德品质，是发展社会主义事业、过渡到共产主义社会的一个重要条件。”① 马克思主义经典作家的相关论述，也是推进中国政德建设的不竭思想资源。恩格斯明确指出：“‘共产党人’，——这是我们当时采

① 《辞海》编写组．辞海·哲学分册［M］．上海：上海辞书出版社，1980：115.

用的、而且在现在也决不想放弃的名称——，‘共产党人不是同其他工人政党相对立的特殊政党。他们没有任何同整个无产阶级的利益不同的利益。他们不提出任何特殊的原则，用以塑造无产阶级的运动。’”① 这是经典作家对于马克思主义道德观的经典表述。

可以说，马克思主义诉求和建构的新型道德是对资产阶级道德观的反动：无产阶级因其所处的经济基础所决定了其道德观的独特性与超越性，所有制形式的重构又为新型为政之德建构奠定了经济基础。虽然在马克思主义发展的历程中，经典作家并未对“为政之德”进行过专题论述，但在经济基础与上层建筑二者关系的总体架构中，对重构经济基础、治理国家公共事务，推动社会主义跨越低级阶段向高级阶段跃进的领导力量——共产党——有着多维度、多方面的主体道德要求，这种道德要求与世界上其他政党相比，具有整体上的无私特性。张鸣教授指出，“中国共产党在革命时期的革命精神，其实是带有禁欲主义内涵的道德主义，这种本钱，在艰苦的战争条件下，由于跟中国农民朴实的道德文化有着千丝万缕的联系，相对容易保持”②。

二、反抽象道德：马克思恩格斯对资本主义抽象道德的批判

在《马克思恩格斯全集》50卷中，对道德的批判涉及资本主义道德的整体虚伪性——以其道德观念与道德实践二者的巨大分野为核心，以揭示普遍伪装的道德问题的根源作为根本目的。马克思、恩格斯认为，资本主义道德虚伪性的根源在于资本主义经济体制本身所泛滥的自利性与经济利益最大化——最终产生了对无产阶级所创造的社会财富的社会性榨取。这种体制性剥削是私有制的必然产物，既是一种当时社会中最不道德的丑恶现象，也是资本主义社会严重的道德问题，诸如政治腐化、道德沦丧与普遍伪善的根本原因。当然，在这一基本框架之下，马克思也论证了宗教道德的虚伪性与欺骗性。天主教与新教的价值诉求、对上帝的信仰与承诺，全然无视劳苦大众的福祉，表现出非道德化。对于脱离经济基础的抽象道德原则的批判是马克思张扬的无产阶级道德观的前提。

三、道德的依附性：经济基础所决定的社会意识与上层建筑

对资产阶级道德虚伪性的批判表现了马克思不承认脱离了具体经济结构的

① 马克思，恩格斯．马克思恩格斯选集：第4卷［M］．北京：人民出版社，2012：277.

② 张鸣．执政的道德困境与突围之道——“三反五反”运动解析［J］．二十一世纪，2005（49）．

抽象道德和普遍道德。在经济基础与上层建筑这一两分图式中，道德作为上层建筑的组成部分，由所依托于其上的经济基础所决定——在经济结构中所处地位的不同群体具有了本质不同的道德意识，经济结构中地位的差异决定了整体社会结构中道德的差异。经济地位的互相冲突决定了社会道德的分化、矛盾与冲突。所以，马克思在批判资产阶级的或教士阶层的道德时，一般会对主体的阶级归属加以判别。这种上层建筑对经济基础的依附性，使马克思主义反对探讨普遍抽象的道德原则，在其整体道德问题的解决路径上，也只有通过重塑经济基础，改变经济结构中的地位来重塑道德。马克思这种超越道德范畴去探讨道德问题的思维与方法，对于今天仍然有借鉴意义。道德的依附性决定了无产阶级道德与执政之后的政治道德不会成为马克思主义的一个独立的论域与范畴。

四、马克思主义政德的核心：无产阶级的道德观念

马克思认为："良心是由人的知识和全部生活方式来决定的。共和党人的良心不同于保皇常人的良心，有产者的良心不同于无产者的良心，有思想的人的良心不同于没有思想的人的良心。一个除了资格以外没有别的本事的陪审员，他的良心也是受资格限制的。"① 如果文中的良心涵指某种道德自觉，那么显而易见，马克思认为人的道德表现是受到相应的条件制约的。马克思主义并未对无产阶级及其政党在执政之后所应该遵循的道德原则有所论述，其只言片语散见于马克思对巴黎公社与共产党斗争实践的评价之中。在对"官僚主义永远存在"、对巴黎公社的监督体制的讨论中，马克思对无产阶级的思想信念表达了钦佩与崇敬，包含着道德褒奖与期待的色彩。无产阶级正因为无产化的经济身份而具有了完全区别于资产阶级私有基础上的道德观念——这种观念的本质及阶级的虚伪性使粉饰的道德原则与具体道德实践形成强烈反差。无产阶级具有"无自我私欲"的，只为了自身群体与劳苦大众去行动的利他性道德。这种道德本质不仅由"无产"的经济身份所决定，也规定了无产阶级未来在维护自己利益、夺取国家政权、执掌国家政权的实践中，具有了无自我党派私利的至高道德要求。可以说，无产阶级的道德必然会伴随自身社会角色的变化自然转化为政党的道德，同时也内在规定了马克思主义政党在执政过程中的政德规范。当然，马克思主义政党执政必然重塑经济基础，无产阶级所依托的经济基础从"无产化"转变为公有制，这些变化使得无产阶级与马克思主义政党执政之后的

---

① 马克思．对哥特沙克及其同志们的审判［M］//马克思，恩格斯．马克思恩格斯全集：第6卷．北京：人民出版社，1986：152.

政德二者具有了悖离的可能性。经济基础由“无”向“公”转化使马克思主义政党执政道德的衰减成为可能，在道德水平上，出现无产阶级道德高于执政道德的现象。但无论如何，马克思主义之政德原则与无产阶级道德二者的同质化与一致性，是其主要特征之一。诚如恩格斯所言：“革命者对自己的态度第一条：革命者是自我献身的人。他没有自己的利益、自己的事务、自己的感情、自己的爱好、自己的财产，甚至没有自己的名字。他们一切都融汇在唯一仅有的利益、唯一的思想、唯一的激情——革命之中。”①

五、公仆角色定位与反对特权：执政者的角色约束

具有无产阶级道德要求的执政者，其角色仍然归属于无产阶级的一员，只不过其以为无产阶级服务作为自己身份的表达，这也即是社会公仆角色的定位。马克思在总结巴黎公社从建立到失败的经验时，第一次提出了“社会公仆”理念。他指出：“以随时可以罢免的勤务员来代替骑在人民头上作威作福的老爷们，以真正的责任制来代替虚伪的责任制，因为这些勤务员总是在公众监督之下进行工作的。”② 就是说，公社的干部是为人民服务的“公仆”。马克思首创了“公仆原则”，这是人类历史上的第一次。在《法兰西内战》以及20年后恩格斯所写的导言中，详细论述了“公仆原则”，其主要内容是：第一，普选产生公职人员，人民群众监督并可随时罢免公职人员；第二，公社的领导成员不是骑在人民头上作威作福的老爷，而是由人民选出、受人民监督、废除了一切特权的人民的“勤务员”“公务员”“公仆”；第三，公职人员的工资仅相当于熟练工人的工资③。列宁在我们所熟知的《国家与革命》《布尔什维克能保持国家政权吗?》等文章中，也阐述了新型国家政权及其公务人员实行“公仆原则”的问题，针对为谁服务的问题进一步给予明确：“不是为饱食终日的贵妇人服务，不是为百无聊赖、胖得发愁‘一万个上层分子’服务，而是为千千万万劳动人民，为这些国家的精华、国家的力量、国家的未来服务。”④ 他说，苏维埃政权来自劳动人民，苏维埃政权的所有代表，都由劳动人民直接选举，应该全心全

---

① 马克思，恩格斯．社会主义民主同盟和国际工人协会［M］//马克思，恩格斯．马克思恩格斯全集：第20卷．北京：人民出版社，1964：472.

② 马克思．法兰西内战［M］//马克思，恩格斯．马克思恩格斯选集：第3卷．北京：人民出版社，2012：141.

③ 马克思，恩格斯．马克思恩格斯选集：第3卷［M］．北京：人民出版社，2012：167.

④ 列宁．党的组织和当的出版物［M］//列宁．列宁选集：第1卷．北京：人民出版社，2012：666.

意为人民谋取实实在在的利益，永远做人民的公仆。

1891年，恩格斯在为马克思的《法兰西内战》所写的导言中，进一步提出了工人阶级掌握政权以后必须防止“国家和国家机关由社会公仆变为社会主人”的任务。恩格斯指出：“为了防止国家和国家机关由社会公仆变为社会主人，公社采取了两个正确的方法。第一，它把行政、司法和国民教育方面的一切职位交给由普选选出的人担任，而且规定选举者可以随时撤换被选举者。第二，它对所有公职人员，不论职位高低，都只付给跟其他工人同样的工资。”① 他认为，如果这样的话，“也能可靠地防止人们去追求升官发财了”。② 列宁在其主政期间曾经明确指出：我们不给执政党的党员任何特殊，我们也不向他们许愿，说入党有什么好处，我们只号召他们承担更多困难的任务。他还说：“让党员享有优先权是一种弊端，因为这样做，骗子就会混进党内来。同志们，我们无论现在和将来都要同这种现象作斗争。”③在列宁的主持下，人民委员会于1917年11月18日通过了由列宁起草的《关于人民委员、高级职员和官员的薪金额的决定》，要求：“必须采取最坚决的措施，毫无例外地降低一切国家机关、社会团体、私人机构和企业中的高级职员和官员的薪金”④，并具体规定“人民委员每月最高薪金无未成年子女者为500卢布，有未成年子女者每个子女另增100卢布；家庭成员的住房每人不得超过一间”⑤，工资相当于中等工人工资水平。为了制止干部利用特权搞任人唯亲、裙带关系等，人民委员会于1918年7月27日专门颁布了由列宁亲自修订的《不容许亲属在苏维埃机关共同供职的法令》，规定：三代以内的血亲和姻亲不能在同一中央机关或地方苏维埃机关中任职，并要求苏维埃机关的所有领导人都应从他们负责的部门中解除那些违反这一法令的职员的职务⑥。

---

① 恩格斯．恩格斯写的1891年版导言［M］//马克思，恩格斯．马克思恩格斯选集：第3卷．北京：人民出版社，2012：55.

② 恩格斯．恩格斯写的1891年版导言［M］//马克思，恩格斯．马克思恩格斯选集：第3卷．北京：人民出版社，2012：55.

③ 列宁．在彼得格勒苏维埃会议上关于人民委员会对外对内政策的报告［M］//列宁．列宁全集：第36卷．北京：人民出版社，1985：15.

④ 列宁．人民委员会关于高级职员和官员的薪金额的决定草案［M］//列宁．列宁全集：第33卷．北京：人民出版社，1985：101.

⑤ 列宁．人民委员会关于高级职员和官员的薪金额的决定草案［M］//列宁．列宁全集：第33卷．北京：人民出版社，1985：101.

⑥ 列宁．对不容许亲属在苏维埃机关共同供职的法令草案的修改［M］//列宁．列宁全集：第60卷．北京：人民出版社，1990：238.

六、马克思主义政德观的理论与实践反思：一致性逻辑中的政德异质化

无产阶级道德与其未来执政之德之间的一致性，是指这一阶级整体的政治性以及共同获取、掌握国家政治权力的人民性二者之间的内在统一，因此也就使得一个阶级的道德自然转化为执政的公德。有两种勇敢：卓越的勇敢和智慧贫乏的勇敢，后者从自己的官职中，从它在斗争时可以使用特权武器等等这种意识中吸取力量①。但在实践中，执政道德除了具有无产阶级内在规定的经济基础合法性要求之外，其政治性也要求执政道德具有强制性。在经济基础的决定力量之外，还必须加上外在强制约束——这就使得政德区别于普通的社会道德。

这种政德强制性产生的根源在于"经济基础—上层建筑"这一逻辑中，经济基础发挥作用的方式与过程并非是单线式、封闭式的，其会受到诸如历史传统、现实群体的非纯粹化、社会利益关系等等的挑战。应然的具有决定力量的经济基础与实然的动态变化的经济基础之间必然存在差异，加之经济基础自身的变化，经济基础与影响上层建筑之路径的曲折性——这包括各中间环节对经济影响力的解构，使得"决定关系"受到现实的种种弱化。而上层建筑——包括制度、法律、国家体制与道德观念等——在具体的建构过程中注入了人的主观能动因素与价值偏好，使得建构的上层建筑的独立性逐渐呈现。

从现实政治运作来看，政治领域自身的逻辑与独立性是显而易见的，其不仅仅是经济基础的因变量，自身在具体现实实践中也有自己的"自变—因变"的函数关系呈现。所以，对马克思主义政党执政中的政德实践必须有足够的清醒认识。实践中政德强制性的省思是从道德的实然状态与逻辑变化着手，而无产阶级政德向马克思主义政德的自然转移显然只规定了马克思主义政党的政德原则，而不能确保实践中政德不会衰朽。所以，以实然的努力去确保这一规定的应然与实然合一，当是马克思主义执政党建设的一大难题。

本文认为，这一难题的产生机理在于马克思主义政党在执政之始的政治制度设计时，对无产阶级道德要求与实际道德实践能力二者的混淆——以高估的道德水平建构起社会主义体制，在体制的运作逻辑中为道德衰朽与行为腐败提供了足够大的空间。另外，对于普遍人性之恶与欲望缺乏常识性的认识，以无产阶级这一经济身份来代替了道德身份，以至于在至高的道德原则与基本的人

---

① 马克思．泽特［M］//马克思，恩格斯．马克思恩格斯全集：第6卷．北京：人民出版社，1961：395.

性欲望之间存在着巨大的张力空间。所以说，当前社会主义国家的腐败往往是混淆了实然的无产阶级道德——每一具有了无产阶级身份的执政个体的道德状况——与无产阶级应然的道德原则。这种盲目乐观直接具体表现为政治体制中腐败行为的巨大空间存在。而治理方式又往往走向了结果惩处，严法治腐成为一种必然选择。结果是既未在思想上厘清问题的症结所在，也未在实践中建立起克制执政的个体私人欲望泛滥的动力与机制。

对废除《六法全书》争论中三个主要问题的再认识*

——以马克思主义中国化为视角

胡尚元

（中国政法大学，北京，102249）

1949年2月22日，在新民主主义革命即将取得全国胜利前夕，中共中央发布了《关于废除国民党〈六法全书〉和确定解放区司法原则的指示》（以下简称《指示》），宣布彻底废除国民党《六法全书》。对新中国法制建设特别是法制思想来说，这是一个决定性的事件，"它确立了中华人民共和国法制建设的基础和出发点，其精神一直是新中国建立后法制建设的指导方针，对中国法制建设产生了极其深远的影响"①。

进入新世纪，在依法治国基本方略确立的大背景下，法学界开始反思废除《六法全书》问题。2005年，在南京召开的董必武法学思想研究会年会上，部分学者开始反思这个问题，随后法学界就展开了论争，至今仍然余音缭绕。概括起来看，论争主要集中在三个问题上：其一，《关于废除国民党＜六法全书＞和确定解放区司法原则的指示》对法的阶级本质的阐释是否符合马克思主义关于法的基本原理？其二，彻底废除《六法全书》是否正确？其三，废除《六法全书》是不是王明第三次"左"倾教条主义的体现？本文试从马克思主义中国化的视角，谈一点粗浅的看法。

---

* 本文是中国政法大学马克思主义中国化研究市重点学科项目课题——"建国初的政法建设与马克思主义法学中国化"的阶段性成果，编号mkszyzgh08－3。

① 蔡定剑．历史与变革——新中国法制建设的历程［M］．北京：中国政法大学出版社，1999：3.

一、《指示》对法的阶级本质的阐释是否坚持了马克思主义关于法的基本原理

《指示》明确指出："法律是统治阶级以武装强制执行的所谓国家意识形态。法律和国家一样，只是保证一定统治阶级利益的工具。""国民党全部法律只能是保护地主和买办官僚资产阶级反动统治的工具，是镇压和束缚广大人民群众的武器"①，因而必须全部废除。

显而易见，就理论认识而言，废除国民党《六法全书》的根本依据，是当时意识形态对马克思主义关于法的阶级本质的理解。

法学界的部分学者认为，《指示》的这种理解从根本上歪曲和阉割了马克思主义关于法的基本原理。马克思、恩格斯除了一般谈及法的阶级性之外，还深刻地阐述了法的社会性和共性。不能把法的阶级性视为法的唯一本质②。这种看法遭到另外一些法学学者的激烈反驳。他们认为，《指示》的上述阐释，在学理上恰恰坚持了马克思主义关于法的基本观点③。

显然，论争的核心还是那个法理学界长期聚讼不已的老问题——阶级性是不是法的本质属性？归根结底，还是应该怎样理解马克思主义关于法的基本原理的问题。

实际上，在马克思主义中国化研究中，"马克思主义基本原理"是一个被反复追问的问题：到底马克思主义理论中哪些东西属于基本原理，哪些东西是具体的、个别的结论？到底哪些东西需要中国化？有学者提出，不是马克思主义的任何结论都需要中国化，要中国化的马克思主义应当是反映基本规律的普遍性原理，其重点和关键是马克思的"两个伟大发现"，即唯物主义历史观和剩余价值理论④。

笔者十分赞同这个观点。就马克思主义关于法的理论而言，无论是"阶级性"还是"社会性"，都是马克思主义经典作家针对具体的法律现象提出来的，都应该被视为具体结论的范畴。在立场、观点和方法层面，马克思主义关于法的基本原理也只能是唯物史观。

首先，学界所公认的一个事实是，无论马克思还是恩格斯，都没有专门建

---

① 中央档案馆．中共中央文件选集（1948－1949）（14）［M］．北京：中共中央党校出版社，1987：572－573.

② 熊先觉．废除"六法全书"的缘由及影响［J］．炎黄春秋，2007（3）.

③ 孙国华，冯玉军．关于中共中央废除国民党《六法全书》的若干思考［M］//孙琬钟．董必武法学思想研究文集（第六辑），北京：人民法院出版社，2007.

④ 陈文通．马克思主义中国化之我见［J］．中国特色社会主义研究，2007（3）.

构“马克思主义法学”。他们关于法的论述，大多散见于《黑格尔法哲学批判》《德意志意识形态》《共产党宣言》《政治经济学批判》《论住宅问题》《家庭、私有制和国家起源》等哲学、政治经济学和科学社会主义的著作中，而且在大多数场合都是与论述阶级和国家等政治与社会问题结合在一起的，是与辩证法、唯物史观和阶级斗争学说紧密联系的。他们自己也并没有明确提出“法本质”的概念。马克思主义“法本质”概念及其内涵，都是后人在不同时代出于不同需要的解读、阐释与建构。

其次，唯物史观才是马克思主义观察和研究法律现象的根本出发点。

人们经常引用《共产党宣言》中的一段话：“你们的观念本身是资产阶级的生产关系和所有制关系的产物，正像你们的法不过是被奉为法律的你们这个阶级的意志一样，而这种意志的内容是由你们这个阶级的物质生活条件来决定的。”① 这段话长期被作为阶级性是法的本质属性的经典依据。然而，这恰恰误读了经典作家的原意。这段话本是马克思、恩格斯用来驳斥把法律说成是人的“观念”“精神”和“意志”产物的唯心主义者，重点在于阐释法的内容是由“物质生活条件来决定”这一唯物史观。

《黑格尔法哲学批判》之所以被视为马克思从唯心主义法学观到唯物主义法学观的转变标志，就是因为马克思在这里第一次站在唯物主义立场上批判了唯心主义法学观，认为市民社会（即经济基础）是国家与法律的前提与基础。马克思在对《黑格尔法哲学批判》一书进行总结时明确指出：“我的研究得出这样一个结果：法的关系正像国家的形式一样，既不能从它们本身来理解，也不能从所谓人类精神的一般发展来理解，相反，它们根源于物质的生活关系。”②

在《德意志意识形态》中，马克思和恩格斯指出：市民社会（即经济基础）“在一切时代都构成国家的基础以及任何其他的观念的上层建筑的基础”，“法、法律等等只不过是其他关系（它们是国家权力的基础）的一种征兆，一种表现”③。他们明确批评了一种错误观点：“一切共同的规章都是以国家为中介的，都带有政治形式。由此便产生了一种错觉，好像法律是以意志为基础的，而且是以脱离现实基础的自由意志为基础的。”并举例说明了这种观点的错误所在：“私法和私有制是从自然形成的共同体形式的解体过程中同时发展起来的。在罗马人那里，私有制和私法的发展没有在工业和贸易方面引起进一步的后果，

① 马克思，恩格斯．马克思恩格斯全集：第4卷［M］．北京：人民出版社，1958：485.
② 马克思，恩格斯．马克思恩格斯选集：第2卷［M］．北京：人民出版社，1995：82.
③ 马克思，恩格斯．马克思恩格斯全集：第3卷［M］．北京：人民出版社，1960：377.

因为他们的生产方式没有改变。"①

在《哲学的贫困》中，马克思在批判普鲁东的错误观点时，提出了一个极为重要的历史唯物主义法学命题："无论是政治的立法或市民的立法，都只是表明和记载经济关系的要求而已。"②

恩格斯在《论卡尔·马克思著政治经济学批判》一文中也明确指出："'物质生活的生产方式决定着社会生活、政治生活以及精神生活的一般过程'，所有在历史上出现的一切社会的和国家的关系，一切宗教的和法律的观点，一切理论的观点，都只是在了解了每个相应时代的物质生活条件后才能了解，而所有这一切都是从这些物质生活条件中引导出来的。"③

马克思曾经把法律与经济条件之间的关系讲得非常明白：连最专制的君主也不能对法律发号施令。任何立法者的主观意图，不能超出经济条件的许可④。

因此，无论是把"阶级性"还是"社会性"作为马克思主义关于法的本质属性，进而使之上升为马克思主义关于法的基本原理，在笔者看来都是不恰当的。从立场、观点和方法的层面正确理解马克思主义关于法的基本原理，需要跳出"阶级性"或"社会性"这个所谓"法本质"的既有框框，回归唯物史观。

坚持唯物史观，就不能从"意志""工具"等观念层面来理解马克思主义关于法的基本原理，而应该从社会物质生活的变动来理解和把握法律的变动。新民主主义革命的最终胜利，必然要推翻国民党的统治，这就使《六法全书》体系中的《宪法》《动员戡乱时期紧急条款》等公法失去了存在的基础和前提，废除这一部分无疑是正确的、必要的。但是，新民主主义革命的胜利要建立的是新民主主义社会，是一个政治上由各革命阶级联合专政、经济上保护民族工商业、文化上实行民族的科学的大众的文化的社会。不论是根据中共七届二中全会决议精神，还是根据其后制定的《共同纲领》，中共取得全国执政权之后，都是要搞一段新民主主义社会建设，在社会生产力及经济文化水平大幅度提高之后，再采取措施向社会主义过渡。也就是说，在发出《指示》的当时及其之后的一段时间，社会经济生活关系并没有也不会发生根本的变动。把《六法全书》中包括民商法等在内的主要是调节社会经济生活关系的私法统统废除，从

---

① 马克思，恩格斯．马克思恩格斯全集：第3卷［M］．北京：人民出版社，1960：71.

② 马克思，恩格斯．马克思恩格斯全集：第4卷［M］．北京：人民出版社，1958：121－122.

③ 马克思，恩格斯．马克思恩格斯选集：第2卷［M］．北京：人民出版社，1995：38.

④ 于浩成，崔敏．法的阶级性与社会性问题讨论集［M］．北京：群众出版社，1987：3.

马克思主义中国化的视角来看，不能否认，确实存在理论认识上的偏差。

二、彻底废除《六法全书》是否正确

法学界部分学者从政治立场出发，坚持革命的正当性，认为“废除《六法全书》在政治上是完全正确的，不容否定”，问题只在于忽视和排斥了法律文化的继承关系①。反对者则从历史影响与后果出发，认为它严重践踏和破坏了法学理论资源、人才资源和法制环境，对新中国的法制建设造成了很大的危害②。

这是一个价值判断问题，论争双方的立足点不同，存在巨大分歧自然也不难理解。如果把问题置于马克思主义中国化的视域之中，似乎不难达成共识。因为，早在废除《六法全书》之前很多年，中共就已经在政治与意识形态领域里竖起了一面旗帜——反对把马克思主义教条化，要把马克思主义中国化。

早在中共创立之初，李大钊等就已经明确指出，要把马克思主义理论与中国实际结合起来，社会主义者“必须要研究怎么可以把它的理想尽量应用于环绕着他的实境③”。

针对党内一度盛行的把马克思主义教条化、共产国际指示和苏联经验神圣化的倾向，毛泽东在1930年写了《反对本本主义》一文，旗帜鲜明地指出：“马克思主义的‘本本’是要学习的，但是必须同我国的实际情况相结合。我们需要‘本本’，但是一定要纠正脱离实际的本本主义。”④

在中共六届六中全会上，毛泽东正式提出“马克思主义中国化”的命题。他指出：不是把马恩列斯的理论当作教条看，而是当作行动的指南。不是学习马克思列宁主义的字母，而是学习他们观察问题与解决问题的立场与方法。“没有抽象的马克思主义，只有具体的马克思主义。……马克思主义的中国化，使之在其每一个表现中带着中国的特性，即是说，按照中国的特点去应用它，成为全党亟待了解并亟需解决的问题。”⑤

“马克思主义中国化”这一命题的核心要义之一，就是反对把马克思主义教条化，要求把马克思主义基本原理与中国革命的具体实践相结合，用“具体的

---

① 孙国华，冯玉军．关于中共中央废除国民党《六法全书》的若干思考［M］//孙琬钟．董必武法学思想研究文集（第六辑）．北京：人民法院出版社，2007.

② 熊先觉．废除“六法全书”的缘由及影响［J］．炎黄春秋，2007（3）.

③ 李大钊．再论问题与主义［J］．每周评论，1919（35）.

④ 毛泽东．反对本本主义［M］//毛泽东．毛泽东著作选读（上册）．北京：人民出版社，1986：51.

⑤ 中央档案馆．中共中央文件选集（1939－1941）（第11册）［M］．北京：中共中央党校出版社，1991：658－659.

马克思主义”来指导和解决中国革命的实际问题。毛泽东在《整顿党的作风》的演讲中对这个问题讲得更加明白：“直到现在，还有不少的人，把马克思列宁主义书本上的某些个别字句看成是灵丹妙药，似乎只要得到了它，就可以不费力气地包医百病。这是一种幼稚者的蒙昧，我们对这些人应作启蒙运动。”①

马克思主义中国化的另一个核心要义，是如何正确对待中国自己的传统文化。在中共六届六中全会报告中，毛泽东明确指出：“我们是马克思主义的历史主义者，我们不应当割断历史。从孔夫子到孙中山，我们应当给予总结，承继这一份珍贵的遗产。这对于指导当前的伟大的运动，是有重要的帮助的。”② 在《新民主主义论》一文中，毛泽东进一步指出了对待中国传统文化必须坚持的正确态度：“中国的长期封建社会中，创造了灿烂的古代文化。清理古代文化的发展过程，剔除其封建性的糟粕，吸收其民主性的精华，是发展民族新文化提高民族自信心的必要条件；……我们必须尊重自己的历史，决不能割断历史。”③

中国传统文化自然也包括法文化，而《六法全书》在很大程度上体现了中国法文化的传统。有学者详细考察了《六法全书》的源流，认为从递嬗关系的角度来看，《六法全书》体系的形成经历了清末时期、国民政府成立时期和国民政府时期④。《六法全书》体系是在清末修律以来中国法制现代化的进程中逐步建立与完善起来的。它凝聚了近代中国一大批法律学者艰辛探索的智慧和心血，在很大程度上反映了人类法治文明的共同成果。其中体现为“保护地主和买办官僚资产阶级反动统治的工具”和“镇压和束缚广大人民群众的武器”的部分，主要是蒋介石政府后期所制定的《中华民国宪法》（1947 年）、《动员戡乱时期紧急条款》（1948 年）等公法；而关于民商事及其诉讼、一般刑事及其诉讼的部分，并非是只属于蒋介石国民党的“伪法统”。《指示》中所谈到的在整个国共合作的抗战时期及其后的一个历史时期，共产党领导的抗日根据地及后来的解放区也曾经适用《六法全书》，不是指其中的公法，主要是其中的民商事、一般刑事及其诉讼法。

显而易见，把《六法全书》从整体上完全看作是“只能是保护地主和买办官僚资产阶级反动统治的工具，是镇压和束缚广大人民群众的武器”，不仅不符合历史事实，也不符合马克思主义中国化对待中国传统文化的原则和要求。

---

① 毛泽东．毛泽东选集：第 3 卷［M］．北京：人民出版社，1991：820.

② 毛泽东．毛泽东选集：第 2 卷［M］．北京：人民出版社，1991：534.

③ 毛泽东．毛泽东选集：第 2 卷［M］．北京：人民出版社，1991：707－708.

④ 李龙，刘连泰．废除“六法全书”的回顾与反思［J］．河南省政法管理干部学院学报，2003（5）．

三、《指示》是不是王明第三次“左”倾教条主义的体现

有少数学者认为，《指示》是王明一个人炮制的，是王明第三次“左”倾教条主义错误的体现。

较早提出这个问题的学者是纪坡民，他在《产权与法》一书中论及废除国民党《六法全书》问题。纪坡民指出：1949 年元旦，蒋介石发表《新年文告》，提出谈判议和的“五项条件”，其中第三项就是“神圣的宪法不由我而违反……中华民国的法统不致中断。”毛泽东在三天之后发表的《评战犯求和》一文中，对蒋介石的“五项条件”逐条批驳。14 日，《中共中央毛泽东主席关于时局的声明》中明确提出“废除伪法统”。纪坡民认为，这基本是应对国民党谈判求和的一种政治策略。查毛泽东当时的著作、文章、讲话及文件等，他并未确指“伪法统”的具体内容是什么，更没有明确提及国民政府的基本法律制度——《六法全书》，特别是除《宪法》之外的《刑法》《民法》《商法》《刑诉》《民诉》等是否属于“伪法统”。但经过王明起草的《指示》，“伪法统”所指就非常确定了——“废除‘伪法统’，就是废除《六法全书》”。因此，在纪坡民看来，彻底否定《六法全书》是王明夹带私货，是其“第三次‘左’倾错误的表现①”。

纪坡民的观点得到了熊先觉等人的支持。熊先觉指出：毛泽东提出“废除伪法统”，被当时担任中共中央法律委员会主任的王明利用了。从文稿的审批情况看，当时党中央对废除《六法全书》的观点并非完全一致。王明原稿称：“应当把它（指国民党《六法全书》）看作全部不合乎广大人民利益的法律”，毛泽东删掉了“全部”二字，将其改为“基本上”。周恩来明确批示：“对于旧法律条文，在新民主主义的法律精神下，还可以批判地采用和修改一些，而不是基本采用，这对今后司法工作仍然需要。此点请王明同志加以增补。”他进一步推测：毛泽东戎马倥偬，运筹决胜，且又不谙悉法律而签发了文件。经查阅原稿，朱德未圈阅，任弼时、董必武、林伯渠已圈阅。其观点如何，不得而知。可能是由于文件系王明起草，又经过了主席首肯，当然只划个圈圈而完成了审批手续。②

这种看法涉及基本史实问题，需要接受严格的历史事实检验。粗略地看，他们的观点似乎有确凿的史料支撑，但显然在全面细致地分析和考察文献方面做得不够。

---

① 纪坡民．产权与法［M］．北京：生活・读书・新知三联书店，2001：251.

② 熊先觉．废除《六法全书》的缘由及影响［J］．炎黄春秋，2007（3）．

张希坡在驳斥纪坡民时，就列举了一系列中共中央及华北人民政府在1949年发布的与废除伪法统有关的文件，精神无不与《指示》完全一致①。当然，2月22日之后的发布有关文件无疑会受《指示》精神的影响，并不能充分说明问题。但是，中共中央书记处在1949年1月21日发布的《关于接管平津国民党司法机关的建议》已经明确宣布："国民党政府一切法律无效，禁止在任何刑事民事案件中，援引任何国民党法律。法院一切审判，均依据军管会公布之法令及人民政府之政策处理。"② 这份文件比《指示》整整早了一个月。在没有证据证明这份文件同样也是王明一个人炮制的情况下，把废除《六法全书》归因于王明不免有武断之嫌。这方面的史料其实还有很多。比如，早在1943年底，雷经天在《关于改造边区司法工作的意见》中就明确提出："我们以为法律是阶级统治的工具，因此我们一贯地指出国民党的法律是地主资产阶级的法律，对于工农劳动群众只有剥削和束缚的作用，在边区是不适用的。"③

熊先觉所展示的《指示》原稿修改情况也同样具有很强的证据力，至少能够证明当时毛泽东是同意文件精神的。因为毛泽东并非如董必武等人简单地圈阅，而是对文件进行了修改——他删掉了"全部"二字，将其改为"基本上"三字。把"全部"修改为"基本上"，虽然在语气上有所缓和，但意思并没有发生多大变化。比较而言，倒是周恩来的看法有所保留，认为"还可以批判地采用和修改一些"，但也反对"基本采用"。因此，把废除《六法全书》说成是王明夹带私货，是其"第三次'左'倾错误的表现"，显然也不符合历史实际。

笔者赞同张希坡先生的看法，《指示》所体现的正是当时中共中央的精神。马克思主义中国化是一个复杂的历史过程，并非一帆风顺，中间经历过很多曲折。正是由于在建国前后广泛存在照搬苏联经验（包括其法制思想和法制建设经验）、把马克思主义教条化的倾向，毛泽东在苏共二十大之后才明确提出要实现马克思主义与中国实际的"第二次结合"。因此，不必讳言《指示》在理解马克思主义法学原理上存在偏差，更不必把历史责任推给王明。应该本着历史主义的态度，正确总结建国以来法治建设的历史经验，认真汲取历史教训，积极推进"全面依法治国"的历史进程。

---

① 张希坡．废除伪"法统"就是废除以国民党《六法全书》为代表的一切反动法律［J］．法学杂志，2005（1）．

② 中央档案馆．中共中央文件选集（1948－1949）（第14册）［M］．北京：中共中央党校出版社，1987：528.

③ 陕西省档案馆档案，全宗号15，转引自侯欣一：《从司法为民到人民司法》，北京：中国政法大学出版社，2007：156.

现代评论派法治理念及其困境探析

孔祥宇

（中国政法大学 马克思主义学院，北京，100088）

现代评论派是1920年代中后期的自由主义派别，以《现代评论》为主要舆论阵地，其成员主要包括胡适、王世杰、陈源、高一涵、周鲠生、钱端升、唐有壬、陶孟和、张奚若、杨端六等。在现代评论派的自由主义政治理念中，法治理念占有重要地位，法治不仅是现代评论派的话语基础之一，也是他们观照社会现实的重要衡量标尺，追求法治社会是他们的重要目标。本文即以现代评论派为中心，来探讨1920年代自由主义知识分子群体的法治理念，及其在现实社会中面临的种种困境。

一、现代评论派法治理念形成的背景和原因

首先，现代评论派自身的教育经历和职业背景为其法治理念的形成提供了条件。现代评论派的众多成员具有法学教育背景，有着深厚的法律素养。王世杰、燕树棠、周鲠生、张奚若等人皆以法学为留学专业，回国后也多进入北大、清华等高校、从事法学专业的教学工作（王世杰曾为北大法律系主任），陈源、钱端升、高一涵、杨端六等人则是以政治学、政治经济学等为留学专业，非常熟悉法律在民主政治中的重要地位。现代评论派的成员在法学研究上也可以说是著作等身。如周鲠生的《领事裁判权》（1923年版）致力于从法律层面分析国内问题，王世杰的《比较宪法》（1927年出版，再版时与钱端升合著）在法学界影响巨大。当后人于1997年再版此书时，仍然认为中国大陆法学界在比较宪法研究领域总体上还未能达到二十世纪三四十年代的研究水平①。总之，法

① 杜钢建，范忠信．基本权利理论与学术批判态度——王世杰、钱端升与《比较宪法》［M］//王世杰，钱端升．比较宪法·序．北京：中国政法大学出版社，1997.

律、政治等方面的教育与职业背景为他们以法律观照国内外政治问题提供了良好基础。

其次，法治是现代评论派分析评论国内外问题的重要“话术”和基本工具。现代评论派在社会改造的途径和方式上，持温和的渐进改良立场，反对激进的社会变革，期望通过战争之外的政治手段，来实现向往中的“善良的政府，安宁的社会秩序，开明的法律，高尚的文化①”。因此当他们分析评论国内外政治问题时，往往选择从法律层面去看待和解决问题。另外1920年代的中国充斥着各种“违法”现象，如当时的社会中盛行的是“人治”“军治”“警治”等，却唯独缺乏“法治”，帝国主义国家的各种侵华行为也凭借领事裁判权等治外法权而游离于中国法律之外。上述种种“违法”现象为现代评论派以法律为基本工具分析评论国内外政治问题提供了可能。

最后，建构法治社会是现代评论派的重要价值追求。现代评论派之所以致力于构建法治社会，是因为法治是民治社会的保障，是维护社会秩序的重要手段：“所谓‘法治’，就是宪法之治，宪法是一国权威，上自国家元首，各级官员，下到普通老百姓，都要服从宪法和法律，按照国家制定的宪法和法律规范行事，这样全国上下，整个社会，从中央到地方才能秩序井然，不至于乱了套。”② 在牵涉政治的各个问题中（如国家、政府、法律、权利与义务等），法律被认为是中心问题，“因为法律所规定的话不是让个人自由选择。它的特别意义就是有一种能力，可以帮助法律所说的话，使它有效。用这个根本观念来看，如事体的合法不合法，即是否在法律之内，是政治的问题；不合法应该如何办理，是刑法的问题；立法执法也都是政治的问题，所以法律是个中心问题。”③现代评论派所追求的，就是以法律作为调节一切社会关系的最高规范和准绳的“法治”状态。

二、现代评论派法治理念的主要内容

（一）呼吁构建一个完善的现代法律体系

为了建立一个完善的现代法律体系，现代评论派的首要主张是改革现有的法律制度，如废除《治安警察法》《管理新闻营业规则》《惩治盗匪法》等，因

① 陶孟和．从战争到政治［J］．现代评论，1926，4（93）．

② 钱端升先生纪念文集［M］．北京：中国政法大学出版社，2000：49.

③ 杜威．社会哲学与政治哲学［M］//沈益洪．杜威谈中国．杭州：浙江文艺出版社，2001：45.

为“强有力的军阀，虽不必凭借什么法律，就能蹂躏小百姓的生命、财产与自由，而恶法律的存在，对于他们毕竟也是为虎添翼，授盗以刀，毕竟也可以增加小百姓的厄运”①。一些权力部门如京畿卫戍司令部颁布了许多与民国现行法律（如《戒严法》等）相违背的条例，现代评论派也予以否定，认为“代替小百姓而有所主张的人”假如真想“依宪做事”，便不能不取消一切违宪的行为，“如果真是依宪做事，纵然不能说‘有宪法便不能再有卫戍司令部’，可是总可以说‘有宪法便不能再有卫戍司令部的法律’！”②同时现代评论派认为中国沿袭下来的法律存在诸多缺陷，如道德与法律的界线不清，法律与习惯的界线不清，同时律外有例，例的效力往往高于律文，因此很有必要引进西方的现代法律体系，以弥补中国法律的缺陷。

第二，提出构建“民众的法律”。现代评论派认为如果要构建新的法律，那就应该致力于构建“民众的法律”，“所谓民众的法律，就其内容而言，自然就是保护民众利益的法律。因此，我们如果打算制定一种民众的法律，律文的内容，就应该在注重大多数人的利益”。为了实现“民众的法律”，“除却律文的内容必须注重民众利益的保护而外，至少还得具备以次（以下）两个条件：第一，民众的法律，必须是民众容易了解的法律。”其原因一是中国一般民众没有受过专门的教育，二是一般的法律条文“过于专门化”，不是当时受过普通教育的民众所能了解的文字。第二，“民众的法律，不但要使民众容易了解，并且要使贫富都能利用”。“我们所盼望实现的是：一切贫民都能得到必要的诉讼援助，并且不是人对人的一种‘慈善’，而是国家对于人民的一种义务。”“我们认为吾国将来制定新法典的时候，应将这种诉讼援助机关的设置，看作与法院的设置，有同等的重要；应该将这种机关的组织与职责，以单行法为之规定，甚或在法院编制法及诉讼法规里面，规定一个大要。”③现代评论派的上述观点实际上提出了法律从内容到形式都要为大多数民众服务的理念。

（二）积极提倡从法律层面分析、评论国内外问题

现代评论派在提倡完善现有法律的同时，也身体力行，致力于从法律层面分析、评论国内外问题。如1926年“三·一八”惨案发生后，现代评论派指出

---

① 王世杰．这几种法令还不废止吗［J］．现代评论，1926，3（61）．

② 高一涵．护宪与卫戍司令部［J］．1926，3（77）．

③ 王世杰．法律与民众（一）［J］．现代评论，1927，6（151）
王世杰．法律与民众（二）［J］．现代评论，1927，6（132）

该惨案的发生，段祺瑞以及其他参加残杀计划的决定的人，“自然要与他土匪式的卫队，同为本案的责任者”，元首犯罪，也应与庶民百姓一样受制裁。虽然在当时的黑暗政治环境下杀人者无法受到法律与法庭的制裁，但是由于杀人罪的起诉权有数年或数十年的时效，等杀人者下台以后，最终会受到法律的制裁。因此现代评论派坚信“杀人者终有伏法之一日”，同时呼吁“目前最紧要的手续，便是搜集这回惨案的一切证据”①。在愤激之余，显示出建构在法治理念上的冷静。

现代评论派还从法律层面分析判断中外问题和国际争端等。如1926年9月5日，英国帝国主义军舰炮轰四川万县县城，屠杀中国军民，制造了“万县惨案”。现代评论派根据国际法分析认为“万县惨案并不单是英国军舰对于中国局部的暴行，而且是英国自身对于中国领土的侵犯行为。这是构成一种国际侵权，对于当事的国家发生直接责任的”②。而对于1927年3月24日发生的英美军舰炮轰南京事件，现代评论派认为“在国际公法上外舰没有开炮轰击的权利，在事实上没有开炮的必要”，外舰的开炮行为是“海盗行为”，应受到应有惩办③。

1920年代的西方帝国主义国家凭借租界、领事裁判权等在中国享有司法特权，在国民革命运动期间，中外间围绕上述司法特权进行了一系列交涉，现代评论派给予了密切关注。如1926年1月12日中外间联合召开针对在华领事裁判权撤废问题的法权调查会议，现代评论派认为所谓的“法权会议”不过是敷衍中国、延缓问题解决的一种手段，并没有议定条约之权，“中国要撤废外人在华的领事裁判权，实行收回法权，恐怕还要另想方法，决不是这个所谓法权会议可以达到目的的”。④ 又如五卅惨案后，中外间交涉的焦点逐渐集中到上海会审公廨的交还问题。1926年8月31日，双方签署了《收回上海会审公廨暂行章程》，由于该章程存在着明显的妥协性和不彻底性，现代评论派据此认为该协定并没有对收回司法主权起到多大作用：“总而言之，这次沪廨案交涉，全然没有实现收回公廨的本旨，处处留下了外交失败的痕迹，充分表现了中国官僚敷衍的精神。”⑤ 其他如在租界问题上，现代评论派认为“在法律上，在名义上，租

① 悼三月十八日的牺牲者［J］//王世杰．论三月十八日的惨剧．现代评论，1926，3（68）．

② 周鲠生．万县案的法律性质［J］．现代评论，1926，4（95）．

③ 张奚若．南京事件与不平等条约［J］．现代评论，1927，5（121）．

④ 周鲠生．法权会议与收回法权［J］．现代评论，1926，3（59）．

⑤ 松子．三论沪公廨案交涉［J］．现代评论，1926，4（87）．

借地仍是中国的领土，中国有收回的权利"，中国应借助"国民运动正猛烈的时候，废除不平等条约的声势正浩大"的时机，积极从事于收回租借地的运动。① 从法律层面分析、判断和解决社会问题，处理国际争端，是现代评论派的重要"话术"，也是他们的良好愿望。

（三）提出了实现法治社会的基本路径

为了实现法治社会状态，现代评论派初步构思出一个解决路径，那就是结束当时的军治和警治，利用党治，进而走向法治。现代评论派反对军治，是因为"军治的政府是军人所有的政府，是军人管理的政府，是为军人做事的政府，和民有、民治、民享三原则根本相反"②；现代评论派同时希望废除当时的警治制度，"专制国家，人民的言论，集会，结社自由，差不多完全操纵诸警察之手。这种国家可以叫做警治国家。详细点说，警治制度往往含有两个特点：警治制度的第一个特点是，人民于行使诸种自由之前，须受警察的一度干涉。……警治制度的第二个特点是，人民于行使诸种自由之后，亦得不经审判法庭之裁断而由警察径自执行种种处分"。现代评论派认为中国应仿效英美等国家，废除警治，采用法治，因为人民的民主自由只能靠法治来实现："法治纵不必就是自由，而自由究只能伴法治制度而实现。"③

在反对军治和警治的基础上，现代评论派提出了借助党治而走向法治的思想。他们认为当时的中国缺乏一般法治国家任何事都从法律入手解决的习惯，"平常尽管提倡法治，到了处理一件事情的时候，又把法律忘记了，又不去请教法律这位老师，而去咨询'面子''人情''利害'这些嬖佞的侍从了"。要达到法治状态，第一是要订立法律，第二尤其是要有人来拥护法律，而政党可以充当法律的保障力量："在普通的国家，法律的保障在人民，在党治的国家，法律的保障在党员。各级党部和党员的意思表示，即是党治国家里法律的社会保障，除应当引导进于正轨之外，是应当竭力奖励的。……总而言之，党治就是由党来制定法律，由党来执行法律，由党来监督法律的实行。我们必须革除封建时代浪漫的习惯，节制自己，洗心革面，让党来制定法律，而后一切都交付给法律。"④

---

① 周鲠生．租界地问题［J］．现代评论，1927，5（111）．
② 高一涵．军治与党治［J］．现代评论，第二周年纪念增刊，1927（1）．
③ 王世杰．警治与法治［J］．现代评论，1925，1（21）．
④ 彭学沛．党治与法治［J］．现代评论，第8卷，第206、7、8期合刊，1928－12－22.

现代评论派之所以提倡经由党治走向法治，是因为他们秉持精英政治理念①，视政党为“组织坚固训练成熟”的精英政治团体，认为当时民治主义的国家所有的政治主张和运动都是依靠政党去做，因此政党是“民治之母”。② 在中国当时的具体情势下，实“有采行党治，以防止军治，监督官治，扶植民治之必要③”。

三、现代评论派法治理念的失落

（一）“党治”“军治”的现实环境与法治理念的失落

虽然现代评论派秉持法治理念，并致力于从法律层面分析、评论国内外问题，但黑暗的社会环境带给他们更多的是失望和悲观。北洋军阀时期的“军治”状态缺乏法治的土壤，而南京国民政府建立后，党治不但没有成为结束军治，走向民治的过渡手段，反而建立起一党专政的独裁统治，而党治的实质则是“军人治党”：“其实今日所谓‘党治’，说也可怜，哪里是‘党治’？只是‘军人治党’而已”④。在此政治环境下，自然没有民主法治可言。

现代评论派期望的治国模式无疑是法治范畴下的精英治国模式，从现代评论派成员的言论里经常可以发现此种观点。如钱端升在《德国的政府》一文里，在评价总统爱柏特及兴登堡时期的德国时，肯定了由于德国总统被宪法赋予了强有力的权力，而在德国发展进程中扮演了重要角色：“宪法本希望总统在政治上占重要的地位，而两总统（爱柏特、兴登堡）又能在合法范围以内充分发展总统的权力；于是制宪者的希望得以实践，而总统的重要亦遂远在一般内阁制国家的元首之上。”⑤ 但是国民党本身的迅速变质，使现代评论派期望倚重这一“精英”团体来实现法治社会的愿望落了空。

（二）从法律到政治：寻求法律之外的“非常手段”

由于社会的黑暗和政治的险恶，建构法治社会在当时只是一厢情愿的做法。无奈之下的现代评论派有时也寻求法律之外的“非常手段”，认为中国“既已不在文明国家或法治国家之下，偏要用文明国家或法治国家的办法，当

---

① 孔祥宇．现代评论派政治理念及其困境探析［J］．安徽史学，2012（4）．

② 高一涵．军治与党治［J］．现代评论，第二周年纪念增刊，1927（1）．

③ 山木．党治与国民会议［J］．现代评论，1928，7（172）．

④ 胡适．《人权与约法》的讨论［M］//沈卫威．自由守望—胡适派文人引论．上海：上海文艺出版社，1997：204－205.

⑤ 钱端升．钱端升自选集［M］．2 版．北京：首都师范大学出版社，2010：69－70.

然是不生什么效力的”。“倘政治问题解决之后，法律问题或者可以有附带解决的希望；倘使政治问题不能解决，单去诉诸法律，只不过是自欺欺人之谈罢了。——我的结论就是大家不可只记得法律问题而忘了政治问题，更不可只记得私仇而忘记了公敌。”① 国内问题如此，国际问题也是如此。如针对前述“万县惨案”的解决，现代评论派认为英国的不法暴行能否受到制裁，“则要看中国政府外交活动的能力如何，及中国国民抗议英国、拥护国权之决心与毅力如何。仅仅空言的抗议与形式的诉诸国际联盟，是不够的。这却是由法律问题入于政治问题了”②。没有好的国内外政治环境，法治社会的主张是难以实现的。

1920年代马克思主义在中国得到广泛传播，现代评论派在探究社会解决方案时也受其影响。他们指出在当时的现实情况下，缺乏民主意识的中国国民还不具备行使民主的能力，在“人民不能行使政权，也没有制裁的力量的情况下”，纵使有了宪法，“民权及民治仍是无法存在”。如何使民众获得民主的能力呢？现代评论派认为可以通过以下两条途径实现：一是通过彻底的经济改革，使人民在和平的环境中工作和生活，摆脱贫困；二是对人民施以必要的教育，使之摆脱保护自己的利益（集团），惟有“当中国发生这样的国民经济改革以及这样的社会意识变化时，全面的真正的民主才能实现。”③ 现代评论派走向民主之路的设计已经渗透了马克思主义的唯物史观理论，即从经济层面入手，解决包括法律在内的观念上层建筑方面的困境。

总之，现代评论派秉持法治理念，努力构建法治社会，并试图借助法律来分析、解决国内外问题，但是在军阀专横，时局纷乱的1920年代，现代评论派的主张注定没有实现的余地。虽然现代评论派也曾主张通过政治、经济等层面来解决上述困境，但是现代评论派将自身定位为“思想领袖”，只想“在报告事实与唤起思想两方面稍微做些功夫”④，而不愿做“事功领袖”，直接投身社会政治运动。现代评论派的这种自我定位，事实上使他们处于旁观者和“评论员”的境地，造成与现实政治的疏离，“既不能摆脱政治，又不能从坐而言发展到起而行的实际政治活动，只能让位于起而行的人”了⑤。从后见之明的角度，现

---

① 高一涵．惨案的前途黑暗［J］．现代评论，1926，3（69）．
② 周鲠生．万县案的法律性质［J］．现代评论，4（95）．
③ 钱端升．钱端升学术论著自选集［M］．北京：北京师范学院出版社，1991：629.
④ 卷头语［J］．现代评论，第二周年纪念增刊。
⑤ 罗志田．转折：1924—1926年间北洋体系的崩溃与南方新势力的兴起［J］．近代史研究，2011（4）：159.

代评论派的法治理念及其失败的历史事实，无疑为中国人民选择马克思主义、选择中国共产党做了背书，因为马克思主义恰恰是提倡“根本解决”的主义①，而中国共产党则是信奉这一“根本性的指针”的革命政党，并逐渐承担起近代中国的历史重担。历史的大选择，诚不虚也。

① 日本学者石川祯浩曾指出：马克思主义通过唯物史观、阶级斗争论以及革命完成后将出现共产主义美满世界的预言，提供了根本解决的方法和对将要到来的时代的信心，从而引起了一场“知识革命”。——（日）石川祯浩．中国共产党成立史［M］．袁广泉，译．北京：中国社会科学出版社，2006：2.

马克思主义法学理论中国化研究的几个问题

蒋传光

（上海师范大学 哲学与法政学院，上海，200234）

马克思主义中国化就是马克思主义基本原理不断与中国实际相结合的过程。随着马克思主义中国化的研究越来越受到重视，马克思主义法学理论中国化也渐成法学界研究的热点问题之一，并从不同的角度进行了研究。但目前在对马克思主义法学理论中国化的研究中，诸如对马克思主义法学理论中国化的命题、相关概念的使用、如何“中国化”以及“中国化”的成果、研究的意义等问题，存在一些不同的认识、分歧或研究不够充分。为促进和深化马克思主义法学理论中国化的研究，进而深化马克思主义中国化研究，本文拟针对上述存在的问题，谈一些自己的认识和体会。

一、马克思主义法学理论中国化命题的共识问题

学界常常有人认为“马克思主义法学理论中国化”的命题是意识形态的产物，质疑其学理性基础。有学者认为马克思主义已被泛化，被后人添加了非马克思的东西，应当学习和坚持原典的马克思主义，因而对马克思主义法学理论中国化的命题有不同的看法。马克思主义法学理论中国化的命题成立，对此形成共识，是进一步开展马克思主义法学理论中国化研究的前提和基础，没有这个共识，就无法继续开展马克思主义法学理论中国化的进一步研究。而马克思主义法学理论中国化的命题成立与否，取决于对马克思主义中国化的命题是否成立。马克思主义法学理论中国化的命题是和马克思主义中国化的命题密切相关的。没有马克思主义的中国化，也就谈不上马克思主义法学理论的中国化。

（一）马克思主义中国化命题的提出及共识的形成

对马克思主义中国化的研究，学界已有大量的研究成果。作为一个特定概念，“马克思主义中国化”的命题，是在如何把马克思主义基本原理应用于中国

革命实践的过程中而提出的。这个命题提出后，已成为中国共产党全党的共识。这个共识的形成，有其理论逻辑的必然和实践基础。

马克思主义“吸收和改造了两千多年来人类思想和文化发展中一切有价值的东西”①，揭示了人类社会发展的一般规律，因而具有超越民族和地域的世界性意义，但作为根源于欧洲自由资本主义社会的思想理论成果，它没有也不可能指出每一个民族的具体特点和发展道路。因此，马克思主义强大的生命力和影响力，就在于它是同各国的具体实际紧密结合的，是在各国革命和建设的具体实践中运用和发展着的。它在不同的时代、不同的国家的实践中必然具有不同的形式。把马克思主义普遍原理同各国的具体实践相结合，这是马克思主义中国化的内在依据。

中国共产党一成立，在选择把马克思主义作为自己指导思想的同时，在如何对待马克思主义的问题上，党内历来有两种根本对立的态度和方法：一种是教条主义的马克思主义者，他们对马克思主义生搬硬套；另一种是从客观实际出发，注重联系实际，具体情况具体分析。

在新民主主义革命时期，中国共产党内曾出现两种错误思潮，即陈独秀的右倾思想和王明等人“左”的错误，他们的共同特点是脱离中国的国情，把马克思主义、共产国际的决议和苏联的经验教条化和神圣化，给中国革命带来了重大损失。以毛泽东为代表的一代中国共产党人，始终坚决反对教条主义，强调要从中国的具体实际出发，运用马克思列宁主义的立场、观点和方法，实事求是地分析中国革命问题。1930 年 5 月，毛泽东在《反对本本主义》一文中指出：“马克思主义的‘本本’是要学习的，但是必须同我国的实际情况相结合。”② 第一次初步提出马克思主义同中国革命实际相结合的重要原则。

随着革命事业的发展，实践经验教训的不断总结，中国共产党和毛泽东对马克思主义同中国革命实践关系的认识也在不断提高。“马克思主义中国化”命题是毛泽东最先提出的③。1938 年 10 月，毛泽东在为中共六届六中全会所作的

---

① 列宁选集：第 4 卷［M］. 北京：人民出版社，1995：299.

② 毛泽东. 毛泽东选集：第 1 卷［M］. 北京：人民出版社，1991：111 - 112.

③ 有学者认为，“马克思主义中国化”这一命题是张闻天从 1936 年起逐步提出的，到 1938 年得到全党的共识而最后确定为全党的行动原则；毛泽东是在 1938 年 10 月党的六届六中全会上才正式使用这一命题并对之作科学的和更深刻的解说。——黄少群，匡胜. “马克思主义中国化”是张闻天最早提出来的［N］. 北京日报，2008 - 10 - 27. 这一观点也遭到了一些学者的反对，认为“马克思主义中国化”这个命题的最早提出者是毛泽东而不是张闻天。转引自汪青松：《马克思主义中国化与中国化的马克思主义》，中国社会科学出版社，2004：336—337.

政治报告《论新阶段》中，第一次明确提出并系统阐明了马克思主义中国化的问题。他指出："马克思主义必须和我国的具体特点相结合并通过一定的民族形式才能实现。马克思列宁主义的伟大力量，就在于它是和各个国家具体的革命实践相联系的。对于中国共产党来说，就是要学会把马克思列宁主义的理论应用于中国的具体的环境"，他进一步指出，"离开中国特点来谈马克思主义，只是抽象的空洞的马克思主义。因此，马克思主义的中国化，使之在其每一表现中带着必须有的中国的特性，即是说，按照中国的特点去应用它，成为全党亟待了解并亟须解决的问题①"。

"马克思主义中国化"的提出，不只是增加了一个新的语言表达形式，而是表明中国共产党对马克思主义认识达到了一个新的高度，表明中国共产党独立探索中国革命道路的理论觉醒②。1938 年 10 月 15 日，张闻天在所作的《关于抗日民族统一战线的与党的组织问题》报告中，提出了使"组织工作中国化"和使宣传工作"要认真地使马列主义中国化，使它为中国最广大的人民所接受③"。1945 年 4 月，在中共第七次全国代表大会上，刘少奇代表中共中央所作的《关于修改党章的报告》，从理论上对"马克思主义中国化"做了进一步的阐述。自此以后，全党在思想上廓清了教条主义与经验主义的危害，确立起了实事求是的思想路线，马克思主义中国化的思想成为全党共识。

马克思主义中国化的含义是什么？目前学者们从不同的视角对其内涵进行了阐述。但综观各种解读，马克思主义中国化的核心内容应包括以下两个方面：

1. 马克思主义中国化首先要坚持马克思主义。马克思主义中国化的一个前提和基础就是要坚持马克思主义基本原理，用马克思主义基本原理作指导。否

---

① 毛泽东在提出"马克思主义中国化"命题后，苏共领导人则直接反对这一提法，认为这是搞民族主义。迫于苏联的压力，也由于当时中国革命胜利在即，中国共产党面临着依靠苏联的支持和帮助的问题。"为了避免被斯大林和苏共误认为带有所谓民族主义的嫌疑，毛泽东和我们党主动改变了'马克思主义中国化'和'毛泽东思想'的提法。"——冯惠．六届六中全会与马克思主义中国化［J］．毛泽东邓小平理论研究，1999（2）．新中国成立初期编辑《毛泽东选集》的时候，毛泽东把"马克思主义中国化"的提法，改成"使马克思主义在中国具体化"。毛泽东选集：第 2 卷［M］．北京：人民出版社，1991：534. 这种改动实质上是当时一种策略上的需要，并没有改变其思想实质。尽管毛泽东以后基本不提及马克思主义中国化，但马克思主义中国化的思维在其头脑中已经形成，马克思主义中国化在中国也已经开花结果，形成了具有马克思主义性质的又具有中国民族性质的毛泽东思想。

② 刘伟．解读"马克思主义中国化"［J］．渭南师范学院学报，2007（3）．

③ 鲁振祥．论党对马克思主义中国化的重要贡献———兼述历史上"马克思主义中国化"概念的使用［J］．党的文献，2005（3）．

则就不能称之为马克思主义，更谈不上“中国化”。但是，中国革命、改革和建设的实践一再告诫我们，我们要坚持的是原典马克思主义的基本原理、完整体系和科学方法论，而不是只言片语，不是具体的结论。我们“不应当只是学习马克思列宁主义的词句，而应当把它当成革命的科学来学习。不但应当了解马克思、恩格斯、列宁、斯大林他们研究广泛的真实生活和革命经验所得出的关于一般规律的结论，而且应当学习他们观察问题和解决问题的立场和方法”。①

2. 马克思主义中国化是立足于中国国情的马克思主义，是马克思主义在中国的具体化、时代化和民族化。马克思主义在中国的具体化，就是只有将马克思主义基本原理与中国具体实践相结合，找到中国具体实际的特点和规律，形成新的理论，才能直接指导中国革命、建设和改革的具体实践。马克思主义中国化不是关起门来搞纯粹的理论研究，而是运用马克思主义的立场、观点和方法来解决中国的实际问题。

马克思主义在中国的民族化，即应赋予马克思主义民族特点，在中国获得民族的表现形式，具有中国作风和中国气派。从内容上看，马克思主义中国化就是运用马克思主义立场、观点和方法，解决中国革命、改革和建设的问题，总结和概括中国人民的实践经验，揭示中国革命、改革与建设发展的客观规律，丰富和发展马克思主义理论体系；在形式上，马克思主义中国化就是把马克思主义从欧洲的语言变成中国的民族语言，运用中国人民所喜闻乐见的民族语言，深入浅出地阐述马克思主义的基本原理，阐明中国革命、改革和建设的理论②。正如毛泽东所指出的，“马克思主义必须通过民族形式才能实现……洋八股必须废止，空洞抽象的调头必须少唱，教条主义必须休息，而代之以新鲜活泼的，为中国老百姓所喜闻乐见的中国作风和中国气派”③。

马克思主义在中国的时代化，即马克思主义要与时俱进。不同的时代背景，必然会提出不同的时代课题和历史任务。马克思主义诞生的时代与我们今天所处的时代之间存在着时间距离，这就意味着马克思主义必须随着时代的变迁而不断发展进步。因此，马克思主义中国化必定是一个与时俱进、不断创新和发展的动态历史过程。

在马克思主义中国化的演进历程中，围绕着中国革命、建设与发展的基本

① 毛泽东．毛泽东选集：第2卷［M］．北京：人民出版社，1991：533.

② 汪青松．马克思主义中国化与中国化的马克思主义［M］．北京：中国社会科学出版社，2004：3.

③ 毛泽东．论新阶段［M］//中央档案馆．中共中央文件选集（第11册），北京：中共中央党校出版社，1991：658－659.

问题，我们党实现了两次历史性飞跃，形成两大理论成果，即毛泽东思想和包括邓小平理论、“三个代表”重要思想、科学发展观和习近平新时代中国特色社会主义思想等一系列科学理论在内的中国特色社会主义理论体系。

通过前述简要的分析，“马克思主义中国化”的命题，从发生学的意义上看是成立的，因为马克思主义中国化的提出，既是马克思主义理论自身的逻辑结果，也是中国共产党对经验教训的总结，是中国革命和实践的迫切需要。另外，在事实上也存在马克思主义与中国实际相结合这样一个实践与理论的历史发展进程。总之，尽管人们对马克思主义如何中国化、怎样才算马克思主义中国化有多种多样的理解，但有一点是形成共识的，即马克思主义中国化要运用马克思主义解决中国的问题。对此命题的论证，马克思主义理论研究领域和哲学界有大量的研究成果，在此不再赘述。

（二）马克思主义法学理论中国化是马克思主义系统地中国化的组成部分

马克思主义中国化命题的成立并形成共识，也就意味着马克思主义法学理论中国化的命题是成立的，是可以论证的。马克思主义法学理论的中国化与马克思主义中国化的关系，是整体与部分的关系，是马克思主义系统地中国化的组成部分和逻辑必然，两者在发展的历程和路径上是一致的。

1. 马克思主义的系统中国化

马克思主义中国化不是空洞的，而是一个内涵十分丰富的命题。马克思主义中国化包含马克思主义不断中国化和系统地中国化两个方面。所谓马克思主义不断地中国化是从时间维度上讲的①。所谓马克思主义系统地中国化是从空间维度上讲的。“马克思主义系统地中国化”的概念是刘少奇首先提出的，其含义是指“要用马克思主义的立场与方法来解决现代中国革命中的各种问题②”。

马克思主义是百科全书式的学说，是一个体系化的马克思主义。虽然马克思主义的主要部分是由马克思主义哲学、政治经济学和科学社会主义所构成，但马克思主义并不仅仅局限于这三个组成部分，马克思主义还包括政治学、法学、军事学、社会学、伦理学、历史学、文化学、教育学、人类学等。所以，

---

① 马克思主义不断地中国化所强调的是，中国共产党用马克思主义来指导中国的革命和建设是一个不能停止的过程，即马克思主义中国化是一个历史的过程，马克思主义在中国必须要与时俱进，必须要不断地发展。

② 刘少奇．刘少奇选集（上卷）［M］．北京：人民出版社，1981：335.

“马克思主义不只是三个组成部分，而应是十几个组成部分。”① 不仅如此，就马克思主义各个组成部分之间的关系而言，有学者认为它们之间的关系应该是“一个核心（社会主义学）、两个基础（哲学、政治经济学）、十几个周围部分（政治学、法学、军事学等）”②。不管对于这种关系圈的划分，人们是否同意，但毫无疑义，马克思主义的内容体系非常丰富而且诸学科之间是有着非常紧密的联系。

中国共产党在领导中国人民进行新民主主义革命、社会主义革命和建设以及在改革开放的过程中，不仅要用马克思主义指导中国革命的具体实践，而且还要用系统化的马克思主义指导社会主义革命和建设时期的经济、政治、文化、社会发展、生态文明、政党建设等治国理政方面的很多具体问题。在用系统化的马克思主义指导中国革命、社会主义革命和建设的过程中，实现了马克思主义系统地中国化。马克思主义系统地中国化特别强调一个国家的具体实践的多方面性，提倡在用马克思主义基本原理指导一个国家具体实践的过程中，要将马克思主义与中国各个领域的具体实践相结合，即与政治实践、经济实践、文化实践、法律实践、军事实践等相结合。

因此，所谓的马克思主义中国化，它涉及的内容应是极为丰富和多层面的。在马克思主义中国化研究过程中，已经出现多种不同学科、从不同的视角进行研究的现象，如马克思主义哲学中国化的研究、马克思主义经济学中国化的研究、科学社会主义中国化的研究等③。不仅如此，“文学、语言学、历史学、法学、社会学、新闻学、教育学等学科的学者也纷纷投身于马克思主义中国化研究，并取得了一批有特色的成果，从而使马克思主义中国化研究呈现出多学科联合攻关的局面”④。使马克思主义中国化研究开始从一般领域走向具体领域，

---

① 高放．马克思主义与社会主义［M］．黑龙江教育出版社，1994：275－286.

② 高放．马克思主义确有三个组成部分［J］．中共银川市委党校学报，2005（1）．

③ “马克思主义哲学中国化”的命题的提出早于“马克思主义中国化”，从现在所见的文字材料看，艾思奇是“马克思主义哲学中国化”的首创者。许全兴．毛泽东与孔夫子——马克思主义中国化个案研究［M］．北京：人民出版社，2003：231；关于马克思主义经济学中国化、科学社会主义中国化的研究，近几年来也是热点，《学术月刊》2008 年第 3 期即发表了系列的马克思主义经济学中国化研究成果，内容涉及到马克思主义经济学中国化的发展轨迹、基本特征、集中表现和意义；其它刊物也开始发表这方面的研究成果。科学社会主义中国化也是如此，如董四代著有《科学社会主义中国化的文化解读》，天津人民出版社，2007 年版，另外，期刊网搜索显示：1998 年到 2016 年，共有 49 篇以“马克思主义经济学中国化”为题目的研究成果；1987 年到 2017 年，以“科学社会主义中国化”为题目的研究成果有 25 篇。

④ 汪信砚．新世纪马克思主义中国化研究述评［J］．马克思主义研究，2008（3）．

从主义一体化走向学科专业化。法学界提出的马克思主义法学理论中国化的研究就是在遵循这种理路下而提出的。

2. 马克思主义法学理论中国化是马克思主义系统地中国化的逻辑必然

马克思主义法学理论中国化是马克思主义系统地中国化的逻辑必然。在马克思主义的经典著作中，有大量的法学著作，总数在千篇以上。毫无疑问，在马克思主义理论体系中，也必然包含着大量的法学理论，成为马克思主义的重要组成部分。

有学者经过分析认为："《马克思恩格斯全集》中，有将近一半的著作涉及法律问题，有数十篇关于法学的专论和主要论述法律的著作。尤其是第一卷，在收集马克思的十六篇论文中，便有7篇是法学专论。"① 的确，在马克思那里有很多著名的法学作品，如《评普鲁士最近的书报检查令》《关于林木盗窃法的辩论》《黑格尔法哲学批判》《1844年的经济学哲学手稿》，马克思与恩格斯合写的第一部作品《神圣家族》，马克思的《关于费尔巴哈提纲》，马克思、恩格斯合写的《德意志意识形态》，马克思的《资本论》等大量的法学著作。马克思、恩格斯的法律思想就包含在马克思、恩格斯的这些著作当中②。同样，列宁在领导俄国革命的过程中，也形成了列宁的法律思想，③ 而这些法律思想本身是马克思列宁主义的重要内容，我们称其为马克思主义经典作家的法律思想。马克思主义法学理论中国化与马克思主义中国化之间的关系，表现在以下三个方面。

第一，部分和整体的关系。在马克思主义系统地中国化的过程中，法学领域也发生了马克思主义中国化现象，中国共产党人开始用马克思主义法学理论来指导中国革命、社会主义革命和建设以及改革开放时期的具体法治建设实践，由此发生了马克思主义法学理论中国化的现象。这种发生在法学领域的马克思主义中国化现象，是马克思主义系统地中国化的必然，是马克思主义中国化的

① 李龙．坚持马克思主义法学发展马克思主义法学——评"马克思主义法学否定论"[J]．法学评论，1989（6）．

② 关于马克思、恩格斯的法律思想——公丕祥．马克思的法哲学革命［M］．杭州：浙江人民出版社，1987；公丕祥．马克思法哲学思想述论［M］．郑州：河南人民出版社，1992；李光灿，吕世伦．马克思、恩格斯法律思想史［M］．北京：法律出版社，2001.

③ 关于列宁的法律思想，笔者不再具体阐述，请参见：吕世伦．列宁法律思想史［M］．北京：法律出版社，2000；龚廷泰．列宁法律思想研究［M］．南京：南京师范大学出版社，2000.

重要内容①。马克思主义法学理论中国化与马克思主义哲学、经济学等其他学科的中国化一样，都是马克思主义中国化的重要组成部分。通过以上分析，可以发现，马克思主义法学理论中国化与马克思主义中国化之间，是部分与整体的关系。

第二，相同的发展历程。马克思主义法学理论中国化与马克思主义中国化之间，两者具有相同的历史进程。马克思主义法学理论中国化发生在马克思主义中国化的过程之中，从发展历程来看，把马克思列宁主义基本原理同中国具体实际紧密结合，形成了中国化的马克思主义两大理论成果，即毛泽东思想和中国特色社会主义理论体系。在这两大理论成果中，都包含着内容丰富的法学理论成果。

第三，路经的一致性。从逻辑关系的角度讲，马克思主义法学理论中国化与马克思主义中国化作为部分和整体的关系，两者实现的路径是一致的。马克思主义法学理论中国化的路径本身就是马克思主义中国化路经的重要内容。马克思主义法学理论中国化作为马克思主义系统地中国化现象，是法学领域的马克思主义中国化，但在路经的内容上，比马克思主义中国化路经的内容更具体更具有针对性。

二、马克思主义法学理论中国化命题的名称、概念辨析

目前，我国法学界在进行马克思主义法学理论中国化的研究中，在概念的使用和表述上并不统一。通过对已有的研究成果（包括学术会议、研究项目、专著和论文）的学术梳理，法学界在研究这个问题的过程中，使用频率较高的

① 很多学者都持有这种看法。付子堂教授、田克勤教授和李婧副教授等一些学者都持有这样的观点。——付子堂．马克思主义法律思想中国化的三条经验［N］．人民日报，2008－07－23；李婧，田克勤．马克思主义法律思想中国化的历史进程及其经验启示——基于中国特色法律体系构建的视角［J］．马克思主义研究，2009（9）；蒋传光，张波．马克思主义法律思想中国化的哲学路径探析［J］．毛泽东邓小平理论研究，2009（6）．

概念主要有“法律思想中国化”①“法学理论中国化”②“法学中国化”③，还有些学者使用“法学原理中国化”④“法理学中国化”⑤“法哲学中国化”⑥等概念。

这些概念之间有无差别，内涵有何不同，涉及马克思主义法学理论中国化

---

① 以“马克思主义法律思想中国化”为主题召开的学术研讨会有两次，第一次会议于2008年4月12日至13日在西南政法大学召开，主题为“马克思主义法律思想中国化学术研讨会暨第四届全国法理学博士生论坛”。第二次会议于2009年11月20日到22日在上海师范大学召开，主题为“马克思主义法律思想中国化问题研究”学术研讨会。相关的社科研究项目主要有，2006年西南政法大学付子堂教授主持的“马克思主义法律思想的中国化及其在当代中国的新发展”项目，获准为教育部人文社会科学重点研究基地重大项目。主要论文有：付子堂：《马克思主义法律思想中国化研究论纲——写在〈现代法学〉首任主编黎国智教授80寿辰之际》，《现代法学》2007年第5期；付子堂：《马克思主义法律思想中国化的三条经验》，《人民日报》2008年7月23日；李婧、田克勤：《马克思主义法律思想中国化的历史进程及其经验启示——基于中国特色法律体系构建的视角》，《马克思主义研究》2009年第9期；蒋传光：《马克思主义法律思想的中国化及其在当代中国的新发展》，《上海师范大学学报》2007年第4期等。

② 关于“马克思主义法学理论中国化”研究的社科项目主要有，2007年上海师范大学蒋传光教授主持的“马克思主义法学理论在当代中国的新发展”项目，被批准为2007年国家社会科学基金规划项目；2010年由西南政法大学校长付子堂教授主持的“马克思主义法学理论中国化、时代化和大众化研究”项目，被批准为国家社会科学基金重点项目等。

③ 关于“马克思主义法学中国化”的研究项目有，2009年由徐州师范大学法政学院张波副教授主持的“马克思主义法学中国化基本问题研究”项目，被批准为中国法学会部级研究项目。发表的论文主要有：李龙：《“马克思主义法学中国化”与法学的创新》，《武汉大学学报》（人文科学版）2005年第4期。李龙、魏腊云：《人本法律观：马克思主义法学中国化的重要成果》，《湘潭大学学报》（哲学社会科学版）2007年第2期。李龙：《马克思主义法学中国化的光辉历程——兼论社会主义法治理念的历史地位》，《政治与法律》2008年第1期。张文显主编：《法理学》，高等教育出版社、北京大学出版社，2007：48－60页。公丕祥：《马克思主义法学中国化进程概览》，《法制现代化研究》2007年第11卷。徐亚文：《“马克思主义法学中国化”与当代中国的社会主义法治精神》，《武汉大学学报》（人文科学版）2005年第7期。冉井富：《关于马克思主义法学中国化的几点看法》，《学海》2007年第4期；马治国：《马克思主义法学的中国化——马克思主义法学对中国特色社会主义法制建设的指导地位》，《中国特色社会主义研究》2008年第5期；林国强：《邓小平与马克思主义法学中国化》，《中共银川市委党校学报》2007年第1期。权小虎：《马克思主义法学中国化的法制实践——略论中共三代领导核心的刑法思想》，《新西部》2008年第8期等。

④ 孙国华，龚刚强．“科学、民主、人权、法治”的中国之路探索与理论精髓——马克思主义法学原理中国化六十年［J］．法学杂志，2009（10）．

⑤ 周世中．马克思主义法理学的中国化及其进程［J］．山东社会科学，2006（10）．

⑥ 文正邦．马克思主义法哲学中国化研究论纲［J］．法治研究，2008（9）．

的对象和主体问题。概念是对认识对象特有属性的反映。概念使用上的不统一，反映出对该问题研究的模糊性，直接影响着对马克思主义法学中国化的对象和主体的理解和认识。因此有必要对这些问题进行辨析和厘清。

（一）关于马克思主义法学理论中国化的对象

在上述概念的使用中，从目前关于马克思主义法学理论中国化研究的成果来看，学者们并没有进行严格的区分和界定。由此可见，上述不同的概念的使用可能仅仅是研究者视域上和表述上的差异，在内容上并无实质性的区别。但本书认为，对马克思主义法学理论中国化的研究，应进一步提炼，归纳出共识性的概念，以更好地指导法学领域的马克思主义中国化问题研究。

为了准确地理解马克思主义法学理论中国化的命题，科学界定马克思主义法学理论中国化的对象，我们不妨对目前在马克思主义法学理论中国化研究中所使用概念的内涵，做一简单的比较和分析。

1. 马克思主义法律思想。思想也称“观念”，是相对于感觉、印象的一种认识成果，属于理性认识。它既包括正确的思想，也包括不正确的思想。法律思想一般指人们对法律现象的认识、观念、理论和学说。它既包括正确的法律思想，也包括不正确的法律思想。马克思主义法律思想则是指，马克思、恩格斯、列宁等马克思主义经典作家们对法律现象的认识、观念、理论和学说。在马克思主义经典作家的法律思想中，既包括成熟时期的马克思、恩格斯、列宁等人的法律思想，也包括马克思早期的非马克思主义法律思想①；既有具有普遍指导意义的根本原理，也有针对特殊问题所作出的、具体时代局限性的结论；既有正确的、科学的的内容，也有不正确、不够科学和全面的内容。从创立的主体看，马克思主义法律思想体系创立的主体，主要是马克思、恩格斯、列宁等马克思主义的经典作家们。对马克思主义法律思想进行研究，应当是对全部法律思想进行研究，以展示马克思主义法律思想的全貌。

2. 马克思主义法理学或马克思主义法哲学。法理学是将各种形式的法抽象为一般的法，然后研究它的共同原理、普遍原则、基本范畴、功能作用、发展规律、本质和精神、内外部关系及其价值取向等。因此，法理学是研究法的一般理论、基础理论和方法论等基本原理及其最一般规律的法学分支学科。在西方国家，法理学经常与法哲学通用。法理学通常认为是与法哲学大体相当又略有区别的一门学科。两者的区别在于，有些时候两者的研究对象有不同的侧重，

① 付子堂．马克思主义法律思想研究［M］．北京：高等教育出版社，2005：7－22；公丕祥．马克思的法哲学革命［M］．杭州：浙江人民出版社，1987.

法哲学着重研究法的哲理意义上的问题，法理学则着重研究实在法的各种现象及其本质以及法的发展规律。在我国，有的学者认为，法理学与法哲学应当分开，“在‘法理学’之外，还应当有一个‘法哲学’”，两者应当是并列关系①。也有学者在层次划分的意义上，把法理学理解为初级的比较具体的法理学，而把法哲学理解为高级的（较深层次的）更为抽象的法学理论。但一般都把法哲学与法理学作为两个交互使用并可以互相代替的概念。其内容是一元的，不是二元的②。

在概念上，我们这里也将马克思主义法理学与马克思主义法哲学不再作严格意义上的区分，将两者统称为“马克思主义法理学”。根据上述概念分析，马克思主义法理学就是研究法的一般理论、基础理论和方法论等基本原理及其最一般规律的一门学科。

但我们通过研读马克思主义的经典著作可以发现，马克思主义法律思想中（关于法的各种论述和认识中）不仅包括法学基础理论（法理学）的内容，也包括部门法学的一些重要原理。具体而言，就如有的学者概括的，包括三个层次：“第一个层次是与形形色色的唯心主义法律观相对立的历史唯物主义法律观，其核心是经济决定法律，法律又反作用于经济，法律与上层建筑其他部分交互作用的根本原理，这是马克思主义法学的理论基础；第二个层次是与一切剥削阶级法学根本不同的、代表工人阶级和劳动群众利益的马克思主义的法理学，即建立在历史唯物主义的基础上的法律起源论、法律本质论、法律职能论、法律价值论、法的运动规律论、法制工程论等，这是马克思主义法学的主干；第三个层次是马克思主义的部门法思想。”③ 由此可见，马克思主义法理学的概念则显得狭窄了一些，不能涵盖马克思主义法律思想中（关于法的各种论述和认识）的全部内容。

3. 马克思主义法学理论和马克思主义法学原理。这里使用的法学理论概念，是基于原典的马克思主义理论中关于法律的相关论述而概括的，其外延大于法理学小于法学，介于法理学和法学之间。据此，马克思主义法学理论的内容既包括前述马克思主义法律思想中法理学的内容，也包括其中的部门法学的一些重要原理，即部门法理学。与前述马克思主义法律思想创立的主体相比较而言，

① 参见李步云为《法理学与部门法哲学理论研究》一书所写的序。孙育玮，齐延平，姚建宗．法理学与部门法哲学理论研究［M］．上海：上海人民出版社，2008.

② 张文显．二十世纪西方法哲学思潮研究［M］．北京：法律出版社，1996：2－6.

③ 付子堂．马克思主义法律思想研究［M］．北京：高等教育出版社，2005：249.

马克思主义法学理论的创立主体，除了马克思、恩格斯、列宁等马克思主义经典作家之外，还包括专门的法学家和其他法学研究人员，他们中的一些人也用马克思主义的立场、观点和方法来研究和解读马克思主义法律思想，使之成为系统化的理论，构建了马克思主义法学理论体系。这种解读必须忠实于马克思主义法律思想的原意，不能任意解读甚至曲解，更不能添加任何非马克思主义的东西。此外，马克思主义法学理论体系构建的依据，主要是马克思主义经典作家成熟时期的马克思、恩格斯、列宁等人的法律思想，不包括马克思早期的非马克思主义法律思想。

关于马克思主义法学原理。原理通常指科学的某一领域或部门中具有普遍意义的基本理论。从原理出发可以推演出各种具体的定理、命题等，从而对进一步实践起指导作用。马克思主义法学原理可以被包含在马克思主义法学理论之中。

4. 马克思主义法学。这里的“马克思主义法学”概念，不是一般意义上在马克思主义指导下建构的马克思主义法学，而是指原典的马克思主义法学。按照现在的解释，法学是以一切法律现象及其发展规律为研究对象的一门社会科学。而“马克思主义法学”的概念与现代意义上的“法学”概念显然不能完全等同。它是用法学的视角和研究方法解读马克思主义关于法律的相关论述。在研究的对象和创立的主体上，上述关于马克思主义法学理论的解析，完全适用于马克思主义法学。

通过上述对目前法学界所使用的各种概念的分析比较，本文认为使用“马克思主义法学理论中国化”的概念更为准确，为了与其他学科，诸如马克思主义哲学中国化、马克思主义经济学中国化等学科相对应，使用“马克思主义法学中国化”的概念似乎更为恰当。但这里的“马克思主义法学”主要指马克思主义的法学理论，即包括马克思主义法理学，也包括马克思主义部门法理论。由此可见，“马克思主义法学中国化”与“马克思主义法学理论中国化”这两个概念和表述方式，是可以交互使用或者说是可以互相替代和通用的。在使用“马克思主义法学中国化”的这一概念或表述方式时，在研究对象上，一般可理解为就是指“马克思主义法学理论中国化”。

（二）关于马克思主义法学理论中国化的主体

根据前文分析，马克思主义在法学领域的中国化，其对象就是马克思主义法学或马克思主义法学理论的中国化。在明晰了马克思主义法学理论中国化的对象之后，还必须进一步搞清马克思主义法学理论中国化的主体范围问题。从目前的马克思主义法学理论中国化研究的现状来看，研究马克思主义法学理论中国化问题的学者，往往都仅仅局限于研究党和国家领导人著作和党的各种文献中涉及的法学理论问题。事实上，法学界的很多学者在马克思主义法学理论中国化过程中也做出了重要贡献，从学术的领域推动了马克思主义法学理论中国化，丰富和发展了马克思主义法学理论体系。学术界的马克思主义法学理论中国化也不是书斋中的活动，也是发生在中国的具体革命和建设的实践过程中，发生在用马克思主义法学理论指导中国民主法制和社会主义法治国家建设的过程中，在这个过程中获得新认识，然后再回到实践，在实践中而不断发展创新的。对此，目前在已有的一些研究成果中缺乏严格区分。

有学者提出，在分析马克思主义中国化现象过程中，应将马克思主义中国化区分为政治层面的中国化和学术层面的中国化。政治层面的马克思主义中国化，主要是指用马克思主义的立场、观点和方法来解决中国革命和建设过程中遇到的实际问题和理论问题，形成指导中国革命和建设的新的理论、路线、方针和政策，这个工作主要由党中央领导集体做的。学术层面的中国化是指哲学、政治经济学等学科的中国化，形成具有中国特点的马克思主义哲学、政治经济学等，是由学者和理论家来做的。① 这种观点实际上界定了马克思主义中国化的主体范围，包括两部分群体，一是中国共产党领导集体，二是从事马克思主义研究的专家学者。

这种关于马克思主义中国化主体的分类，对马克思主义法学理论中国化也同样适用。就马克思主义法学理论中国化的主体而言，马克思主义法学理论中国化主要是指中国共产党、中国的马克思主义革命家、法学家和学者，在马克思主义世界观和方法论的指导下，在实践马克思主义法学理论的过程中，丰富和发展了马克思主义法学理论，并对这种理论进行不断的概括总结，形成了中国化的马克思主义法学理论体系。在马克思主义法学理论中国化的过程中，第一个群体的理论贡献，主要体现在中国共产党领导人的各类讲话、党的各类文献中针对民主法制建设、社会主义法治国家建设和法学理论研究的理论观点和学说。这些理论观点和学说，一方面指导中国不同时期的民主法制建设、社会主义法治国家建设，另一方面在实践中丰富了马克思主义的法学理论体系。第二个群体的理论贡献，主要体现在从事马克思主义法学理论研究的专家学者，以马克思主义理论为基础，构建了中国化的马克思主义法学理论体系，促进了

① 许全兴．毛泽东与孔夫子——马克思中国化个案研究［M］．北京：人民出版社，2003：278－280.

中国化的马克思主义法学理论的体系化、科学化和学科化。

三、马克思主义法学理论如何“中国化”及中国化的理论成果

马克思主义法学理论中国化命题的一个关键词就是“化”，“化”中隐含着马克思主义法学理论中国化的路径和结果问题。从现有关于马克思主义法学理论中国化路径的研究情况来看，法学界对这个问题的研究虽然有一些成果①，但总的来说，学界对马克思主义法学理论中国化路径问题的研究尚不系统，尚不完整。另外，对马克思主义法学理论中国化成果的研究仅限于对不同时期党和国家领导人法律思想的总结，对中国化的马克思主义法学理论体系的概括总结还不够。

前文已探讨了马克思主义法学理论中国化的对象和主体问题，那么，马克思主义法学理论是如何“中国化”的以及“中国化”的结果是什么，即马克思主义法学理论是通过何种途径或方法形成中国化的马克思主义法学理论成果的，这个成果的理论体系是什么，也是马克思主义法学理论中国化研究必须搞清的问题。

（一）马克思主义法学理论中国化的路径

马克思主义法学理论中国化，就是通过将马克思主义法学的基本原理同中国革命与建设、特别是同中国的社会主义法治国家建设实践紧密结合、通过将马克思主义法学理论与中国传统法律文化中的优秀成分相结合，辩证地吸收西方先进的法律文化而完成的。

从毛泽东关于马克思主义中国化命题的提出到学术界对马克思主义中国化的内涵、价值和意义的理解，马克思主义如何“中国化”，其路径表现在两个方面，第一个是马克思主义和中国具体的革命实践相结合的实践层面，第二个是马克思主义在与中国革命实践相结合过程中，还必须要与中国历史和中国文化

---

① 如有的学者提出，马克思主义法学中国化应走“实践主导模式”之路——付子堂．马克思主义法律思想中国化研究论纲——写在《现代法学》首任主编黎国智教授 80 寿辰之际［J］．现代法学，2007（5）；有的学者以中国马克思主义法制思想为对象，分析其形成过程，认为中国马克思主义法制思想“是中国共产党人把马克思主义基本原理与中国实际相结合，在长期的革命斗争和社会主义民主法制建设实践中，运用马克思列宁主义法学原理指导中国法理论和法实践，并不断总结正反两方面的经验教训所逐步形成的”；——沈志先．中国马克思主义法制思想研究［M］．上海：上海社会科学院出版社，2001：1；此外，还有一些学者认为马克思主义法学理论的中国化，是伴随着马克思主义中国化的进程而实现的，却缺少对马克思主义法学理论中国化实现路径的具体分析。

等相结合的文化层面①。马克思主义法学理论中国化与马克思主义中国化的路径是一致的，具体而言，也存在着两个层面，即马克思主义法学理论与中国具体实践相结合、走实践主导模式的实践层面；马克思主义法学理论与中国传统文化相结合、走文化扬弃的文化层面。

1. 马克思主义法学理论中国化路径的实践层面

在马克思主义法学理论中国化的过程中，以毛泽东为核心的党的第一代领导集体非常注重从实践出发推动马克思主义法学理论中国化的进程。

从中共第一代领导集体对法律问题的分析，可以反映出新中国成立初期法学发展的实践路径，即反对公式的马克思主义法学理论、主张将马克思主义法学基本原理与中国革命实践相结合，遵循从具体实践中发现问题、在具体实践中发展马克思主义法学理论、靠实践检验马克思主义法学理论、靠实践推动马克思主义法学理论发展的路径。正是由于遵循这一实践路径，在马克思主义法学理论中国化的初始历程中，就形成了以新民主主义宪政理论、人民民主法制理论、人民民主专政理论、人民代表大会制度理论、刑法学等部门法理论为内容的毛泽东思想法学理论②。所以，就毛泽东思想法学理论的形成而言，它不是对马克思主义法学理论的简单照搬复制，而是根据中国具体法律革命实践的需要，将马克思主义法学基本理论与中国具体法律革命实践相结合，不是走理论主导模式，而是走实践主导模式，在中国具体的法律革命实践的探索中逐步形成的。

---

① 这种观点获得越来越多的学者的认同。很多学者在马克思主义中国化的路径问题上都强调两个方面的结合，一方面是强调马克思主义基本原理同中国革命和建设的具体实践相结合，另一方面强调将马克思主义与中华历史、中国文化相结合。相应的观点．田广清．中国化的马克思主义与儒家思想［M］//崔龙水，马振铎．马克思主义与儒学．北京：当代中国出版社，1996：82；汪信砚．视野、论域、方法——马克思主义哲学中国化研究中的三个方法论问题［J］．哲学研究，2003（12）；许全兴．全面准确地理解马克思主义中国化的内涵［M］．毛泽东邓小平理论研究，2006（4）；许全兴．毛泽东孔夫子——马克思主义中国化个案研究［M］．北京：人民出版社，2003：229；郭建宁．马克思主义中国化的文化解读［J］．北京行政学院学报，2007（1）；张瑞堂．对马克思主义中国化的文化反思［J］．广西社会科学，2003（8）．

② 在1984年6月中国法学会召开的“全国毛泽东思想法学理论讨论会”上，与会学者提出了“毛泽东思想法学理论”和“毛泽东同志法学理论”两个概念。这次会议不仅澄清了“毛泽东思想法学理论”和“毛泽东同志法学理论”这两个范畴的区别，还“肯定了毛泽东思想法学理论确实存在”，形成了毛泽东思想法学理论的概念、梳理了毛泽东思想法学理论的内容、肯定了“毛泽东思想对马克思主义法学的贡献。”——毛泽东思想法学理论论文选［M］．北京：法律出版社，1985：7－8；张文显．法理学［M］．北京：北京大学出版社，2007：48.

邓小平法制思想是马克思主义法学理论中国化的第二大理论创新成果。邓小平法制思想的形成是与社会主义建设实践密切联系在一起的。邓小平作为中共第二代领导集体的核心，对社会主义法制实践的反思，从内容上讲，最具体，从认识上讲，也最深刻。首先，邓小平通过对建国以来的社会主义法治建设的曲折过程进行反思，特别是对“文化大革命”中破坏社会主义法治进行反思后，明确宣布：“我们坚持发展民主和法制，这是我们党坚定不移的方针。”① 其次，针对党内不熟悉和不懂得法律规律、不尊重法律、不知道如何使用法律的现象，邓小平明确提出：“我们要学会使用和用好法律武器。”② 从此，法的重要性和价值得到强调，人们解放了思想，重新认识了法律。再次，针对以往大民主的做法和群众运动带来的消极后果，邓小平明确指出，民主和法制建设一定要有步骤，有领导，否则，只能助长动乱，也只能妨碍民主和法制。最后，针对群众法律意识缺失、法制教育落后的状况，邓小平从实际出发明确地提出要大力加强法制教育，号召在全体人民中树立法制观念。不仅如此，邓小平还在实践中探索出废除领导干部职务终身制的办法、在实践中探索出“一国两制”的法律制度框架、将法制与社会主义紧密结合，形成了社会主义法制体系，产生并形成了系统的邓小平法制思想，从而创造性地发展了马克思主义法学理论，对马克思主义法理学和部门法学都做出了重要理论贡献。③

中共十三届四中全会以来，中共第三代领导集体，在邓小平法制思想的基础上，通过实践探索，围绕依法治国，建设社会主义法治国家这个主题，逐步形成了丰富而深刻的社会主义法治理论。

依法治国，建设社会主义法治国家的治国方略，作为马克思主义法学理论中国化的理论成果，也是在实践的探索中形成的。以社会主义法治取代人治，是以邓小平为核心的第二代中央领导集体的杰出贡献。“文化大革命”的教训，使人们深切体会到社会主义法治的重要性。尽管中共十一届三中全会以后，已经提出了要加强社会主义民主法制建设，但依法治国、建设社会主义法治国家并未真正受到人们的重视。这一观念真正被人们普遍接受是在建立社会主义市场经济体制的目标被提出以后。在这样的背景下，中国共产党第三代领导集体，从中国共产党的事业和民族利益出发，明确提出了在中国共产党的领导下，“进

---

① 邓小平文选：第2卷［M］. 北京：人民出版社，1994：256－257.

② 邓小平文选：第2卷［M］. 北京：人民出版社，1994：253.

③ 邓小平对马克思主义法理学和部门法学做出的理论贡献，笔者曾有详细的阐释——蒋传光. 邓小平法制思想概论［M］. 北京：人民出版社，2009.

一步扩大社会主义民主，健全社会主义法制，依法治国，建设社会主义法治国家"①，在理论与实践上，确立了中国共产党从主要依靠政策执政和领导改革开放转变到主要依靠法律执政和领导改革开放及现代化建设的指导思想。

从"法制"到"法治"的转变。这一转变是马克思主义法学理论中国化的又一新的里程碑。从"法制国家"到"法治国家"，虽只是一字之别，但它反映了治国方略的质的飞跃，是一次伟大的观念的转变，标志着中国不仅要加强法制建设，而且要从治国方式上彻底摒弃传统的"人治"，毫不动摇地沿着法治之路前进。因此，中共第三代领导集体的法治理论的形成，不是从马克思、恩格斯、列宁等革命导师那儿搬抄过来的，而是在将马克思主义法学基本原理与中国社会主义建设的具体实践相结合的过程中逐渐形成的，是马克思主义法学基本原理运用到中国法治实践中的一种理论创新。

中共十六大以来，以胡锦涛为总书记的中央领导集体，在科学发展观的指导下，将马克思主义法学理论与中国的法治实践相结合，在认真总结中国法治建设实践经验和教训、借鉴世界法治文明优秀成果的基础上，形成了"以人为本的法律观""依法执政观""和谐法治观""法治理念观"和"民生法治观"等。如以人为本的法律观，使我们更好地理解文明社会法律发展的基本尺度，更好地理解建设社会主义法治国家的价值准则，深切地体会到在一个法治的社会里，法律不仅应该保障和促进公民的权利，而且要创造一个正常的社会生活条件，使个人的合法愿望和尊严能够在这些条件下实现②。再如，把依法执政确立为党执政的基本方式，这既反映了我党在领导与推进法治建设过程中的不断探索和深入思考，又反映了我党在新的历史条件下执政方式的制度创新。它突出表现了执政党在国家法治建设中的关键性、积极性、主动性和创造性。无论是依法治国还是依法行政，其核心、前提和关键都要求党的依法执政、依法治理。故此，党的依法执政理论的提出，对推进建设社会主义法治国家意义深远。依法执政反映了中国共产党执政、治国方略的历史演变，是党执政、治国成熟与明确的标志，是党执政现代化的标志。这些新的法学理论成果，是马克思主义法学理论在中国的又一新发展，从体系上讲，都是中国特色社会主义理论体系的重要组成部分，是中国化的马克思主义法学理论的重要内容。

此外，围绕依法治国、建设社会主义法治国家这一目标，中国共产党自十五大以来，对正确处理坚持党的领导、人民当家作主和依法治国之间的关系，

---

① 江泽民文选：第2卷［M］. 北京：人民出版社，2006：28.

② 张文显. 法理学［M］. 3版. 北京：北京大学出版社，2007：55－56.

社会主义市场经济与法治建设的关系，尊重和保障人权，依法治国的根本是依宪治国，和谐社会与法治的关系，完善立法与提高立法质量等问题，进行了全面阐释，继承并创造性地发展了邓小平法制思想，同时也进一步丰富了马克思主义的法学理论体系。

中共十八大以来，尤其是中共十八届三中全会、四中全会分别通过的《关于全面深化改革若干重大问题的决定》《关于全面推进依法治国若干重大问题的决定》和习近平关于全面推进依法治国的论述，针对改革开放新形势和社会转型期在社会主义法治国家建设中出现的各种现实问题，提出了关于依法治国的一系列具有理论创新的观点和一系列新举措，“依法治国开启新征程”①。

依法治国理论在新形势下的创新和发展主要表现为，自中共十八大以来一系列新概念、新表述被引入依法治国理论体系。如确立社会治理中的法治思维方式；把民主、文明、和谐、自由、平等、公正、法治、敬业、诚信等法律价值的要素纳入社会主义核心价值观；提出了法治中国统领下的法治国家、法治政府、法治社会一体建设；明确了全面推进依法治国的一系列理论问题，深刻阐明了党的领导和依法治国的关系；确立了全面推进依法治国的总目标；阐释了社会主义法治体系的内涵；强调“法安天下，德润人心”②，在国家和社会治理中法治与德治并重；突出和强调宪法在依法治国中的地位；确立良法之治，明确地方立法权限；做到重大改革于法有据；深入推进依法行政，加快建设法治政府；保证公正司法，提高司法公信力，“努力让人民群众在每一个司法案件中都能感受到公平正义”③；全面依法治国，必须抓住领导干部这个“关键少数”；构建中国特色社会主义法治理论的框架基础。

上述新观点、新举措和新的理论总结，是在新的历史时期对邓小平法制思想的继承和进一步的发展与创新，是马克思主义法学理论中国化的重要理论成果。新观点和新的理论总结，对全面推进依法治国，建设社会主义法治国家的实践将起到理论的引领作用；提出的一系列新思路和新举措，对加快建设社会主义法治国家，坚持和完善社会主义法律制度，推进国家治理体系和治理能力现代化，将起到促进作用。

---

① 中共中央关于制定国民经济和社会发展第十三个五年规划的建议［M］. 北京：人民出版社，2015：2.

② 坚持依法治国和以德治国相结合，推进国家治理体系和治理能力现代化［N］. 人民日报，2016-12-11.

③ 习近平. 在首都各界纪念现行宪法公布施行三十周年大会上的讲话［M］//中共中央文献研究. 十八大以来重要文献选编（上）. 北京：中央文献出版社，2014：91.

中国共产党选择马克思主义不是出于理论的冲动，而是出于中国革命的实践需求。换句话说，中国的革命实践需要马克思主义的指导，中国革命离不开马克思主义。同时，实践对理论的需求又可以具体细化为两个层面，一是实践需要理论，二是实践需要的是中国化的马克思主义和中国化的马克思主义法学理论，不需要教条式的马克思主义、教条式的马克思主义法学理论。相对于第一个层面而言，第二个层面更为重要，而马克思主义法学理论中国化的实践路径就隐含在这个理论与实践的关系之中，即实践需要理论，而理论必须在实践中得到检验，理论也只能在社会实践中得到发展。因此，实践对理论的需求是马克思主义法学理论中国化的真正动力。

2. 马克思主义法学理论中国化路径的文化层面①

把马克思主义法学理论与中国的历史文化和政治法律文化相结合，是马克思主义法学理论中国化的一个重要特色。

从马克思主义中国化的理论来看，马克思主义中国化的过程，也可以理解为马克思主义民族化的过程，而马克思主义民族化不仅要求将马克思主义与中国革命的具体实践相结合，而且也必然要求与中国传统文化相结合。从逻辑上讲，作为马克思主义中国化的重要组成部分，马克思主义法学理论中国化的过程，也是马克思主义法学理论的民族化过程。这种民族化过程同样意味着马克思主义法学理论必须与中国优秀传统法律文化相结合，以获得中国传统法律文化的认同、获得中华民族文化观念上的认同，并在认同中发展马克思主义法学理论，实现马克思主义法学理论的民族化。

不仅如此，马克思主义法学理论只有与中国传统的优秀法律文化结合，用民族化的语言表述出来，马克思主义法学理论才会在中国扎根发芽，才能成为中华民族法律文化的有机组成部分，产生持久的民族影响力。比如，在语言表述的转变上，从“缘法而治”到“法治国家”；从“民为邦本，法乃公器”到“以人为本”、依法治国和依法行政；从“法治主义”到“法大于天，法治天下”② 等，都是建立在民族优秀法律文化的基础之上而实现的。

在法律意识和法律制度的建构方面也是如此，党的几代中央领导集体非常注意文化的民族性格，比如，党的中央领导集体在选择依法治国的基本方略的

---

① 坚持中国特色社会主义法治之路，一个重要方面就是正确对待和重视本国法律文化资源的利用，对此，已成法学界的共识——蒋传光．新中国60年法制建设经验的总结与展望［J］．上海师范大学学报（哲学社会科学版），2009（6）．

② 温家宝总理同大学生谈法治：立法须公 执法须平［N］．法制日报，2009－12－04.

同时，还高度重视道德教化在社会控制方面的作用，形成道德教化和法律治理的双重社会控制机制；在重视法院诉讼裁决的同时，还高度重视调解在解决法律纠纷中的积极作用，形成诉讼和调解双重纠纷解决机制；在加快法律职业化步伐的同时，还借鉴吸收中国历史上的清官文化，培养官员的公正廉明、刚正不阿的优秀品质①。通过这种结合，逐渐增加马克思主义法学理论的民族性浓度，把马克思主义法学理论与中国传统法律文化有机地统一起来。

当然，民族化还意味着理论形态的民族化。马克思主义法学理论中国化也是一样，理论形态的民族化最为重要。从马克思主义法学理论中国化的理论形态来看，当下已经形成了民族化的理论成果，即中国化的马克思主义法学理论，包括毛泽东思想法学理论和中国特色社会主义法学理论。就这些理论成果而言，都是具有中国作风和中国气派的中国化的马克思主义法学理论，它们既来源于马克思、恩格斯、列宁等人的法学理论，也来源于中国历史文化中的传统法律思想，既具有马克思主义的属性又具有中国文化的属性。由此可见，马克思主义法学理论中国化必然要求将马克思主义法学理论与中国历史文化中的优秀法律文化相结合，从传统文化中汲取有益的营养，从而在语言、形式和内容上发生新的变化，形成具有中国民族特点和民族形式的中国化的马克思主义法学理论成果。

因此，所谓马克思主义法学理论中国化路径的文化主导层面的内涵，就是指在马克思主义法学理论中国化过程中，党的几代中央领导集体从马克思主义立场出发，通过直面中国历史文化传统，将马克思主义法学理论与中国历史文化传统相结合，一方面，吸收中国历史文化中的优秀法律思想资源；另一方面抛弃中国历史文化中的糟粕性的东西，使马克思主义法学理论具有了中国的民族之根，实现了马克思主义法学理论的民族化。

总之，马克思主义法学理论中国化的路径探讨就是要探讨如何“化”，即如何从马克思主义法学理论到中国化的马克思主义法学理论。显然，它离不开中国的革命和建设实践，同时也离不开中国的历史和文化。从马克思主义法学理论中国化理论成果的形成来看，当代中国的马克思主义法学理论不仅是马克思主义法学基本原理与中国具体的革命和建设相结合的产物，也是马克思主义法学理论与中国传统法律文化相结合的产物。社会主义革命和建设的具体实践构

① 毛泽东就非常欣赏马锡五创造的司法审判方式，因为这种审判方式的特点是从实际出发，重证据不重口供、实行审判和调解相结合、重视调解、实行便民的诉讼手续，等等。

成了当代中国的马克思主义法学理论的实践资源，而传统法律文化与马克思主义法学理论共同构成了当代中国的马克思主义法学理论的思想文化资源。当然，相对于理论资源而言，实践来源更重要，实践不仅是理论的检验尺度，而且归根到底，实践是理论的来源，就实践与法学理论之间的关系而言，“实践是法学的‘本’和‘源’”①。马克思主义法学理论中国化就是走实践主导模式和文化交汇中的文化扬弃之路。马克思主义法学理论中国化的理论成果也是遵循这种路径模式而产生和形成的。

（二）马克思主义法学理论中国化成果的理论体系

在马克思主义中国化的过程中，也实现了马克思主义法学理论的中国化，并形成了中国化的马克思主义法学理论体系。对此，在目前法学界从事马克思主义法学理论中国化研究的学者中已无大的分歧，并认为中国化的马克思主义法学理论成果，包括毛泽东法律思想和中国特色社会主义法学理论两个部分。中国特色社会主义法学理论的形成又包括四个阶段，即邓小平法制思想；十三届四中全会以来以江泽民为核心的第三代中央领导集体提出的依法治国、建设社会主义法治国家的战略思想；中共十六大以来以胡锦涛为总书记的党中央在科学发展观指导下，对依法治国理论的丰富和完善；中共十八大以来，尤其是十八届三中全会、四中全会分别通过的《关于全面深化改革若干重大问题的决定》《关于全面推进依法治国若干重大问题的决定》和习近平关于依法治国的新理念新思想新战略，对依法治国理论的创新和发展。

围绕上述内容，目前法学界对中国化的马克思主义法学理论的研究，已形成了较为丰硕的一系列成果。但综观已有的研究成果，尤其是对中国特色社会主义法学理论的研究，也存在一些不足，主要表现为，没有从理论体系上去把握当代中国马克思主义法学理论；在已有的研究中，存在以人为线的单一研究模式，较多的是用孤立的、语录式的堆砌去研究当代中国马克思主义法学理论，缺乏从理论体系上对中国化马克思主义法学理论成果的概括和提炼。

本文认为对中国化的马克思主义法学理论成果进行研究，不能仅仅停留在对领导人讲话的梳理层面，应对中华人民共和国成立后，尤其是对中共十一届三中全会以来，在当代中国马克思主义法学理论发展历程的基础上，结合领导人和党的文献中关于社会主义法治国家建设问题的论述，以及从事马克思主义法学理论研究学者的成果，对中国法治国家建设的实践经验进行认真的总结，

① 张文显．再论建构有中国特色的社会主义法学［J］．中国法学，1997（3）．

对中国化的马克思主义法学理论产生的过程、发展阶段及其理论成果，从不同方面进行概括和归纳；从理论体系上，从战略指导思想上，从精神实质的把握上，从理论与实践的结合上，对中国化的马克思主义法学理论体系的内涵和精髓，进行全面和系统地概括和总结。

中华人民共和国成立后，尤其是中共十一届三中全会以来，在探索建设社会主义法治国家的过程中，形成了较为系统的中国化的马克思主义法学理论体系，即中国特色社会主义法学理论体系。本书在吸收已有研究成果的基础上，认为对中国特色社会主义法学理论体系的内容，应从以下方面进行概括和总结。

第一，依法治国，建设社会主义法治国家；第二，坚持走中国特色社会主义法治之路；第三，树立社会主义法治理念；第四，建立完善的社会主义法律体系，促进法律实现；第五，中国特色社会主义宪法理论与实践的探索；第六，确立法治思维，发挥法律手段在维护社会秩序中的功能；第七，依法行政，完善权力约束机制；第八，建立完善的司法体制，促进社会公平正义的实现；第九，维护公民权利，依法保障人权；第十，提高公民法律意识，夯实依法治国的基础；第十一，“一国两制”与国家结构理论的创新；第十二，繁荣法学研究，为法治建设提供理论指导。

中国特色社会主义法学理论体系，是和马克思主义中国化第二次历史性飞跃的理论成果，即中国特色社会主义理论体系的形成密切结合在一起的。胡锦涛在中共十七大报告中指出：“改革开放以来我们取得的一切成绩和进步的根本原因，归结起来就是：开辟了中国特色社会主义道路，形成了中国特色社会主义理论体系。”“中国特色社会主义理论体系，就是包括邓小平理论、‘三个代表’重要思想以及科学发展观等重大战略思想在内的科学理论体系。这个理论体系，坚持和发展了马克思列宁主义、毛泽东思想，凝结了几代中国共产党人带领人民不懈探索实践的智慧和心血，是马克思主义中国化最新成果，是党最可宝贵的政治和精神财富，是全国各族人民团结奋斗的共同思想基础。……在当代中国，坚持中国特色社会主义理论体系，就是真正坚持马克思主义。”① 中国特色社会主义理论体系，“写出了科学社会主义的‘新版本’，是深深扎根于中国大地、符合中国实际的当代中国马克思主义”②。

中国特色社会主义理论，不仅包括邓小平理论、“三个代表”重要思想、科

① 胡锦涛．高举中国特色社会主义伟大旗帜，为夺取全面建设小康社会新胜利而奋斗［M］//十七大报告辅导读本．北京：人民出版社，2007：10－12.

② 习近平总书记系列重要讲话读本［M］．北京：人民出版社，2016：26.

学发展观、习近平新时代中国特色社会主义思想；同时也包括当代中国化的马克思主义法学理论，如发扬社会主义民主，健全社会主义法制；依法治国，建设社会主义法治国家；建设社会主义政治文明；坚持科学发展观指导下的以人为本法治观、和谐法治观、坚持依法执政和确立社会主义法治理念；建设中国特色社会主义法治体系，坚持依法治国、依法执政、依法行政共同推进，坚持法治国家、法治政府、法治社会一体建设等法治思想和理论等内容。

中国特色社会主义法学理论体系是在马克思主义法学理论的指导下，立足于中国的实践和文化传统，对中国特色社会主义法治道路探索的经验总结，为依法治国，建设社会主义法治国家提供了理论指导。

四、研究马克思主义法学理论中国化及其理论成果的意义

中国化的马克思主义法学理论是马克思主义法学理论中国化的理论成果，是马克思主义法学理论发展的一个新阶段。这个理论成果包括毛泽东法律思想和中国特色社会主义法学理论两部分。中华人民共和国成立后，真正开始社会主义法治道路的探索，是从中共十一届三中全会开始的。因而，研究马克思主义法学理论中国化及其理论成果，除继续深化毛泽东法律法学的研究外，重点是研究中共十一届三中全会以来中国化的马克思主义法学理论成果，即中国特色社会主义法学理论。

中国特色社会主义法学理论，是中国化的马克思主义理论——中国特色社会主义理论的重要组成部分。在坚持以马克思主义理论为指导的前提下，建设社会主义法治国家，以基于中国实践产生的中国特色社会主义理论为指导思想，具体地说，就是以中国化的马克思主义法学理论——中国特色社会主义法学理论为指导思想。因而，研究马克思主义法学理论中国化及其理论成果，具有理论和实践的双重意义。

（一）研究马克思主义法学中国化及其理论成果的理论意义

研究马克思主义法学理论中国化及其理论成果，主要有以下几个方面的理论意义。

第一，中国特色社会主义法学理论体系不是凭空形成的，而是以丰富、深厚的思想理论为基础的。其中，马克思、恩格斯的法学理论，列宁的社会主义法学理论等，为其奠定了思想基础和理论起点。实现马克思主义法学理论中国化，首先要了解马克思主义法学理论体系的内容，如果不学习和了解马克思主义法学理论，就谈不上马克思主义法学理论的中国化；如果教条式地照搬马克

思主义法学理论，也无法实现马克思主义法学理论的中国化。通过对马克思主义法学理论的梳理与分析，全面正确地领会马克思主义法学理论体系及其真谛，划清马克思主义法学与非马克思主义法学的界限，摒弃打着“马克思主义”旗号强加给马克思主义法学的错误东西，有助于揭示出中国特色社会主义法学理论体系的知识谱系和历史脉络；有助于在马克思主义法学理论中国化的过程中，正确认识和对待马克思主义法学理论；有助于深入把握中国特色社会主义法学理论体系的思想内涵。

第二，改革开放以来，中国共产党人在探索中国特色社会主义道路的过程中，坚持把马克思主义法学原理与社会主义法治国家建设实践结合起来，在不断推进中国特色社会主义国家法治建设的基础上，提出一系列具有鲜明中国特色的社会主义法治思想、法学理论，为中国特色社会主义法学理论体系的形成奠定了丰富的思想理论基础。对中国特色社会主义法学理论发展过程的分析，有助于深入把握中国特色社会主义法学理论体系的形成规律。

第三，有助于全面、系统地把握中国特色社会主义法学理论体系的框架体系和基本观点。在对中国特色社会主义法学理论体系产生的历史背景进行分析的基础上，从不同的角度对中国特色社会主义法学理论体系的基本内容进行全面的阐述，总结中国特色社会主义法学理论体系的基本特征，可以为人们对中国特色社会主义法学理论体系进行全面系统的了解提供帮助。

第四，有助于了解中国特色社会主义法学理论体系在对马克思主义法学理论继承的同时，在哪些方面做出了新的理论贡献。中华人民共和国成立后，特别是中共十一届三中全会以来，中国共产党人，立足于中国所面临的国际和国内形势，总结国际共产主义运动的经验教训，从建设中国特色社会主义的实践出发，对社会主义法治国家建设，做出了一系列的论述和阐释，从理论与实践的结合上回答了人们普遍关心、但又容易出现偏差的法治建设上的许多重大认识问题，丰富和发展了马克思主义法学理论的内容，在许多方面对马克思主义法学理论做出了新的理论贡献。

第五，有助于了解中国特色社会主义法学理论体系的历史地位。中国特色社会主义法学理论体系是中国化的马克思主义——中国特色社会主义理论的重要组成部分。中国特色社会主义理论不仅包括中国特色社会主义发展道路理论，社会主义经济理论，社会主义文化理论，社会主义社会建设理论，社会主义生态文明理论，构建社会主义和谐社会理论，加强党的执政能力建设和先进性建设理论，建设创新型国家理论，树立社会主义荣辱观理论，走和平发展道路理论等；同时也包括发扬社会主义民主，健全社会主义法制，依法治国，建设社会主义法治国家，建设社会主义政治文明等法治思想和理论。

中国特色社会主义法学理论体系是马克思主义法学理论发展的一个新阶段。马克思主义的伟大力量，就在于它是同各个国家的具体实践相联系的；对于中国共产党人来说，在中国建设社会主义，就是要学会把马克思主义理论应用于中国的具体环境，必须立足中国国情，按照中国的特点去运用马克思主义。在当代中国，建设社会主义法治国家也必须走自己的路，从中国的实际出发，建设有中国特色的社会主义法治国家。在坚持以马克思主义理论为指导的前提下，中国特色社会主义法学理论体系结合中国的国情和社会主义法治国家建设的实践，不仅为中国法治国家构建的框架、轮廓，勾画了清晰的蓝图，而且也指明了我国法治国家建设的未来走向，从而把马克思主义的法学理论发展到一个新阶段。

第六，有助于了解和深化马克思主义法学理论中国化路径理论研究。在马克思主义法学理论中国化命题中，马克思主义法学理论中国化路径问题是一个极为重要的方面。马克思、恩格斯创建了内容丰富的马克思主义法学理论体系，列宁又加以丰富和发展，将其发展到列宁主义阶段。同时，从中国共产党接受马克思列宁主义到今天，也先后形成了毛泽东思想法学理论、中国特色社会主义法学理论等。那么，从马克思主义经典作家的法学理论到中国化的马克思主义法学理论成果，二者之间是如何演变的？用中国化思维来分析，二者之间最核心的问题就是如何“化”或者“化”的方法问题，这就必然涉及马克思主义法学理论中国化的路径问题，即马克思主义法学理论是通过何种路径或方法不断演变并形成中国化的马克思主义法学理论成果的？这是学界研究马克思主义法学理论中国化问题所不能回避的。因此，学界需要关注马克思主义法学理论中国化路径问题的研究，这既有助于开展中国化的马克思主义法学理论成果研究，也有助于开展中国特色社会主义法学理论体系研究；既有利于推动马克思主义法学理论中国化的理论进程，也有利于推动马克思主义法学理论中国化的实践进程；既有利于扩大马克思主义中国化专业的学术研究视域，也有利于深化理论法学界的学术研究视域。

（二）研究马克思主义法学中国化及其理论成果的实践意义

依法治国，建设社会主义法治国家，已成为我国的治国基本方略，是建设中国特色社会主义的基本要求，也是全面建成小康社会的奋斗目标。因而，全面落实和推进依法治国，加快建设社会主义法治国家，在中共十七大报告和十八大报告中，都是被突出强调的一个重要内容。

如何加快建设社会主义法治国家，中国的法治之路如何走，“我们需要什么样的法治”以及“怎样建设法治”，无论在理论和实践上都有许多值得探讨的问题，但最根本的一条就是以中国特色社会主义法学理论体系为指导，走有中国特色的法治建设道路。具体而言，“要全面推进依法治国，加快建设社会主义法治国家，要在规则治理上下功夫，在中国特色上费心力，在加快建设上用力气，在全面推进上做文章，在有效治理上见成效”①。

中国特色社会主义法学理论体系的精髓是解放思想、实事求是。解放思想、实事求是，其实质是敢于打破一切僵化思想的束缚，不把书本当教条，不照搬外国模式；其着眼点是立足于中国国情，从中国的现实和当代世界发展的特点出发，敢于和善于走自己的路，强调有中国特色。依法治国，建设社会主义法治国家，以中国特色社会主义法学理论体系为指导，也应坚持解放思想、实事求是，从中国的国情出发，在学习、借鉴先进法治国家和地区经验的同时，在法治模式上，立足于中国实际，进行创造性的建构，建设具有中国特色的法治国家。

此外，在中国特色社会主义法律体系已经形成的历史条件下，建构中国特色社会主义法学理论体系作为一项重大的理论课题已摆在中国法学界和法律界的面前。开展中国特色社会主义法学理论体系研究，对于坚持走中国特色社会主义法治道路，深化中国特色社会主义理论体系研究，具有重要的意义。

---

① 江必新．全面推进依法治国的若干思考——以学习党的十八大报告为背景［J］．人民论坛，2012（33）．

法治信仰：当代法治文化建设的基础

刘　斌

（中国政法大学 光明新闻与传播学院，北京，100088）

依法治国、建立社会主义法治国家，首先依赖于公民对法治的信仰，当代法治文化建设的基础在于增强公民的法治信仰，没有公民对法治的真诚信仰，要谈实现依法治国、建设社会主义法治国家只能是空中楼阁。法律界有两句格言说得非常到位，一句是卢梭所讲的“法律既不是铭刻在大理石上，也不是铭刻在铜表上，而是铭刻在公民们的内心里”①，另一句是伯尔曼所说的“法律必须被信仰，否则它将形同虚设”②。《中共中央关于全面推进依法治国若干重大问题的决定》中也指出：“法律的权威源自人民的内心拥护和真诚信仰。”无论从理论还是社会实践的角度看，我们完全可以将法治信仰视为建设法治国家的基石和国家治理的基础与前提。

信仰，是一种超越相信与信任的执着信奉，是一种特别神圣的情感③。信

① 〔法〕卢梭．社会契约论［M］．李平沤，译．北京：商务印书馆，2011：20.

② 〔美〕伯尔曼．法律与宗教［M］．梁治平，译．北京：中国政法大学出版社，2003：3.

③ 关于信仰，学术界有多人从不同的角度进行阐释。例如，万俊人认为：“信仰是指特定社会文化群体和生活于该社群文化条件下的个体，基于一种共同价值目标期待基础之上，共同分享或选择的价值理想或价值承诺。”——万俊人．信仰危机的“现代性”根源及其文化解释［J］．清华大学学报（哲学社会科学版），2001（1）；李幼惠、张镇认为：“信仰是人们世界观、人生观、价值观等精神世界的信奉和遵循，与人的知、情、意相联系，并且贯穿于整个意识领域和精神活动之中。”——李幼惠，张镇．精神信仰的心理学含义［J］．天津师范大学学报（社会科学版），2002（6）；徐明德等认为“我们可以把信仰概括为：信仰是主体源于实际生活实践而对某种对象（理论、价值或人格化的神灵等）的极度信服，并视之为具有终极价值以作自己精神寄托的强烈情感和思想倾向。这一概念有两层内容，一是从内容和表现形式上看，信仰是人们对自认为具有最高价值的理论、学说或主义、人格化的神灵的极端信服崇拜的一种心理状态。表现为人的认识、情感、意志对真、善和自由幸福境界的无限向往和不懈追求。二是从根源上看，信仰来源于生活实践，又高于生活实践，是对现实（包括实然之社会和实然之我）超越，或者说是对现实的超现实表达或理想主义追求”。——徐明德，熊建圩，黄明理．信仰的含义及特征［J］．南昌航空工业学院学报（社会科学版），2005（4）.

仰的特征在于发自内心的认同，执着专一的尊崇，外在行为的准则①。法治信仰是指人们对于法治心悦诚服的认同、将之作为奉行不渝的行为准则、并能够用自己的行动捍卫其尊严②。

客观地说，中国当前公民的法律信仰较之改革开放初期有了长足的进步，但信仰法律还没有形成一种社会氛围。我们的传统法律文化没有法律信仰的内在基因，而我们数千年的政治文化又形成权大于法的传统，传统给予我们的是崇尚权力而非崇尚法律。现实社会中法治土壤的贫瘠、民众法治意识的淡薄、法律权威性的不足、司法公信力的缺失、工具主义法治观的影响致使为数不少的人信权不信法、信钱不信法、信访不信法、甚至信闹不信法。我们在立法中有些法律未能体现公民的意愿，法律工具主义的观念依然存在；在司法中裁判不公正、人情案、关系案、司法腐败的现象依然存在；在执法中有法不依、以

① 关于信仰的基本特征，徐明德等人概括为四个特征：一是信仰对象的非现实性，二是信仰价值目标的超越性，三是信仰表达的非逻辑性，四是信仰价值指向的专一排他性，即执着性或唯一性。——徐明德，熊建圩，黄明理．信仰的含义及特征［J］．南昌航空工业学院学报（社会科学版），2005（4）．

② 谢晖认为法律信仰具有规范神圣、法律权威、法律信用三个法律因素，同时细致分析法律信仰形成的价值基础、主体精神基础、制度基础和经济基础四个基础。——法律信仰的理念与基础［M］．济南：山东人民出版社，2003：42－91，138－458。陶爱萍认为："法治信仰就是在对法治的理性科学的认知的基础上对其所产生的一种发自内心的认知认同和期待，并且坚信法治所具有的价值和功能能够促成人类所追求的民主、自由、平等、人权、公平、正义、秩序、效益、幸福和以人的全面发展为核心的社会进步与发展的实现，从而把法治当作自己的理想追求，把法治理想的实践作为自己的一种生活方式，以一种自觉、主动、积极的态度真正参与其中，同时自觉地维护法律的权威和尊严并以之作为自己行动的指南。"陶爱萍．论我国公民法治信仰的构筑［J］．前沿，2007(3)。胡江从四个方面阐释法治信仰："第一，锚点法治信仰只能存在于民主、权利、自由和文明得到充分尊重和保障的社会里；第二，法律的地位和作用得到充分的尊重和维护，法律拥有不可动摇的法律权威；第三，社会公众或者全体公民对法律有着极大的信任，并从内心深处将法律作为自己行为的准则和评判事物的标准；第四，法律的实施及其发生效力，公众对法律的认可和服从均排除了政治权力的不适当的干预和左右，即是全体民众出自自我内心的确信并据此做出的选择。"胡江．中国社会法治信仰的缺失及其建构［J］．华商，2008（18）。毛杰认为：法治信仰是公民基于对法律的理性认识而逐渐形成的一种体验和情感，法治信仰既包括主体对法律价值的感受与认同，也包括主体的权利意识、理想意识和守法精神。法治信仰是现代社会公民的精神寄托，是人类精神世界的高级发展，也是现代社会治理的理性选择。毛杰．论公民法治信仰的培育路径［J］．中州学刊，2016（10）。黄鑫认为："法治信仰是人们对一个国家成文法律、法律制度、法律文化、法治环境等方面的认知认同和崇敬，在国家治理中，无论立法、行政、司法，行使公权力和私权力，自发的以法律及法治要求作为行动榜样和指南。"黄鑫．新形势下公民法治信仰的培育路径［J］．犯罪研究，2017（4）。

言代法、以权压法的现象依然存在；在社会上法律的地位没有达到应有的高度，司法机关的权威没有得到应有的体现，这些现象严重地影响着全民法律信仰的形成。另一方面，不同地区、不同群体、不同职业的公民法律素养不同，特别是边远地区和流动人口、下岗职工等群体缺乏法律常识，缺乏法律意识，缺乏法律认同，缺乏法律信任，多数人的守法行为不是建立在由于法律能够保护自己合法权益的基础之上，而是建立在因为惧怕法律给予的制裁和惩罚的心态之上。因此，即便守法也不是积极守法，而是被动消极守法，这些观念与行为都严重制约着全民法治信仰的形成①。

建设社会主义法治国家的前提是公民必须对法治认可、接受和信仰，没有绝大多数公民对法治认可、接受和信仰，法律就是一纸空文，法治就是一句口号，法治国家就是空中楼阁。同时，公民对法治的信仰不仅是一个国家实现法治内在的精神意蕴，也是建设社会主义法治国家这项宏大法治工程的基础性"软件系统"。因此，法治文化建设中如何培育公民的法治信仰，这既是一个理论问题，同时也是一个社会现实问题。学术界关于培育法治信仰曾经有过热烈的讨论，也发表过数以万计的论文和文章，见仁见智，提出许多有益的观点和措施②。在笔者看来，培育公民的法治信仰要直面中国当下的国情，着重解决好如下几个问题：

---

① 姚建龙认为，当代中国法律信仰的困境在于，一是法律信仰根基的缺失：没有信仰传统；二是法律信仰前提的缺失：通过法律尚不能实现正义；三是法律信仰保障的缺失：权力始终凌驾于法律之上。——姚建龙．法律信仰的困境与层次［J］．河南省政法管理干部学院学报，2004（5）．

② 穆丽霞等认为公民法律信仰塑造的主要途径包括：一是确立"法律至上"的原则，二是增强立法的亲和力，三是强化公民权利意识四是努力建构公正的司法体制，五是降低诉讼成本，六是加强和完善法律教育。——穆丽霞，赵业福．塑造我国公民法律信仰的路径分析［J］．理论学刊，2007（11）。刘旭光在《当代中国法律信仰研究》一书中认为，当代中国法律信仰形成的社会基础主要包括四个方面：经济因素是市场经济的完善，政治因素是民主政治的发展，法制因素是法治国家的建设，思想因素是民主法制意识的增强。该书还从个体法律信仰的产生路径和社会法律信仰的培育要素两个方面阐述了当代中国法律信仰培育的路径与要素，并就公民法治教育的目标、内容和方式进行了论述。——刘旭光．当代中国法律信仰研究［M］．北京：法律出版社，2017；毛杰在《论公民法治信仰的培育路径》一文中提出培育公民法治信仰的五条对策：一是以我国优秀传统法治文化为根基，培育现代法治文化；二是以健全社会普法教育机制为依托，培养公民法治思维；三是以规范法律运行机制为保障，维护法治权威；四是以完善法律制度为基础，推进阳光法律实践；五是以强化公民权利意识为关键，推动公众理性参与法治建设。黄鑫认为，新形势下公民法治信仰的培育途径在于：一是发挥教育的引领作用，二是司法者率先垂范，三是摒弃极端的工具主义法治观。黄鑫．新形势下公民法治信仰的培育路径［J］．犯罪研究，2017（4）．

加大普法宣传的力度。我们国家的普法宣传工作进行了三十多年，取得了显著的成绩，但是依然存在一些问题：首先是体制不顺，机制不活，普法重担落在司法行政部门，而不是由党委宣传部主抓；其次是普法宣传重形式、轻效果、缺乏评估检查，普法对象对于法律价值的感受与认同差；第三是社情民意把握不透，针对性不强，譬如面对普通百姓普法，首先应当把那些与其切身利益相关的法律法规宣传到位；第四是普法教育的受众面不平衡，尤其是边远地区和流动人口、下岗职工等群体应当成为重点关注的普法对象。当然，我们绝对不能把全社会未形成法律信仰的责任归咎于普法宣传不到位，法律信仰的形成是一个漫长的过程，也不能认为普法只是相关职能部门的任务。

党的十八届四中全会提出实行国家机关“谁执法谁普法”的普法责任制。2017 年 5 月，中共中央办公厅、国务院办公厅印发了《关于实行国家机关“谁执法谁普法”普法责任制的意见》，这项举措是普法工作的重大理念创新和制度创新。出台《意见》是要解决普法工作中存在的职责不清、责任不明，执法与普法工作相脱节，工作要求软而不实，方式单一、针对性不强等问题，明确了“谁执法谁普法”普法责任制的总体要求和坚持普法工作与法治实践相结合、坚持系统内普法与社会普法并重、坚持条块结合与密切协作、坚持从实际出发并注重实效四项基本原则；确定了国家机关建立普法责任制，明确普法内容，切实做好本系统普法，充分利用法律法规规章和司法解释起草制定过程向社会开展普法，围绕热点难点问题向社会开展普法，建立法官、检察官、行政执法人员、律师等以案释法制度，创新普法工作方式方法等七项职责任务；同时对各级党委（党组）和普法依法治理工作部门在落实普法责任制中的工作职责也作了明确规定。这项制度和相关措施的推出同时意味着国家要把普法宣传作为一项法治建设的基础工程来抓，这对加大普法宣传力度会起到积极的推动作用。在推行国家机关“谁执法谁普法”的普法责任制的同时，笔者认为应当形成一种“大普法”的理念，每一个国家机关既是国家法律的制定和执行主体，同时又是传播和普及法律的主体；每一个公民既是法律的接受者，又应当是法律的传播者，全社会需要共同努力营造出一种法治文化的氛围，引导公民循着一条学法、知法、懂法、信法、尊法、守法、崇尚法律的线路前行，在内心深处逐步形成对法治的信仰。

立法需充分体现公民普遍认同的道德标准。早在公元前 442 年，古希腊悲剧作家索福克勒斯在《安提戈涅》中就提出“法律之内，应有天理人情在”的观点。法律与道德关系的问题，一直是法学理论探讨的重要问题，也是法哲学的永恒主题。德国学者耶林指出：“法律与道德的关系问题是法理学的‘好望角’，法学的探险者要征服它就必须冒着致命的遭受船难的危险。”① 美国的富勒教授作为勇敢的法学的探险者，提出“法律的内在道德”学说②，他认为法律的内在道德是一种普通的自然法，是指使“法律成为可能”的道德。富勒将道德分为愿望的道德和义务的道德，愿望的道德是一种高层次的要求，是法律和道德的共同追求目标；义务的道德是一种最低要求，与法律有着直接联系。富勒同时对道德做出另一种界分，即法律的外在道德和法律的内在道德，他认为法律的外在道德是公平正义等实体目标，而内在道德是定位于法律内部的价值体系。富勒认为法律之所以为法律，本身应当具备八种“内在道德”或曰八项原则，包括：法律的一般性原则、公开性原则、非溯及既往原则、明确性原则、一致性原则、可行性原则、稳定性原则、强制性原则。他甚至认为，违反了法律的内在道德的法律不仅仅是恶法，而且根本就不是法。虽然富勒所谓“法律的内在道德”的完全实现只是一种理想，但他至少解决了法律应当是什么的问题，对于我们理解法律与道德的关系有着极其重要的启迪意义。

习近平在谈到我国立法领域面临的突出问题时指出，我国“有的法律法规全面反映客观规律和人民意愿不够”。因此，要增强公民的法治信仰，在立法的层面就要充分体现公民普遍认同的道德标准。科学立法的本质在于能够结合公民普遍认同的价值和道德标准来创制法律。法律与道德在本质上有着内在的联系，公民普遍认同的道德标准是制定一部良法的基础，法律是行为法则、道德是良心法则，法律是他律、道德是自律，没有公民普遍认同的道德作为基础的法律必然得不到公民的认同，得不到公民的认同的法律必然退化为僵死的教条，所以任何一条法律的制定都应当在符合公民普遍认同的道德标准的前提下产生。制定良法是培育公民法律信仰的基础，符合最大多数人利益和愿望的法律才会得到公民的信仰。所以，法律信仰源自法律与公民普遍认同的道德标准的高度

---

① 〔美〕罗斯科·庞德．法理学：第2卷［M］．封丽霞，译．北京：法律出版社，2007：175.

② 富勒的“法律的内在道德”学说是在与哈特教授的多次学术论辩中提出并逐步完善的。1958年《哈佛法律评论》在同一期发表了哈特教授的“实证主义与法律和道德的分离”、富勒教授的“实证主义与忠实于法律——答哈特教授”两篇著名的论文，从而揭开了两人学术论战的序幕；1961年哈特出版《法律的概念》，1964年富勒出版《法律的道德性》；1965年《哈佛法律评论》刊载哈特对《法律的道德性》一书的书评，1969年富勒在《法律的道德性》再版时回答了哈特等人的批评。富勒将法律定义为“使人们服从于规则之治的事业”，认为法律的内在道德是一种自然法，但它不是一种所谓的“高级”法，而是“类似于木匠的自然法，或者至少是木匠要使他的房子直立不倒并服务于那些居住于其中的人的目的所遵循的法”。富勒．法律的道德性［M］．郑戈，译．北京：商务印书馆，2005.

契合，当法律的条文和公民普遍认同的道德标准发生冲突时，做出让步的不应当是公民普遍认同的道德标准，而应当是对法律的调整或修改。

司法需充分体现社会的公平正义。公平正义是人类文明的重要标志，是古往今来人们衡量理想社会的标准之一，是人类社会发展进步的重要价值取向，同时也是衡量一个国家或社会文明发展的标准①。司法体现公平正义的基本内涵包括：一是法律面前人人平等，二是合法合理，三是程序正当，四是及时高效。司法公正主要包括实体公正和程序公正两个要素，实体公正是就诉讼当事人的实体权利和义务关系而言，主要指的是认定案件事实清楚，适用实体法律得当，裁判结果合法合理；程序公正是指诉讼参与人在诉讼过程中所受到的对待是公正的，所得到的权利主张机会是公正的。实体公正是司法公正的根本目标，程序公正是司法公正的措施和保障。此外，司法公正还包括效率的公正，因为“迟来的正义就是非正义”。

公平是司法的核心，正义是司法的灵魂，虽有能够体现公民普遍认同的道德标准的良法，但若是司法不公正，同样会严重影响公民对法律的信仰。习近平总书记指出：“司法是维护社会公平正义的最后一道防线。”司法要体现或维护社会的公平正义，首先司法自身必须做到公正。裁判标准不统一导致的“同命不同价”现象、量刑不科学和不规范导致的“同罪不同判”现象就是司法不公正的典型事例。形成当前司法不公的原因是多方面的，既有司法人员自身的问题，也有司法体制不完善、司法职权配置不合理、司法权力运行机制不科学以及人权司法保障制度不健全等方面的问题。培根在《论司法》中有一句名言：“一次不公正的司法判决其恶果甚至超过十次犯罪，因为犯罪只是弄脏了水流，而不公正的判决则是污染了水源。”习近平在十八大后中央政治局第四次集体学习时明确要求：“努力让人民群众在每一个司法案件中都感受到公平正义。”公民的法律信仰有赖于司法公正的保障，司法机关的权威有赖于司法公正的维护，司法信任危机同样有赖于司法公正来解决，只有司法体现着公正、保障着公正、

---

① 现代意义上的公平是指按照一定的社会标准和正当的秩序形成的一种合理的社会状态。公平包含公民参与经济、政治和社会其他生活的权利公平、机会公平、过程公平和结果分配公平。权利公平是指公民的权利不因职业和职位的差别而有所不同，其合法的生存、居住、迁移、教育、就业等权利得到同等的保障与尊重；机会公平是指公民能普遍地参与社会发展并分享由此而带来的成果；过程公平，是指公民参与经济政治和社会等各项活动的过程公开透明，不允许某些人通过对过程的控制而谋取不当利益；结果公平，则主要指在分配上兼顾全体公民的利益，防止过于悬殊的两极分化，以利于共同富裕的实现。但公平不是平均，也不是相等。正义则是公正的义理，包括社会正义、政治正义和法律正义等。

实现着公正，才能守住维护社会公平正义这条最后防线。当然，国家、社会、公民也有责任共同维护司法的尊严，努力为司法机关和司法人员营造一种能够公正司法的外部环境。

执法需充分体现“必依、必严、必究”。2012 年 12 月 4 日习近平在首都各界纪念现行宪法公布施行 30 周年大会上的讲话中指出：“宪法的生命在于实施，宪法的权威也在于实施。”2015 年 6 月 26 日，习近平在中共中央政治局就加强反腐倡廉法规制度建设进行第 24 次集体学习时又强调指出：“法规制度的生命力在于执行”。徒法不足以自行，法律只有被执行才具有生命力，执法必须奉行有法必依、执法必严、违法必究的原则。

这里所讲的“有法必依”是指一切执法机关和执法人员在从事工作和活动时一定要依法行政，依据法律行使职权。具体而言，执法要体现“有法必依”的原则，一是执法机关和执法人员要在心目中树立法律至上，尤其是宪法至尊至上的理念，严格遵守法律，依法办事，不得逾越法律这条红线；二是法定职责必须为，法无授权不可为，执法机关和执法人员都必须在国家宪法和法律的范围内活动，不能有超越法律之外的特权，要以宪法和法律作为自己行为的准则。

这里所说的“执法必严”是指执法机关和执法人员必须严格划分执法的权限、严格按法律的规定实施法律、坚决维护法律权威和尊严。具体而言，执法要体现“执法必严”的原则，不是指执法活动中运用法律要一律从严，而是指执法要严肃严格，从宽或从严必须要有法律根据；在执法活动中既要防止可能出现的不作为、虚假作为和“懒政”行为，又要防止对权力与职位行为的滥用；同时，严格执法要强调文明，要遵循法定的程序，注意执法的方式方法，让执法对象心服口服，绝不能侵犯执法对象或广大公民的合法权益。

这里所说的“违法必究”是指对于任何机构或任何人的违法犯罪行为都应及时揭露，使其依法承担相应的法律责任；对于违法犯罪行为个人，无论其地位有多高、官职有多大，只要违反了法律，必须进行追究。“违法必究”是社会主义法制的重心所在，如果犯罪行为不能及时受到依法惩治，如果违法行为不能及时得到依法制裁，那么法律的权威性就不能得到彰显，社会主义法治的实现就是一句空话。“违法必究”的重点与难点在于追究权力行使和运行中的违法犯罪行为，能否对权力行使和运行中的违法犯罪行为依法实施追究，是社会主义法治是否健全的重要标志。

各级政府及其部门是执法的主体，有法必依、执法必严、违法必究是政府取信于民的重要保证，不仅关系到政府的形象，而且直接关系到公民法律信仰的形成。

领导干部的表率对于公民法律信仰的形成起着极其重要的示范作用。中国素有“民以吏为师”“见贤思齐”的传统，也有“上梁不正下梁歪”的俗谚，要让公民信仰法律，领导干部必须带头尊崇法律、敬畏法律、模范守法、起到表率作用、形成示范效应。习近平总书记指出：“领导机关和领导干部做出样子，下面就会跟着来、照着做。”人不率则不从，身不先则不信，上行下效是中国人行为处事的基本方式之一。领导干部身居要职，肩负着推进依法治国的重要责任，只有身先士卒、做学法懂法的先行者，只有带头遵守法律、做践行法治的引领者，只有带头敬畏法律、做清正廉洁的表率者，只有带头依法办事、做守法护法的捍卫者，才能以上率下，发挥好“头雁效应”，对于公民法律信仰的形成起到引领和示范作用。

现实的问题是，真正意义上的法律信仰不仅在全社会尚未形成，而且在领导干部这个层面也未形成。一些领导干部之所以蜕变成阶下囚，其中的一个重要原因就是缺乏法治信仰，对法律没有敬畏之心，或者心存侥幸，一步步走向违法犯罪的深渊。在我们这个社会，领导干部信仰法治的意义要远远大于普通公民，领导干部的违法犯罪行为对法治的破坏程度也要远远大于普通公民。律人者首先应当律己，其身正不令而行，其身不正虽令不行。领导干部这个“关键少数”的示范行为会带来广大群众行为的跟从模仿，“关键少数”对法治的态度和遵从情况会在很大程度上影响其他社会成员对法治的态度、情感和行为。因此，要培育公民的法律信仰，首先要强化领导干部这个“关键少数”群体的法治意识、增强这个群体的法律信仰。领导干部只有自重、自省、自警、自励，学习法律、尊崇法律、敬畏法律、遵守法律，带好了头，起到了表率作用，普通公民才会更加相信法律、遵守法律、信奉法律①。

---

① 毛杰认为，培育公民法治信仰可以从以下五个方面着手：培育公民法治信仰，就是将法治上升为人们的精神支柱和社会的价值共识，让公众有崇尚法治的心理和意识；在普法宣传上摒弃功利主义思想和守法教育运动模式，健全社会普法教育机制，丰富普法宣传的手段和内容；要通过完善司法运行与管理系统、健全司法监督机制，让公民在每一起案件中都能感受到公平正义，使公民在潜移默化中树立法治信仰；培育公民法治信仰，要以完善法律制度为基础；民众在法治建设中的参与程度、诉求表达和依法维权，既是民众法治意识的反映，也是培育和增强民众法治信仰的重要途径。——毛杰．论公民法治信仰的培育路径［J］．中州学刊，2016（10）．

略论荀子“隆礼重法”思想及其当代意义

王　芳

（宝鸡职业技术学院，陕西 宝鸡，721013）

中国传统文化经过几千年的积淀与传承，是凝聚民族心理的强大文化背景，亦是现代法治强大的文化支撑。在此基础上，如何正确对待中国传统文化，是我们必须要思考的一个问题。荀子的“隆礼重法”思想在人性的基础上，将德治与法治相结合，为法治建设提供了良好的文化背景。

另一个问题是传统与现代如何实现有效的结合。传统文化的发展面临着如何将自由、平等、法治等新的观念与传统相融合。传统文化必然要融合这些新的思想才能得到长久的发展。在这个过程中，我们应提取荀子“隆礼重法”思想中与现代法治相融合的思想内核，并根据时代的要求赋予其新的内涵。

一、荀子的“隆礼重法”思想

作为战国后期儒家的代表人物，荀子不仅继承了儒家一贯重“礼”的传统，同时也吸收了法家“法”的思想，通过“人之性恶”的人性观和“明分群使”的社会观建立了“隆礼重法”的思想体系。同时，他又主张“有治人，无治法”，在政治实践中更注重人。

（一）荀子的“礼”学思想

1.“礼”学思想的理论基础

“性恶”的人性观。“人之性恶，其善者伪也”是荀子对人性的一个基本定义，荀子在这里所谈的“性”是最为纯粹的，是不加掩饰、天然的反应。何以矫性？曰礼。礼者不出于天性而全出于人为。本性和人为结合，才能成就圣人之名。那么如何将本性和人为结合呢？荀子提出了“化性起伪”，即通过礼义法正的教化与学习，从而达到向善的结果。

“明分群使”的社会观。荀子提出了“天职”的概念，即“不为而成，不求而得”①，不用刻意地去追求，事物自有其运转变化，这就是天职。在明白了天职的情况下，人需要做的有两点：一是不与天争职，二是能制天命而用之。这是荀子紧接着提出来的。荀子提出，“从天而颂之，孰与制天命而用之”②，认为人不但要认识自然规律，而且要掌握如何运用自然规律。荀子在分析了天人关系后，进一步将人置于社会群体之中，从人与群体的关系角度来展开对人的认识。首先，他指出人与动物的主要区别在于人能够组成社会群体，“以相群居”“以相持养”，能够结合弱小的力量而赢得胜利。社会群体如何得以维护？荀子提出了“分”的概念，而“分”是由“礼义”来实现的。先王通过具体礼仪的制定，形成了贵贱有等、长幼有序的等级制度，使得各事各人各得其宜，农民致力于农务，商人致力于理财，工匠致力于器械，君王致力于国家治理，社会中的人都在自己的职位上发挥自己的职能。荀子的“分”不仅涉及了人与人之间的地位、贫富、长幼，还涉及了社会分工、国家治理，可以说是很全面的。社会分工一旦明确，君主治理国家就容易实现。我们可以看到，荀子的“分”是通过“礼义”来实现的国家的治理也不外乎如是。综上，无论是人性思想，还是社会思想中的天人关系及人与群之分，荀子所有的思想都是为礼义来服务的，其最终的导向都是礼义，从而奠定了“礼”在荀子思想中至高的地位。

2. “礼”的起源、内容及作用

荀子从人性的角度来探求“礼”的起源。“人生而有欲，欲而不得，则不能无求……先王恶其乱也，故制礼义而分之，以养人之欲，给人之求…”③，从中可以看出，礼义是由先王制定的。礼义是有三个根源，即天地、先祖、君师。天地是人生存的根本，祖先是繁衍的根本，君师是治理国家的根本，三者是缺一不可的，这也决定了礼义的实施要求：祭天地、奉祖先、尊君师。

“君子既得其养，又好其别”，“养”和“别”是礼的基本内容。养，即养欲，指的是满足人们的欲望，例如用美味佳肴来满足人们的口腹之欲，用精致的画面来满足人们的眼睛，用动听的音乐来满足人们的耳朵，礼义并不是为了遏制人们的欲望而产生，它的一个方面就是满足人们的需求，让人们明白养欲之道。别，即差别，即用礼来区分人们之间的差别。贵贱有等、长幼有序、贫

---

① 王先谦．荀子集解·天论［M］．北京：中华书局，2012：301.

② 王先谦．荀子集解·天论［M］．北京：中华书局，2012：310.

③ 王先谦．荀子集解·礼论［M］．北京：中华书局，2012：337.

富尊卑等，都是由礼所规定的，这也在一个程度上反映了名分的重要性，每个人都有属于自己的“名”，也要做属于名之内的“实”，名实相符，才能达到社会和谐。养和别是事物的两个方面，有张有弛，这正是礼义的独特所在。

“礼者，人道之极也”，礼不仅是为人、更是治国的最高标准。“天下从之者治，不从者乱；从之者安，不从者危；从之者存，不从者亡”①，国家的治理需要按照国家的“礼”来进行治理，一旦违背就会导致国家灭亡，可见礼对维护社会稳定、治理国家的重要作用。礼为社会治理提供了标准，成为普遍的社会秩序。“礼者，以财物为用，以贵贱为文，以多少为异，以隆杀为要。”② 社会秩序首先体现在等级差别上，“礼”规定了君臣、贵贱以及长幼的等级，使社会中的人有了具体的名分，而社会分工也得以形成。其次，对于社会中的财物的运用有明确的标准，无论是祭祀消耗，还是财政支出，都要符合隆重或者节省的规范。礼为个人的行为提供了明确指向。首先表现在修身养性上，“礼者，所以正身也；师者，所以正礼也”③。一个人不去做超出礼之外的事情，一切行为都合乎礼，那么就达到圣人的标准了。因为人性是恶的，人的欲望总是无穷无尽的，所以不加节制就会做出不当的举措来，需要“礼”来做一个调整规范，一方面满足人们的欲望，另一方面强调差别。其次，称情而立文。丧礼、祭礼以及三年之丧等的规定，一是为了表达对祖先、父母的尊敬、不舍之情，此外亦是为了宣泄悲痛、不舍之情，情感体现在礼义上，不会憋闷于心，这也避免了损害人的身体。最后，“礼”也约束着个人的行为，“以为下则顺，以为上则明”④。儒家的“礼”由孔孟发展到荀子，由单一的“礼”到“礼法”并用，既体现了儒家政治主张的现实化倾向，又体现了“礼”由内在的道德价值向外在的制度化发展的倾向。儒家的“礼”由理想主义到现实主义的发展，体现了政治诉求随着时代与环境的变化发展过程。

（二）荀子的“法”治思想

荀子在强调“礼”的同时亦重视“法”。荀子“法”治思想的内容主要从法的对象、原则及作用等方面来进行论述。

1.“法”的对象：“士”用“礼”治，庶民用“法”治

“刑不上大夫，礼不下庶人”是儒家的一贯主张，到了荀子这里似乎并没有

① 王先谦．荀子集解·礼论［M］．北京：中华书局，2012：347.
② 王先谦．荀子集解·礼论［M］．北京：中华书局，2012：348.
③ 王先谦．荀子集解·修身［M］．北京：中华书局，2012：34.
④ 王先谦．荀子集解·礼论［M］．北京：中华书局，2012：346.

发生变化。荀子从贵贱有等，上下有别的等级出发，主张对“士”以上的采取“礼”治，而对“士”以下的广大平民百姓用“法”来治理，即“有士以上则必以礼乐节之，众数百姓则比以法庶制之”①。当然，对于那些言辞狡诈、顽固不化的“奸人之雄”，就需要以“法”来治了。

由此可见，荀子不论是其主张的等级思想，还是刑不上大夫的传统继承，他所提倡的“法”主要是为了君主能够更好地统治人民，而维护传统的等级制度所设立的，这与韩非在一定程度上是相似的。但是韩非的“法”显然没有止步于“士”，而是提出了“法不阿贵”，由此在法治道路上更进一步，这在文章后面会论述到。

2. “法”的实施：赏罚并用

在荀子看来，人都是趋利避害的，因为人总是喜欢好的而厌恶坏的，所以君主能够运用赏罚来统治民众。而赏罚作为一种手段，只要使用得当，就能够发挥良好的效果。所谓“勉之以庆赏，惩之以刑罚”②，赏罚并用，就可以达到赏行罚威的功效，君主治理国家，就是要树立这种“威强”，才能令人民信服。

当然，赏罚不能乱用。君主必须做到赏罚得当。“凡爵列官职赏庆刑罚皆报也”③，在这里，荀子将官职与赏罚看作是相从的，即官职与德能要相称，赏罚与功罪要相称。另外，荀子也强调反对重罪轻罚和有罪不罚。严厉的刑罚的设置也是很有必要的，如果一个人犯了重罪却受到了很轻的处罚或者犯了罪而不去惩罚，则会有损“法”的权威性，由此荀子得出一个“治则刑重”的结论。这里需要注意的是，荀子虽然主张“重刑”，却是在“罪行”相当的原则上，“重刑”并不是滥用刑罚，相反，荀子从人民的角度强调刑罚要得当。

3. “法”的原则：慎用刑罚

荀子虽然重视刑罚的作用，但他同时又主张慎用刑罚，反对酷刑。他主张处理政事时分三步走，第一步，“恭敬以先之”，以恭敬的态度来引导人民；第二步，“中和察断以辅之”，要根据实际情况来进行考察。最后一步，“进退诛赏之”，实行赏罚必须是在全面的考察，认真的调查分析后做出的。从这三个步骤我们可以看出，荀子运用刑罚是在“礼”的基础上，这也是符合了其礼主法辅的基本主张。

另外，荀子强调法律一旦制定，就不能随意更改，而法律的制定也必须是

---

① 王先谦．荀子集解·富国［M］．北京：中华书局，2012：176.

② 王先谦．荀子集解·王制［M］．北京：中华书局，2012：148.

③ 王先谦．荀子集解·正论［M］．北京：中华书局，2012：319.

经过严格讨论、根据实际情况而定的。即使出现法律没有涉及的现实情况，也要按照相关的法律来进行谨慎的推理。

4. “法”的作用

无论是在国家治理层面还是个人的防范矫正方面，荀子都十分重视发挥“法”的作用。总的来说，“法”自身所具有的功能有三个方面：一是禁止作用，即“重刑罚以禁之”，通过严厉的法令的设置来禁止人们犯罪；二是矫正作用，即“严刑罚以纠之”，设置严厉的刑罚还可以纠正已经犯下的错误；三是防范作用，即设置严峻的刑罚，民众自然会因为害怕惩罚而不去犯法。由此可见，“法”除去在治理国家中的作用外，还具有规范人的行为的作用。

荀子的“法”和“礼”似乎都有规范的作用，那么“法”的作用和“礼”的作用具体区别在哪里呢？荀子认为，“礼”主要维系的是一种“贵贱有等、长幼有差、贫富轻重”的秩序，使其“有称者也”。那么，如果“礼”达不到这种使其相称的时候该怎么办呢？当然，按照当时礼崩乐坏的既定事实，不相称的情况是必然会出现的。这个时候，荀子的“法”就发挥了它的效用，治暴止乱，防止作恶，使其相称。所以说，“法”比较“礼”而言，它的地位是辅助性的。

尽管荀子的“法”是对于其“礼”的补充，但是我们可以看到，他对于“法”还是有较为严密的论证。如果说刑罚在孔孟的思想里还并未受到重视的话，那么荀子彻底改变了这种状况，这主要由他当时所处的社会环境所决定①。总之，荀子“法”的提出可谓是儒家思想的又一大创新。

（三）礼法关系：礼主法辅

荀子生当乱世，深深懂得以法治国的重要，但他仍不失儒家本色，认为“法”必须以“礼”为本。荀子强调，国家的治理还是主要靠人，“礼法”并用，二者作为治理国家的手段，是互相辅助的。“法”只是一种不得以选择的工具，是弥补“礼”所达不到的强制效力，“礼”具有引导性，“法”具有强制性。我们希望人人都是有礼之人，却不得不防范那些无礼的行为。虽然人性恶决定了纷争抢夺的发生，但是“涂之人可以为禹”，在用刑罚等强制手段的同时，礼义教化不可偏废。

1. 授法入礼——礼法并用

荀子的人性理论决定了其礼义和法度的运用，亦或说荀子礼义和法度决定

---

① 陈鹏生，杨鹤皋．春秋战国法律思想与传统文化［M］．北京：慧行有限公司，2001：138.

了其独特的人性理论。人趋利避害的倾向性注定了走向暴乱，故而荀子主张以礼义和法度来进行治理，以化人之动物性。由此可见，礼义与法度正是荀子所说的“伪”，是由圣人所创造的。人由性恶到善的过程，必须以礼义和法度来实现，礼法并用，二者缺一不可。

在儒家思想里，“法”是一个全新的概念。荀子审时度势，“人习凶暴，所见无非恶人”①，以“性恶”为起点，将以刑罚为主的“法”单独列出来以达到警醒的作用。性恶思想反映了当时社会动乱的环境下荀子对人性的考量，正是这种基于现实的思考，为荀子“礼法”思想的结合提供了理论基础。

荀子从人性出发主张礼法并用，但是他并没有止步于此，而是由个人发展到政治，主张君主以“礼”与“法”来治理国家。君主治理国家，主要对象还是普通百姓，所以礼义和法度主要作用的对象还是普通百姓。君主一方面以礼义来教化民众，另一方面以法度来规范行为，礼法并用，从而实现国家的治理。

章太炎曾评价荀子的施政之术高于孟子②，因为荀子的施政之术表现在从功利着眼，注重圣王的威权，而孟子则显得有些狭隘。圣王建立社会国家，是为了明分止息，而“礼”与“法”作为社会的秩序和规范，其作用便是明分止息。

2. 隆礼重法——礼主法辅

“隆礼”治理天下的最高准则。何谓“礼”？“礼是关于人的贵贱贫富与其等级地位相称的规范、规定。”③ 荀子从人性恶来论证这种规范：人心奸险，故而圣王制定礼义和法度来进行治理，使得民众的行为符合向善的规范。

“重法”是“隆礼”的推展和辅助。隆礼和重法是统一的，二者不能绝对区分开。“礼”是最基本的，也是贯穿始终的，可以说荀子始终把“礼”作为治理国家的根本手段，而“法”则是“礼”的补充，“礼”与“法”是“始”与“端”的关系，二者相辅相成。

虽然“隆礼”和“重法”是相辅相成的，但是二者的作用表现在不同的方面。“礼通过规定等级名分而使人们建立基本的社会关系，法则通过庆赏刑罚进而巩固这种社会关系。”④ 由此可见，“礼”与“法”表现在不同的层面上：对

① 章太炎．论汉以前之儒者［M］//章太炎，梁启超，朱自清，等．国学大师说儒学．昆明：云南人民出版社，2009：29.

② 章太炎．论汉以前之儒者［M］//章太炎，梁启超，朱自清，等．国学大师说儒学．昆明：云南人民出版社，2009：25.

③ 张曙光．荀子与中国文化［M］．河南大学出版社，1995：19.

④ 张曙光．荀子与中国文化［M］．郑州：河南大学出版社，1995：20.

于表现良好、遵守各自职能的人待之以礼，对于破坏社会秩序的人则待之以刑，"礼"与"法"互相补充，一轻一重，实现不同程度上的治理。单靠礼义的教化而不行赏罚，那么奸险之徒就得不到惩罚；单靠刑罚的实施而不行教化，那么不胜其烦而法不责众。故而赏罚合一，礼法合用，国家得治。

至此，我们可以得出一个结论："礼"的地位是高于"法"的。"法"是根据"礼"而制定的，是为了防止叛乱发生的强制性手段，而荀子认为，在这个工具性的手段之上，还应该有一种更高的、普遍的价值——"礼"，即儒家推崇的仁爱精神。上文中已经提到，"礼"包含的内容及作用是相当广泛的，因此其适用的范围也是普遍的。而制定赏罚的最根本的依据也是"礼"，符合"礼"的行为予以奖赏，反之，不符合"礼"的行为予以惩罚。换句话说，"法"的执行是为了更好地贯彻"礼"。

3. 有治人，无治法

荀子在确立了"礼"和"法"的关系以后，又进一步地探讨了"法"和"人"的关系。他认为"徒法不能自行"，从而提出了"有乱君，无乱国；有治人，无治法"①。荀子指出，虽然"礼"和"法"作为国家治理的手段非常重要，但是最重要的还是"人"，正是君主才能掌握治理国家的手段，才能让其发挥真正的作用。

荀子强调王者之人和王者之法。王者之人能够"饰动以礼仪，听断以类"，在政治上能够明察秋毫，能够灵活应变不至于使自己陷入绝境，故而称王之人是能够活用礼义和法度之人。王者之法则是根据人的等级制度而作出的各项规定，这些规定能够充分地符合人民的需求而受到自觉遵守。荀子强调人民，而这里的人民实际所指为农民百姓，"不仅士是除外了，就连工商者等于是除外的了"②。人与"法"相比，荀子更为强调人，一方面法度是由人（圣人）所指定的，君子是"法之源"，另一方面法度又依靠人来执行，而历代的王朝更迭亦是说明了这个问题。"人治"所导致的一个必然结果就是强调君子、圣人，这也是儒家一贯的政治理想。所谓有德者必在位，"非圣人莫之能王"，荀子强调由圣人来治理国家。这其实从其人性论到礼法说，均可以看出端倪，这与孔子、孟子所提倡的"内圣外王"显然是一致的。

至此，荀子通过授法入礼，进而完成了自己独特的"法"的构建，形成了"隆礼重法"的思想体系。由孔孟的"礼"过渡到荀子的"礼法"二元，既体

---

① 王先谦．荀子集解·君道［M］．北京：中华书局，2012：226.

② 郭沫若．十批判书［M］．北京：人民出版社，2012：189.

现了荀子对孔孟思想的继承与发展，又体现了大环境下政治的需求。

二、探寻荀子“隆礼重法”思想当代意义的必要性

（一）荀子“隆礼重法”思想为我国现代法治提供传统文化的支持

建设中国特色的法律体系，离不开继承几千年的文化传统，建设法治国家，更需要传统文化的支撑，制定符合自身的法治社会。具体体现在：在法律制定中，要充分考虑民众的文化习俗，体现普遍的意愿；在法律执行过程中，严格执法，不违背民众的根本利益；在法律监督中，倡导民众行使自己的监督权。

荀子“隆礼重法”思想是法治“文化自信”的传统根基。在中国特色社会主义事业不断的实践过程中，形成了“四个自信”，即道路自信、理论自信、制度自信、文化自信。而建设法治社会，亦离不开法治“文化自信”。习近平曾指出：“我国古代主张民惟邦本、政得其民，礼法合治、德主刑辅，为政之要莫先于得人、治国先治吏，为政以德、正己修身，居安思危、改易更化，等等，这些都能给人们以重要启示”，把中国传统思想的现代价值上升到国家治理的高度，如何发掘并诠释中国传统文化的合理价值，以适应时代之需，成为“文化自信”的传统根基，是我们需要关注的一个问题。荀子作为儒家的代表人物，他所提倡的“隆礼重法”思想暗合了现代法治的公平正义、良法善治等一系列的要素。同时，现代法治文化也应充分吸收传统法律文化，从而形成独具特色的中国法治文化。

荀子“隆礼重法”思想中极具人文精神的法律思想为现代法治提供文化支撑。法治的建设尊崇法律的权威性，但是这种权威只有建立在符合道德规范的基础上，并将道德情感内化于民众之心，民众才能产生认同感，才能在实践中积极践行。荀子提倡“隆礼重法”，将“礼”与“法”有机地结合起来，为法治与道德的实践提供了文化支撑。同时，荀子“隆礼重法”思想中充斥着公平、正义等观念的法理学思想，是现代化法治建设的思想基础。公平、正义的观念是法治社会的基本理念，它既包含了法律的精神诉求，又体现了人文的精神关怀，是现代社会普遍认同和接受的价值观念。法治社会的建设，必定要融入这些基本的理念，在法律制定和执行的过程中，时刻体现人文关怀，使法制建设更具有中国性。荀子“隆礼重法”思想中主张“有乱君，无乱国；有治人，无治法”，法并不是绝对的，人是其中的活跃因素，但同时蕴含着“刑不过罪，爵不逾德”的原则，即刑罚相当，这样才能保证礼与法的有效结合。罪行相当，就代表着一种公平、正义的理念，为现代法治思想提供文化支撑。

（二）“以人为本”的价值目标追求

“人民是历史的创造者，是决定党和国家前途命运的根本力量。必须坚持人民主体地位，坚持立党为公、执政为民，践行全心全意为人民服务的根本宗旨，把党的群众路线贯彻到治国理政全部活动之中，把人民对美好生活的向往作为奋斗目标，依靠人民创造历史伟业。”① 这是习近平“以人民为中心”的思想在现代法治建设中的体现。我国社会主义法治建设始终坚持人民的主体地位，在法治进程中更加注重人权保障，执政为民，主要体现在法治建设目标和根本宗旨上。在法治建设目标上，我们始终坚持将“民主、法治、公平、正义”作为目标导向，这体现了人民对美好生活的向往，也是实现全面依法治国的根本价值遵循。在根本宗旨上，我们始终坚持全心全意为人民服务，并将其贯穿到建设法治中国的各项实践中去。这种“以人为本”的价值目标追求，与荀子“隆礼重法”思想中体现的人本精神具有融通性。

孔子摄礼归仁，“仁”的表现落在“礼”之上，“克己”即摒除私欲，“复礼”即遵循理，以自觉之心去实践。孟子指出，人有四端“仁”“义”“礼”“智”，这四端是每个人都具备的。他将“礼”完全内化，使其成为人内在的德目，“礼”源于道德主体，即价值意识内在于人的自觉心。故而孔孟主张治理国家需要实行“仁政”，“以人为本”。继孔孟之后，荀子对儒家“礼”的思想进行了进一步的继承与发扬。但是，“礼”毕竟是一种比较温和的手段，并不具有强制性的规范效果，这对于当时混乱的社会环境来说，显然是不够的。正如蔡元培所说的，通过礼乐的教化还尚有很多冥顽不灵的人②。当其时，秦国已有统一诸侯各国的实力，“国家本位”的思想逐渐占据上风，在这样的背景下，荀子亲赴虎狼之国——秦国，并且提出了自己的“隆礼重法”的思想体系。尽管荀子“隆礼”而“重法”，但是我们可以看出，“法”只是荀子在不得已情况下所选择的一种手段，它是“礼”的补充，“礼”作为“人道之极”的地位并没有因此而改变，故而他提倡“有治人，无治法”。荀子强调“有治人，无治法”所导致的一个必然结果就是强调君子、圣人，这也是儒家一贯的政治理想。所谓有德者必在位，“非圣人莫之能王”，荀子强调由圣人来治

---

① 习近平. 决胜全面建成小康社会 夺取新时代中国特色社会主义伟大胜利——在中国共产党第十九次全国代表大会上的报告（2017 年 10 月 18 日）［M］. 北京：人民出版社，2017.

② 蔡元培. 略论之子百家［M］//章太炎，梁启超，傅斯年，等. 国学大师说诸子百家. 昆明：云南人民出版社，2009：45.

理国家。这其实从其人性论到礼法说，均可以看出端倪，这与孔子、孟子所提倡的“内圣外王”显然是一致的，也与儒家所贯彻的“以人为本”的“仁政”思想相吻合。

三、荀子“隆礼重法”思想的当代意义

（一）隆礼而重法——德治与法治的统一

荀子所说之“礼”，不同于孔孟之“礼”，其起的是一种规范的作用，表现在对个人、对社会以及对国家的规范，是一种比较“温和”的手段。“礼”是一种规范，“法”也是一种手段，二者之间是相互补充，双层递进的关系。与西方文化的理性主义思想不同，中国传统中素来带有情感的成分，基于情感的考虑，荀子将“礼”的规范视为最基本的，在此基础上，用“法”来达到一种互补性的作用，从而建立起使用于全社会的古代法文化。

法律中经常被人们重视的一个问题是如何处理法与情的矛盾。儒家与法家有一个关于“直躬之父窃羊”的故事，即对于一个很正直的人发现他的父亲偷了别人的羊时，应该做出怎样的反应，儒法两家有不同的认识：孔子认为，儿子为父亲隐瞒才是直率的表现，而韩非则认为儿子告发父亲是应该的，因为父亲触犯了法律。儒法两家对待这件事情的不同态度正是仁治与法治的根本体现。我们会有这样的一个概念，法律一旦制定就不应该轻易更改，而中国是一个注重“人情”的国家，所以法与情的矛盾便时常发生。荀子的“隆礼重法”思想可以给我们这样一个启示：既要予以法律制裁，同时要兼顾道德教化。在荀子看来，“礼”是更为普遍的价值，是高于法的，所以法律的执行也应该注重礼的教化，法律是在礼的普遍约束下的具体的规范。

在现代法治社会中，道德与法律是治理国家的两个重要手段，也是不可分割的两个重要手段。道德的概念越来越宽泛，我们倾向于将一些约定俗成、经过文化积累并被人们认同的道德观念称之为“礼”，这些观念并未明确列入法律条文，也未明文规定，却是民众普遍认同，内化成行为规范的，例如“孝顺父母”“尊老爱幼”等。法治建设一方面从法律的强制性方面进行考虑，另一方面也应该从道德约束方面抓起。中国是一个注重传统的国家，传统的文化内涵更是容易为民众所接受，“礼”文化尤为明显，有时候，法律的约束会引起反弹，道德的教化却更为持久和稳定。

德治与法治的统一，亦需要不断挖掘道德与法治资源。

（二）“有治人，无治法”——良法与善治的统一

荀子强调“有治人，无治法”，法律固然重要，但是没有一成不变的法律，

法对于治理国家虽然很重要，但法毕竟是人制订的，仍然取决于"人"，故而即使有了"良法"，也需要依靠"人"来掌握和贯彻。

法治是法律之治，良法之治。十九大报告强调"以良法促进发展，保障善治"，可以说"良法"是前提，"善治"是保障。

何谓良法？亚里士多德定义为"已成立的法律获得普遍的服从，而大家所服从的法律又应该本身是制定得良好的法律。"① 国家行政学院一位教授认为"良法是具备公开、明确、稳定、可预期、无内在矛盾、可遵循、具有同一性、不溯及既往等品质之法"。首先，良法需要得到民众的普遍认可与严格遵守。建设法治国家，必须要树立尊重和承认法律的最高权威的意识，而这也是良法的基本前提。而树立尊重权威意识，法律必须充分体现人民的利益，触犯法律必然会有相应的后果，民众自然而然地遵守，整个国家治理体系体现着现代化和法治化。其次，良法需要不断与时俱进和自我完善。法律作为上层建筑的一个体现，必然随着国家的经济发展而体现在具体精神及条文的转变上，随着中国进入新时代以及社会主要矛盾的变化，我们必须认识到新时代对于"良法"的新的诉求，例如法律的准确性和可操作性和可遵循性等。与时俱进地完善相关法律，建设一个能够自我完善与发展的法治中国。

以"良法"为前提，现代法治还需"善治"。"善治"是一个国家的治理能力的体现，正如荀子所言，治理国家更重要的还是要靠"人"。把法治理念、法治精神贯穿到现代中国的各项建设中去，依宪执政，依法执政，是法律成为行而有效和解决问题的良策。从上到下形成良好的法律意识、法律文化，树立坚定的法律信仰、法律意志，将社会主义核心价值观融入法治体系，不断促进国家利益和公共利益的最大化。

（三）法律权威性的树立与遵守

卢梭说："我愿，在这个国家内部，没有人能够凌驾于法律之上；在国家外部，也没有人能够做出命令使这个国家屈从于他的权威。"这体现了法律的权威性和至高无上性，在荀子"隆礼重法"思想中也能够得到体现。荀子将"礼"与"法"分为两个层次，"礼"在规范层面上处于基本的位置，但是"法"强调法律适用于任何人，民众应该认识到这一点。依法治国、建设法治中国需要不断推进法的广泛适用性，以及民众对法律信仰及尊崇的法理精神。荀子的"法"是建立在"礼"的基础之上，强调民众对法律的平等性认识，这在一定

---

① 亚里士多德．政治学［M］．北京：北京出版社，2012.

意义上符合现代法治的法律权威性的法理精神，为学习制度文明寻求合理的论证。

民众法律素养的高低关系到法治社会的建设。自由、平等的观念还未深入人心，公平、正义的理念还并未受到大多数的人认同（在实际的社会中），法律权威性的意识也并未在日常的执法中体现。法治社会的建设，首先，要培养民众的法律意识、主人翁意识，使其自愿地参与到具体的民意调查中来；其次，要学会在日常运用法律的手段来维护自身的权益；最后，要有意识地去监督法律的执行情况，及时做出反馈。

法律一旦制定，任何人都应该遵守。在制定一项新的法律时，首先应调查民情民意，考察这项法律制定的必要性及合理性，好的法律必定是体现民众意愿，且被大多数人所认同的法律。好法的制定是如此的重要，以至于一旦有损人民意愿的条例产生，就会引起不满。法律制定以后，更是需要一套严格的执法制度，在这套制度内，没有人可以随意地触犯法律，也没有人可以逃避法律的制裁，民众自愿在自己认同的法律框架内行事，而他们心里也清楚，一旦触犯法律，后果将会很严重。

法律权威的树立不单是要靠森严的惩罚措施，更需要民众内心的认可及自觉地遵守，这还需要不断地努力。我们可以这样设想，当法律成为一种习惯，它能否归结到礼的层面，当法律行为成为人们下意识的行为时，法治社会也就实现了。

参考文献：

[1] 王文锦．礼记［M］．北京：中华书局，2016.

[2] 蔡仁厚．中国哲学史大纲［M］．长春：吉林出版集团有限责任公司，2015.

[3] 杨伯峻．论语译注［M］．北京：中华书局，2014.

[4] 徐复观．中国人性史论［M］．北京：九州出版社，2014.

[5] 冯友兰．中国哲学史：上册［M］．上海：华东师范大学出版社，2014.

[6] 王先谦．荀子集解［M］．北京：中华书局，2012.

[7] 郭沫若．十批判书［M］．北京：人民出版社，2012.

[8] 张晋藩．中华法制文明的演进［M］．北京：法律出版社，2010.

[9] 周炽成．荀韩人性论与历史哲学［M］．广州：中山大学出版社，2009.

[10] 章太炎．国学大师说儒家 [M]．昆明：云南人民出版社，2009.

[11] 劳思光．中国哲学史新编 [M]．桂林：广西师范大学出版社，2005.

[12] 徐复观．中国思想史论集 [M]．上海：上海书店出版社，2004.

[13] 余英时．中国思想传统的现代诠释 [M]．南京：江苏人民出版社，1995.

[14] 张曙光．荀子与中国文化 [M]．郑州：河南大学出版社，1995.

[15] 郭沫若．郭沫若全集（历史卷）[M]．北京：人民出版社，1982.

“内圣开外王”的迷思与当代儒者的自知之明

王觅泉　刘雪梅

（中国政法大学 马克思主义学院，北京，100088）

儒学是否应当、是否能够以及如何才能在现代社会继续生存和发挥作用，是近一百多年来始终萦绕在中国人脑海当中的大问题。随着国内外形势和时代条件的改变，中国人对儒学的态度也在不停地翻转改变，而且在不同的群体之间产生相当明显的分歧。成中英先生是当代新儒家第三代代表人物，在最近一次题为“论儒学的真诚性和创发性：兼论儒学的三偏与三正”的演讲中①，他阐明了自己在这个问题上的立场，认为原始儒学本身就蕴含着现代性，或者说拥有适应和促进现代性的源动力，这种源动力来自儒学所开掘和阐扬的道德主体性，成先生用真诚性和创发性来刻画这种道德主体性。在此基础上，他批评了当代儒学研究中角色伦理说、心性儒学派和政治儒学派的“三偏”，强调儒学“合内外之道”的架构和特质，角色义务与成德成人、内在心性与社会政治秩序相辅相成，认为这才是儒学之“正”。

成先生的上述立场是非常正统而公允的，而且我们特别欣赏他提出的真诚性和创发性这对概念，认为它们既把握住了儒家思想的核心精神，又具有相当的开放性和普遍意义。因此，我们愿意在成先生工作的基础之上，进一步地澄清和阐发这对概念的意义，特别是它们之间的辩证关系，期望由此更加深刻和鲜明地展现儒学的“合内外之道”，破除由内圣开外王的单向迷思，并对儒学在当代的生存和发展问题提供一点建议。

一、真诚性

对于不熟悉儒家思想的人，“真诚性”这个术语容易被简单地理解为如实地

---

① 该讲稿发表于《哲学研究》，2016 年第 6 期。

表达自己的性情和所感、所知、所思的东西，即不掩饰、不说谎等。但是如果"真诚性"仅仅只是表达层面的诚实，那么它的意义就只是中性的。一个恶棍也可以在表达的意义上做到真诚，毫不掩饰地将自己的恶展现出来，这样的真诚性或许具有某种审美价值，但是不可能具有道德价值。"真小人"再"真"，也只是"小人"。所以，真正有价值的"真诚性"不仅仅要求表达的真诚，更要求存在的真诚。存在的真诚需要对人之所以为人或说人性（human essence）达到一种适当的觉解，做符合人之所以为人的事，成为真正的人。在我们的日常语言中，"不是人"表达了一种严厉的道德谴责。在生物学的意义上，人就是人，不可能不是人。当我们用"不是人"表达道德谴责的时候，显然我们赋予了"人"这个概念以规范性的内涵，只有符合人之为人的规范性标准，才算真正的人。所以，人不仅仅是现成的，更是做成的。

做个真正的人，是"真诚性"更加深层的内涵，这也正是《中庸》《孟子》等文献中所揭示的"诚"的内涵。《中庸》说，"唯天下至诚，为能尽其性"，可见"诚"不仅是要真诚地表达自己，而且要"真实无妄"地实现和拥有人性。①《中庸》中说："诚者，天之道；诚之者，人之道。"孟子也说："诚者，天之道；思诚者，人之道。"（《离娄上》）天并不言语，但是"四时行焉，百物生焉"（《论语·阳货》），也就是说它总处于"是其所是"的状态，所以天总是"诚"的。但是人有可能不是人，人要通过自身的努力做成真正的人，从而实现"诚"的存在状态。所以"诚之""思诚"是"人之道"。

这种关于"诚"或"真诚性"的思想，其实肇端于孔子仁学。孔子揭示了"仁"非常丰富的内容，也造成后世对"仁"的理解莫衷一是，不少人根据《论语》中"仁者爱人"的说法和仁字"从人从二"的字形，将之理解为人际交往中的亲爱与善待。我们承认这是"仁"的重要内容，但是这很难解释，如果"仁"字本义是"爱人"，那么它是如何被用来表达各种超出人际关系论域的内涵的，比如说"刚毅木讷"的品质（《论语·子路》）。"仁者，人也"应该是对"仁"字更加合理的解释。如徐复观先生主张，"仁者人也"是本生之义，"仁者爱人"乃派生之义。"仁者人也""原来只是说'所谓仁者，是很像样的人'的意思。在许多人中，有若干人出乎一般人之上，为了把这种很像样的人和一般人有一个区别，于是另造了一个'仁'字，这应当是'仁者人也'的本义……'仁者人也'第二步则发展而为'所谓仁者，是真正算得人的人'，此句话是含有纯生理上的人并不真正算得是人，而应当在生理之上追求一个人之

---

① 朱熹．四书章句集注［M］．北京：中华书局，1983：31.

所以为人的根据的意思"①。按照这种理解，孔子仁学表达了一种身为"人"和要做"人"的自觉。"爱人"是"做人"的重要内容，因此也成为"仁"的核心内涵，但是"做人"不止于"爱人"，而是对包括和谐的人际关系在内的诸多美善事物和"成人"的追求，所谓"兴于诗，立于礼，成于乐"（《论语·泰伯》）。

对真诚性的觉解和追求是道德主体性建立的根本标志。道德主体性包含不同的层次，如不假思索的情感反应，对具体人事的评价、判断和行动，对价值或规则的总结、提炼和遵循，以至对人生在世的整体反思、领会和决断。对真诚性的觉解出现在最后的，也是最高的这个层次上，它是对人之为"人"的身份与尊严、做"人"的责任与自由的觉解，也就是对道德主体本身的觉解。道德主体前几个层次上的各种表现，在做"人"这个精神境域中重新贞定了它们的价值和意义。做"人"是人最本真的志愿，关于如何做"人"的具体志愿有可能是受到未被觉察的摆布而形成的，但是做"人"这个根本志愿一定是内在觉解的成果。经过这个层次的觉解，真正的道德主体才挺立起来。

孔子"仁"学所揭示的对"人之为人"的自觉承当意识，是《中庸》、孟子"诚"论的源头和内核，所谓"真诚性"应该从"做真正的人"这一存在论层面来理解。由此可见，与现代伦理学以如何正确行动为中心不同，儒家伦理关注如何做个合格和圆满的人。在这个意义上，儒家伦理是一种德性伦理。

二、创发性

从逻辑上讲，真诚性相较于创发性而言似乎具有某种更加根本的地位，它是创发性的源泉和归宿。但是在现实的发生过程中，反而往往是创发性为真诚性的觉解提供土壤。如上所论，真诚性需要较高层次的自我觉解。无论就整个人类还是就人类个体而言，只有具备了相当丰富的生活体验和高度发展的理智反思能力，才可能达到这种层次的觉解。真诚性的觉解不是玄思冥想的结果，而往往是人类通过展现自身的创发性，应对生活中出现的各种问题，创制出和谐优美的生活形式，创发性可以先于真诚性，在它还没有出场的时候就发挥作用，而真诚性的觉解在这个过程中成为水到渠成的事情。就人类个体而言，人一出生就面对着一个已然存在的生活世界，我们必须一边学习、接受和参与这个世界，一边试着去理解和改变它，在这个过程中我们才逐步发展出自我意识

---

① 徐复观．释《论语》的"仁"［M］//学术与政治之间．上海：华东师范大学出版社，2009：136.

和自我认同，形成对真诚性的觉解。总之，如果没有创发性及其创制的生活世界，那么真诚性的觉解将是不可能的事情。

孔子提出“仁”的思想，必须放在殷周以降中华文明不断创制、人文心灵得以陶养的大背景下来理解。仁和礼是孔子思想的两个关键，礼是一套熔政治、伦理、文化于一炉的生活样式，在仁的意识觉醒之前，礼经过了长时间的发育成长，塑造了华夏民族高度文明的生活形态。它既在统治者与被统治者之间，以及统治集团内部建构起一种合理的关系秩序和处事原则，与此同时，作为礼之载体的仪态、服饰、彝器、诗歌、乐舞等各方面的陶养训练，也在贵族阶层中培养起艺术心灵和典雅人格①。总而言之，在礼的周旋揖让之间，华夏民族同野蛮状态渐行渐远，日益开展出文明的、属人的生活样式。人的感性和理性都因此得到了深度的训练和陶养，因而日渐从动物界中出走，与野蛮状态愈行愈远，成为一种具有自身独特生存和体验方式的生灵。当成长达到一定水平之后，这种生灵将目光投向自己，发现了自身的独特甚至高贵，并由此而生一分责任感，要使自己的思想、行事乃至生命配得上这一独特而高贵的身份。孔子“仁”学就是将这一“人之为人”的自觉意识贞定并表出之，没有殷周以降的人文创制与成长，这种自觉是不可能的。

人的创发性最开始总是比较简单，并不脱离自然本性太远。但是随着人类文明创制渐行渐远，他们自己创造了一种前所未有的文化环境。在这种文化环境中，先前在自然环境下演化出来的自然本性，不再能够解决所有问题，甚至不再能够解决大部分问题，这就需要人类同时也创造出一套能够适应这种全新文化环境的生活之道。如以道德问题为例。孟子的说法固然有正确性，人的自然本性中确实有先天的道德情感能力，很多简单情境下的道德问题通过这些自然情感就可以解决。但若从当今社会交往的广泛和复杂情形来看，单凭这些自然情感显然已经不足敷用，此时荀子社会契约论式的建构礼义的思想②更就具有的合理性。

三、真诚性无创发性则空，创发性无真诚性则盲

孔子有两句话，历来引发人们关于仁与礼之关系的争议，一句说：“克己复礼为仁。”（《论语·颜渊》）另一句则说：“人而不仁，如礼何?”（《论语·八佾》）从前一句看，似以礼来规定仁，礼更根本；但是从后一句看，礼又要以仁

---

① 罗新慧．尚“文”之风与周代社会［J］．中国社会科学，2004（4）．

② 李晨阳．荀子哲学中“善”之起源一解［J］．中国哲学史，2007（4）．

为基础，仁更根本。仁和礼可以分别对应于真诚性和创发性，通过前文对真诚性和创发性的分析，我们可以比较合理地解释孔子这两句看似矛盾的话。如果没有创发性开展出来的文明生活样式，真诚性的觉解是不可能出现的。而且真诚性或者“人之为人”的理念并不是任意的，而是有其规范性的内涵，这种内涵来源于对文明生活样式的反思认同，在孔子的时代，“仁”的规范性内涵仍然可以在周礼这套高度文明的生活样式中去认取。所以孔子说“克己复礼为仁”。但是若一任创发性往而不返，沉迷于周礼的繁文缛节中，而不去反思它们对做人的价值和意义，礼的实践就有可能失去活的灵魂和根本方向，所以孔子又说“人而不仁，如礼何?”因此，礼为仁的觉解提供了土壤，而仁的觉解为礼的实践范导方向。换言之，真诚性无创发性则空，创发性无真诚性则盲。

据此我们要对“内圣开外王”的单向思路提出批判。“内圣”指的是个体人格的完成，或者说真诚性的实现；“外王”指的是一个人对具体美善事物（human goods）的拥有和社会、国家、世界乃至自然的良好状态，这是创发性的领域。首先，“内圣”并不是现成的，而是通过努力达到的成就，而要达到这种成就，离不开“外王”。如果一个人从来没有拥有美善事物的体验，长期生活在很糟糕的社会、政治和自然环境中，我们很难想象他会发生对真诚性或“人之为人”的觉解。而对于那些已经对此有所觉解的人，“内圣”的境界所需达到的标准，或者说包含的内容，都离不开“外王”所创造的生活样式。可以说，没有达到一定程度的“外王”成就，“内圣”将是不可能或空无内容的。

其次，“外王”有其自身的逻辑，它要充分考虑内外各种条件，如人类身体和心理的实际情况、社会生产和交往方式、自然界的运行规律等。对一些涉及大规模和复杂社会交往的“外王”问题，需要集合多方面的智慧，花费很多精力去探索一套解决方案。而且“外王”问题是随着时代条件的变化常有常新的，人类不断创造着新的生活环境，同时也就在不断创造出新的生活问题。既然“外王”问题有其自身的现实逻辑，需要根据它的现实逻辑来寻求妥善的解决，那么我们就不能简单地指望由“内圣”把它开出来。非但不能这样指望，甚至可以说，一种生活环境下的“外王”问题本身没有解决，这种环境下的“内圣”本身就是不可能的。

最后，有时候人们将“内圣”和“外王”比较松散地理解为内在品德和外在秩序。在这个意义上，“内圣”确实可以在某些简单情境当中开出“外王”，比如在一个小规模的部落里，其内部秩序大概就可以通过先天本性发展而来的同情心维系。但是在大规模和复杂的社会交往环境下，同情心很可能就不够用了，比如在当今中国，要不要扶摔倒的老人都成了棘手的难题。这时候反而需要制订出行之有效的外在规则和方案，然后根据这些规则和方案去培养相应的内在品德。所以，就算是这样松散地理解的“内圣”和“外王”，也不能一概而论地说“内圣”开出“外王”，对于“外王”问题很多时候需要独立的考虑和解决。

总而言之，我们不可能先在玄思冥想中达到“内圣”的境界，然后将之发用出来以达成“外王”，而永远只能在实际的社会生活当中一边做人，一边理解做人的道理，也就是说，在建设“外王”的过程中探索和实现“内圣”。“内圣”当然很重要，没有“内圣”，“外王”很可能迷失根本方向，但是实际的功夫必须下在“外王”上，“内圣”不可离“外王”而强求，在“外王”功夫发展到一定程度时，“内圣”自然而然或稍加点拨就能呈现出来。

四、当代儒者的自知之明

如上对真诚性和创发性之辩证关系的分析，也为我们思考儒学在现代社会的生存和发展问题提供了启发。

就真诚性一面或“内圣”之学而言，当代儒者必须正视人的心理发展的实际。根据牟宗三的记载，熊十力曾当面批评冯友兰以良知为一种假定，而坚持认为，“良知是真真实实的，而且是个呈现，这需要直下自觉，直下肯定”①。牟宗三当然站在熊十力一边，文字中颇流露出对冯友兰的不屑。对真诚性的觉解是良知的题中应有之义。熊十力的良知呈现说，对于达到这层觉解的人来说当然没有问题，他们只需要“直下自觉，直下肯定”就行了。但是我们毕竟还是要考虑，那些尚未达到这层觉解的人，如何达到它，这就不是简单地宣布良知是呈现就可以了事的。如前已论，对真诚性的觉解是一种成就，而非先天的或者先验的。当代儒者似乎有必要接受发展心理学等方面的知识，来完善和丰富儒家的“内圣”之学②。

就创发性或“外王”之学而言，传统社会面临的一些“外王”问题，有的在现代社会还继续存在，儒学提出的解决方案或许还能发挥一些作用。例如，虽然五四新文化运动以来儒学的家庭伦理不断遭到激烈批判，被视为压抑个体，助长专制政治的帮凶，但是也有很多人替它解释和辩护，认为它在现代社会仍

---

① 牟宗三．我与熊十力先生［M］//年宗三．氏著《生命的学问》．桂林：广西师范大学出版社，2005：108.

② 例如 Lawrence Kohlberg. *The Psychology of Moral Development*: *The Nature and Validity of Moral Stages*［M］. New York: Harper & Row Publishers, 1984.

然具有不可磨灭的价值。如徐复观先生认为，从社会政治伦理本身的逻辑来看，人类在这方面遭受的灾害最基本的原因，是在个体和全体之间无法实现和谐关系。杨朱式的极端个人主义否定人类共同过政治生活的可能性，流于虚无主义，而墨子式的彻底的全体主义否定以爱为中心的伦理组织的基点，包括家庭这个每个人物质和精神生活的基点，有极权主义的危险。人类是生活在个体与全体之间的连接点上，只有把握住这个连接点，使个体不妨害由各个体而来的共同意欲、需要所形成的全体，使全体也不妨害构成全体的各别个体，才能建立稳定的政治社会。而家庭正是一个合适的连接点，社会通过以爱为结合纽带的家庭组织，使公与私、权利与义务、个体与全体得到自然而然的和谐，形成较之纯以个人主义为中心的民主政治更进一层的个体与群体得到和谐的民主政治①。

徐先生的上述分析包含非常深刻的洞见，家庭确实是具有重大意义，而现代伦理学重视和讨论不够的一个问题，儒家伦理在这方面确实展现出它独特的价值。但是我们还是必须指出，首先，儒学的家庭伦理要同现代社会的基本伦理原则保持协调，例如孝必须建立在亲子人格平等的基础之上，在必要的时候（如出现了严重的家庭暴力），应当由公共力量介入以保障家庭成员的基本权利。其次，和谐的家庭生活需要满足很多外部条件，当前中国社会很大程度上无法满足这些外部条件，使很多家庭无法正常团聚，天伦之乐成为奢望，因此不能单方面倡导家庭伦理，而不去思考建立合理的政治经济制度以改善这些外部条件。最后，应当允许和鼓励家庭之外多种多样的共同体的发展，以提供更加丰富的选择，即使有一些人不幸生活在一个失败的家庭里，也仍然有机会在其他共同体里获得亲密关系和归宿感。

除了家庭伦理，也有学者试图发掘传统儒学中的政治思想（这是标准的“外王”学），来回应今日中国乃至世界的政治问题。例如发展某种儒家版本的民主和人权观念，以避免自由主义民主和人权观念的弊端②。或者从传统儒学中发展出一种“天下主义”，来对治全球化时代民族国家造成的冲突③。与此关怀相同的，还有近来因与台港新儒家辩论往还而颇受关注的“大陆新儒家”。他们尝试从康有为和公羊学思想中，发掘出一套指导当前中国国家建构和国族建

① 徐复观．中国孝道思想的形成、演变及其在历史中的诸问题［M］//李维武．徐复观文集：第一卷 文化与人生．武汉：湖北人民出版社，2009：50－55.

② 白彤东．旧邦新命：古今中西参照下的古典儒家政治哲学［M］．北京：北京大学出版社，2009.

③ 赵汀阳．天下体系：世界制度哲学导论［M］．北京：中国人民大学出版社，2011.

构的“政治儒学”，被戏称为“康党”①。我们这里无法详细评论这些学者的工作，他们直面当今中国乃至世界的政治问题开展思考的精神，是非常值得肯定的。但是我们也不无担忧，毕竟传统儒学诞生和发展的时代，非常不同于当今这个时代（当然，康有为比较特殊）。我们并不否认通过创造性的诠释，传统儒学可能跨越古今之异，为解决当今中国和世界的政治问题做出贡献，并发展自身。但是，既然目的是为了解决问题，而思考这些问题的学科和学者所在多有，那么我们似乎就不妨把视野放得宽广一些，不仅从传统儒学，而且从那些相关学科和学者的工作，以及世界各国的实际政治经验中去寻找答案。如果刚好传统儒学提供了最好的答案，我们当然乐见“政治儒学”之成，但是如果从其他资源中也能够找到好答案，我们也不因为它不是儒学而拒绝。

如果说对上述家庭和政治的问题，我们还能够从传统儒学中找到相应的解决之道，那么当今时代还有一些新问题，是传统儒学从来未曾设想过的，甚至也是离我们世代相当近的前辈也未曾设想过的。这些新问题很多与呈指数型进步的科学技术相关，如核武器、基因工程、生物医疗、信息技术、人工智能等。随着这些科技的不断快速进步，我们的生活环境也面临着重构，这既使我们能够享受传统时代难以想象的福利，也引发出亘古未有的生存困惑和挑战。最近谷歌人工智能程序“阿尔法狗”与人类棋王李世石的对弈引发了广泛的社会关注，翟振明在一篇评论文章中说：“AI（人工智能——引者注，下同）给我们卸载，VR（虚拟现实）让我们飞翔，但这个全新人造空间暂时还没有航标灯也没有雷达，那里充满机会又危机四伏，最紧迫的，是要制定‘虚拟世界大宪章’。天空还是深渊，就看我们此时的抉择了。”②

回顾我们关于真诚性和创发性、“内圣”和“外王”关系的探讨可知，要在这种新的时代生活环境中达成真诚性和“内圣”，必须能够因应这种环境，创发出合理和谐的生活之道，构建新“外王”。这种新外王和生活之道的创构，应当是全社会知识和思想工作者的共同事业，而不可能由只是占据当代学术分科一隅的传统儒学研究完成③。当代儒者应当放弃这种不切实际的野心，务实地

① 参见《天府新论》2016 年第 2 期“首届‘两岸新儒家会讲’”专题。

② 翟振明．我们该如何与机器相处——从弱人工智能到无所不包的扩展现实［J］．南方人物周刊，2016（9）．

③ 当然也不是说全无作为，如陈来先生就曾著文讨论器官捐献的伦理问题，2015 年美国最高法院大法官安东尼·肯尼迪在解释同性婚姻合法化法案的判词中引用儒家经典《礼记》中的话，中国儒家群体也对此发出了自己的声音。——陈来．儒家的身体意识与当代器官捐献伦理［J］．文史知识，2013（1）；张祥龙．儒家会如何看待同性婚姻的合法化？［J］．中国人民大学学报，2016（1）．

去了解这个世界上正在发生的故事，以一种谦虚和开放的心态去接受人类学术共同体在相关领域积累起来的知识和思想，有所为有所不为。

我们破除“内圣开外王”的迷思，强调“外王”本身的逻辑和重要性，通俗地说，无非就是要重视生活本身给我们提出的问题。过去有“一事不知，儒者之耻”的说法，格物致知、诚意正心修身、齐家治国平天下，都是儒者分内之事。在传统社会，儒学也确实曾经是一套全面安排心灵和人间秩序的完备学说。但是在现代社会，还继续指望儒学发挥这样的作用就有些不切实际，儒家儒学包打天下的时代已经一去不复返了。我们也许可以换一种思路，与其凡事都试图找到一种儒家式的解决方案，还不如把各领域术业有专攻的人士发展为儒家，例如儒商、儒官、科学家儒家、工程师儒家、艺术家儒家、运动家儒家等。虽然孔子说：“君子不器。”（《论语·为政》）但这不是说君子不应当去从事具体的事业，而是说不能拘泥于具体事业而沦为工具，迷失了做人这一根本目的。在这些各领域大显神通的人士身上，我们可以看到现代社会条件下所能创发出来的生活典范，他们才最有可能实现儒家孜孜以求的人的真诚性。

李大钊对马克思主义法学的重要贡献及启示

王　茜

（河南科技大学 马克思主义学院，河南 洛阳，471023）

党的十九大报告中指出要坚持全面依法治国。全面依法治国是中国特色社会主义的本质要求和重要保障。党的十八大报告也提出弘扬社会主义法治精神，树立社会主义法治理念。李大钊是中国马克思主义法学的开拓者之一，是近代无产阶级和社会主义法律思想的主要奠基人，李大钊运用唯物史观于法律研究，阐明法律的本质特征，并用马克思主义法的观点解释社会各种现象，他始终把变革和演进同中国社会的进步与发展联系在一起，为马克思主义法学在中国的传播做出了贡献。江泽民曾指出："李大钊以马克思主义为指导，对历史学、法学、政治学、教育学、伦理学乃至民族问题、妇女问题等进行过研究，在这些领域中做出了开拓性建树。"① 可见李大钊的马克思主义法学理论是有着独特见解和重大贡献的，具有很强的前瞻性，他的法学思想不仅是对当时社会变革的启迪，也对当代中国社会主义在法治建设上具有深远意义。

一、建立"民彝"之律法，确保人民之主权

（一）匡正民彝之理念，维护民宪之基础

李大钊的民彝理论见于他的论著《民彝与政治》，他在文中引用了《诗·大雅·烝民》，对"民彝"做了解释："天生烝民，有物有则。民之秉彝，好是懿德"，李大钊还将民彝训释为"心理之自然"，认为"秉彝之明，自能烛照夫万物"，将民彝当作"吾民衡量事理之器""凡事真理之权衡"②，综其表述，李大

① 江泽民．在李大钊诞辰100周年纪念大会上的讲话［N］．人民日报，1989－10－29.

② 李大利．民彝与政治［M］//中国李大钊研究会．李大钊全集：第一卷［M］．北京：人民出版社，2006：145－146.

钊所说的民彝着重强调的就是人民的概念，认为人民的意愿应当作为衡量各项事情是非的标准，人民的意愿和要求是最应当得到保障和实现的。国家的法律和政治都是表现“民彝”的一种方式，一切法和政治都只不过是人民表达意志的手段和工具，“政治者，一群民彝之结晶”，“彝性之所趋，虽以法律禁之，非所畏也。彝性之所背，虽以法律迫之，非所从也”①。固一切法律和政治都应以民彝为基础，最佳的政治是对人民意志与欲望的因势利导，最佳的法律也应是“因性以为法”，而不是“立法以禁欲”。“政治之良窳，视乎其群之善良得否尽量以著于政治，而其群之善良得否尽量以著于政治，则又视乎其制度礼俗于涵育墉导而外，是否谅人以径由秉彝之诚，圆融无碍，而为彖决于事理得失利害之余裕。”② 将人类的理性、公平与正义发挥无遗，才能达到“政治休明之象”。

在这样政治体制下，法律同政治一样，只是用以达到人民意志的一种手段，法律的起源来自人民的意志与要求。由于人民的心理、意志和愿望是不断发展变化的，所以他提出作为民彝表现形式的法，自然要随民彝的更新与发展而变化，“必使法之力与理之力息息相攻，即息息相守，无时不在相摩相荡相克相复之天，即无时不得相调相剂相蓄相容之分”，使得法与理“平流并进，递演递擅，即法即理，即理即法”③，实现法与理的统一。法律若要得到良好的执行，必定是要建立在合理合法的基础之上，尤其是民众对法律的认可，归根结底是法律能否使人民当家作主，法律的制定要与人民的意愿和要求相契合，变更和修改法律都应该尊崇这个原则，法律才会健康发展，发挥最大的功效，最终达到巩固社会秩序的目的。李大钊说：“民彝者，民宪之基础也。”④ 李大钊把民彝、“唯民主义”看作是政治和法律的根本和核心，李大钊民彝的法学思想充分体现了“主权在民”的法律原则和主张。

（二）肯定民众之势力，维护人民之主权

李大钊以民为本的法律思想是其“民彝论”法律思想之根源，是李大钊在接触西方资产阶级民主主义理论与总结中国古代民本主义理论的共同基础上形

---

① 李大利．民彝与政治［M］//中国李大钊研究会．李大钊全集：第一卷［M］．北京：人民出版社，2006：150.

② 李大利．民彝与政治［M］//中国李大钊研究会．李大钊全集：第一卷［M］．北京：人民出版社，2006：150.

③ 李大利．民彝与政治［M］//中国李大钊研究会．李大钊全集：第一卷［M］．北京：人民出版社，2006：162.

④ 李大利．民彝与政治［M］//中国李大钊研究会．李大钊全集：第一卷［M］．北京：人民出版社，2006：148.

成的。李大钊看到了世界范围内无产阶级革命的不可阻挡的历史洪流，认为人民的伟大力量是不可战胜的。一个社会只有万众一心，才能向前发展，正说明群众运动存在的合理性与时代性。与此相同，一个国家，一个民族，只有通过民众自己的力量才能摆脱被压迫的命运，实现自我解放，才能获得真正的自由。他开始用平民主义和平民政治来思考社会主义社会的政治和法律，对民众的日常生活中的诸如“光明权”① 的人民权利进行伸张与强调，在现代平民主义社会之下，国家和政治法律机关已经失去了传统的政治性和统治功能，从而转向人民。李大钊所向往的以民为本、民主与法制有机地结合在一起，实现了真正人人平等的理想社会。

李大钊所诠释的纯正的“平民主义”，其实质就是社会主义民主，即在政治上、经济上、社会上消灭一切特权阶级；政治机关只是为全体人民，属于全体人民因而由全体人民执行的事务管理的工具；地不分南北，人不分民族、男女，每一个个人自由、团结、平等，没有统治与服属的关系。李大钊明确指出人民要想获得真正的自由和解放，就必须通过阶级斗争的手段，打倒地主资本家，建立无产阶级专政。在对民生问题热切关注的过程中，李大钊以民为本的思想进一步完善和成熟，与之相应他的社会主义法律观的民本取向也愈益强烈并成为贯穿其法律思想的一根红线。李大钊设想的这个社会，正是我们今天追求的目标。

二、法律救国之批判与继承

（一）承马克思主义思想，扬社会主义理念

李大钊出生于民族矛盾异常尖锐的清朝末年，中国古老封建社会解体，开始向现代化社会转变这一特殊背景为李大钊的爱国主义思想提供了以反封建为主体的全新内容。1905 年开始的清末立宪活动，作为一场政治运动虽然是失败的，但它通过立宪施行法治的资产阶级宪政，从而破除了人治弊端和君主独裁，这极大地震动了自幼熟读四书五经的李大钊。1913 年进入北洋法政专门学校之后，特别是此后在日本的留学，又使李大钊有机会系统地学习了西方资产阶级的政治学、法学、经济学等方面的著作，祛除了以往的封建思想，逐步构建了资产阶级的民主主义法律思想和法制观念，通过立宪来建立资本主义法治社会的治国方案。在“五四”新文化运动爆发以前，李大钊的思想属于激进的民主

① 李大利．光明权［M］//中国李大钊研究会．李大钊全集：第二卷［M］．北京：人民出版社，2006：359.

派立场，其反封建的武器主要是资产阶级启蒙思想家们所宣扬的自由、平等、博爱等观念。李大钊曾热心维护的具有民主共和国雏形的中华民国，在袁世凯、段祺瑞等封建军阀的破坏下，更是面目全非。“言论庞而是非乱，言论伪而是非湮，是非由乱而湮，人心世道之真，遂以全失。”① 现实再一次迫使李大钊思索救国之出路。十月革命一声炮响，使李大钊萌生了新的救国理念，李大钊逐步成为中国最早的马克思主义者，随之他的法律思想也逐渐从资产阶级的民主主义法律思想转变为无产阶级的法律思想。

（二）融中外法律理论，倡法之公平正义

李大钊学习和翻译西方、日本法学著作的同时，努力融会中西法律精髓，注意结合中国的政治法律制度进行思考。他确立了现代法观念，同时也为人民进行民主政治理论的宣讲和传播。李大钊从不死读书、尽信书，而是在阅读中深入思索，并时刻联系国家实际，如此，他在不断的自我充实中构筑了对待学术的科学批判精神以及救国爱民的一腔热忱。李大钊曾于日本留学，期间与同学张润之合译了18万字的今井嘉幸著《中国国际法论》第1卷，于1915年7月在日本出版。李大钊认为，其一，这是为有朝一日收回领事裁判权做思想上的准备。“是书详于外力侵入中国之迹，且足为吾国将来撤去外国裁判权、收回外国行政地域之考镜”②。其二，为拯救民族危亡，需要研究中国的国际关系。李大钊在救国图存的道路上艰难前行，起初并没有轻易地发现中国落后的真正原因在于封建统治，落后的经济和缺乏民主政治的国家风雨飘摇，不堪一击。正因为如此，他也未能及时对症下药，仅仅只想依靠法律来救国，在当时那个帝国主义盛行下军阀统治的时代是行不通的。可想而知在强力外交建立起来的所谓国际法是有多么不平等，所以，在强权政治下，所谓法律的公正，国际法的准则是不存在的。

三、发挥法律强制之效力，保障个人权利与自由

（一）树立法律之权威，剖析自由之真谛

保护个人的权利与自由应当是制宪的重要目的之一，亦是宪法的重要特征。“盖自由为人类生存必须之要求，无自由则无生存之价值。宪法上之自由，为立

---

① 李大利．非篇［M］//中国李大钊研究会．李大钊全集：第一卷［M］．北京：人民出版社，2006：57－58.

② 李大利．中国国际法论［M］//中国李大钊研究会．李大钊全集：第二卷［M］．北京：人民出版社，2006：34.

宪国民生存必需之要求；无宪法上之自由，则无立宪国民生存之价值。”① 李大钊甚为关注宪法保障下的思想自由理论，他在著作中指出：“吾人对于今兹制定之宪法，其他皆有商榷之余地，独于思想自由之保障，则为绝对的主张。”② 可以看出李大钊是反对思想禁锢的，在《宪政与思想自由》一文中，他对思想自由的条件、意义及限制思想自由的后果作了全面阐述，并一再强调应将自由特别是思想自由（指出版自由、信仰自由、教授自由）写入宪法，用国家的根本大法加以保护，使其免受侵犯。“欲以法律现象奖励或遏制一种经济现象的，都没有一点效果。”③ 当李大钊充分接触马克思主义法律思想后，他对自由的认识进一步提升，转而抛弃了那种绝对、抽象的资产阶级自由观。他认为，真正合理的社会主义，没有不顾个人自由的。因为如果社会抹煞个性的发展，那么社会必定死气沉沉，个人也会日趋陈腐；而真正合理的个人主义，没有不顾社会秩序的，因为离开社会而侈谈个人自由，个人便失去了存在的意义。“我们所要求的自由，是秩序中的自由；我们所顾全的秩序，是自由间的秩序。只有从秩序中得来的是自由，只有自由上建设的是秩序。个人与社会、自由与秩序，原是不可分的东西。”④ 社会主义自由与秩序、个人与社会的关系应当如此。李大钊还对资本主义标榜的自由进行了彻底的揭露与批判，澄清人们对社会主义自由的误解，“我奉劝禁遏言论、思想自由的注意，要利用言论自由来破坏危险思想，不要借口危险思想来禁止言论自由”⑤。只有社会主义才能保证真正自由的实现。

宪法和法律在政治生活和社会生活中是否真正享有最高权威是一个国家是否实现法治的关键。法律权威是社会主义法治的根本要求。自由平等是社会主义法治的理想和尺度。任何社会的国家机关及其公职人员都要求有一定的权威，而法治社会的政府权威是置于法律权威之下的权威。树立权利本位和法律面前人人平等的观念，增强平等地保护公民的自由和权利的意识，摆正公民权利与

① 李大利．宪法与思想自由［M］//中国李大钊研究会．李大钊全集：第一卷［M］．北京：人民出版社，2006：228.

② 李大利．宪法与思想自由［M］//中国李大钊研究会．李大钊全集：第一卷［M］．北京：人民出版社，2006：231.

③ 李大利．我的马克思主义观［M］//中国李大钊研究会．李大钊全集：第三卷［M］．北京：人民出版社，2006：22.

④ 李大利．自由与秩序［M］//中国李大钊研究会．李大钊全集：第三卷［M］．北京：人民出版社，2006：254.

⑤ 李大利．危险思想与言论自由［M］//中国李大钊研究会．李大钊全集：第二卷［M］．北京：人民出版社，2006：345.

国家权力的关系，反对官本位和长官意志。当前，树立法律权威的观念，要特别强调维护法制统一、反对地方和部门保护主义，反对把个人或组织凌驾于法律之上的法律工具主义。

（二）警惕尊孔之闹剧，立宪以法治为先

清末民初是中国从古老的封建社会向现代化社会的转变时期，各种思想学说混乱不堪。但就法律思想而言，以孔子为代表的封建正统法律思想并不甘心退出历史舞台，仍旧统治着人们的头脑。袁世凯、段祺瑞等北洋军阀为了恢复帝制，不时在社会上掀起尊孔的闹剧，并强行把孔子之道塞进宪法，企图将其作为治国治民之策。为了唤醒民众，推动法制建设，"五四"新文化运动时期，李大钊以西方资产阶级的"天赋人权""自由、平等、博爱"等为武器，对以孔子为代表的封建正统法律思想和专制主义法律制度进行了猛烈而有深度的批判。

李大钊撰文强调尊孔复古实为闹剧，需予警惕。"以数千年前之残骸枯骨，入于现代国民之血气精神所结晶之宪法，则其宪法将为陈腐死人之宪法，非我辈生人之宪法也；荒陵古墓中之宪法，非光天化日中之宪法也；护持偶像权威之宪法，非保障生民利益之宪法也。"① 李大钊明确地告诉民众，批判孔子并不是针对孔子本人，而是批判他所代表的封建法律，防止野心家愚民而恢复帝制。"又想起制定宪法。一面规定信仰自由，一面规定'以孔道为修身大本。'信仰自由是新的，孔道修身是旧的。既重自由，何又迫人来尊孔？既要迫人尊孔，何谓信仰自由？又想起法制习俗……既施刑律，必禁习俗；若存习俗，必废刑律。"② 李大钊在深刻强调法律现象的同时，更加注意结合经济制度和社会现实综合分析，这种科学的方法无疑是对封建和专制的法律制度的沉重打击，而李大钊的法律思想也发生了质的飞跃而更为精进。这为现时代社会主义法治理念的发展和提出构建了元初的理念和方法，并且为当时法律的发展和创新奠定了可靠的群众基础和发展根基。

（三）重视人权之保障，实现生存与发展

李大钊重视人权的保障，寄希望于全国的民众，由小的联合发展到全国大联合，进而组成世界大联合，形成一股维护人权的强大力量。"那些老百姓，都

---

① 李大利．孔子与宪法［M］//中国李大钊研究会．李大钊全集：第一卷［M］．北京：人民出版社，2006：242.

② 李大利．新的！旧的！［M］//中国李大钊研究会．李大钊全集：第二卷［M］．北京：人民出版社，2006：196－197.

是愚暗的人，不知道谋自卫的方法，结互助的团体。”① 李大钊还倡导工人联合起来，维护工人的合法权利。“百个劳动者不及一个资本家，那可加到千个，倘使能够再加到万个，终有平衡的可能了。”② “无论哪种团体，都须联络一致，宗教的、母权的、女权的、无产阶级的妇女运动，可合而不可分，可聚而不可散，可通力合作而不可独立门户。”③ 李大钊肯定了妇女同样拥有争取斗争的权力和力量，完全可以联合起来为生存权进行斗争，妇女也是无产阶级斗争力量。“把政治上、经济上、社会上一切特权阶级，完全打破，使人民全体，都是为社会国家作有益的工作的人，不须用政治机关以统治人身，政治机关只是为全体人民，属于全体人民，而由全体人民执行的事务管理的工具……这样的社会，才是平民的社会，在这样的平民的社会里，才有自由平等的个人。”④ 李大钊成为马克思主义者以后，进一步提出中国只有建立像苏俄一样的无产阶级专政的社会主义制度，才能确保人民的人权。李大钊重视无产阶级的力量，注重社会公平，只有打破特权阶级的专制统治才能建立民主平等的社会秩序，人民才得以享有平等的权利，社会应为人民提供服务和保障。

在今天，宪法乃是国家的根本大法，人权的保障书。执法为民的理念要求政法机关及其工作人员立足本职，为人们用好权、执好法，把实现好、维护好、发展好最广大人民的根本利益，解决好人民群众最关心、最直接、最现实的切身利益问题。这些要求转化为法律语言就是要充分地尊重和保障人权。现代法治社会重视基本人权的保障，也是当代国际社会的共识，正是人权体现了现代法律的精神，正是人权奠定了现代法律的合理性基础。一个国家的人民，因其自身最基本的权利得到保障才能够在社会生活中获得认同，才能在享受权利的同时来履行对国家和社会的责任与义务。

四、学理与实践相结合，理性思考法制建设

（一）保证法理之精确，程序之明晰

民国初年，百废俱兴，袁世凯复辟帝制失败以后，国会的制宪工作得以继

① 李大利．青年与农村［M］//中国李大钊研究会．李大钊全集：第二卷［M］．北京：人民出版社，2006：305.

② 李大利．劳动问题的祸源［M］//中国李大钊研究会．李大钊全集：第四卷［M］．北京：人民出版社，2006：365.

③ 李大利．在湖北女权运动同盟会演讲会上的演讲［M］//中国李大钊研究会．李大钊全集：第四卷［M］．北京：人民出版社，2006：151.

④ 李大利．平民主义［M］//中国李大钊研究会．李大钊全集：第四卷［M］．北京：人民出版社，2006：133.

续。然而中国自始缺乏宪政传统，人民宪法观念薄弱。预定制宪期限、增加会议次数及时间一案，“所以遭人反对者，亦非议员诸君不愿宪法之早告成功，惟以群众心理之暗示，或其他感情之激动，因人而牵及于事，其殆此案不立之真因欤?”① 李大钊积极筹备，广泛动员，展开了他的制宪之论。

李大钊认为制宪中最重要之处在于不能“辄曲诠法理以就事实”，一定要严格遵照法律规定和程序来解决问题，他强调宪法的公布权问题，旨在明确概念和权源是万万不能混淆的。“今欲论宪法公布权之究当何属不可不首事研索者”，有三要点，“宪法与法律”“造法与立法”“宪法机关与立法机关”。“民国宪法会议，行使其至高无上之造法权，论者乃欲以立法程序绳之，不知造法与立法之辨也。”②李大钊认为制宪必须精研法理。李大钊分析归纳了欧洲各国的选举制度模式，包括法兰西、英吉利、德意志、普鲁士、奥大（地）利、瑞士、西班牙、瑞典、挪威、丁抹（丹麦）、比利时③。同时也涵盖了其他国家的法律思想史、法制史、宪法、法律程序等。李大钊也很注重制定宪法的方法和可以遵循的规律和原则，“一、制宪者当知宏厚宪法之势力，苟得其道，不必虞法外势力之横来摧毁，而蓄意防制也……夫调和与抵抗，其用相反，其质相同。宪法实质之备此二用者，惟在平衡。二、制宪者今日制宪虽采成文主义，而不可尽皆不文主义之精神也。愚谓不文主义之特长，乃在性柔而量宏。”④ 李大钊注重制宪的平衡之取向，注意把握成文宪法和不成文宪法各之精妙，吸纳刚性宪法与柔性宪法之精髓，于当今亦有深远意义。

（二）力求纯确之国情，政力之平衡

李大钊时刻注重结合中国的实际国情，当时就任临时大总统的袁世凯仅凭个人臆断，便对颁布宪法进行了干预和控制，李大钊以《论宪法公布权当属宪法会议》和《法律颁行程序与元首》两篇论著从法理学上否定了其错误举措。《论宪法公布权当属宪法会议》指出有人企图以“英伦巴力门”（Parliament）为例来泯灭制定宪法与制定法律程序之分，是“不顾中国之国情”，“是不适于民

① 李大利．预定制宪期间［限］案［M］//中国李大钊研究会．李大钊全集：第一卷［M］．北京：人民出版社，2006：248.

② 李大利．论宪法公布权当属宪法会议［M］//中国李大钊研究会．李大钊全集：第一卷［M］．北京：人民出版社，2006：59－60.

③ 李大利．欧洲各国选举制考［M］//中国李大钊研究会．李大钊全集：第一卷［M］．北京：人民出版社，2006：72.

④ 李大利．制定宪法之注意［M］//中国李大钊研究会．李大钊全集：第一卷［M］．北京：人民出版社，2006：207－208.

国今日之政象"①，是看不到英国巴力门之特色有其历史的与社会的渊源。所以中国决不能形式主义地仿行英国巴力门式议会制。李大钊指出德意志宪法"由联邦议会及帝国议会行之，只此二体之议决一致，法律即告成立；行政首长于业既成立之法律，仅行其批行之仪式而已"②。日本与普鲁士（德意志帝国）之元首，对议会议决之法律，有"裁可权"，而日、普都是君主国，所以"无足怪"。而"共和元首之于公布法律。绝无裁可之余地"③。李大钊认为，共和国之宪法地位崇高不容置疑，其层位和效力绝不同于一般法律，制宪定当慎重，制定宪法乃造法，不同于立法。国会有权立法，而国会的立法权亦由宪法赋予，但无法制定宪法。总统更不得以总统身份干预或参加宪法之制定。宪法必得由体现国家主权（Sovereignty）之专门机关团体如宪法会议始能制定，同样，宪法之颁布权也不在总统，而在宪法会议。

联系中国国情，在制宪过程中争论最为激烈的问题就是如何进行权力的分配。李大钊坚定地主张分权，自治和联邦制。他在《省制与宪法》一文中从中国历史入手，剖析了"省制之渊源""中国历史上地方分权之趋势""集权论与分权论对抗之由来""联邦与统一""云南宣言之精神""省制规定宪法之纲领及其程序""对于八政团协商之希望"④ 等问题。对于联邦与统一的关系问题，李大钊认为要想真正建立民主共和国和法治社会，除相应的外部环境外，法律本身也要完备，否则制定出来的法律就会与社会脱节，致使法律无法实施。当代，监督制约是社会主义法治的内在机制。社会主义法治防止权力滥用和保证权力正确行使的基本措施就是建立结构合理、配置科学、程序严密、制约有效、监督有力的权力运行机制，把决策、执行等环节的权力全部纳入监督制约机制之中，保证权力沿着制度化、法律化的轨道运行。

（三）拓展理论之深度，凝练理念之精髓

李大钊还致力于研究思考世界各国的社会主义发展道路问题，他认为各个民族和国家若要走社会主义道路，并不能同日而语，必须要有所区别，即结合

---

① 李大利．论宪法公布权当属宪法会议［M］//中国李大钊研究会．李大钊全集：第一卷［M］．北京：人民出版社，2006：59－60.

② 李大利．法律颁行程序与元首［M］//中国李大钊研究会．李大钊全集：第一卷［M］．北京：人民出版社，2006：64.

③ 李大利．法律颁行程序与元首［M］//中国李大钊研究会．李大钊全集：第一卷［M］．北京：人民出版社，2006：67.

④ 李大钊．省制与宪法［M］//中国李大钊研究会．李大钊全集：第一卷［M］．北京：人民出版社，2006：211－227.

本国实际，发挥各自特色。社会主义者必须要理论联系实际，要使自己的理想尽可能与身处的环境相适应。李大钊在当时就指出了现代世界各国社会主义都趋向于马克思主义的科学理论。这种基于国情观对世界社会主义发展总趋向的展望，为各国社会主义者提供了一条科学社会主义的新的认知道路。中国特色社会主义这一具有鲜明中国特色的社会主义道路，正是中国共产党人沿着这条道路进行不懈探索的结果。我国当前提出的社会主义法治理念，就是马克思主义法治思想中国化的最新成果。社会主义法治理念以马克思主义为指导，结合我国现阶段基本国情，承前启后，通观全局，科学阐释了建设社会主义法治国家的重大理论和实践问题。社会主义法治理念充分体现了民族性与时代性的现实结合，是科学、先进的理念。首先，马克思主义法治思想的中国化是有一个发展历程的，始终可以明确的是马克思主义法治思想的每个历史进程都是与中国国情和现代化建设紧密联系发展的。其次，社会主义法治理念是中国特色社会主义理论体系的重要组成部分。最后，社会主义法治理念是社会主义法治建设的指导思想。胡锦涛同志指出，我国的法治是社会主义的法治，社会主义法治必须以社会主义法治理念为指导。我国当代进行社会主义建设，社会主义法治理念无疑是其中重要的一部分，体现了执政党对中国法治理念的运用和提升，社会主义法治理念是社会主义法治的精髓和灵魂。我国的法治建设不断发展至今，立足于当今市场经济和民主政治的时代背景，社会主义法治理念的提出是全面系统而科学的，不但涵盖了社会主义法治的内在要求，也保证了社会主义法治是以坚持马克思主义、毛泽东思想、邓小平理论和“三个代表”重要思想为指导，贯彻落实科学发展观，建设社会主义和谐社会，符合中国国情和人类法治文明的发展方向。

需要指出的是，1919 年，辛亥革命后，法学家们获得了施展才能的平台。民国成立后的相对宽松政治环境与自由探讨的轻松学术氛围下，法学家的努力，各种部门法的制定和修订，最终完成了中国近代仿大陆法系的法律体系。此中众多法学家与李大钊或师或友，他们不论是在研究某位民国法政人物还是研究民国法政学术群体时，都绕不开李大钊的理论和学术成果。迈斯纳在《李大钊与中国马克思主义的起源》① 中说“李大钊、高一涵等代表的新崛起的共产党势力是这一学会②的三大派系之一，此平台李大钊系统引介了马克思主义国家

① Maurice J. Meisner. *Li Ta – Chao and the Origins of Chinese Marxism* [M]. Cambridge: Harvard University Press, 1967.

② “学会”指 1922 年成立的宪法学会。

与法权理论，并对苏俄宪法进行了学理与规范分析，在规范上直接影响了1923年宪法的制定，并在学理上为1949年后中共建政的制宪活动提供了经验与依据”①。李大钊颇具建树的法学理论在当时就已成规模，与同时代的法学家相比毫不逊色甚至在某些领域更胜一筹，李大钊的法学思想无疑是一份珍贵的思想遗产，无一不涉及中国现代法制建设的根本性问题。社会主义法治理念中，公平正义是社会主义法治的基本价值取向，尊重和保障人权是社会主义法治的基本原则，法律权威是社会主义法治的根本要求，监督制约是社会主义法治的内在机制，自由平等是社会主义法治的理想和尺度，这些都能从李大钊的法律思想中找到源泉，对我们今天运用法治思维治国理政具有深刻启迪。

① 杨昂．被法学界遗忘的李大钊［J］．社会观察．2013（8）．

关于增强中华文化认同的几个问题*

卫　灵

（中国政法大学 马克思主义学院，北京，100088）

一、文化属性与文化认同

以往说到“文化”，往往指一个人拥有的学历、学识、学问，而今谈“文化”，内涵丰富，指向极为广泛。比如：宗教文化、民族文化、企业文化、校园文化、美国文化、精英文化、大众文化，涉及社会、经济、政治、宗教、文化、生活等方方面面。究竟什么是“文化”，据说目前世界上有几百种解释。《辞海》的界定是：“从广义来说，指人类社会历史实践过程中所创造的物质财富和精神财富的总和。从狭义来说，指社会的意识形态。”“文化是一种历史现象，每一社会都有与之相适应的文化，并随着社会物质生产的发展而发展。作为意识形态的文化，是一定社会的政治和经济的反映，又给予巨大影响和作用于一定社会的政治和经济。”表述了文化的定义及文化的特质。英国的文化人类学的奠基人爱德华·伯内特·泰勒（Edward Burnett Tylor），1871 年在《原始文化》中，对文化的定义是：文化是一个复杂的总体，包括知识、信仰、艺术、道德、法律、风俗以及人类在社会里所得到的一切能力与习惯。这里对文化阐释得更为直接和明了。

可见，文化是一种历史和社会的积淀，是得以传承和能够留下深刻历史印迹的民族财富的总和。也就是说，第一，“文化的发展具有历史的连续性，社会物质生产发展的历史连续性是文化发展历史连续性的基础”。文化的传承不是可以割断的，文化也不是一日之间能够塑造的，而是有着深刻的历史根基和社会

---

* 北京高校中国特色社会主义理论研究协同创新中心（中国政法大学）阶段性成果，课题名称《习近平外交思想的中华文化传承研究》。

发展背景。第二，文化具有民族性。随着民族的产生和发展，以共同的语言文字、经济生活习俗、对地域或群体文化的心理认同为基础，形成具有民族特色的有别于其他地域或群体的文化。文化是民族生存和发展的重要源泉。

文化具有民族性，也就必然会有民族的“文化认同”。文化认同实际是一种身份的构建和归属，反映了一种共同体意识，使文化成为一个民族的身份识别和情感依托，成为民族的一种象征和精神。对民族文化的认可和情感，往往表现出民族共同体相近的价值观和意识形式。“文化认同”对于国家的发展和民族的繁荣极为重要。以研究文明和文化而著称的美国学者塞穆尔·亨廷顿认为：“在冷战后的世界，文化既是分裂的力量，又是统一的力量。人们被意识形态所分离，却又被文化统一在一起”。文化的力量是巨大的。文化认同的感召力和排他力是任何力量所无法取代的。属于同一个民族的东、西德国，有着共同的文化渊源，在分离40多年之后，最终实现了民族统一。朝鲜半岛的朝韩两国长期对峙，但是文化上同根同源的两国百姓泪眼守望，相互祈福，呼唤统一。而在前苏联，波罗的海三国由于对苏联主流文化始终没有认同感，于是最先在联盟举起了民族自决、国家独立的旗帜。

我国地域辽阔，民族众多，人口主要分布于两岸四地，海外还有华人华侨。中华民族是由多个民族组成的复合型民族，文化呈现出多元一体的格局，形成中华民族文化统一体。两岸四地同胞同根同源、同文同宗，中华传统文化是中华民族共同的精神财富，也是两岸四地相通相连的精神纽带。习近平说，“两岸文化同属中华文化，两岸人民同属中华民族，原本就是一家人、一家亲”道出了中华民族文化认同视域下的两岸关系。

二、构建中华文化认同的重要性

2018年是改革开放40周年，我国经济建设取得重大成就，成为世界瞩目的第二大经济体。几十年间在政治军事领域也发生了变革。中国的硬实力迅速上升，国际影响力不断扩大。但是相对于改革开放以来迅速崛起的硬实力而言，有着几千年文明史的中国的软实力，却远没有体现出应有的国际竞争力。我国丰富的文化资源优势没有得以充分发挥。在改革的过程中，党的十七届六中全会不失时机地提出了增强国家文化软实力，弘扬中华文化，努力建设社会主义文化强国的目标。全会指出了文化强国的大背景和紧迫性：当今世界正处在大发展大变革大调整时期，文化在综合国力竞争中的地位和作用更加凸显；增强国家文化软实力、中华文化国际影响力要求更加紧迫。十九大继续倡导提高文化软实力，扩大文化领域的对外开放程度，以跟上我国其他领域的快速发展。

为此，构建和加强中华文化认同更显得尤为重要。

（一）文化认同是增强国家凝聚力、提升软实力的重要举措

文化认同是走文化强国之路的根基和关键。中国是世界第一的人口大国，有56个少数民族，提升中华文化软实力，走文化强国之路，首先要实现中华民族的文化认同。文化认同是一个国家和民族得以存在和发展的基础，是一个民族富有凝聚力的保障。文化认同的核心是对中华民族共同体的价值认同。“一个国家离开了文化的支撑，即使有再繁荣的经济，其强国地位也难以巩固。”曾经作为超级大国的苏联的历程就是一面镜子。当一个国家没有构建起对共同体文化认同感，甚至存在对共同体文化的排斥力量，国家便孕育着巨大的分裂危机。这是动摇国家实力基础的最大隐患。“文化的力量既可以使人团结，又可以使人分离。”一个国家一定要把握和运用好民族文化认同下的凝聚力，防范和避免非认同下的离心力。文化认同是民族团结之根、国家稳定之魂。实现中华民族伟大复兴之梦在很大程度上有赖于中华民族共同体意识的培育，以及对中华文化的高度认同。

（二）增强文化认同是促进海峡两岸和平统一的基石

习近平总书记曾指出：“两岸同胞一家亲，谁也不能割断我们的血脉。两岸同胞一家亲，根植于同胞共同的血脉和精神，扎根于我们共同的历史和文化。”这深刻阐释了文化认同对于炎黄子孙一家亲的纽带意义。由于历史和现实的原因，两岸关系存在的很多问题一时难以解决，但我们有着共同的血脉、共同的文化。中国传统文化绵延两千多年的历史进程，经历了先秦诸子百家、两汉经学、魏晋南北朝玄学、隋唐儒释道、宋明理学等一个个发展时期。尽管台湾和大陆的社会政治制度不同，但是两岸文化同源，多少年来，台湾文化作为中华民族文明史中不可分割的一部分，同大陆在语言文字、儒家思想、社会伦理、民间宗教信仰、民族传统习俗等方面，相通相连，中华传统文化在不同的地域同时薪火相传，相辅相成。中华民族文化认同的构建，在促进海峡两岸统一工作中将发挥积极作用。中华民族的伟大复兴，不可能始终停留在国土分裂的状态下。祖国的和平统一离不开两岸同胞的携手努力。

（三）文化认同是发挥华人华侨重要桥梁作用的保障

在世界各地，分布着6000万华人华侨，他们具有勤奋开拓精神，在改革开放过程中，是中华民族文化传播的重要桥梁，也是国家建设的重要资源。很多人回到中国投资建企业，参加国内的科研开发和经济建设，投身慈善公益活动，进行双边文化交流，充当着建设者和使者的角色，发挥着桥梁作用。华人华侨对中华传统文化有很深的情结，视中国的崛起为骄傲，以中国的强盛为后盾。

在当前“一带一路”建设中，华侨华人在沿线国家又是推动建设的重要力量，将发挥不可替代的作用。在新时期要重视华侨华人的作用，和他们一起讲好“中国故事”，传播好中国声音，使沿线国家更好地了解中国，正确认识中国。

三、增强中华文化认同的几个辩证关系

（一）坚定文化自信与维护世界文明多样性

费孝通先生有句名言：“各美其美，美人之美，美美与共，天下大同。”以此来阐释世界文明的多样性、文化的包容性，以及不同文化之间的相处之道。说明民族文化各具特色，都有着其可取之处，因而“各美其美”。中华文化是中华民族的魂，我们要继承和弘扬中华文化，坚定文化自信，提升中华文化影响力；同时，也要以开放包容之胸襟，“美人之美”，懂得欣赏、借鉴他国文明与文化。习近平总书记在纪念和平共处五项原则发表60周年的讲话中谈到：“尺有所短，寸有所长。我们要倡导交流互鉴，注重汲取不同国家、不同民族创造的优秀文明成果，取长补短，兼收并蓄。”意在汲取世界文明之精华，为我中华文化所用。我国在加强对外人文交流时，以我为主、兼收并蓄，不断提高中华文化的影响力。

世界各种文化的存在一定有其存在的价值，由此形成多样性文明。人类正是靠着多种文明的相互惠好，“美美与共”，不断推动世界的发展和繁荣。

（二）弘扬中华文化与保护少数民族优秀文化

我国是统一的多民族国家，各民族多元一体。中华文化也是集各民族文化精华之大成。在中国历史上，历代王朝就包括了诸多少数民族所建立的政权，如契丹族所建的辽朝、女真族所建的金朝、蒙古族所建的元朝、满族所建的清朝，等等。各少数民族在历史发展进程中，文化也与汉文化以及其他民族文化相互融合，在社会进步中积淀成为中华文化的宝贵财富。今天我国拥有56个民族，各民族文化各具特色，如藏民族优秀文化、维吾尔民族优秀文化，它们都属于中华文化的重要组成部分。因此，要弘扬中华民族文化，也要尊重少数民族文化，重视各地区民族文化遗产的保护，促进民族间的交流、交融，处理好中华文化“多元”与“一体”的关系。让少数民族理解和认识中华文化与本民族文化相辅相成的命运共同体关系，由此增强少数民族的中华民族共同体意识，提升对中华文化的认同感，对国家的归属感，对中国特色社会主义道路的成就感。

（三）中华文化的特色传统与文化传播的时代性

中华文化源远流长，在几千年的创造和传承中，历久弥新，博大精深。然

而在传承中华传统文化的工作中，要注意两个问题：

一是传统文化也需要站在时代进步的角度上，古为今用，取其精华，而不是抱着历史的就是优秀的观点，一概承袭，应以科学的态度弘扬传统文化。

二是要在传承内容上推陈出新，有创新性；在传播手段上适应文化传播的时代性，增加文化传播的吸引力，扩大受众面。

总之，中华文化的传承要“与当代社会相适应、与现代文明相协调，保持民族性，体现时代性”，并通过加强国际传播能力建设，把继承传统优秀文化又弘扬时代精神、立足本国又面向世界的中华文化创新成果传播出去，从而使我国优秀传统文化更好地向世界展现中国特色、中国风格和中国魅力，彰显中华民族的文化自信。

参考文献：

1. 习近平在文艺工作座谈会上的讲话［N］. 人民日报，2015－10－15.

2. 习近平在哲学社会科学工作座谈会上的讲话［N］. 人民日报，2016－05－19.

3. 王义桅. “一带一路”的文明解析［J］. 新疆师范大学学报（哲学社会科学版），2016（1）.

4. 赵可金，彭萍萍. 中国文化软实力面临的困境及其解决路径［J］. 当代世界与社会主义，2012（3）.

5. 尹丽. 张晋藩：中华法文化复兴正当时［J］. 公民导刊，2016（8）.

中国文化传统与当代法治价值的构建

杨　栋

（甘肃政法学院，马克思主义学院，甘肃 兰州，730070）

法治是一种具有丰富内涵的治国理路，既包括刚性的制度设计和运行机制，又包括柔性的文化价值和思维方式。制度设计体现法治价值取向，而法治价值又制约和引导制度体系的形成。法治价值是法治建设和法治文化的精神追求，是当代中国法治建设的重心所在。在党的十九大报告中，习近平总书记明确要求推动中华优秀传统文化创造性转化、创新性发展，更好构筑中国精神、中国价值、中国力量，为人民提供精神指引和价值导向，这就指明了构建当代中国法治价值体系的基本源泉——中国文化传统。为此，本文从法律的普遍性规范功能与中国传统人文精神相结合的角度入手，探究中国特色社会主义法治建设所应遵循的价值准则，说明当代中国法治价值所应坚守和发展的基本取向。

一、法律的性质和功能

法律是实施法治的基本媒介，任何时代、任何国家的法治都必然以一定的法律体系作为前提。法律在本质上就是一种国家治理的手段和实施统治的工具，其普遍性功能就是以强制力和权威性维持与构建一定历史时期的社会秩序，发挥“天下之程式、万事之仪表”的规范和导向作用。社会秩序“是一个复杂的系统，是多种因素复合作用的总体结果”①，表征着人类社会发展过程中“社会结构和社会活动的相对稳定、协调的一种状态”②。法律就是通过对社会秩序刚

① 秦扬，邹吉忠．试论社会秩序的本质及其问题［J］．西南民族大学学报（人文社科版），2003（7）：154.

② 曲新久．个人自由与社会秩序的对立统一以及刑法的优先选择［J］．法学研究，2000（2）：20.

性的规范和柔性的约束，维持着社会关系和社会结构的动态平衡。

所谓法律的刚性规范功能，系指法律通过各种刑罚举措的强制性惩戒手段来维持和构建社会公共秩序，进而保护相应历史时期的国家政治意识形态。“一定的规则和秩序乃是社会有机体生存和发展的必备条件，没有一定的规则和秩序，社会就会陷入混乱。”① 法律依托各种条文律例的设定，特别是刑罚的震慑作用，明确人们的日常行为准则，界定与调适各种社会关系，以此建立一种规则性和模式化的社会公共秩序，“制天下而禁奸邪”。当然，法律的这种刚性规范又和国家主流政治意识形态密不可分，必然要体现和保护一定时期的国家政治意识形态。

所谓法律的柔性约束功能，系指法律通过蕴含其间的价值准则来创建、保护、提倡和引导社会道德秩序。法律为了规范社会秩序而确立的各种规则和所有律例，都内在地蕴含着一定的价值判断标准，旨在构建一种符合法律文化价值取向的社会道德秩序，实现社会公共秩序和社会道德秩序在价值层面的有机统一。法律文化价值既包括自由、平等、友爱等放之四海而皆准的普适性价值，也包括契合民族心理、民族精神、民族传统及情感体验的特定人文价值，而这种特定人文价值往往彰显着独树一帜的民族特征，并在很大程度上规范着法律价值的宗旨取向。可以说，由于普适性价值的存在，世界各国的法律文化建设具有相通互鉴之处；由于特定人文价值的差异，世界各国的法律文化又呈现出百花齐放、千姿百态的情景。

法律的刚性功能主要着眼于对社会秩序常规意义上的规范和对国家主流意识形态的维护，充分体现了法律的表象性工具特征；法律的柔性功能则主要着眼于对社会秩序道德层面的调适和对民族人文传统的弘扬，更多体现了法律的深层次文化内涵。法律对社会关系方方面面的刚性规范和柔性约束，既要维护国家政权、日常生活秩序和主流意识形态，还要构建一种契合法律文化价值准则的社会道德秩序，从而适应和实现法律文化的普适性价值与蕴含民族精神的特定人文价值。实际上，如果我们将每一个社会人都视为一个文化个体，那么人类社会就是由许许多多的文化个体凝合形成的文化群体，而人文价值就是社会生活中世代累积的文化因子和传承不息的人文精神。包括普适性价值和特定人文价值在内的法律文化价值，全都植根于亘古相传的民族文化传统，与一定社会历史时期的人文精神相契合，体现着一个国家和民族生生不息而又与时俱进的价值追求。

---

① 付子堂，胡仁智．关于法律功能实现的若干思考［J］．法学评论，1999（5）：10.

二、中国文化传统和人文精神

文化传统是一个国家和民族在历史行进的长河中不断凝聚发展而形成的价值范式，是贯穿于从古至今的各个历史发展时期的各类文化的核心精神。其中，人文精神是文化传统的核心内容与集中体现，是涵盖了人性观、人生观、天人观、人己观以及文明发展观等多个层面的价值判断准则①。文化传统限定着人文精神，规范着法律文化的价值取向，脱离民族传统和人文精神的法治建设在理论上行不通、事实上也做不到。自清末法制改革以来，我国法律制度设计主要是因袭西方法学理论的产物。然而，西方法学理论和制度框架"是建构于西方历史文化传统基石之上的文明果实"②，一味地"洋为中用"而不顾及自己悠久的历史传统与深厚的人文底蕴，这种简单化的"拿来主义"做法势必不能达到预期的法治效果。"一个半世纪以来的法律实践证明，法律制度的健全并不意味着法治秩序的必然生成。"③ 在我国大众观念中，当前的一些法律制度遥远而又生硬，缺乏民族特质和本土特色，这一切问题的根源就在于法治文化和人文精神的脱节与错位。为此，我们必须深入挖掘中国文化传统的精旨，藉以明确当代中国法治文化的魂魄归处。

在自然地理条件和政治发展进程双重因素交互作用的影响下，中国文化形成了以"尚和"为核心要旨的价值体系。从地理环境来看，中国拥有古代东亚最适宜农业耕作的区域——"西涉流沙，南尽北户，东有东海，北过大夏。"这一地区相对独立而又广阔富饶，黄河、长江横贯其间，土地肥沃，物产丰饶，足以提供中华先民生养繁息的各种生产生活资料，这就在客观上促使中国文化极其重视内敛式的"守成"精神，缺乏崇尚"竞争"意识的文化因子。加之，历代王朝莫不以农为本，实行重农抑商政策，通过政府和家族有组织的集体协作来开展农业生产活动，这种生产生活方式又会自然而然地孕育形成"和为贵"的价值追求。由此，特定的地理环境深刻影响着古代中国的社会经济结构，也在相当程度上塑造着中国文化独特的"尚和"传统。从政治发展进程来看，中国很早就形成了统一的多民族国家，大一统有着悠久的历史渊源。无论是炎黄时代的部落联盟，还是夏商周时期分封天下以卫护王畿，及至秦汉以后中央集权的君主专制制度，无不体现出对大一统的尊崇和追求，而大一统正是"尚和"

① 刘宝才．论中国传统文化的人文精神［J］．学术界，2002（1）：43.

② 王建芹．传统文化与中国的法治路径［J］．理论与改革，2005（5）：136.

③ 刘立明．法治中国进程中传统法律文化的理性传承［J］．理论月刊，2015（9）：68.

价值取向的生动反映。虽然中国历史上也有过三国鼎立、五代十国这样的大分裂大动荡时期，但统一始终是主旋律，中央权力持续加强，“溥天之下，莫非王土；率土之滨，莫非王臣”。随着大一统的多民族国家的巩固和中央集权的发展，“尚和”成为中华民族一脉相承的价值追求。在几千年的发展流变中，中国文化始终秉持和塑造着以“尚和”为鲜明特征的价值取向①，并具体孕育出“中和位育”“天人合一”“和而不同”等相互关联、协同发展的价值范式。

“中和位育”是中国传统文化的核心价值。“中”者，“执两用中”、适度合理，要求以均衡持中的方式解决问题；“和”者，“和实生物”、稳定均衡，要求在求同存异中实现和谐发展。《礼记·中庸》谓：“喜怒哀乐之未发谓之中，发而皆中节谓之和；中也者，天下之大本也，和也者，天下之达道也。致中和，天地位焉，万物育焉。”“中和”是对中国文化基本特征的概括和对中华民族人文精神的凝练，旨在诠释宇宙万物之运行规律与人世万象之处理法则，充分体现了中国文化特有的“尚中”“贵和”价值取向②。“中和位育”就是以“执中”（执守善德而恰到好处）、“时中”（顺应时势而调整策略）为精义③，培育自然万物、人之自身以及人类社会相成相济的最佳均衡状态，塑造“尊德性而道问学，致广大而尽精微，极高明而道中庸”的君子人格，建立“百姓大和，万物咸若”的礼俗社会秩序。在中国历史的演进过程中，中国先民逐渐将“中和”思想内化为民族精神，以此构建中庸和谐的理想化社会秩序，保护礼法关系下的社会道德秩序与人伦价值准则。

“天人合一”是中国传统文化的基本精神。天者，天道，即自然界和人类社会运行的客观规律；人者，人道，即社会伦理道德规范。所谓“天人合一”，就是实现“天与人、天道与人道、自然与人为的相通、相合与统一”④。尽管在一些具体语境下，“天人合一”有着不同的语义和侧重，“可以是以人随天，可以是以天随人，或天人不分，或天人感通。所合之一可以是天意、天心，可以是

---

① 庞卓恒．尚和与尚争：中西传统文化主导价值歧异和现代交融趋势［J］．社会科学战线，2008（2）：107.

② 文选德，周建刚．“中”“和”思想：特质、传承与当代价值［J］．求索，2014（11）：6.

③ 谢树放．儒家中庸、中和是“真善美”的统一［J］．兰州大学学报（社会科学版），2003（5）：58.

④ 苗润田．本然、实然与应然——儒家“天人合一”论的内在理路［J］．孔子研究，2010（1）：44.

规律原则；可以是人事伦理，可以是万物的世界，也可以是个人的修养境界"①，但其基本含义是"天人相参""万物一体"，强调天道和人道在儒家人伦道德准则上的统一，旨在构建"具有普遍性的人间伦理"和"人与自然相依、顺应自然的伦理"②。"天人合一"是同"中和位育"交织渗透的价值取向，都着眼于礼法制度下的社会和谐，都要求建构一套符合儒家伦理规范的社会公共秩序和道德秩序。

"和而不同"是中国传统文化的特色理念。"和"指世间万事万物的相承相继、共生共长，是经过一定的调适互补而实现整体上的和谐统一；"同"指事物的简单雷同和绝对一致，是否认矛盾对立面的强行同一。"和"与"同"是一对紧密联系而又相互区别的范畴，"和实生物，同则不继"。"和而不同"就是在承认多样性的基础上，强调动态化的发展和互补、差异性的共存与和谐。在古代中国，"和而不同"是"正确处理人与人之间关系，不同国家、民族、文化之间关系的基本原则"③。它既是为人处世的行为准则和理想人格的具体要求，即"君子和而不同，小人同而不和"，又是构建多层性的国家结构和社会组织的重要依据，即在承认个体差异的前提下建立包容性和系统性的社会关系，实现社会秩序的和谐平衡。"和而不同"是中国传统和谐观念的高度提炼，与群体本位的"中和"理想、注重人伦的"天人合一"追求共同构成中华民族的精神旨趣和价值轴心。

三、当代中国法治文化的价值内核

每个国家的法治建设都不能简单地照搬外国经验，而必须从本国人文传统中挖掘和发扬具有民族特质的价值理念，底蕴深厚的中华传统文化正是培育当代中国法治价值的文化土壤。我们必须秉持扬弃和创新的态度，坚持"古为今用""洋为中用"的原则，着眼于普遍法律功能与中国人文精神的结合，既要积极借鉴和吸收西方法治文化中的合理性因素，更要以民族精神和世界胸怀来传承和坚持、改造和发展中国悠久的"尚和"文化传统与人文价值取向，特别是"把对'天人合一''中和位育''和而不同'的古训带上，把对新人文思想、

---

① 刘笑敢．天人合一：学术、学说和信仰——再论中国哲学之身份及研究取向的不同［J］．南京大学学报（哲学·人文科学·社会科学），2011（6）：80.

② 徐春．儒家"天人合一"自然伦理的现代转化［J］．中国人民大学学报，2014（1）：41.

③ 方克立．"和而不同"：作为一种文化观的意义和价值［J］．中国社会科学院研究生院学报，2003（1）：26.

新人文精神的追求带上”①，为传统理念注入崭新的时代内涵和科学精神，积极塑造以集体意识、家国情怀、平等理念、情理标准、民本思想、竞争文化为主要内容的法治价值内核。

（一）众人拾柴火焰高的集体主义意识

集体主义意识是中国“尚和”文化传统的核心观念，是“中和位育”价值追求的具体体现，强调集体利益与个人利益的辩证统一，以集体利益作为个人利益总和的载体与经过筛选的个人正当利益的总集，作为个人利益的过滤器和道德价值的导向仪，作为人们行为善恶的最高评价标准②。集体主义是中国先民一以贯之的价值理念，在阶级时代表现为整体主义意识。在漫长的中国封建时代，个体农业和手工业相结合的男耕女织的家庭与家族构成了基本的经济生产单位和具有宗法性质的社会组织单元，所有人都成为以血缘为纽带、以礼制为准绳的宗法制大家庭的一员，都必须在这样的宗法共同体框架内进行社会生产活动。由此，个人和家族、社会、国家之间形成了严格的从属和统御、局部与整体的关系，而作为整体形态的集体利益无疑具有至上性。古代统治者便以这种带有宗法色彩的集体主义观念作为治民之术，在整体利益高于个人利益的冠冕堂皇的旗帜下，将统治集团的阶级意志上升为国家的整体利益，要求人们放弃个人诉求而无条件地服从公权和皇权。这种以整体主义为典型特征的集体主义价值取向植根于古代中国封闭性的自然经济，本质上是阶级利益的国家化和公权力的无限扩张，而大大小小的宗法家庭则成为维系整体主义意识的重要支柱。

中国文化的集体主义意识同西方文化的个人核心理念可谓迥然相别。西方的个人主义可以追溯到古希腊的开放性城邦文化，而直接来源则是近代欧洲的文艺复兴和宗教改革运动。随着西欧资本主义生产关系的产生和发展，新兴的资产阶级需要打破封建的人身依附状态，重新定义社会等级关系，实现人的独立与平等。由此，他们相继发起文艺复兴和宗教改革，在挑战神权和君权的过程中，形成了标榜自由平等的个人主义意识，并随着资本主义制度的确立和巩固而逐渐成为西方文化的主流价值取向。个人主义并不等同于利己主义，但它强调个人的独立性和自我价值，认为个人本身就是目的，绝不存在超越个体利益的群体利益，社会理当为个人的生存和发展而服务，这就忽视了群体利益以

---

① 费孝通. 中国文化的重建［M］. 武汉：华东师范大学出版社，2014：50.

② 董敏志. 理性集体主义：国家意识形态的反思与重构［J］. 江苏行政学院学报，2011(6)：80.

及个体与群体的统一关系，容易导致个人利己倾向的加强，从而面临一系列伦理道德方面的严峻考验。而且，随着全球化进程和社会流动性的加强，个人总是面临着多样化的选择而难以适从，无法确定何为真实性的自我，容易陷入无助彷徨之中而随波逐流，这就严重动摇了个人主义的价值追求，使得个人价值呈现碎片化的状态而无法真正实现。由此可见，“在后工业和消费主义时代，西方个人主义所带来的现代人的精神上的焦虑、心理上的不安全感和存在的诸多不确定性，使个体无法寻找到本真的自我”①。

东西方不同的历史文化传统和个人主义意识面临的现实困境，注定了当代中国的法治价值必须从传统的集体主义意识当中发掘资源。时至今日，我国社会经济结构已经发生了重大变化，从过去的小农经济转变为现代市场经济，人们逐渐从有着共同利益的集体成员向有着独特关切的利益个体转化，这就使农耕时代形成的以整体和公权为基本视角的传统集体主义价值取向面临着何去何从的严峻考验②。针对我国社会经济的新变化和法治建设的新任务，我们必须以一分为二的科学态度对悠久的集体主义理念进行辩证分析。集体主义本身并不推崇君权和专制，但其强调社会秩序整齐划一的价值取向却被历代统治者所利用。统治者总是将自己塑造成大一统国家的表征和社会秩序的守护者，为君主权力和专制统治营造“天与人归”的正当性色彩，打造威仪天下的君王形象，以此培养孝亲忠君的顺民，集体主义因而成为维系君主制度的理论工具。我们要剔除集体主义意识当中为君主统治服务的落后因子，着力传承和发扬能为人民大众和法治建设服务的积极成分，使其既同中国人文精神旨趣相通，又有鲜明的时代精神和浓郁的大众情怀。事实上，集体主义关注群体内部所有成员的利益诉求，强调社群成员根本利益的一致性和社会体系的平稳均衡，主张国家权力对集体福祉负责，肯定天下为公的大传统③，这些众人拾柴火焰高的价值取向对于我们构建利益有异而和谐互补的社会秩序具有重要作用。当代中国的法治价值和法治建设必须坚持国家至上和集体为先的价值导向，以全局和整体利益为重，先公而后私，先国而后家，保证所有法律法规都以国家的长远发展和全局利益为中心，摒弃部门和地方“本位主义”“圈子意识”的狭隘偏见，保证地方利益服从国家利益、短期利益服从长远利益、个人利益服从集体利益，

① 任彩红．西方个人主义的逻辑演绎及其困境［J］．兰州学刊，2015（6）：133.

② 朱志勇．论集体主义的历史嬗变［J］．马克思主义研究，2006（12）：54.

③ 赵轶峰．中华传统文化中的“天下为公”及其现代回响［J］．东北师大学报（哲学社会科学版），2011（5）：36.

坚决防止不同位阶的法律法规以及同一效力等级的法律法规之间的冲突情况，大力弘扬“天下为公”的善治之风。

（二）“天下兴亡，匹夫有责”的家国情怀

家国情怀是古代中国在宗法制度基础上形成的情感认知标准，是中国文化“尚和”传统与“中和”追求的典型体现。在家国同构的宗法社会形态下，国是家的放大，家是国的缩小，二者具有同样的结构特点和伦理规范，形成了以家庭伦常关系为核心的社会道德精神体系。这种宗法关系以礼俗规范为核心、以血缘家庭为半径，发挥着社会粘合剂的功能，将微观层面的家庭管理与宏观层面的国家治理结合起来，以“尊尊、亲亲”家庭道德准则（天伦）推衍出社会伦理关系（人伦），以“忠、孝、悌、忍、善”的五伦原则作为涵盖社会各层面的行为道德规范，从而构建出一种由家及国的规范性礼法体系，即如《礼记·大传》所云：“亲亲故尊祖，尊祖故敬宗，敬宗故收族，收族故宗庙严，宗庙严故重社稷，重社稷故爱百姓，爱百姓故刑罚中，刑罚中故庶民安，庶民安故财用足，财用足故百志成，百志成故礼俗刑，礼俗刑然后乐。”在这种家国一体的社会结构下，“人伦本于天伦而立”成为中华民族五伦世界的根本原理与道德形而上学表达①，“父父、子子、君君、臣臣”的伦理关系成为牢不可破的礼法标准，并内化为社会大众的共识和默契，引导和规约着人们的一举一动、一言一行。

家国情怀具有浓郁的道德意蕴和鲜明的阶级色彩。一方面，家国情怀将界定家庭伦理关系的礼（道德）和规范国家社会生活的法（法律）混同起来，肯定了家庭对个体、国家对臣民的绝对权威，强化家长在宗法制家庭中的绝对地位和帝王身为国家之主的无上权威，因而成为维护君主专制制度和强化宗法关系的精神支撑。事实上，中国历代统治者宣扬家国一体价值取向，就是为了将君主和国家等同起来，将自己塑造为天下臣民的共同家长，要求臣民孝亲忠君，维护等级社会的有序。另一方面，家国情怀作为一种超越个体诉求的伦理体系，要求人们以“亲亲”作为出发点，修身养性、依次递进，自觉担负起自己对于家庭和国家的责任，“穷则独善其身，达则兼济天下”。这种责任承担又具有双向和交互的特点，对家长和个体、君主和臣民都有相应的严格要求，而衡量标准都是“仁义礼智信”的五常原则，即：君仁臣忠、父慈子孝、兄友弟恭、夫

---

① 樊浩．儒家和谐伦理体系及其道德哲学意义［J］．道德与文明，2007（6）：5.

和妇柔、礼师信友①。换言之，个人要居家孝亲、出仕尽忠，家族和家庭要帮助个人成才、协助君主治国，而君主要以天下万民之心为心，国家要以人民福祉为本。从这一意义上看，家国情怀“将优秀的传统文化与价值观念巧妙地糅合在一起，通过一个先设的道德标准与理想准则，创制、改造中国人的精神世界”②，在塑造中华民族性格和中国文化价值方面起了重要作用。遗憾的是，在风潮激荡、改天换地的近现代中国，由于“五四”新文化运动和“文化大革命”的剧烈冲击，宗法关系下的家庭和国家被过度标签化而成为封闭、守旧、专制的代名词，传统文化意蕴中的家国情怀也被片面地斥为封建糟粕，这就造成个人与家族、家庭与国家的疏远和隔离，推崇“仁、孝、忠、义”的家国情怀几被冲击殆尽。

在全面推进依法治国建设的今天，我们应该认真审视古老的家国情怀，对其间蕴含的孝亲忠君观念进行时代化的解读。“孝”体现感恩意识，“忠”体现担当精神。个人孝敬父母、回馈社会，自觉担负起民族复兴的时代使命，这就是当代的修齐治平和仁孝忠义③。为此，我们要为当代中国法治文化价值注入家国情怀的精髓，注入“百善孝为先”的感恩意识与“天下兴亡匹夫有责”的担当精神。毕竟，无论时代如何发展，感恩尽孝始终是个人品质的基本要求，国家认同始终是家庭的永恒使命，以民为本始终是国家的核心原则，社会有序始终是人们持之以恒的愿望诉求，而这些正是法治建设和法治文化必须塑造的价值取向。鉴于当前社会碎片化和社会意识多元化的现实情况，法治文化建设要积极构建以感恩和担当为核心的个人价值观念，引导个体以感恩之心从容看待社会万象，报答社会和家庭养育之恩，以“天下兴亡匹夫有责”的责任感自觉承担中国特色社会主义建设者和接班人的历史重任。与此同时，法治文化建设还要大力弘扬五个认同观念与家庭自律意识，引导家庭把对亲伦关系的珍视升华为对祖国民族的热爱，从要求家庭成员自律发展为关注国家民族命运，将保持“家和万事兴”的亲属和睦延化为实现“老吾老以及人之老，幼吾幼以及人之幼”的社会和谐，从而增强国家的向心力和社会的凝聚力。

（三）“王子犯法与民同罪”的法律平等理念

中国传统文化一直强调以德治国、德主刑辅，以礼俗层面的道德规范作为

---

① 刘恩允．“和而不同”与“天下”观——儒家对话自由主义的生命社会观［J］．山东社会科学，2011（2）：49.

② 金强．“家国一体”伦理传统及其教育意涵［J］．东岳论丛，2016（5）：174.

③ 刘紫春，汪红亮．家国情怀的传承与重构［J］．江西社会科学，2015（7）：49.

治国之本和法律之纲，而法律制度则被视作君主的统御之术和治国之器。法家代表人物韩非子虽然反复申明法律的权威和作用，要求统治集团带头守法，并把守法与国运联系起来，提出“奉法者强则国强，奉法者弱则国弱”，但他又强调君主自身不必受到法律的束缚，“人主之大物，非法则术也”。可见，法家的法治主张仍然是为君主的人治服务，法律始终处于君主权威之下，不过是维护君主统治的有效手段。实际上，中国古代社会的“法治”只是作为君主术略的一种人治方式，并非现代意义上作为治国理念的“法治”。而且，历代王朝法律的制定和施行都受到礼俗道德的引导和规约，法律与道德相互融合，出礼则入刑，具有鲜明的道德法律化趋势和法律道德化特征①。尽管如此，古代社会以法律作为治国手段的理论构建及其相关实践，对于当代中国的法治建设仍然具有重要的借鉴意义。

中国古代法律具有差等与平等相存互补的结构特征。一方面，传统法律强调宗法关系下尊卑有别的个人身份差等，要求维护既定的等级秩序和社会成员的等级地位，“刑不上大夫，礼不下庶人”；另一方面，传统法律又主张法律对社会成员无一例外的普遍适用，“绳不绕曲，法不阿贵”“王子犯法，与民同罪”。在宗法制的古代中国，不同的社会阶层适用不同的礼制，不同身份的个体具有不等的社会地位，而这种身份等级蕴含的差序原则与法律平等的普遍追求不仅并不冲突，反而相得益彰。生活在集权专制下的民众总是把对法律公正的追求寄托于君主的圣明裁判，而君主出于巩固统治秩序的需要便总是以统一的王法来规范全体臣民的行为——无论王孙将相，还是平民百姓，都要遵奉王法，都要一体惩戒，而这种凌驾一切的专制君权恰恰为法律平等提供了政治土壤。实际上，君主总是采取“立法等差，权利有别”的法制模式，法律和程序的公平只适用于同等级的社会阶层，而不同等级之间的权力和义务并不对等甚至对立。尽管这种“王子犯法与庶民同罪”的法律平等肯定和保留了统治集团的特权，带有鲜明的君主专制色彩，但又要求君主“修己以安百姓”，强调王法对全体臣民的普遍适用，这样的相对平等理念对君权和统治集团也是一种限制和约束。

“王子犯法与民同罪”的法律平等追求源于传统的集体主义观念，是由经济层面的“均无贫”理想衍生而来的价值理念，是将不同地位、不同阶层的社会成员视为社会共同体中相互联结的一分子，强调所有人在经济关系上的依存与社会关系上的和睦，这在当时不失为一种进步观念。在今天的法治语境下，我

① 王静．中国古代道德法律化研究［D］．石家庄：河北大学，2008：28.

们要对传统的法律平等价值取向做出新的诠释，着眼于保障人们在政治、经济、文化各方面的权益，实现人们社会地位和人格尊严的平等及其权利义务关系的对等，这样的法律平等就是当代的“王子犯法与民同罪”。社会成员于职位可有分工之别，于财富可有多寡之分，但在人格上都要一视同仁，不存高低之判，每个人都平等地享有法律赋予的权利并承担相应的社会责任。当代中国法治文化要大力培育这种新型的“平等”精神，坚持权利与义务、责任与回报的对称，牢固确立法律面前人人平等的理念。

（四）合情合理的价值认知标准

合情合理是古代中国法律制度的典型特征，也是中国文化“尚和”传统与“天人合一”理念的具体表现。在五千年的文明发展进程中，中国形成了独具特色的宗法亲情社会和伦理本位文化，在礼尚往来的社会交往中形成了特有的情理相通的社会关系准则。传统法律文化融合了法家的“法治”思想与儒家的“礼治”理念，强调礼法之融合、情理之相通，以儒家礼制为立法司法之准则，“情”与“理”始终居于情理法三位一体法律体系的最顶层，“合情合理合法”的位阶排序成为传统社会的大众共识和法律文化的基本精神。“情”者，人情，即亲情伦理、道德规范，本质上是一种建构于血缘家庭基础上的人伦原则；“理”者，天理，即自然法则、公道本性，核心是三纲五常的礼俗规范；“法”者，法律，即赏罚条例、律令规则，主要内容是刑罚。其中，位于第一位阶的“情”与“理”具有内在的相通性，二者的根本依据都是纲常原则，人情本身就是纲常伦理的抽象性概括。“情”与“理”一同构成“法”的根本依据，限定和规约着“法”的主旨与内容，即如朱熹所谓：“三纲五常，天理民彝之大节而治道之根本也。故圣人以治之为之教，以明之为之刑。”位于第二位阶的“法”实质上是“情”与“理”的具象化表现，必须同“情理”蕴含的伦理范式保持一致，“法不外乎人情”，“人情所恶，国法难容”。于是，“情”“理”渗入从法典到民约的整套古代法律体系当中，立法当合天理，执法须顾民情，情、理、法相生共进而协调统一。历朝历代大都采取“德主刑辅”的治理方式，建立了“三纵”“三宥”“录囚”“京控”“秋审”等一系列体恤民情的法律制度，并在法律纠纷的具体审理过程中采取“天理”“国法”“人情”相结合的调处模式①。而且，古代官府往往基于“情理”的本位考虑而“重情遵理”甚或“曲法伸情”，酌情立法、引经决狱、断狱以情、因孝屈法、为亲屈法之例比比皆

① 冯玉军．迎接法治新时代［M］．北京：中国人民大学出版社，2015：71.

是，这些都体现出法律对情理的尊崇和保护。

合情合理作为传统法律文化的特色理念，在古代中国产生了深远影响。一方面，合情合理立足于维护纲常礼制，必然导致法有等级、私情泛滥，破坏法律的权威，削弱民众的信赖。“亲亲”“尊尊”的纲常秩序本身就具有阶级性，要求社会成员恪守本分，按照亲属服制关系和社会等级地位承担相应的权利与义务。这样的“情理”融入法律体系以后，法律也就具有了等级色彩，核心任务便是维护上下有序、尊卑有别的社会秩序，保障处在权力金字塔顶层的统治集团的利益，我国封建时代的“八辟”之法和有罪“不即市”正是从“情理”出发而设计的等级法律，法家所标榜的“刑无等级”从来不曾落实过。而且，在以血缘和出身为尺度构建的社会人脉中，无处不在的“人情”网往往会演变为上下相护的“私情”链，从而削弱法律的威信，使法律成为私情的附庸。另一方面，情理相通追求“情”“理”“法”之间的兼顾与平衡，适应了千变万化的社会需求，维系了社会秩序的稳定。古代社会以“情理”作为立法活动的精神和依据，所定法律大都具有浓郁的人情味，契合了民族心理和人文传统，从而获得了长久的生命力。在司法实践活动中，并不拘泥于律例条文的对照适用，不盲从机械性的法定程序，而是强调原心定罪、原情决讼，探究犯罪的动机及危害，注重个案审理中实质正义的实现，这就获得了广泛的民众认同。时至今日，“法的情理基础，仍被视为是衡量法律的标尺之一；作为联系罪罚的通道之一，它在相当程度上被认为是理解法律的基础”①。由此可见，传统的情理相通理念固然存在着许多先天的局限与不足，但它作为社会价值的体现和大众心理的反映，对于当代中国法治建设仍然具有重要启示和借鉴价值。

我们应该对情理相通理念进行取舍与扬弃，着重传承其中合情合理的法治价值取向，实现法治价值与大众心理、民族传统的契合融通。当代中国已不存在过去那样的宗法结构，但家庭依旧是人们情感的归宿，道德仍然是社会评价的重要标杆，法律仍须维护社会主义的人伦道德关系，具有实践操作性而又为社会大众广泛认同的道德约束应该及时上升为法律规范。而且，我们要拓展和升华“情理”的内涵，将“情”从传统的人情、亲情扩充到国情、世情的范畴，为“理”增添社会公共道德、国家公共利益等现代内容，从而使“情理”

① 霍存福．中国传统法文化的文化性状与文化追寻——情理法的发生、发展及其命运［J］．法制与社会发展，2001（3）：16.

具有熠熠闪光的时代性与针对性①。法律工作者要秉持“情理相通”理念，在具体工作中将富含民族传统精神的“情理”与体现现代法治要求的法理有机统一起来，通盘考虑，准情酌理，维护社会公平正义。

（五）得民心者得天下的民本思想

中国文化具有悠久的民本情怀。据载作于夏代的《五子之歌》就已提出“民惟邦本，本固邦宁”，孟子的“民为贵，社稷次之，君为轻”主张堪称民本思想的经典概括。不过，古代社会的民众并非今天现代意义上的公民，而是一个同官僚集团相对立的概念，具体指代君主及其官僚体系统治之下的士农工商四民阶层。传统民本思想认识到处于被统治地位的民众的力量不可小觑，“水能载舟，亦能覆舟”，因而从协调处理君民关系、实现民心稳定的角度出发，要求君主勤政爱民、施行仁政②，实现国家的长治久安和统治秩序的稳定。尽管明末清初的思想家黄宗羲强调“天下之治乱，不在一姓之兴亡，而在万民之忧乐”，认为民众才是天下之主，还提出了“公天下”的政治理想，但这些主张并不为统治集团认可，对法律价值取向也没有产生实质影响。究其实质，传统民本思想着眼于维护君主专制统治，绝非于今天的人民中心理念，但其要求统治集团关注民生、体恤民情，做到富民、保民、爱民、养民、教民，得民心而安天下，这些思想又无疑具有划越时空的光辉意义。

民本是中国传统法律文化的基本价值取向。传统民本思想深刻地影响着古代中国的法制建设和法律价值取向，民本观念浸染到古代社会治理的方方面面。自汉至清，无论是法律的制定还是实际的实施，都体现着以民为本的人文关照精神，这使以维护君主专制为主要内容的传统法律也具有了重民、保民、利民的鲜明特点，如：反对专任刑罚，主张德主刑辅；反对苛捐杂税，主张轻徭薄赋；反对严刑峻罚，主张恤刑慎罚；严惩贪官污吏，弘扬清官良吏。这些内容使传统法律有一种温情德治的外衣，极易被民众接受，并从心理上产生认同感，增加了人们对法律的信任程度，使古代法律得到顺利实施。

当代中国法治建设必须传承和发扬浸染在传统民本思想当中的得民心者得天下的人本关怀，培育为民亲民的“民本”情怀，坚持人民中心的治国理念，一面以法律保障全体人民的权益，以制度规范政府的权力，保证法为民所系、权由法所授，促使政府部门将“全心全意为人民服务”的宗旨具化为践行群众

① 陈小洁. 中国传统司法判例中的情理表达——以清代《刑案汇览》为对象的分析［D］. 南京师范大学图书馆，2014：26.

② 曹德本，禹嘉烘. 中国传统民本文化的现代价值［J］. 政治学研究，2006（1）：79.

路线的行动，在法律框架内解民忧、增民利、暖民心，巩固和体现人民在社会主义大家庭的主人翁地位，一面坚守恤民慎刑的价值取向，不能一味强调法律的“专政”“惩戒”功能和肃杀之气，而要适应社会大众心理和道德文化传统，充实一些贴近民生、体恤民情的亲和性内容，使威严的法律体系具有温情脉脉的人文关怀，从而获得民众的认同、信仰和尊重，成为合乎传统而顺应“人情”的良法。

（六）和谐共生的合理竞争理念

在人类文明发展进程中，竞争是一把双刃剑。它既是推动社会发展与实现个体价值的重要途径，又可能妨害其他社会成员的利益，甚至影响社会体系的平衡。就积极方面来看，正是生产力与生产关系、经济基础与上层建筑之间矛盾的变化竞争，才促成了产业革命的爆发，促使西方完成了从农业文明向现代文明的飞跃。就消极方面来看，不加限制的自由竞争势必造成生产的盲目性和无政府状态，破坏正常的社会经济秩序，引起周期性爆发的经济危机。西方工业化的历史证明，只有对竞争加以约束引导，才能扬其所长，推动社会的新陈代谢。二战以后西方国家普遍开展国有化改革与社会保障建设，实质上就是对竞争的规范与引导。随着改革开放以来我国商品经济关系的长足发展，当代中国的社会经济结构已经发生了沧海桑田般的巨大变化，保障人们的个体价值、维护正常的市场竞争秩序成为法治建设的重要任务。我国法治文化建设必须立足国情世情的新变化，积极融合西方文化的“竞争”精神和中国文化的“尚和”传统，以合理竞争理念来保护法律框架内的正当竞争，坚决避免因注重个体诉求而妨害集体利益的放任型自由竞争行为，维护和谐的社会关系。

面对当前法治文化建设的新课题，我们要以合理竞争理念规范效率与公平的矛盾关系。“效率和公平一直是法治追求的两大价值。”① 竞争可以显著提高效率，但片面地追逐效率而放任竞争又会造成严重的贫富分化和阶级对立，最终破坏正常的社会秩序，很可能导致1929—1933年那样的经济“大萧条”悲剧性重演。反之，为了追求“不患寡而患不均”的绝对公平而一味地限制和打压竞争，又必然影响效率的发挥，导致社会经济长期停滞不前。有鉴于此，当代中国法治文化要着眼于效率与公平的并重互控，以公平为效率之根本目的，防止出现两极分化，又以效率为公平之实现渠道，防止出现平均主义。也就是说，效率与公平要在动态发展中保持平衡，以法律许可范围内的正当竞争造成适当

① 李春明，王重国．我国优秀传统法律文化对法治价值实现的支持作用及路径［J］．山东大学学报（哲学社会科学版），2014（4）：113.

的发展差距来提升效率，又在差距过大之时通过法律政策的调控干预来维护社会公平。尽管在每一个具体阶段，或以公平为重，或以效率为要，但从社会历史发展的长时段而言，要通过法律的宏观调控实现二者的平衡和谐。

同时，我们要以合理竞争理念规范利益与正义的关系。利益与正义是法治文化当中既相矛盾、又相依存的价值追求，在不同的历史时期和不同社会制度的国家有着截然不同的取舍。中国古代法律首先着眼于维护统治集团的利益，“礼不下庶人，刑不上大夫”，社会正义与阶级利益之间总是呈现失衡状态。直到中华人民共和国成立以后，利益和正义才在人民群众这一共同的坐标上实现了辩证统一。由人民民主专政的国体和社会主义制度的性质所决定，人民群众的利益高于一切，保障群众利益是维护社会正义的题中之义；民心所向则是判断社会正义的最终标准，维护社会正义必须以实现群众利益为根本前提。不过，群众利益与社会正义只能是全局层面的吻合和长远走向的一致。毕竟，在个别时期和某些方面，仍然会出现一些个人和团体因片面追逐自身利益而妨害社会正义的情形，而要维护社会正义所采取的调控措施也可能在短时期内损害某些个人和小团体的利益。因此，当代中国法治文化要实现利益与正义的平衡统一，就必须以维护和发展广大人民群众的利益为价值指向，以法律保障全体民众的正当利益，坚决打击小集团的非法牟利行为，保证社会发展成果为民众共享，尤其给予底层民众以充分的关怀关照。

四、结语

20 世纪初的清末法制改革宣告了古老中华法系的解体，开启了中国法律现代化的历史进程。在这以后的一百多年里，我国的法律建设大量参照外国经验，特别是改革开放以来，借鉴了许多西方国家的法治理念和制度框架，形成了现行的法治文化和法律体系。然而，“橘生淮南则为橘，生于淮北则为枳”，西方的法治设计是建构在西方文化传统上的文明果实，放在具有悠久历史文化传统的中国难免水土不服、地气不足，集中表现为现行法律体系偏重法律的刚性功能和普适性价值，而缺乏契合民族心理和文化传统的特定价值导向，以致规范社会公共秩序有余而引导社会道德取向不足。因此，塑造兼具普遍法律功能和中国人文精神的法治价值就成为当代中国法治文化建设刻不容缓的首要课题。在新的历史条件下，我们要以“海纳百川，有容乃大”的世界胸怀和“古为今用，洋为中用”的扬弃原则，传承和发扬中国传统文化悠久的“尚和”底蕴，深入挖掘传统的“中和位育”“天人合一”“和而不同”理念所蕴含的时代性与合理性内容，并以民族化和本土化的方式学习借鉴浸染在西方文化中的“竞争”

精神，从而形成以集体主义、家国情怀、平等理念、情理相通、民本追求、合理竞争为核心要素的法治价值取向。这样的法治文化和法治价值肯定了法律规范社会秩序的普遍性功能，突显了法律对中国文化传统与人文精神的保护和引导，具有厚重的民族特色和鲜活的时代气息，将为我们成功实现“法治中国”的宏伟目标奠定坚实基础。

后　记

“全面依法治国”是党和国家的“四个全面”的战略布局之一。2017年5月3日，习近平总书记考察中国政法大学时强调，全面推进依法治国是一项长期而重大的历史任务，要坚持中国特色社会主义法治道路，坚持以马克思主义法学思想和中国特色社会主义法治理论为指导，立德树人，德法兼修，培养大批高素质法治人才。

为了推进马克思主义法学思想和中国特色社会主义法治理论研究，夯实中国特色社会主义法治道路的理论基础，促进法学学科建设和法治人才培养，中国政法大学于2018年11月24日—25日主办了首届“马克思主义与法治中国”全国学术研讨会。会议由中国政法大学马克思主义学院、“马克思主义与全面依法治国”协同创新中心和北京市习近平新时代中国特色社会主义思想研究中心中国政法大学基地承办，设置了“马克思主义法学基础理论”“法治中国的理论与实践”和“中国社会主义法治的历史与文化”等三个主要议题。

与会学者围绕上述议题，从各方面为“马克思主义与法治中国”的理论与实践贡献智慧，会议在学术界和社会各界引起了广泛反响。会议初衷在于凝聚力量，搭建平台，持续推进“马克思主义与法治中国”这一重大课题的学术研究和交流。为积累已有成果，形成学术共同体，现将首届“马克思主义与法治中国”全国学术研讨会论文结集出版。会后，特遴选部分论文结集出版。

本书由北京高校中国特色社会主义理论研究协同创新中心（中国政法

大学)、北京市习近平新时代中国特色社会主义思想研究中心中国政法大学基地、中国政法大学马克思主义学院组编，高浣月任主编并最后审定书稿，袁方参与了书稿的审定，王觅泉等参与了书稿征集和整理工作。因篇幅有限，本书只选取了提交会议的部分论文，还有不少研究成果未能编入，敬希相关作者见谅。由于时间和水平所限，书中难免疏漏和讹误，敬请读者批评指正。

本书得到了北京高校中国特色社会主义理论研究协同创新中心（中国政法大学）的资助，得到了光明日报出版社的大力支持，在此表示衷心感谢。

编　者

2018 年 5 月